JN411460

스페인어권의 세계

The Spanish-Speaking World

스페인어권의 세계

이 만 기 지음

한국문화사

머리말

필자가 대학교에 다니던 90년대 초에 〈퀴즈 아카데미〉란 프로그램이 있었다. 대학생 두 명이 한조가 되어 5연승을 하면 유럽여행권을 상품으로 내건 방송 프로그램이었다. 퀴즈 중에는 한 명이 답을 미리 보고 이를 설명하면 다른 한 명이 정답을 맞히는 게임이 있었는데, 당시 정답이 〈바르셀로나〉였다. 그런데 이를 본 한 친구가 〈스페인의 수도는?〉이라고 질문하니, 다른 친구가 〈바르셀로나〉라고 해서 정답을 맞히는 것이었다. 아마 당시 1992년도 바르셀로나 올림픽(1492년 콜럼버스 신대륙 발견 5백주년 기념)을 앞두고 있었기에, 많은 사람이 스페인의 수도는 당연히 올림픽이 개최되는 바르셀로나라고 여기고 있었던 것이 아닌가 생각하였다. 스페인이 프로축구와 관광대국으로 한국인에게 분명히 각인된 요즘 이러한 상황을 되돌아보면 격세지감을 느끼지 않을 수 없다. 또한, 필자의 전공학과는 〈서어서문학〉이었는데, '서어'라는 언어가 뭔지 정확히 알지 못하는 분이 많았다. 한자어인 '서반아어', 영어인 '스페인어', 스페인 원지음인 '에스파냐어'를 각각 다른 언어로 아는 사람이 더러 있어 세 단어가 모두 똑같은 언어를 뜻한다는 설명을 해야 했던 적이 많았다. 한자어인 서반아어(西班牙語)는 아래 사진에서 보듯이, 스페인어에 대한 중국어 발음의 차용 한자어이다. 마찬가지로 아래 사진에서 보면, 중국어로 독일어는 德語(덕어), 프랑스어는 法語(법어)이다.

〈베이징 서점의 외국어 코너〉

그만큼 필자가 학창시절을 보낸 80~90년대에는 스페인, 중남미, 스페인어가 생소하였다. 스페인어가 브라질을 제외한 중남미 18개국의 공용어이며, 미국에서는 영어 다음으로 많이 사용되는 제1외국어란 사실을 얘기해주는 것이 대단한 지식인 양 뽐낸 시절이었다.

그러나 정보로 넘쳐나는 IT 시대에, 외국여행을 안 해본 사람이 없을 정도로 외국여행이 보편화되고 스페인 투어가 유럽여행의 대세가 된 지금(예를 들어, 스페인 관광청에 따르면, 2015년 한 해 동안 스페인을 방문한 한국인 관광객 수가 32만 명에 이른다), 스페인의 수도는 바르셀로나가 아니라 마드리드이며, 스페인어가 어느 나라에서 모국어나 제1외국어로 사용되고 있는지를 모르는 사람도 적다. 게다가, 이제 스페인에 조금이라도 관심을 가진 사람이라면, 스페인에는 스페인어 이외에도 카탈루냐어, 바스크어, 갈리시아어와 같은 지역어가 사용되고 있으며, 스페인에는 우리나라 못지않은 지역주의가 뿌리 깊어 '엘 클라시코(El Clásico)'라 불리는 레알 마드리드(Real Madrid)와 FC 바르셀로나(F.C. Barcelona)의 시합이 왜 스페인 프로축구 라리가(La Liga)의 빅매치인지 잘 알고 있다.

그러나 아직도 이러한 스페인어권 세계의 이해는 피상적인 면에 그치는 경우가 많은 것이 사실이다. 예를 들어, 중남미 18개국에서는 스페인어만을 모국어로 사용하고 있다고 생각하면 오산이다. 스페인 북부 및 동부지역의 몇몇 자치주(갈리시아, 파이스 바스코, 카탈루냐, 발렌시아 등)가 이중언어 상황에 놓여있는 것과 마찬가지로, 중남미(라틴아메리카) 대부분의 국가도 마야어, 나우아틀어, 케추아어, 아이마라어, 마푸체어, 과라니어와 같은 원주민 토착어가 스페인어와 함께 사용되는 이중언어 지역이다. 이 책에서는 이러한 스페인어권 세계에서의 이중언어 현황에 대하여 역사적 맥락에서 이를 구체적으로 소개하는 것을 궁극적 목표로 두고자 한다. 이 책은 필자가 그동안 10여 년간 서울대학교에서 강의해 온 〈스페인어의 세계〉라는 전공탐색 교과목의 강의록에 기초하여 집필되었다. 따라서 이 책도 전공탐색 강좌의 취지에 맞게 그 내용과 형식이 전개될 것이다. 즉, 스페인어라는 언어적 관점뿐만 아니라, 역사와 문화를 바탕으로 한 교양적인 측면에도 초점을 맞추어 스페인어와 스페인어권의 세계에 관심이 있는 일반 독자가 좀 더 쉽게 해당 주제에 접근할 수 있도록 그 내용을 구성하고자 노력하였다.

이 책에서는 크게 두 가지 내용을 다룰 것이다. 첫째, 언어적 접근을 통해 전 세계적으로 사용되는 스페인어가 스페인, 중남미, 미국 등 지역별로 지니는 다양성을 살펴볼 것이다. 여기에는 스페인과 중남미 국가에서의 다양한 스페인어 방언, 주변 지역어와의 언어접촉에 따른 스페인어의 다양성, 미국에서의 스페인어(스팽글리쉬)와 코드 스위칭 현상 등이 포함될 수 있다. 둘째, 역사적 접근을 통해 스페인과 라틴아메리카 국가의 언어상황과 언어정책을 통시적으로 개괄할 것이다. 이중언어 상황에 놓여있는 스페인과 중남미 스페인어권 국가의 언어정책을 인권과 다문화적 관점에서 국가별로 연구함과 동시에, 사회문화적 맥락 속에서 언어사용 현황을 분석할 것이다. 구체적으로, 스페인의 이중언어 지역인 갈리시아, 카탈루냐, 파이스 바스코 지방과 중남미 국가 중에서도, 원주민어가 활발히 사용되는 국가인 볼리비아, 파라과이, 멕시코, 페루, 칠레를 중심으로 각국에서 스페인어와 함께 사용되고 있는 소수언어가 제도적으로 어떠한 방식으로 정부의 보호와 지원을 받고 있는지 살펴볼 것이다. 이를 통해, 다문화 사회에서 정부가 어떻게 이들 소수언어 화자를 제도적으로 보호할 수 있으며, 궁극적으로는 이들 소수언어 화자의 인권을 어떻게 보호할 수 있는지를 스페인과 라틴아메리카의 경우를 예로 들어 살펴보고자 한다.

이 책에서 다룰 구체적인 주제는 다음과 같다. 먼저, 스페인과 중남미의 언어상황과 언어정책을 다룰 것이다. 스페인에서는 갈리시아, 카탈루냐, 파이스 바스코와 같은 이중언어 지역의 언어상황과 스페인의 언어정책을 다룰 것이다. 특히, 분리독립 문제로 스페인의 뜨거운 감자가 되어버린 카탈루냐 자치주의 언어정책과 언어상황을 좀 더 집중적으로 조명하고자 한다. 중남미에서는 가장 대표적인 다문화·다언어 국가들을 선정하여 이들 국가에서의 언어상황에 대한 사회문화적 실태를 조사할 것이다. 즉, 전통적으로 스페인어를 구사하는 백인 화자들이 기득권 세력을 형성한 사회에서, 소수언어이며 피지배언어인 원주민어를 구사하는 화자가 겪고 있는 인권유린이나 인종차별과 같은 사회적 문제점들을 살펴볼 것이다. 여기에는 볼리비아(아이마라어), 파라과이(과라니어), 멕시코(나우아틀어와 마야어), 페루(케추아어), 칠레(마푸체어), 그리고 카리브해 국가(크레올어)가 해당되겠다. 둘째, 다문화·다언어 상황에 처해있는 중남미 국가 정부가 채택하고 있는 언어정책에 대한 역사적인 변천과정을 살펴볼 것이다. 이를 통하여 중남미 국가의 원주민어, 원주민 문화에 대한 입장이 어떻게 변해왔는가를 알 수 있을 것이다. 원주민어에 대한 언어정책 변화에는, 〈단일 문화주의〉(하나의 언어로 통합된 사회를 운영해야 한다는 입장), 〈다문화주의〉(원주민어를 인정하되, 스페인어권 사회로 동화시키는 수단으로 사용한다는 입장), 〈다원적 문화주의〉(인권보호라는 측면에서 원주민어를 인정하며, 언어의 다양성을 지키고 원주민 문화를 보호하려는 입장)라는 세 가지의 범주로 나누어 살펴볼 예정이다. 셋째, 스페인과 중남미 각국의 언어상황과 소수언어 보호정책을 고려하여, 스페인과 중남미의 소수언어가 어떠한 미래로 나아갈 것인지 그 전망을 살펴볼 것이다.

이 책은 특정분야를 심도있게 다루는 전문적인 학술서라기보다 스페인어권 세계의 언어상황과 언어정책을 소개하는 언어문화 분야의 교양서에 가깝다. 해당 주제에 관심이나 궁금증이 있으면, 인터넷 검색을 통해 찾아볼 수 있는 정보가 대부분일 수도 있다. 그럼에도, 필자가 이 책과 같은 언어문화 교양서를 집필하게 된 이유는, 이 책을 통하여 독자들이 스페인어권의 세계에 보다 폭넓은 관심을 가져주길 바라는 마음에서이다. 먼저, 한국에서는 중남미를 연상하면 스페인어와 포르투갈어만 떠올리지만, 이 책을 통하여 독자들이 스페인과 라틴아메리카의 언어와 문화에 대한 인식을 확장하게 되기를 기대한다. 둘째, 스페인과 중남미 문화에 대한 올바른 인식은 한국과 스페인, 중남미 각 국가 간의 진일보된 문화적 교류와 앞으로의 경제적 투자를 위해서도 바람직하다고 본다. 우리나라가 개발도상국을 지원해주는 국가로 부상한 현재, 그리고 중남미 국가들이 우리나라의 주요한 경제 협력국가로 떠오르고 있는 지금, 본 연구에서 지향하고 있는 스페인과 중남미 각국의 다문화·다언어 상황을 제대로 이해하는 것이야말로, 한국과 스페인·중남미 국가 간의 경제·문화 교류에 생산적 도움을 줄 것이라 확신한다. 게다가, 이 책을 통하여 독자들은 우리 사회의 현실을 다시금 생각하게 해 보는 계기가 되길 바란다. 우리나라도 이제는 더 이상 단일민족, 단일언어 사회에 머물고 있지 않으며, 시간이 흐를수록 다언어·다문화 사회로 나아가고 있기 때문이다. 실제로 우리 사회에는 해가 지날수록 다방면에서 외국 이민자가 늘어나고 있으며, 다문화 가정 역시 급증하고 있다. (이제는 길에서 외국인을 만나거나 외국어를 듣는 것이 그리 어색하지 않다. 게다가 요즘은 TV 프로그램에서 접할 수 있듯이, 한국어를 유창하게 구사하는 외국인도 많다) 그렇다면 우리는 이들에게 모두 동일한 잣대로 평등하게 대하고 있는가? 백인들에게는 저자세이면서, 동남아시아 출신의 외국인에게는 고자세로 업신여기면서 우리 사회에서 소외시키지는 않는지 우리 스스로를 돌이켜보아야 한다. 이러한 우리 사회의 현실에서, 소외된 계층의 인권보호와 다문화 가정에 대한 폭넓은 이해 측면에서도 이 책이 독자들에게 긍정적인 영향을 미치기를 기대해 본다.

이 책이 발행되기까지 많은 분의 도움과 성원이 있었다. 먼저, 〈스페인어의 세계〉 수업시간에 주제별로 성실히 발표와 토론에 참여해준 학생들에게 고마움을 전한다. 학생들의 창의적이고 열정적인 주제발표가 수업을 더욱 더 활기차게 했음은 물론, 이 책의 집필에도 큰 동기를 부여해주었다. 그리고 지난 2년간 소중한 연구를 수행할 수 있도록 재정 지원을 보내준 서울대학교 인문대학과 매번 기꺼이 출판의 기회를 마련해 주신 한국문화사에 감사드린다. 끝으로 중남미의 언어상황과 언어정책에 대해 많은 도움을 주신 Claudia Macias 교수님께 깊은 감사를 드리며, 독자의 관점에서 이 책의 원고 전체를 면밀히 읽고 윤문과 교정을 봐준 송예림 박사와 안다희 양 그리고 최희중 군에게도 고마움을 전한다.

2018년 2월
연구년이 끝나고
저자 이만기

▌차례▌

제3장 스페인의 언어상황과 언어정책

제4장 라틴아메리카의 언어상황과 언어정책

제5장 라틴아메리카 원주민어와 스페인어

제6장 미국에서의 스페인어

제7장 스페인어의 다양성

제8장 스페인어의 유래와 로망스어

제**1**장

스페인어의 중요성

스페인어권의 이중언어 현황을 살펴보기에 앞서, 우리나라에서의 스페인어 교육은 언제부터 시작되었는지 그리고 현재의 상황과 앞으로의 전망은 어떠한지에 대해 먼저 살펴보도록 하겠다. 또한, 글로벌 시대에 스페인어가 지니는 위상을 구체적으로 살펴봄으로써 스페인어의 중요성을 가늠해보고자 한다. 나아가, 우리나라와 스페인어권 국가들 간의 교류가 얼마나 활발히 전개되고 있는지를 살펴볼 예정이다.

1. 한국에서의 스페인어 교육: 역사, 현황 그리고 전망

우리나라에서의 스페인어 교육의 역사는 프랑스어나 독일어에 비해 비교적 짧다고 볼 수 있다. 1948년 동양대에서 최초로 스페인어가 한국에서 교육되기 시작했으며, 이후 1955년에 한국외국어대학교에서 스페인어 전공학과가 개설되었다(cf. Park, 1999). 해방 후 1980년대 이전까지의 한국에서의 스페인어의 교육은 프랑스어나 독일어에 비해 그 역사가 상당히 일천하다고 볼 수 있다. 아마, 프랑스어와 독일어가 주로 점하고 있던 법학과 철학 분야에 치우친 외국어 교육의 영향이 크다고 본다. 한국이 스페인어권 세계에 본격적으로 알려진 시기도 피카소의 「한국전쟁」(*La guerra de Corea*)에서 보듯이, 1950년 6월 25일에 발발한 한국전쟁이 아닌가 싶다.

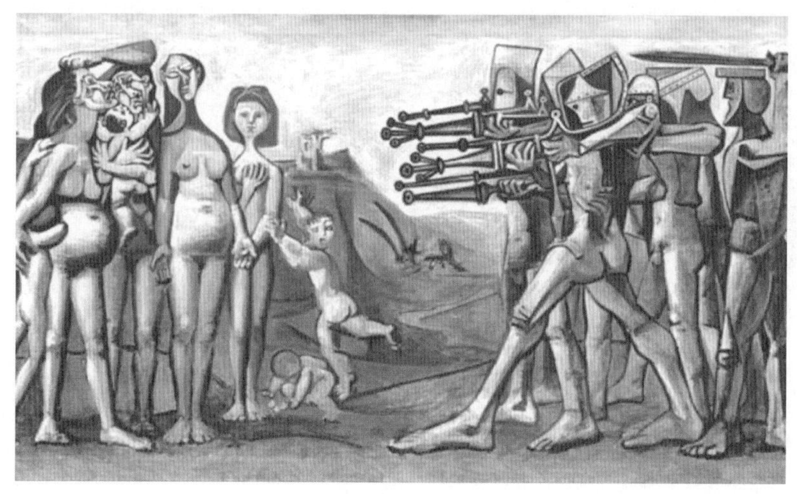

〈그림 1〉 피카소의 「한국전쟁」

1980년대에 들어서면서, '한강의 기적'이라 불리는 경제성장과 더불어 스페인어권 국가와의 교류가 급증함에 따라 국내의 스페인어에 대한 인식과 실질적 요구는 크게 바뀌기 시작한다. 이러한 국내외적 상황변화에 부응하면서 1980년대와 90년대에는 다음과 같은 13개의 대학교에서 스페인어를 전공으로 하는 학과가 개설되었다.

〈표 1〉 스페인어를 전공학과로 개설한 국내 대학교

1980년: 조선대
1981년: 경희대, 대구가톨릭대
1983년, 고려대, 단국대, 부산외대
1984년: 서울대
1987년: 전북대
1989년: 울산대
1992년: 배재대, 덕성여대
1996년: 부경대
1997년: 선문대

80년대 중반까지만 하더라도 유학을 가려면 해당 국가의 외국어 시험을 통과해서 정부의 허가를 받아야만 했다. 그 시절을 상기해보면 격세지감을 느낀다. 〈그림 2〉와 〈그림 3〉은 필자의 90년대 스페인 유학시절 사진이다.

〈그림 2〉 친구 고향집에서 보낸 크리스마스

〈그림 3〉 기숙사 친구들

우리나라에서의 스페인어에 대한 인식은 급변하여 이제는 제2외국어 가운데 가장 각광받는 언어 중의 하나가 되었다. 문화관광부나 서울시청의 홈페이지가 스페인어로 제공되고 있다는 사실이 이를 반증한다고도 볼 수 있겠다.

〈그림 4〉 문화관광부 스페인어 홈페이지

〈그림 5〉 서울 시청 스페인어 홈페이지

현재 스페인어를 전공으로 개설한 대학교는 총 14개에 불과하나, 스페인어권 사회와 문화에 대한 다양한 요구에 부응하고자 학부 교양과정에 스페인어 관련 강좌를 개설한 대학교의 수는 급증하고 있는 상황이다. 즉, 대부분의 국내 대학교에서는 교양과정에 〈초급스페인어〉와 〈스페인어권 사회와 문화〉와 같은 교양강좌를 개설하고 있다. 한국 대학생들의 스페인어에 대한 관심과 요구를 보여주는 또 다른 지표는 스페인 세르반테스 연구소에서 주관하여 실시하고 있는 스페인어 인증시험인 DELE 응시자 수의 급증이다.

〈그림 6〉 서울 세르반테스 연구소 홈페이지

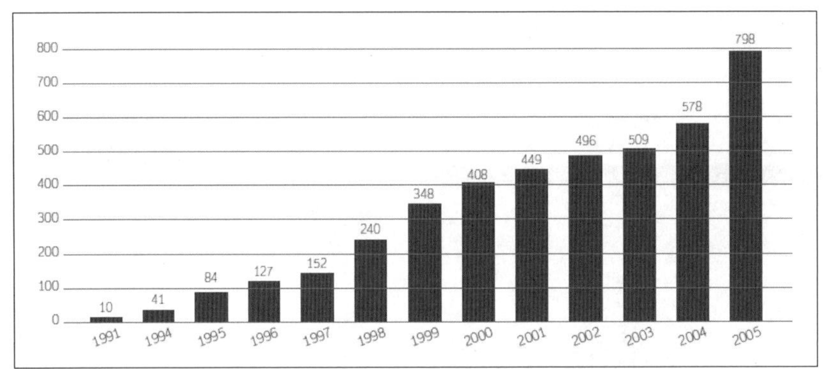

〈그림 7〉 DELE 응시자 수 (Kwon, 2007: 149)

위의 그래프에서 보듯이, DELE 인증시험이 처음 시행된 1991년에는 10명에 그쳤으나, 2005년에는 798명으로 매년 응시자 수가 증가하였다. 이후 응시자 수는 급증하여 2006년에는 1021명, 2012년에는 2500명 이상이 응시하여 한국에서의 스페인어에 대한 관심을 확인할 수 있다.

이와 같이 우리나라에서 스페인어에 대한 인기가 급상승한 것은 축구, 음식, 음악, 춤, 여행과 같은 스페인어권의 문화에 대한 관심과 더불어, 우리나라와 스페인어권 국가들 간의 경제 교류의 활성화에 따라 취업을 준비하는 학생들의 실질적인 요구에 따른 결과가 아닌가 한다. 즉, 오늘날과 같은 글로벌 시대에 우리나라처럼 부존자원이 부족하고 대외 무역 의존도가 높은 나라에서는 외국어를 구사할 수 있는 능력이 필수적이라고 볼 수 있다. 스페인어는 약 4억 7천만의 인구가 사용하고 있는 세계 주요 언어로 유럽연합과 UN 공용어 중의 하나로서, 최근 들어 우리나라에서도 스페인어의 중요성이 각광받고 있는 것이다.[1] 자원외교의 중심으로 떠오르고 있는 라틴아메리카 지역과의 교역이 활성화 되면서 스페인어는 이전과는 비교할 수 없을 정도로 그 수요가 급증하고 있어 한국 내 스페인어 구사 인구는 나날이 늘어나고 있는 추세이다.

이와 같이, 무한한 경제적 잠재력을 지닌 라틴아메리카 시장을 개척하고 발전시켜 나가려면 이 지역의 언어인 스페인어로 시장을 공략해야 하는 것이 필수적이다. 라틴아메리카 지역에서는 영어의 위력이 그렇게 대단하지 않기 때문에 더욱 더 그러하겠다. 스페인어를 구사하지 못하고는 이 거대한 잠재력을 지닌 라틴아메리카 대륙과의 경제·문화 교류의 활성화는 희망 사항에 머물게 될 가능성이 크기 때문이다.

2. 우리나라와 스페인어권의 세계

우리나라와 스페인은 여러 면에서 유사한 점이 많다. 인구(한국 약 5천만 명, 스페인 약 4천 8백만 명)와 경제규모(2014년 GDP 기준 한국 13위, 스페인 14위)도 비슷하고, 두 나라 모두 경제 위기로 IMF 구제금융(한국 1997~2001년, 스페인 2012~2013년)을 받았다.

이와 관련하여 2015년 2월 18일자 스페인 일간지 엘파이스(El País)에 실린 스페인 경제학 교수 하비에르 산티소(Javier Santiso)의 「한국, 스페인의 골망을 흔들다」(Corea del Sur golea a España)라는 제목의 기고문을 간략히 소개하고자 한다. 이 칼럼에서는 글로벌 시장에서의 한국 경제 위상 및 과거(1998) 경제위기 극복 과정을 토대로, 경제·인구 규모 및 금융위기 발생 등 유사 배경을 가진 스페인이 한국에서 배워야 하는 시사점에 대하여 언급하고 있다. 즉, 스페인과 마찬가지로 원유 등 천연자원이 부재한 한국은 1960년대 스페인뿐 아니라 대부분의 중남미 국가보다도 가난한 국가였으나, 오늘날 한국의 GDP 규모는 이미 스페인을 앞지른 바 있으며, 스페인이 2008년에 엄청난 경제위기를 맞았다면, 한국은 그보다 10년 전인 1998년에 전례 없는 경제위기를 겪은 바 있다. 스페인이 월드컵 우승 경력과 세계적인 명성의 프로축구 클럽들을 보유하고 있다는 것을 자랑으로 내세우는 동안, 한국은 그들만의 '경제 리그'(Liga económica)

---

1 2017 Instituto Cervantes 자료에 따르면, 2017년 현재 스페인어 모국어 화자는 4억7천7백만 명으로 추정된다.

에서 인구와 경제 규모가 비슷한 스페인의 골망을 흔들고 있다는 것이다. 그런데 경제·인구 규모뿐 아니라 경제·금융 위기를 겪었다는 사실조차 유사한 양국이지만, 위기 극복을 위한 조치와 그에 따른 성과에서는 확연한 차이를 보인다고 지적하면서, 스페인이 경제위기 극복을 위해 다양한 분야의 예산을 삭감한 반면, 한국은 오히려 교육, 혁신, 세계화 및 디지털화 분야에 과감히 투자하며 경제위기에서 탈출하였다고 소개하고 있다. 한 예로, 삼성이라는 한국 기업이 보유한 특허가 스페인 기업 전체의 특허보다 많고, 교육에서도 한국은 OECD 경제협력개발기구의 최상위 수준인 데 비해 스페인은 30위권 밖에 머물러 있다며, 스페인이 경쟁 대상으로 삼아야 할 국가는 더 이상 독일이나 미국이 아니라 한국과 같은 신흥 강국이라면서 스페인 정부의 각성을 촉구하고 있다.

한편, 정이 많고 성격이 급하고 정열적인 국민성도 닮은 부분이다. 역사적으로도 우리나라는 한국전쟁(1950~1953)을, 스페인은 내란(1936~1939)이라는 동족상잔의 비극을 겪었고, 두 나라 모두 군부독재기를 거쳐 민주화와 경제성장을 이룬 유사한 역사적 경험을 공유하고 있다. 또한, 우리가 1988년에 서울에서 하계올림픽을 개최하였고, 뒤이어 스페인이 1992년에 바르셀로나 올림픽을 개최한 것도 흥미롭다.

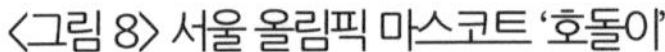
<그림 8> 서울 올림픽 마스코트 '호돌이'

<그림 9> 바르셀로나 올림픽 마스코트 '코비'

우리나라는 스페인과 1950년에 공식 외교관계를 맺은 이후 지금까지 경제·문화 분야에서 밀접한 교류를 이어오고 있다. 1996년에는 후안 카를로스(Juan Carlos) 스페인 국왕이 방한하였으며, 2007년에는 노무현 대통령이 스페인을 국빈 방문하였다. 특히, 2011년 마드리드에 설립된 한국문화원(Centro Cultural Coreano)은 양국 간 문화협력 강화를 위한 교두보 역할을 하고 있다. 한편, 우리나라와 유럽연합(Unión Europea)은 2009년에 FTA 자유무역협정(Tratado de Libre Comercio)을 맺었는데, 우리나라가 아

시아 국가 중 유럽연합과 처음으로 자유무역협정을 맺은 국가라는 점에서 의미가 깊다고 할 수 있다.

우리나라와 라틴아메리카 사이의 최초의 교류는 멕시코 한인 이민자를 칭하는 애니깽의 슬픈 역사로 거슬러 올라간다. 애니깽은 멕시코 선인장의 일종인 *Henequén*(용설란)의 우리말 발음으로, 1905년 일본의 인력 송출 회사가 모집하여 멕시코 유카탄주의 메리다(Mérida)에 첫발을 내디뎠던 한인 1033명과 그들의 후손을 가리키는 명칭이다. 1905년 1033명의 한인은 인천 제물포항을 출발하여 멕시코 유카탄 반도로 건너갔는데, 이들 중 200명은 을사늑약으로 대한제국이 외교권을 박탈당하고 군대가 해산되자 조국의 해체에 울분에 찬 군인들이었다고 한다. 이들은 노예계약이나 다름없는 선인장 농장노동(용설란의 밑동은 술의 원료이며 섬유질은 선박의 밧줄을 만드는데, 이것을 채취하고 운반하는 중노동)에 투입되었으며, 처우가 열악했음은 물론 임금도 제대로 받지 못하는 노예와 같은 생활을 하였다. 1909년에 이르러 노예해방전쟁의 승리로 노예 신분에서 벗어나 고국으로 돌아갈 수 있었지만 조국은 일제에 의해 쇠망하고 있고 결국 미국으로 건너가거나 쿠바로 다시 이민을 가거나 아니면 멕시코 내륙으로 이동 혹은 그냥 그곳에 그대로 정착하였다. 조국의 독립을 위한 자금마련에 가장 적극적이고 왕성한 활동을 했다고 평가받는다는 멕시코 이민 1세대 애니깽은 현재 6세대까지 내려오고 있으며 그 후손은 모두 3만 명 정도로 추산되고 있다. 메리다 지역에는 약 5천 명이 살고 있으며 미국의 접경지역인 티후아나, 휴양지인 베라크루스 등지에도 많은 후손이 살고 있다.

우리나라는 1959년에 라틴아메리카 국가 중 처음으로 브라질과 공식 외교관계를 수립하였으며, 2017년 현재 쿠바를 제외한 대부분의 라틴아메리카 국가와 외교관계를 맺고 있다. 특히, 콜롬비아는 한국전쟁에 군대를 파견한 참전국이기도 하다. 우리나라와 라틴아메리카 사이의 본격적인 교류는 1960년대에 시작된 농업이민에서 시작된다. 주로 파라과이, 아르헨티나, 브라질, 칠레 등지로 많은 한인이 이민을 갔다. 1990년대 이후부터는 경제 교류가 본격적으로 활성화되는데, 라틴아메리카의 풍부한 천연자원과 우리나라의 품질 좋은 공산품으로 인하여, 우리나라와 라틴아메리카는 무역 분야에서 상호 간 최적의 파트너가 되고 있다. 다시 말해, 라틴아메리카는 천연자연이 부족한 우리에게 중요한 무역 파트너임에 분명하다. 라틴아메리카는 전 세계 원유 매장량의 11.3%, 철광석 매장량의 17.3%, 구리 매장량의 20.5%, 주석 매장량의 20.9%, 니켈 매장량의 11.6% 등을 보유한 자원의 보고이기 때문이다. 우리나라 석유공사에서는 라틴아메리카 지역을 석유자원개발 중점 투자지역으로 선정하기도 하였다(cf. 졸저, 2006: 297). <표 2>의 한국무역협회의 자료에 따르면, 라틴아메리카로의 수출은 최근 몇 년간 급격히 늘어나 새로운 대체 시장으로 자리 잡으면서 한국의 무역수지에서 톡톡히 효자 노릇을 하고 있다.

<표 2> 한국 무역에서 라틴아메리카의 비중 (USD million, 한국무역협회) (이상현 외, 2013: 194)

Year	총수출	총수입	수지	총수출(중남미)	총수입(중남미)	수지(중남미)
1980	17,505	22,292	-4,787	488	369	119
1985	30,238	31,135	-853	1,078	1,859	-780
1990	65,016	69,844	-4,828	2,102	1,726	176
1995	125,058	135,119	-10,060	7,370	3,964	3,406
2000	172,268	160,481	11,786	9,360	3,263	6,106
2002	162,471	152,126	10,344	8,864	3,743	5,121
2004	253,845	224,463	29,382	11,563	6,651	4,911
2005	284,419	261,238	23,180	14,897	7,017	7,970
2006	325,465	309,383	16,082	20,591	9,732	10,858
2007	371,489	356,846	14,643	25,781	11,324	14,457
2008	422,007	435,275	-13,267	33,267	13,756	19,512
2009	363,534	323,084	40,449	26,764	11,648	15,116
2010	466,384	425,212	41,172	36,187	14,644	21,542
2011	555,213	524,413	30,801	40,131	20,165	19,966

한국과 중남미 국가 간의 경제협력도 갈수록 강화되고 있다. 멕시코, 칠레, 페루는 우리나라가 속해 있는 아시아태평양경제협력체(APEC)에 가입하고 있다. 또한, 우리나라는 라틴아메리카의 여러 나라와 FTA 자유무역협정을 체결했다. 자원 부국인 칠레(2004년)와 페루(2011년)와는 FTA가 이미 발효되어 시행중에 있으며, 신흥 시장인 콜롬비아(2013년)와는 정식 서명을 마친 상태이다. 멕시코와는 현재 FTA 협상을 재개하였으며, 중미와 에콰도르와는 협정 체결이 진행 중에 있다.

우리나라와 칠레와의 자유무역협정은 2002년 10월 25일 타결되어 2004년 4월 1일 발효되었다. 칠레와의 자유무역협정은 우리나라가 처음으로 체결한 FTA라는 의미 외에도, 우리 상품의 중대한 수출 시장이자 우리 경제에 반드시 필요한 자원의 공급자 역할을 하는 라틴아메리카에서 무역 교두보를 확보했다는 점에 의의를 둘 수 있다. 한

-칠레 자유무역협정은 우리나라가 페루 및 콜롬비아와 잇달아 자유무역협정을 체결하는 중대한 기반이 되었다.

칠레에 뒤이은 라틴아메리카에서 두 번째인 우리나라와 페루 간의 자유무역협정을 통해서도 우리나라는 자동차와 전자제품 수출에 크게 도움이 될 것으로 기대하고 있다. 또 페루는 구리·아연 등 광물자원이 많이 묻혀 있고 석유·천연가스도 풍부한 만큼 우리 기업의 자원개발 진출이 활발해질 전망이다. 지식경제부와 무역협회, 코트라에 따르면, 한-페루 FTA 체결로 한국 자동차의 가격 경쟁력이 강화돼 10% 이상 판매 증가가 예상되며, 페루 수입 자동차 시장의 3분의 2를 차지하던 일본산 자동차 점유율이 떨어지고 한국산 자동차 점유율이 늘어나는 추세여서 FTA 체결을 계기로 한국의 일본 자동차 추격이 빨라질 것이란 전망을 하고 있다. 우리나라의 전자업계 역시 주요 수출품목인 휴대전화나 세탁기, 냉장고, TV 등의 수출이 늘 것으로 보고 있다. 페루는 삼성전자와 LG전자가 모두 현지 법인을 두고 있을 정도로 남미지역에서 꽤 비중이 있는 시장이어서 양국 간 FTA 체결이 교역량 증가에 긍정적인 영향을 미칠 것으로 업계는 내다보고 있다. 페루는 구리(2위), 아연(3위), 주석(3위) 등 주요 광물 자원이 매장량 기준으로 세계 3위 이내이며 석유·천연가스 매장량도 상위권이라는 점에서 자원 분야에서 페루 현지 진출 확대가 예상되고 있다. 이와 같이 앞으로도 자유무역협정은 우리나라가 라틴아메리카 국가들과 경제 협력을 강화하는 중요한 수단의 하나가 될 것이다.

국가 간 교류가 활발해지면서 지구 반대편에 있는 라틴아메리카의 음식문화도 우리나라에 활발하게 유입되고 있는데, 마테(mate)차를 좋은 예로 들 수 있겠다. 마테차는 다이어트 효능이 있어 여성들이 다이어트 보조식품으로 많이 찾는다고 한다. 실제로 다이어트 음료부문 검색어로 상위에 랭크되어 있음을 확인할 수 있다. 우리에게 이미 익숙한 녹차, 보리차처럼 남미에서 건너온 마테차도 우리 식생활의 한부분이 되어가고 있는 것이다. 오늘날 우리나라에서 각광받고 있는 대표적인 라틴아메리카 음식에는 멕시코 요리가 많다. 타코(taco), 부리또(burrito), 또띠야(tortilla), 케사디야(quesadilla), 화이타(fajita), 나쵸(nacho) 등 모두 우리나라에서 인기 있는 멕시코 음식이다. 또한, 최근에는 스페인 음식도 유행을 타고 있어 파에야(paella), 타파스(tapas), 하몬(jamón) 추로(churro), 가스파초(gaspacho) 등이 인기가 많다. 음식문화뿐만이 아니라, 우리나라의 최근 가요에는 스페인어가 종종 들리기도 한다. 여러 노래에서 스페인어가 우리말 가사로 활용되고 있는데, 예를 들어 마이티마우스의 〈랄랄라〉라는 노래의 시작 부분에는 *hola*, *amigo*, *fiesta*, *señorita*와 같은 단어가 반복되고 있다. 또한, *uno*, *dos*, *tres*, *cuatro*로 시작하는 가요도 흔히 찾아볼 수 있다. 심지어 샤이니의 *Amigo*처럼 제목을 스페인어로 하거나 그룹명을 스페인어로 짓기도 한다.[2]

라틴문화가 우리나라에 큰 영향을 미쳤듯이, 한류로 대표되는 우리나라 문화도 스페인어권 국가들에 뿌리를 내리고 있다. 한류를 대표하는 것은 무엇보다 한국산 전자제품과 자동차일 것이다. 필자는 몇 차례 중남미 국가들을 방문할 기회가 있었는데, 그때마다 우리나라 중고 자동차들을 자주 만나 반가워했던 기억이 새롭다. 특히, 쿠바 아바나(Habana)의 어떤 버스는 한글로 된 안내판을 그대로 달고 운행하고 있었다. 또한, 페루의 이카(Ica)라는 도시에서는 택시가 모두 '티코'(Tico)여서 굉장히 놀랐던 적이 있다.

〈그림 10〉 쿠바의 한국 버스

〈그림 11〉 칠레의 한국 자동차

〈그림 12〉 페루 Ica의 택시 '티코'

2 걸그룹 〈여자친구〉의 「오늘부터 우리는」이란 노래에는 "Me gustas tú"(난 네가 좋아)라는 스페인어 가사가 흥겹게 반복된다.

한편, <그림 13>에서 보듯이, 볼리비아 라파스(La Paz)의 한 마트에서는 '강남스타일'류의 광고 현수막이 *Ganga Style*로 된 것을 보고 처음엔 철자 오류인 줄 알았는데, *ganga*란 어휘가 스페인어로 '바겐세일'을 뜻한다는 것을 알고 나서는 그 기발함에 놀랐던 적이 있다.

<그림 13> 볼리비아의 '강남스타일'

이러한 사진들에서 보듯이, 우리나라와 스페인어권 국가들 간의 교류가 굉장히 활발히 이루어지고 있음을 짐작할 수 있다. 최근에는 한류의 물결을 타고 댄스와 노래, 드라마와 같은 한국문화가 중남미 젊은이 사이에 큰 인기를 누리고 있다.

<그림 14> 볼리비아의 우유니 사막

앞서 살펴보았듯이, 스페인어권의 문화 역시 우리나라에 큰 영향을 미치고 있는데, 음식문화 이외에도 라틴음악과 라틴댄스, 그리고 라리가(La Liga)로 대표되는 스페인 프로축구가 그것이다. 그 결과, 우리말에 녹아든 스페인어 차용어(préstamo)가 굉장히 늘어났는데, 대표적으로 한국산 전자제품과 자동차의 상호명에 스페인어가 많이 사용되고 있다. 스페인어 발음이 명확하여 한국인이 발음하기 쉬운 까닭도 있을 것이고, 스페인어권 국가로의 해외 수출을 위한 전략일 수도 있을 것이다. 우리 주변에서 사용되는 스페인어로는 다음과 같은 예들이 있다.

<표 3> 우리 주변에서 사용되는 스페인어

과일: 토마토(tomate), 망고(mango)
음식: 타코(taco), 또띠아(tortilla), 나쵸(nacho), 파에야(paella), 타파스(tapas), 하몬(jamón), 추로(churro), 마테(mate)차
노래: 베사메무쵸(Bésame mucho)
라틴댄스: 플라멩코(flamenco), 차차차(cha cha cha), 탱고(tango), 살사(salsa), 메렝게(merengue), 룸바(rumba)
전자제품: 디오스(Dios: 하느님)
자동차: 아반테(Avante: 앞으로, 전진), 티뷰론(Tiburón: 상어), 티코(Tico: 코스타리카 사람들에 대한 애칭), 에스페로(Espero: 희망하다), 다마스(Damas: 귀부인), 산타페(Santa Fe: 도시 이름으로 성스러운 신앙이라는 의미), 시에로(Cielo: 하늘, '시엘로'라고 발음해야함), 투리스모(Turismo: 관광)
자전거: 엘파마(El fama: 명성)
상호명: 아미고(Amigo: 친구), 아레나(Arena: 모래), 아로마(Aroma: 향기), 아만테(Amante: 연인), 엘칸토(El Canto: 노래), 마에스트로(Maestro: 거장, 선생님), 피에스타(Fiesta: 파티) 등.
기후현상: 엘니뇨(El niño), 라니냐(La niña)
축구: 프리메라리가(Primera Liga)
기타: 카페(Café), 카페테리아(Cafetería)

<그림 15> 스페인어 이름의 한국산 자동차와 전자제품

<그림 15>는 스페인어 이름을 지닌 몇몇 한국산 자동차와 전자제품 사진들이다.

임진왜란 당시 일본을 통해 들어온 '담배'도 그 어원이 스페인어 *tabaco*이며, 한국어 발달사에 따르면 처음엔 '담바고'로 발음되던 것이 나중에 '담배'로 바뀐 것이다. 우리말로 들어온 스페인어 중에는 *Castilla*란 지명에서 파생된 '카스테라'와 긴 양말(스타킹)을 뜻하는 *Medias*라는 스페인어에서 유래된 '메리야스'도 있다. 아마도 이 스페인어 단어들은 일본을 통해 우리나라에 전해졌기 때문에 '일본식 스페인어'라고 볼 수 있다. 예를 들어, 가방, 고무, 껌과 같이 마치 우리 고유어처럼 느껴지는 단어이지만, 이들은 외국어에

서 유래된 단어이다. 일본과 접촉한 유럽 국가들의 어휘가 일본어화된 뒤, 우리말로 건너오게 된 경우이다.[3] 우리말 속에 뿌리내린 일본식 외래어로는 빵(pan 스페인어 & 포르투갈어), 가방(kabas 네덜란드어), 고무(gomme 프랑스어; goma 스페인어), 망토(manteau 프랑스어)와 같은 단어들 이외에도, 영어에서 파생된 난닝구(running shirt), 리어카(rear car), 백미러(back mirror), 조끼(jacket), 껌(chewing gum), 돈까스(豚 cutlet), 비후까스(beef cutlet), 생선까스(생선 cutlet), 함박스테이크(hamburg steak)과 같은 단어도 있다.

〈그림 16〉 스페인어 이름을 지닌 일본산 자동차들

한편, 일본에서도 스페인어로 된 상호명이 굉장히 많다. 필자는 일본 여행 중에 스페인어 상호를 지닌 일본 소형 자동차들(예: Mira, Sierra, Dias, Tanto, Moco, Vamos)을 자주 보았는데 〈그림 16〉은 이들 경차의 사진이다.

3. 세계 속의 스페인어

3.1. 글로벌 시대의 스페인어

BBC Mundo 2014년 9월 3일자에서 소개된 넬슨 만델라(Nelson Mandela)의 이야기부터 시작해 보자.

> Si hablas a un hombre en un lenguaje que comprende, eso llega a su cabeza. Si le hablas en su lenguaje, eso llega a su corazón.
> 상대방이 이해하는 언어로 말하면, 그것은 그의 머리에 다다를 것이다. 그러나 만약 상대방의 언어로 말한다면, 그것은 그의 마음에 다가갈 것이다.

---

3 16세기 이후, 일본은 나가사키 항구를 통해 포르투갈, 스페인, 영국, 네덜란드, 러시아, 프랑스와 같은 서구 국가들과 활발한 교역을 했다.

위에서 보듯이, 만약 스페인어권 화자에게 그가 이해하는 영어로 대화하는 것과 그가 사용하는 스페인어로 소통하는 것에는 큰 차이가 있다. 글로벌 시대에 영어가 만국의 공통어가 되고 있지만, 영어가 할 수 없는 부분이 분명히 존재함은 자명한 사실이다. 이제 우리가 스페인어권에 진출하고자 한다면 그들의 모국어인 스페인어로 소통하는 것이야말로 흉금을 터놓고 얘기할 수 있는 진정한 친구가 되는 지름길이라 생각한다. 앞서 언급한 BBC Mundo의 *El dilema inglés de solo hablar inglés*라는 기사에서도 영국인들이 영어만을 사용할 경우의 딜레마를 소개하고 있다. 이를 간략히 요약하면 다음과 같다.[4]

이 기사는 영국인들이 외국어를 구사하지 못하는 것이 영국에서 사회적 문제가 되고 있음을 보여주고 있다. 국가적인 차원에서는 초등학교에서 외국어 의무교육을 실시하고 중국어를 배우는 학생 수를 늘리고자 노력하고 있지만, 일선 현장에 있는 기업에서는 외국어 능통자 부족으로 생기는 경제적 손실을 절감(切感)하고 있는 것이 현재 영국의 상황이다. 실제로 영국은 매년 '언어적·문화적 무지'로 GDP의 3.5%인 800억 달러의 손실을 보고 있는 것으로 추정되고 있으며, 외국어를 구사하는 인력의 부족은 중소기업들의 해외 수출에 큰 부담으로 작용하고 있다. 어떻게 보면 영국인들은 전 세계적인 영어 확산의 피해자들로 볼 수 있는데, 이들은 해외교역을 할 때에도 상대가 웬만하면 영어를 할 수 있을 것이라는 생각만으로 사업에 임하고 있다. 심지어 해외수출 사업자들의 70%는 상대 교역국가 사용언어에 대한 정보 없이 거래를 진행하고 있는 것으로 나타났다. 하지만 실제로는 전 세계 인구의 25%만이 영어로 의사소통이 가능하기 때문에 영국기업들은 의사소통 측면에서 문제를 겪을 수밖에 없는 것이 현실이다. 실제로 한 설문조사에서 영국기업의 65%가 외국어 지식을 갖춘 직원이 필요하다고 응답하였으며 응답기업의 2%만이 직원들의 외국어 능력에 대해 '매우 만족'이라고 답한 것으로 밝혀졌다. 이들 기업은 프랑스어, 독일어, 스페인어, 중국어, 아랍어, 폴란드어, 러시아어, 광둥어 등의 언어를 가장 중요하게 생각하고 있었으며 한국어도 2012년에 비해 2% 늘어난 5%에 해당하는 기업들의 선택을 받았다. 조사 결과, 경제적으로 EU가 영국의 가장 큰 수출시장이기 때문에 기업들이 인접 유럽 국가들의 언어를 중요시하는 것을 확인할 수 있다. 이러한 경제적, 지리적, 문화적 이유에 의해 영국에서는 예전부터 인접한 유럽 국가들의 몇몇 언어가 외국어 교육의 중심이었고 학생들이 더 높은 수준의 외국어 교육을 받을 필요가 없었기 때문에, 고급 외국어 구사 능력이 부족한 상황이며 국제 사회에서 중요시되는 중국어나 스페인어 등을 구사할 수 있는 인력의 부족은 더욱 심각한 것으로 파악되고 있다. 중국과 중남미 시장이 폭발적인 성장세를 보이고 있는 현 상황에서 새로운 해외 시장을 개척하고자하는 기업들은 유럽 인접국들의 언어가 아닌 다른 언어를 구사할 수 있는 직원

4 기사의 원문은 아래의 사이트를 참조하기 바람.
http://www.bbc.com/mundo/noticias/2014/09/140902_reino_unido_idioma_ingles_lenguajes_extranjeros_jp

을 채용해야할 필요가 있기 때문에, 국가적으로도 외국어 구사 가능 인력의 부족이 계속해서 경제적, 사회적인 문제로 대두되고 있다. 때문에 영국은 정부차원에서 외국어 교육을 장려하고 관련 정책을 내놓고 있으며 기업들 또한, 젊은이들에게 외국어 공부를 통해 얻을 수 있는 혜택들을 계속해서 강조하고 있다. 특히 영국 의회에는 외국어 교육 확대를 위해 노력하는 초당파적 교섭단체가 결성되어 있으며 이 단체가 발표한 성명서에서는 심지어 "영어만 할 줄 아는 것은 영어를 할 줄 모르는 것만큼의 불이익을 준다"고까지 주장하고 있다. 이들은 우선적으로 영국과 교역 상대국의 여러 가지 경제적, 사회적인 지표들과 외교적인 관계 등을 고려하여 향후 20년간 가장 중요시될 외국어 10개를 선정했다. 기사에 따르면, 그 10개 언어는 스페인어, 아랍어, 프랑스어, 중국어, 독일어, 포르투갈어, 이탈리아어, 러시아어, 터키어와 일본어이다. 하지만 영국 인구의 75%가 이 언어들 중 단 하나도 제대로 구사하지 못하는 것으로 파악되며 그나마 나은 것이 프랑스어 15%, 독일어 6%, 스페인어 4%, 이탈리아어 2% 등의 수준으로 확인되어 얼마나 외국어 문제가 심각한지 확인할 수 있다. 영국인들처럼 외국어로 의사소통이 가능하지 않을 경우, 수많은 경제적·사업적 기회들을 놓치게 되는 셈이며 다른 문화권에 있는 사람들과 접촉하고 연결되는 과정에서도 의사소통이 가능한 경우에 비해 제약이 생기기 마련이다. 특히 외국어를 공부하는 사람이 절대적으로 부족하게 되면 외국어 교육을 위한 인력도 제대로 공급되지 않기 때문에 악순환이 반복될 수밖에 없다. 결과적으로 기업들은 해외에서의 사업 기회를 잃게 되고 국가적으로도 다른 국가 및 문화권과의 교류가 원활하게 이루어지지 않기 때문에 전 세계적인 영향력이 감소할 수밖에 없다.

위의 기사 요약문에서 볼 수 있듯이, 영어만으로는 세계인이 될 수 없는 상황이다. 이제 우리나라가 좀 더 적극적으로 스페인어권 세계와 교류를 희망한다면 그들의 모국어인 스페인어로 접근하는 것이야말로 가장 바람직한 길이다. 게다가 스페인어권 국가들에서 영어로 소통하기가 쉽지 않기 때문에 더욱 그러하다.

3.2. 스페인어 사용국가

스페인어를 공용어(lengua oficial)로 채택하고 있는 국가는 22개국으로서, 유럽의 스페인과 안도라(중립국), 푸에르토리코를 포함한 중남미의 19개국 그리고 아프리카의 적도기니가 있다. 스페인어를 공용어로 사용하는 이들 국가의 인구수는 〈그림 17〉과 같다.[5]

5 참고로, 푸에르토리코(Puerto Rico)는 미국의 자치령이므로 엄밀히 말해서 국가는 아니다. 서인도제도 중부에 위치한 푸에르토리코는 400년 동안 스페인의 식민 지배를 받아오다, 1898년 미국과 스페인의 전쟁에서 미국이 승리함에 따라 미국령이 되어 군정이 시작되었고, 1917년에 미국의 준주가

국가	인구
멕시코	113,423,000
스페인	46,077,000
콜롬비아	46,295,000
아르헨티나	40,412,000
페루	29,077,000
베네수엘라	28,980,000
칠레	17,114,000
에콰도르	14,465,000
과테말라	14,389,000
쿠바	11,258,000
볼리비아	9,930,000
도미니카 공화국	9,927,000
온두라스	7,601,000
파라과이	6,455,000
엘살바도르	6,193,000
니카라과	5,788,000
코스타리카	4,659,000
푸에르토리코	3,749,000
파나마	3,517,000
우루과이	3,369,000
적도기니	700,000
안도라	85,000

<그림 17> 스페인어 공식 사용 국가와 인구수(2010, UN) (이상현 외, 2013: 12)

한편, 라틴아메리카에서 스페인어를 공용어로 사용하는 국가는 <그림 18>과 같다.

되었다. 이후 1952년에는 자치헌법을 제정하였고, 국방·외교·통화를 제외한 내정을 이양 받아 미국 자치령이 되었다. 따라서 현재 푸에르토리코는 완전한 내정 자치권이 있으나 외교와 국방은 미국이 담당하고 있다. 올림픽이나 월드베이스볼클래식(WBC)과 같은 국제행사에는 독자적으로 참가한다.

〈그림 18〉 라틴아메리카의 스페인어 사용국가

스페인어권 국가를 칭할 때, 흔히 '중남미'(América Central y del Sur), '라틴아메리카'(Latinoamérica o América Latina), '히스파노아메리카'(Hispanoamérica), '이베로아메리카'(Iberoamérica)와 같은 명칭을 섞어서 사용하는 경우가 있는데, 이들 용어는 엄밀히 말하면 동일한 대상을 가리키지 않는다. 먼저, 중남미란 용어는 지리적 위치에 따른 명칭으로, 엄밀히 말하자면 멕시코가 북미에 속하기 때문에 '중남미'란 명칭은 아메리카 대륙의 스페인어권 국가들을 모두 칭하기엔 다소 부적절하다고 볼 수 있다.

아메리카란 단어가 들어 있는 라틴아메리카, 히스파노아메리카, 이베로아메리카는 모두 사용언어와 관련된 명칭이다. 먼저, 〈히스파노아메리카〉에서 '히스파노'(Hispano)란 형용사는 로마제국시대에 스페인을 칭하던 라틴어 '히스파니아'(Hispania)란 단어에서 유래한 것으로, 히스파노아메리카는 아메리카 대륙에서 스페인어를 사용하고 스페인의 문화유산이 남아있는 국가들을 지칭한다. 따라서 히스파노아메리카는 아메리카 대륙에서 스페인어를 공용어로 사용하는 19개국과 뉴멕시코, 캘리포니아와 같은 히스패닉의 문화유산이 많이 남아있는 미국 남서부 지역 및 플로리다를 가리킨다.

둘째, 〈이베로아메리카〉의 '이베로'(Ibero)는 라틴제국시대 이전의 이베리아 반도에서 거주하던 원주민인 이베로족에서 유래한 것이다. 이베리아 반도에는 스페인어뿐만 아니라 포르투갈어도 사용되기 때문에, 아메리카 대륙의 스페인어권과 함께 포르투갈령이었던 브라질도 이베로아메리카에 포함된다. 주의할 점은 '이베로아메리카'는 아메리카 대륙의 해당 국가들뿐만 아니라 유럽의 스페인과 포르투갈도 지칭한다는 사실이다.

셋째, 〈라틴아메리카〉라는 명칭에는 '라틴'(Latín)이라는 용어가 포함되어 있기 때문에, 라틴어에서 파생된 스페인어, 포르투갈어, 프랑스어와 같은 로망스어를 사용하는 국가들은 모두 라틴아메리카에 속한다. 따라서 프랑스어를 사용하는 카리브해의 '아이티'와 남미의 '프랑스령 기아나'는 라틴아메리카에 속한다. 동일한 논리로, 프랑스어를 사용하는 퀘백과 같은 캐나다 지역도 라틴아메리카에 포함될 수 있다. 그러나 일반적으로 사람들이 라틴아메리카라는 용어를 사용할 때는 주로 이베로아메리카를 뜻하는 것으로, 브라질을 포함한 아메리카 대륙의 스페인어권 국가들을 언급하는 것이라고 보면 된다. 특히, 라틴아메리카란 명칭은 라틴족이라는 민족적 개념으로 사용되기도 하는데, 앵글로색슨족에 대항하는 개념으로 아메리카 대륙에서 미국의 패권주의에 대항하는 의미로 사용되기도 한다.

이와 같이, 이들 명칭은 모두 아메리카 대륙에서 사용하는 언어와 깊이 관련되어 있다. 따라서 스페인어를 사용하는 아메리카의 국가들은 위의 세 명칭에 모두 해당하나, 포르투갈어를 사용하는 브라질은 히스파노아메리카에는 속하지 않는다. 한편, 중남미에는 라틴어에서 파생된 로망스어권이 아닌 국가들도 존재하는데, 남미의 '수리남'은 네덜란드어를 사용하며, 중미의 '벨리즈', '트리니다드 토바고', '바하마', '자메이카', '바베이도스'와 남미의 '기아나'는 모두 영국 식민지였던 관계로 영어를 공용어로 사용한다. 따라서 이들 국가들은 엄밀히 말해서 위에서 언급한 세 명칭 어디에도 속하지 않는다. 〈그림 19〉의 지도(라틴아메리카와 카리브해 연안)에서 이들 국가의 위치를 파악할 수 있다.

<그림 19> 라틴아메리카와 카리브 해 연안의 국가들

3.3. 외국에서의 스페인어에 대한 관심

우리나라에서 스페인어의 인기가 급상승하고 있듯이, 외국에서도 스페인어의 인기는 높다. 2005년까지는 일본이 아시아에서 DELE 응시자가 가장 많은 국가였다는 사실은 그만큼 일본학생들이 예전부터 스페인어에 관심이 컸다는 것을 보여준다. 일본에는 20여개 대학에 스페인어 학과가 있으며, 일본의 대다수 대학에는 제2외국어의 하나로 스페인어 강좌가 개설되어 있다. 최근에는 중국에도 스페인어 배우기가 붐을 이루고 있는데, 2016년 7월 3일자 YTN 「스페인의 중국 유학생 급증」이라는 기사에 따르면, 마드리드에 유학 중인 중국인은 5천 명에 달한다. 이 수치는 최근 4년 사이에 4배나 증가한 수치로 외국 유학생의 22%가 중국인이라고 한다. 중국에 부는 스페인 바람의 원인으로 취업을 꼽는데, 우리나라에서와 마찬가지로, 흔한 영어보다 희소성 있는 스페인어로 무장하면 취업의 문턱을 넘을 확률이 높다는 것이다. 이와 같이 중국에서 스페인어 위상이 빠르게 높아지고 있어서, 중국학생들은 영어만 하는 것보다 스페인어까지 하면 취업 시장에서 돋보일 수 있다고 생각한다.

영국, 프랑스를 비롯한 북유럽, 동유럽 국가들에서도 스페인어 배우기 열풍이 불고 있다고 하며, 유럽에서만 2300만 명이 스페인어를 제2외국어로 사용하는 등 유럽 전역에서 스페인어의 수요가 빠른 속도로 증가하고 있다.

3.4. 미국에서의 스페인어[6]

미국 내에서 스페인어는 실제로 영어 다음으로 가장 많은 사람들이 사용하는 중요한 언어이다. 전 세계에서 스페인어를 사용하는 국가들 중 사용자 수에 근거해서 볼 때 미국은 멕시코, 콜롬비아, 스페인, 아르헨티나 다음으로 5위를 차지하고 있다. 2010년도 미국 통계 자료에 따르면 50,477,594명(푸에르토리코를 포함하면 54,166,049명)의 히스패닉이 미국에 살고 있는 것으로 파악된다. 여기서 '히스패닉(hispanic)'이란 미국 내에 거주하는 라틴아메리카 출신자들을 일컫는 말로 '라티노(latino)'라고 부르기도 한다. 엄밀히 얘기해서, '라티노'는 라틴아메리카 지역에서 미국으로 온 이민자와 그 후손을 말하는 지역(geography) 개념에 가까우며, '히스패닉'은 스페인과 라틴아메리카의 스페인어 사용지역에서 온 사람 또는 그 후손을 지칭하는 것으로 언어(language)에 가까운 용어이다.[7] 그러나 일반적으로 두 용어는 같은 의미로 사용된다. 미국 내 전체 히스패닉 중 65% 정도는 멕시코계로 이들을 보통 멕시칸 아메리칸(Mexican American) 또는 치카노(chicano)라고 부른다. 이어 푸에르토리코계가 뉴욕을 중심으로 북동부 지

6 미국에서의 스페인어에 관한 자세한 내용은 6장을 참조하기 바람.

7 앞서 언급하였듯이, 히스패닉이란 용어는 로마제국 시대에 이베리아 반도의 스페인을 히스파니아(Hispania)라고 불렀던 데에 기인한다.

역에, 쿠바계가 마이애미를 중심으로 남부지역에 자리 잡고 있다.

미국 국민들의 구성 비율을 살펴보면 백인이 제1인구에 해당되며 그 뒤를 이어 히스패닉이 2위, 흑인이 3위를 차지하고 있다. 2013년 7월 18일자 조선일보 「美 히스패닉 파워 급부상」 기사에 따르면, 2010년 기준으로 미국 전체 인구에서 히스패닉이 차지하는 비중은 16.3%, 흑인은 12.6%다. 이미 히스패닉은 숫자 측면에서 흑인을 압도하고 있다. 더 중요한 것은 증가 추세로서, 10년 전과 비교하면 흑인은 12.3%가 증가한 데 그쳤지만, 히스패닉은 43%가 늘었다.

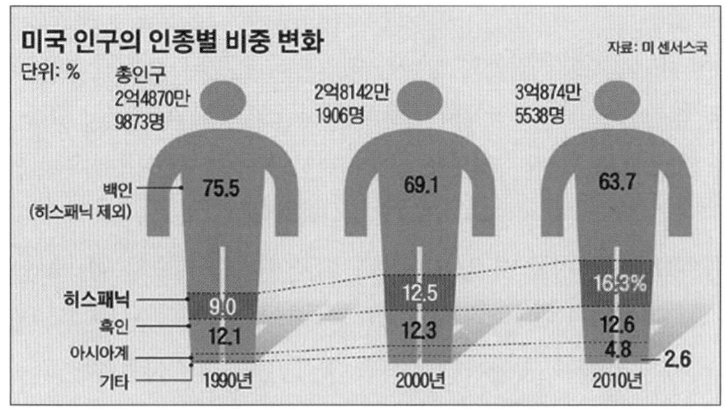

〈그림 20〉 미국 인구의 인종별 비중 변화[8]

또한, 미국 센서스국의 예측 프로그램에 따르면, 2050년에는 히스패닉이 1억 5천 5백만 명에 이를 것이라고 한다. 이와 같은 히스패닉 인구 성장세는 지속적인 이민 증가와 함께 높은 출산율에 기인한다. 대부분 가톨릭교도인 히스패닉들은 종교의 영향으로 가족 중심 사고가 강하며 피임·낙태를 잘 하지 않는다. 미국 내 히스패닉 여성은 1인당 2.99명의 아이를 낳아 인종별 출산율이 가장 높다. 흑인 여성은 2.13명, 아시아계 2.04명, 백인은 1.87명 순이다.

8 http://news.chosun.com/site/data/html_dir/2013/07/18/2013071800094.html

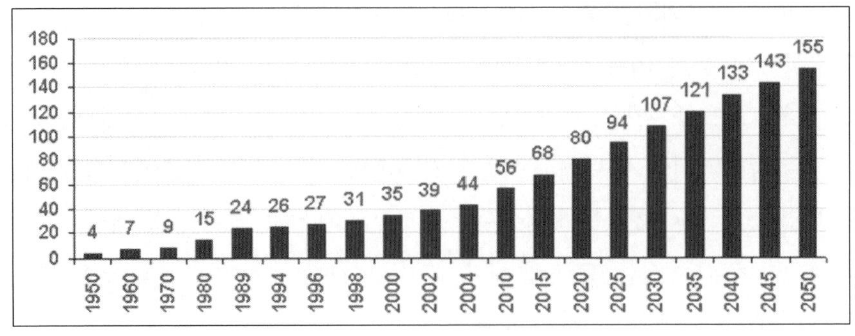

<그림 21> 1950년~2050년 사이의 미국내 히스패닉 인구의 전망 (*US Census Bureau*)

(단위: Millions)

이와 같은 미국 내 히스패닉 인구의 증가는 히스패닉 인구의 높은 출산율과 더불어 자유무역의 확대와 라틴아메리카 지역에서 이주하는 사람의 증가와 관련이 있다. 또한, 미국에서 살고 있는 히스패닉은 다른 국가 출신의 이민자와 달리 영어를 배우지 않고 스페인어를 그대로 사용하고자 하는 성향이 강하므로 미국 내에서 스페인어 사용자 비율은 매년 증가하고 있다.[9] 그 결과, 미국 내 영어 이외의 외국어들 중 계승언어(heritage language)로서의 스페인어는 부동의 1위를 차지하고 있다. <그림 22>에서 보듯이, 스페인어는 미국의 계승언어 중에서 26%를 차지하여 17%의 중국어를 큰 격차로 앞서고 있다.

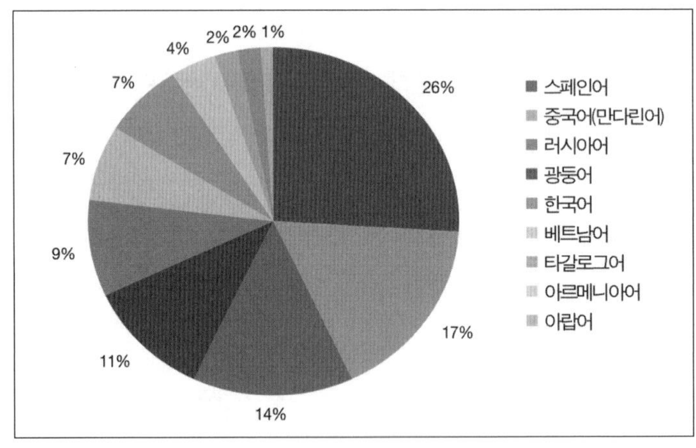

<그림 22> 미국에서의 계승언어 분포
(https://www.alsintl.com/blog/heritage-language-overview)

9 미국 내 히스패닉과 관련한 자료들은 University of Iowa의 2014년도 봄학기 Julia Oliver Rajan 교수의 *Spanish in the U.S.* 강의록을 참고하였음.

히스패닉의 수가 점차 증가하고 그로 인해 이들이 미국 사회의 정치·경제면에 미치는 영향이 커짐에 따라 스페인어를 외국어로 배우고자 하는 미국 학생들도 매년 늘고 있다. 실제로 스페인어는 미국 내에서 영어 다음으로 학생들이 가장 많이 배우고 있는 언어에 해당되는데, 학생들의 60%가 외국어로 스페인어를 선택하고 있다고 한다.

〈그림 23〉과 〈그림 24〉에서 보듯이, 미국에서 히스패닉이 많이 거주하는 지역은 캘리포니아, 텍사스, 플로리다, 뉴욕, 일리노이, 애리조나 등이다.

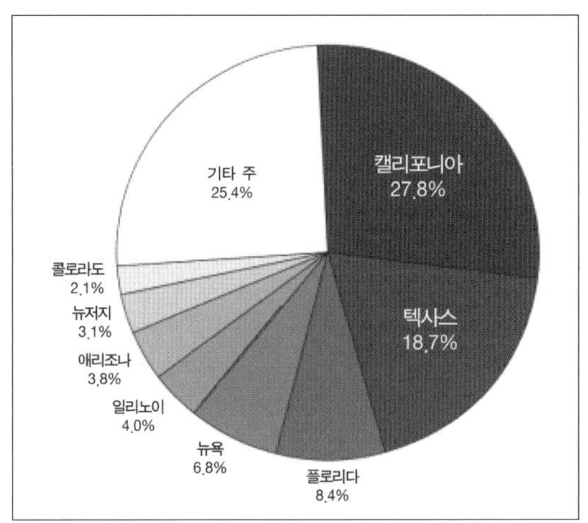

〈그림 23〉 미국에서의 히스패닉 인구 분포 (*2010 US Census Bureau*)

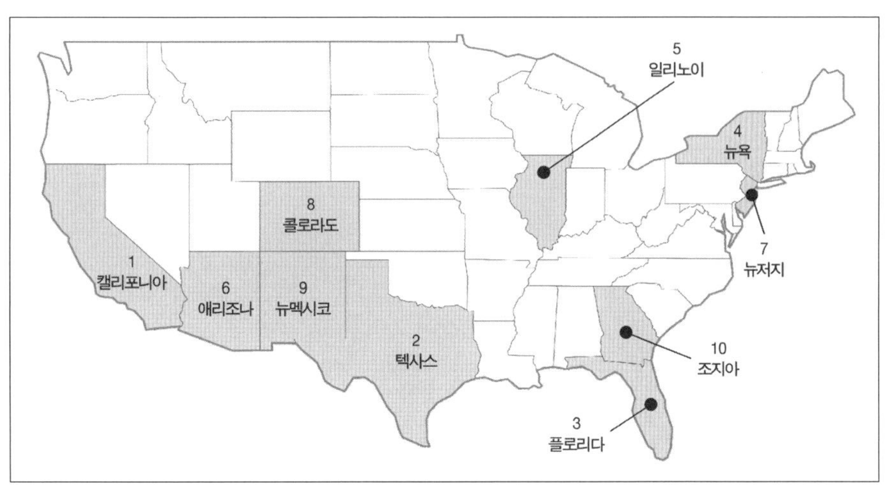

〈그림 24〉 미국에서 히스패닉이 많이 거주하는 주(*States*) 순위

미국의 남서부 지역에 특히 스페인어 지명(예: Los Angeles, San Francisco, Santa Fe, San Jose, Santa Barbara, San Diego, San Antonio, Colorado, Las Vegas 등)이 많다는 것을 알 수 있는데, 그 이유는 이들 지역이 스페인의 식민지였기 때문이다. 1521년 스페인의 정복자 에르난 코르테스(Hernán Cortés)가 아스텍 제국을 정복한 후, 스페인 왕실은 누에바 에스파냐(Nueva España) 부왕령을 세우고 남쪽과 북쪽으로 정복 사업을 진행하였는데, 그 결과 현재 미국의 남서부 지역인 California, Arizona, New Mexico, Nevada, Colorado, Utah, Texas까지 영토를 확대하였다. 따라서 이들 지역에 스페인어와 스페인 문화가 이식된 것은 당연한 결과일 것이다. 이들 지역이 현재 미국 영토인 까닭은 1846년에 시작된 미국-멕시코 전쟁으로 거슬러 올라간다. 멕시코는 1821년 스페인 식민지에서 독립한 후, 미국과의 전쟁에서 패배하여 1848년에 과달루페-이달고 조약(Tratado de Guadalupe Hidalgo)을 맺었는데, 이 조약에 따라 캘리포니아, 아리조나, 콜로라도, 뉴멕시코, 네바다, 유타 지역과 와이오밍의 일부 지역 등 지금의 멕시코 영토 크기에 해당하는 지역을 미국에 헐값으로 넘겼다. 다음 <그림 25>와 <그림 26>은 1821년 멕시코 독립 때의 영토(즉, 1848년 이전까지의 멕시코)와 현재의 멕시코 영토를 보여주는 것으로 미국의 남서부 지역이 예전에는 멕시코 영토였음을 잘 보여주고 있다.

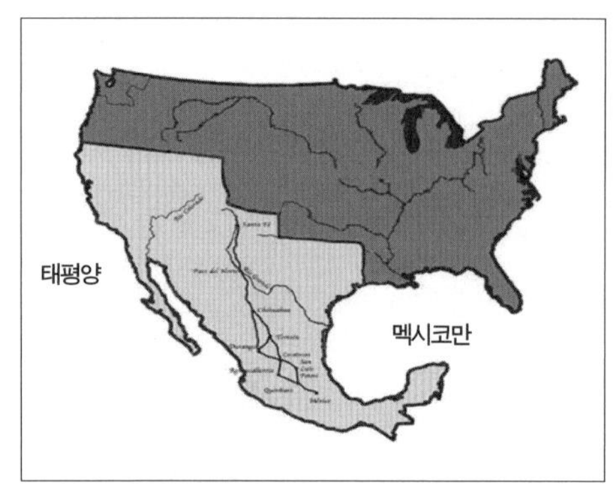

<그림 25> 1821년 독립 당시의 멕시코

<그림 26> 현재의 멕시코

현재 미국의 남서부 지역에서 히스패닉 인구가 많고 히스패닉 문화가 강세인 이유도 근본적으로는 이러한 역사적 사실에 기인한다고 볼 수 있다. 즉, 1848년 미국-멕시코 전쟁 이전부터 이 지역에 거주하던 멕시코 사람들은 조금도 움직이지 않고 미국 국적을 가지게 된 셈이다. 미국 남서부 지역에 자리 잡은 멕시칸 아메리칸은 멕시코의 문화와 전통을 유지하였던 것이다. 여기에 덧붙여, 미국의 노동력 부족 때문에 멕시코에

서 지속적으로 유입되는 이민자도 미국에서 히스패닉 문화가 그 활력을 유지하는 또 다른 이유가 될 것이다.

한편, 필자가 2008년 연구년으로 미국 샌프란시스코 근교에 거주하였을 당시 찍은 〈그림 26〉에서도 스페인어가 미국에서 얼마나 중요한 언어로 사용되고 있는지를 잘 보여주고 있다. 은행과 상점들에는 영어와 스페인어가 병기되어 있을 만큼, 미국에서 스페인어는 폭넓게 통용되고 있다.[10]

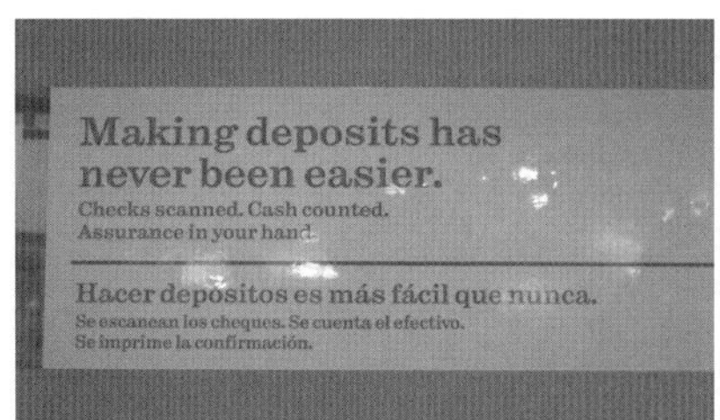

〈그림 26〉 미국에서의 스페인어

미국에서의 히스패닉계의 영향력과 관련하여 2014년 7월 29일자 조선일보의 「美인종주의의 종말」이란 기사를 간략히 소개하면 다음과 같다.[11]

> 금발에 파란 눈, 하얀 피부 인형은 이제 대세가 아니다. 히스패닉을 주인공으로 한 '모험가 도라' 캐릭터 상품들이 지난 10여 년간 120억 달러(약 12조원) 이상 팔렸다. 미국 내 인기

---

10 미국의 공용어는 영어로 알려져 있지만 법률로 정해져 있지는 않다. (연방 공용어는 없으나, 최소 28개주 이상이 영어를 공용어로 채택하고 있다. 하와이 주의 경우 영어와 하와이어를 공용어로 채택하고 있다) 본문에서 언급하였다시피, 스페인어는 미국 전역에서 두루 사용되고 있다. 관공서에는 영어로 표기된 문구와 함께 스페인어가 나란히 자리하고 있으며, 공문서에도 스페인어가 영어와 똑같은 효력을 발휘하고 있다. 제품설명서에도 스페인어로 자세히 설명이 되어 있다. 고객센터에 전화를 해도 스페인어로 진행하겠는지 물어본다. 이와 같이, 현재 미국에서 스페인어의 중요성이 갈수록 커지고 있기 때문에 영어만이 공용어라고 하기는 힘든 시대가 되었다.

11 http://premium.chosun.com/site/data/html_dir/2014/07/29/2014072900194.html

인형의 달라진 '피부색'은 미국 사회의 구조적 변화를 그대로 반영한다. 5세 이하 자녀를 둔 미국 가정의 절반 이상이 '다문화' 가정이고, 2018년까지는 18세 이하 유색 인종 어린이가 또래 백인 숫자를 뛰어넘을 것으로 예상되기 때문이다. <그림 27>에서 보듯이, 1970년 미국 인구의 87.5%나 됐던 백인 인구 비율은 히스패닉 등 유색인이 늘어나면서 2010년 63.7%로 줄었으며, 2050년 유색인 인구는 백인을 추월할 것으로 예상된다.

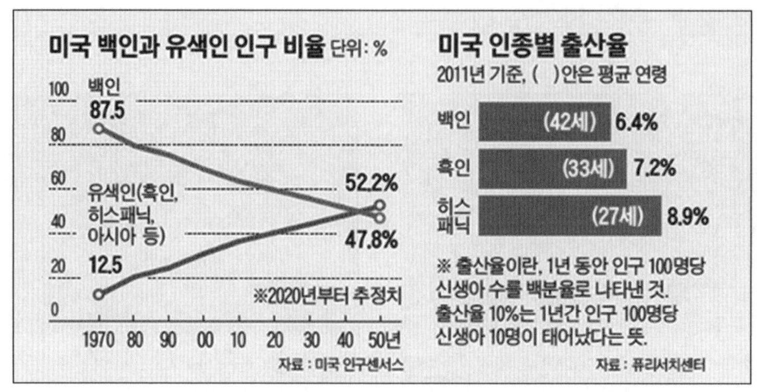

<그림 27> 미국 백인과 유색인 인구 비율 전망

미국에서 히스패닉의 성장은 단연 두드러진다. 영국 경제지 이코노미스트는 "미국에서 히스패닉의 취향을 모르는 기업은 자멸할 수밖에 없다"고 보도했다. 셀리그 경제성장연구소에 따르면, 히스패닉의 구매력은 2010년 1조 달러(약 1025조원)로 10년 전보다 100% 늘어났다. 같은 기간 미국 평균 구매력은 50% 증가하는 데 그쳤다. 2015년엔 히스패닉의 구매력이 1조5000억 달러까지 오를 전망이다. 히스패닉을 겨냥한 광고가 늘자 히스패닉 방송도 급성장하고 있다. 히스패닉 공중파·케이블 방송사는 10년 전 10개에 불과했지만 현재는 100개를 웃돈다고 이코노미스트는 전했다. CNN·폭스·ABC 등 미국의 유명 방송사도 히스패닉 전문 방송사를 따로 설립했다. 미국 사회의 구조적 변화는 공화·민주 양당 구도라는 굳건한 정치 지형도까지 흔들고 있다. 공화당은 2008년과 2012년 두 차례 대통령 선거에서 패배했다. 당시 패인으로 히스패닉 표가 지적됐다. 경제 여건이 열악하기 쉬운 히스패닉은 의료 보장을 비롯한 사회복지 정책과 학교 등 공공시설 투자에 적극적인 민주당에 우호적이라는 분석이다.

위의 기사문에서 보듯이, 미국 사회에서 히스패닉 인구의 증가로 정치·경제뿐만 아니라 문화 분야에서도 히스패닉 파워는 놀라울 정도로 커졌다고 볼 수 있다. 히스패닉들은 입법, 사법, 행정부에 많이 진출해 있으며, 영화, 음악, 스포츠 등에서 큰 활약을 보이고 있다. 특히, 각종 선거에서 히스패닉의 위력은 유감없이 발휘되고 잇다. 민주당의 오바마 역시 이들 히스패닉의지지 덕분에 대통령이 될 수 있었다. 비록 2016년 대선에서 공화당의 도널드 트럼프가 우여곡절 끝에 집권하여 미국의 중산층 백인을 대변하는 무역 보호주의 정책과 反이민정책을 펼치고 있지만, 미국 사회에서 급증하고 있는 히스패닉의 영향력을 무시하기란 쉽지 않을 것이라고 보는 것이 중론이다. 앞서 보았듯이, 역사적으로 미국의 중남부 지역은 원래 스페인·멕시코 영토였다는 점을 돌이켜보면, 트럼프의 백인 보호정책은 이들 지역의 본래 주인이었던 히스패닉계로서는 받아들이기 힘든 상황일 수 있다.

3.5. 신흥 경제권으로 부상한 라틴아메리카

1879년부터 1883년 사이에 페루·볼리비아 연합국과 칠레 사이에 벌어진 태평양 전쟁(또는 구아노(guano) 전쟁)은 라틴아메리카가 지닌 천연자원의 중요성을 잘 말해준다. 구아노는 바닷새의 똥이 퇴적된 것으로 천연비료로 쓰이는데, 화약을 만드는 데 필요한 질소의 덩어리로 각광받고 있었기 때문에, 구아노가 널려 있던 해변(아타카마 사막)을 소유하고 있던 페루와 볼리비아는 얼떨결에 자원 부국으로 올라서게 된다. 그들의 주변국인 칠레는 페루·볼리비아와 자원분쟁을 일으키고, 결국 해안에 널려있는 구아노를 차지하기 위해 이들 국가와 전쟁을 벌여 승리하는데, 그 결과 페루와 볼리비아는 구아노 생산지역을 잃어버리게 된다. 페루보다 더 큰 타격을 입은 것은 볼리비아로서, 볼리비아는 해안으로 진출하는 통로를 상실하고 내륙국으로 전락한다. 안데스 산악 지역에 위치하여 다른 육로운송은 불가능에 가까운 그들로서 해안을 상실한 것은 그야말로 큰 타격인 셈이다. 구아노 전쟁의 결과, 칠레와 페루 사이에는 해상경계선 분쟁이 지속되었는데, <그림 28>과 <그림 29>에서 보듯이, 2014년 국제사법재판소의 판결로 두 국가 간의 131년 묵은 해상 경계선 분쟁이 종지부를 찍었다.[12] 그러나 칠레와 볼리비아 간의 해안 분쟁은 지금도 진행 중이다.

---

12 서울경제 2014년 3월 5일자 기사「두 개의 태평양 전쟁」
http://economy.hankooki.com/lpage/opinion/201403/e20140305173312131870.htm

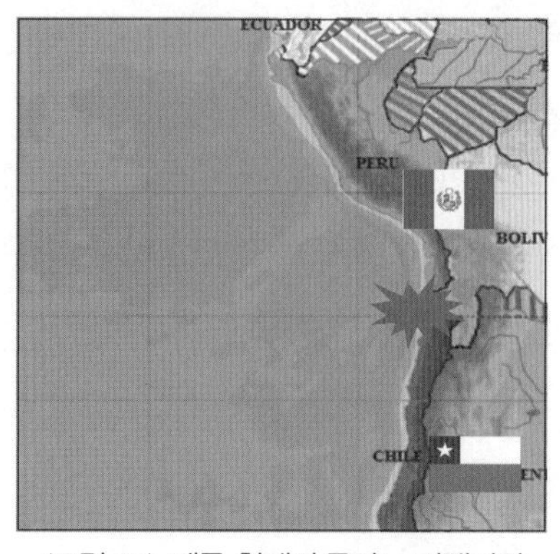

〈그림 28〉 페루-칠레의 구아노 전쟁지역

〈그림 29〉 페루-칠레 해양경계선 분쟁

한편, 세계 각 국가들은 날로 치열해지는 경쟁에서 살아남기 위해 대륙별·지역별로 경제·무역블록을 형성하고 있는데, 유럽연합(EU), 아시아태평양경제협력체(APEC), 동남아시아국가연합(ASEAN), 라틴아메리카통합연합(LAIA) 등이 그것이다. 예를 들어, 라틴아메리카통합연합은 라틴아메리카 국가 간에 공동 시장을 창설하기 위하여 1980년에 세워진 기관으로 영어 약칭인 LAIA 외에 스페인어 약칭인 ALADI(Asociación Latino-americana de Integración)라고도 불린다. 아르헨티나, 볼리비아, 브라질, 칠레, 콜롬비아, 쿠바, 에콰도르, 멕시코, 파나마, 파라과이, 페루, 우루과이, 베네수엘라의 13개국으로 구성되어 있으며, 별개의 독자적인 통합연합체를 갖고 있지 않은 모든 라틴아메리카 국가를 가맹국으로 하는 통합체 성격을 띠고 있다.

이외에도, 라틴아메리카 국가들이 관계되는 경제협정을 간략히 살펴보면 다음과 같다. 1969년에는 볼리비아, 콜롬비아, 에콰도르, 페루, 칠레가 안데스 공동체(CAN: Comunidad Andina de Naciones)를 맺었으며, 멕시코는 1998년도에 미국 및 캐나다와 북미자유무역협정(NAFTA: North American Free Trade Agreement)을 맺었다. 1991년에는 브라질, 아르헨티나, 우루과이, 파라과이가 남미공동시장(Mercosur: Mercado Común del Sur)을 결성하였으며, 2012년에는 베네수엘라가 Mercosur에 가입하였다.

남미 국가들은 2008년도에 남미국가연합(UNASUR: Unión de Naciones Suramericanas)을 결성하여 경제적 통합 노력을 꾀하고 있다. 남미판 유럽연합의 성격을 띤 남미국가연합에는 남미의 12개국 회원국이 참여하고 있다. 여기에는 남미공동시장(MERCOSUR) 회원국인 아르헨티나, 브라질, 파라과이, 우루과이와 안데스공동체(CAN)의 회원국인 볼리비아, 콜롬비아, 에콰도르, 페루, 칠레, 그 밖에 가이아나, 수리남, 베네수엘라가 포함된다. 남미국가연합은 미국 주도의 미주기구에 대항해 '남미 문제는 남미 스스로 해결한다’는 기치를 내걸고 출범했다. 남미를 양분하는 경제블록인 남미공동시장과 안데스공동시장의 통합을 추구하고 있다. 남미국가연합은 이를 위해 자유로운 인적 교류, 경제개발, 공동 방위정책, 관세 철폐를 추진하고 있다.

이와 같이 라틴아메리카 국가들 간에 경제협력체가 순조롭게 결성되기도 하였지만, 그렇지 못한 경우도 있다. 1994년 미국의 제안으로, 미국과 중남미가 모두 포함되는 아메리카 대륙 전체에서의 자유무역을 주창하는 FTAA 미주자유무역지대(ALCA: Área de Libre Comercio de las Américas) 협정이 합의되었으나, 2005년 11월 아르헨티나에서 열린 34개국 미주 정상회담에서 아르헨티나, 브라질, 베네수엘라 등 신자유주의를 반대하는 남미좌파정권 국가의 반대로 그 협의가 결렬되었다. 한편, 우리나라는 1989년에 21개국의 회원국으로 결성된 아시아태평양경제협력체(APEC: Asia-Pacific Economic Cooperation)에 가입하고 있으며, 라틴아메리카 가입국으로는 멕시코, 칠레, 페루가 포함되어 있다.

이와 함께, 라틴아메리카의 대국인 브라질은 브릭스(BRICS, 브라질, 러시아, 인도, 중국, 남아프리카공화국)의 일원으로, 자원이 풍부하고 거대한 인구와 시장을 보유하고 있어 그 성장 잠재력이 매우 큰 국가라고 할 수 있다. 브릭스 회원국들은 서방의 독점적 세계경제 구조에 대항하기 위한 신흥경제국의 정책 모임인 ‘브릭스 정상회담’을 2009년부터 매년 개최하고 있다.[13]

4. 배우기 쉬운 스페인어

앞서 살펴보았듯이, 우리나라나 일본에 스페인어 상호를 가진 자동차가 많다는 것은 스페인어권 국가로의 수출을 염두에 두었을 수도 있지만, 무엇보다 철자와 일치하는 스페인어 발음의 용이성에 기인하기도 한다. 스페인어는 영어와 동일한 로마자 알파벳을 사용하며, 철자 그대로 읽기 때문에 그 발음규칙만 정확히 인지하면 어떠한 단어도 쉽게 읽을 수 있다. 필자의 경험상, 학생들은 첫 수업 1시간 만에 스페인어 단어와 문장 읽기가 가능하였다. 따라서 철자마다 발음의 예외가 많은 영어나 프랑스어 또는 키릴문자를 사용하는 러시아어와는 달리, 스페인어는 굉장히 입문하기 쉬운 외국어라고 볼 수 있다.

---

13 2010년 12월에는 남아프리카공화국이 공식 회원국으로 가입함에 따라, 브릭스(BRICs)의 4개 국가가 5개 국가로 확대되면서 BRICs의 소문자 s가 대문자로 변경, BRICS로 변경되었다.

또한, 스페인어는 영어와 유사한 점이 많다. 우선, 어휘적 측면에서 본다면 스페인어는 라틴어에서 파생된 언어이기 때문에, 라틴어 어원을 지닌 수많은 영어 단어와 유사하다. 영어의 *s*-로 시작하는 단어들은 <표 4>에서처럼 스페인어로 오면 *e*-를 첨가하면 된다.

<표 4> 영어와 스페인어의 유사성

영어	스페인어
station	estación
space	espacio
student	estudiante
spirit	espíritu
stupid	estúpido
state	estado
statue	estatua
style	estilo
standard	estándar

영어에서 *-tion*으로 끝나는 단어들은 스페인어에서 *-ción*으로 바뀌며, 영어 *-ist*로 끝나는 직업명들은 스페인어에서 대개 *-ista*로 바뀐다. 또한, 영어에서 *-gy*로 끝나는 학술명칭은 스페인어에서 *-gía*가 된다. <표 5>에서 이를 확인할 수 있다.

<표 5> 영어와 스페인어의 유사성

영어	스페인어
nation	nación
publication	publicación
dentist	dentista
artist	artista
pianist	pianista
geology	geología
ecology	ecología
technology	tecnología

이와 같이, 외국어로 영어를 먼저 배운 우리 한국학생들은 영어와 어휘가 유사한 스페인어를 접할 때 그만큼 친근함을 느낄 수가 있다. 비록 문법에서 영어와 스페인어는

다소 차이를 보이지만, 우리말과는 달리, 스페인어나 영어 모두 관사를 사용한다거나 관계대명사를 사용한다는 점에서 이들 두 언어는 문법적으로도 가까운 언어라고 볼 수 있다. 영어와 스페인어 공히 인도유럽어족에 속한다는 점을 상기해보면 이러한 어휘적·문법적 유사성은 당연하다고도 볼 수 있다.

5. 요약

이 장에서는 우리나라에서의 스페인어 교육현황, 우리나라와 스페인어권 국가 간의 관계, 세계 속의 스페인어 등을 통하여, 글로벌 시대인 21세기에서의 스페인어의 중요성을 살펴보았다. 사회문화적 측면에서 우리나라에 스페인어권 문화가 상당히 유입되었으며, 스페인어뿐만 아니라 스페인어권의 음식문화도 쉽게 접할 수 있다. 또한, 미국 및 국제 사회에서 스페인어의 위상이 전반적으로 높아졌다. 특히, 미국의 최대 소수인종인 히스패닉의 위상이 상승함에 따라 미국에서의 스페인어의 중요성은 우리나라에서 영어가 지니는 것과는 비교할 수 없을 정도 높다. 경제적 측면에서 본다면, 우리나라와 스페인어권 국가와의 교역이 갈수록 증가추세에 있고, 라틴아메리카의 엄청난 인구와 천연자원은 앞으로도 우리나라와 라틴아메리카 국가들 간의 경제교류가 얼마나 더 크게 발전하게 될지 기대하게 한다. 마지막으로 언어적 측면에서, 스페인어는 발음이 쉽고 영어와 어휘가 유사하다는 점에서 우리 학생들이 외국어로 접근하기에 용이하다. 스페인어는 누구든 한 시간만 투자하면 어떤 문장이든 읽을 수 있게 될 정도로 읽기가 쉽고, 어휘와 문법적 측면에서도 영어와 유사한 부분이 많기 때문에 영어를 먼저 외국어로 습득한 한국인들에게 스페인어는 배우기가 매우 쉬운 언어라고 할 수 있다. 이와 같은 여러 가지 이유들을 고려할 때, 우리나라를 비롯한 세계 각국에서의 '스페인어 붐'은 어쩌면 당연한 현상이며, 미래에 스페인어의 중요성은 더욱 더 커질 것으로 예상된다.

제2장

스페인의 역사와 언어상황

1. 들어가기

앞서 우리는 세계 속에서 스페인어가 차지하는 위상과 함께, 우리나라와 스페인어권 국가들 간의 교류 등을 살펴보았다. 지구촌 시대에 국제어로서의 스페인어는 영어나 중국어 못지않게 중요한 언어임을 아무리 강조해도 지나치지 않을 것이다. 그러나 스페인에는 카스테야노(castellano)라 불리는 스페인어만 사용되지 않는다. 갈리시아 지역에는 가예고(gallego)라 불리는 갈리시아어가, 카탈루냐 지방에는 카탈란(catalán)이라 불리는 카탈루냐어가, 바스크 지방에는 에우스케라(euskera)라는 바스크어가 사용된다. 이들 언어는 스페인 헌법에서 인정한 공식 지역어이다. 예를 들어, 카탈루냐 자치주의 수도인 바르셀로나로 여행을 가보면 거리 표지판이 카탈루냐어로 쓰여 있고 거리에서 사람들이 스페인어가 아닌 카탈루냐어를 사용한다는 사실을 쉽게 알 수 있다. 따라서 엄밀히 얘기하면 스페인은 단일언어 국가가 아니라 이중언어 또는 다언어 국가라고 볼 수 있다.

한 나라를 제대로 이해하기 위해서는 그 나라에서 사용되는 언어와 함께 그 나라의 역사와 문화를 함께 이해해야한다고 한다. 스페인의 경우, 스페인어의 발달사는 스페인 역사와 함께 했다고 보아도 무방하다. 마찬가지로, 현재 스페인의 다언어 상황도 스페인의 역사 속에서 살펴보아야 한다. 현재 스페인의 다언어 상황은 스페인의 역사와 밀접한 관련을 지니고 있기 때문이다. 즉, 스페인의 언어와 역사는 동전의 앞뒷면

처럼 한 운명체로서 함께 했다고 볼 수 있다. 이 장에서는 이러한 스페인의 언어상황을 역사적 맥락에서 살펴볼 예정이다.

스페인과 마찬가지로 이베리아 반도에 속해 있는 포르투갈의 언어도 스페인의 역사 속에서 조명해 볼 수 있다. 스페인어와 포르투갈어는 서로 다른 국가에 속해 있는 별개의 언어로 여겨지지만 조금만 역사를 되돌려 보면 두 언어는 동일한 모어에서 파생되었음을 알 수 있기 때문이다. 스페인어와 포르투갈어는 속어 라틴어(latín vulgar)에서 파생된 로망스어로서, 분화되기 시작한 10세기 당시에는 속어 라틴어의 방언(dialectos)으로 서로 의사소통이 가능한 수준이었으나 시간이 흐르면서 서로 다르게 변모하여 방언의 차원이 아닌 개별언어로 굳어진 것이다. 이러한 언어분화는 역사와 관련이 있는데, 가톨릭 세력과 이슬람 세력 간의 전쟁에서 카스티야-아라곤 연합 왕국이 1492년에 재정복을 완수한 반면, 포르투갈 왕국은 11세기에 레온-카스티야 왕국에서 독립하여 1249년에 재정복을 끝내면서 오늘날의 영역이 정해졌고 이와 함께 속어 라틴어에서 분화된 포르투갈어도 국가의 공용어로 확립되었다. 이와 같이, 스페인어와 포르투갈어는 서로 다른 역사적 상황으로 인해 유사했던 방언들이 서로 다른 개별언어로 분화된 좋은 예인 것이다. “De España ni buen viento, ni buen casamiento”(스페인으로부터는 좋은 바람도 없고 좋은 결혼도 없다)라는 포르투갈 속담은 포르투갈 사람들의 스페인 출신들에 대한 질시와 반목을 잘 보여준다.

2. 스페인의 언어상황

현재 스페인의 영토는 이베리아 반도 이외에도 모로코 영토내의 스페인령인 북아프리카의 세우타(Ceuta)와 멜리야(Melilla), 서아프리카의 카나리아 제도(Islas Canarias), 지중해의 발레아레스 제도(Islas Baleares)가 있다. 이베리아 반도에는 포르투갈 이외에도 영국령인 지브롤터(Gibraltar)와 중립국인 안도라(Andorra)가 있다. 왕위 계승 전쟁으로 1713년에 체결된 위트레흐트 조약(Treaty of Utrecht)에 따라, 영국은 스페인에게 지브롤터를 얻게 되면서, 지브롤터는 지금까지 300여 년 동안 스페인 영토내의 영국령으로 남아 있는데, 2017년 4월 현재 스페인과 영국은 지브롤터 영유권 문제로 서로 첨예하게 대립하고 있다. 영국과 EU 유럽연합의 ‘브렉시트’(Brexit: 영국의 EU 탈퇴) 협상이 시작되면서 EU의 지지를 등에 업은 스페인이 지브롤터에 대한 영유권을 다시 주장하려 하자, 테레사 메이(Theresa May) 영국 총리가 강력 대응 방침을 밝히고 나선 것이다. 마이클 하워드 전 영국 보수당 대표는 인터뷰에서 "36년 전 마거릿 대처가 포클랜드 제도를 지키기 위해 군대를 보내 아르헨티나와 전쟁을 했던 것처럼 메이 총리 역시 지브롤터 영토를 보호하기 위해 전쟁도 불사할 것"이라고 했다. 이와 같이, 영국은 스페인 남단 영국령 지브롤터는 영국의 유럽연합 탈퇴인 '브렉시트' 협상의 논의 대상이 아니며, 지브롤터의 영유권을 수호하겠다는 단호한 입장이다.

〈그림 1〉 스페인의 17개 자치주

〈그림 1〉에서 보듯이, 현재 스페인에는 17개의 자치주(Comunidades Autónomas)가 있다. 여기에는 이베리아 반도 내의 15개 자치주와 지중해의 발레아레스 제도, 북아프리카 대서양에 위치한 카나리아 제도가 포함된다. 북아프리카의 세우타와 멜리야는 스페인령 자치도시이다.

스페인의 특이한 점은 이들 17개 자치주가 국가의 공용어인 스페인어만을 사용하지 않는다는 것이다. 〈그림 2〉의 스페인 언어지도에서 볼 수 있듯이, 스페인은 스페인어 이외에도 지역별로 별개의 공용어(lengua cooficial)를 사용하고 있다. 따라서 스페인은 단일 언어 국가가 아니라, 다언어 국가라고 볼 수 있다.

<그림 2> 스페인의 언어상황 (Montrul, 2013: 53)

현재 스페인에는 4개의 공식 언어가 사용되고 있다. 스페인에는 카스티야 지방의 카스티야어(castellano), 카탈루냐의 카탈루냐어(catalán), 갈리시아의 갈리시아어(gallego), 바스크의 바스크어(vasco; euskera)가 함께 사용된다. 카스티야 지방의 지역어였던 카스티야어(castellano)는 이베리아 반도의 통일 그리고 중남미 식민지 경영과 함께 스페인어권 전역의 공용어(lengua oficial)가 되어 현재는 스페인어(español)라고도 불린다. 그러나 멕시코나 아르헨티나와 같은 중남미 국가에서는 '스페인어'란 용어 대신 '카스티야어(castellano)'란 명칭을 선호하기도 한다.[1] 카스티야어라고 부를 때는 역사적 전통에 기인한 것으로, 스페인어가 카스티야 지방에서 태동하여 발전한 언어이기 때문이다. 이유야 어찌되었건 간에, 현재 대부분의 스페인어권 국가들에서 '스페인어(español)'와 '카스티야어(castellano)'는 동의어로 사용된다. 그러나 언어학적 관점에서 카스티야어란 명칭은 스페인어권 국가의 공용어를 칭하기도 하지만, 동시에 스페인 카스티야 지방의 스페인어 방언(dialecto del español)을 가리키기도 한다. 즉, 스페인어가 지역별로 다양한 방언을 지닌다는 방언학적 관점에서 스페인어를 설명할 때, 카스티야어는 이베리아 반도 중북부 지방의 스페인어 방언을 지칭한다.[2]

스페인의 이러한 다언어 상황은 스페인 헌법에서도 공식적으로 인정하고 있다. 즉, 1978년 개정된 스페인 헌법에서는 국가의 공용어는 카스티야어(스페인어)이나, 갈리시

1 스페인 헌법에서도 카스테야노라는 용어를 사용하고 있다. 예를 들어, 헌법 3조 1항에서는 '카스테야노(castellano)가 국가의 공식 스페인어이다'라고 밝히고 있다: El castellano es la lengua española oficial del Estado.

2 이베리아 반도 중북부 지방과 남부 지방의 스페인어의 특성에 대해서는 7장을 참조하기 바람.

아어, 바스크어, 카탈루냐어와 같은 지역어는 스페인어와 함께 해당 자치주에서 공용어로 사용됨을 인정하고 있다. 이와 관련된 스페인 헌법을 소개하면 다음과 같다.

<표 1> 스페인 헌법의 언어관련 규정

헌법 서문	스페인은 인권 및 문화와 전통, 언어, 기구들을 운영하는데 있어서 모든 스페인 국민과 지역을 보호할 것이다.
헌법 제3조	1. 카스티야어(castellano)는 스페인의 공용어이다. 모든 스페인 사람은 이 언어를 알아야 할 의무와 이 언어를 사용할 권리를 가진다.
	2. 그 밖의 스페인의 언어들은 법령에 의거하여 해당 자치주에서 공용어로 사용될 것이다.
	3. 스페인에 서로 다른 언어들이 많다는 사실은 문화적 유산이므로 특별한 존중과 보호의 대상이 된다.

헌법에 따라, 스페인의 카탈루냐, 발렌시아, 발레아레스 제도, 갈리시아, 파이스 바스코와 같은 5개의 자치주에서는 자신들의 지역어를 자치주의 고유어로 명시하고 스페인어와 함께 공용어로 사용하고 있다. 아래 표에서 보듯이, 카탈루냐, 발렌시아, 발레아레스 제도와 같은 자치주에서는 카탈루냐어가,[3] 갈리시아 자치주에서는 갈리시아어가, 파이스 바스코 자치주에서는 바스크어가 자신의 자치주에서 공용어로 사용되고 있다. 예외적으로 나바라 자치주에서는 자치주 안의 일부 지역에서만 바스크어를 공용어로 명시하고 있다.

<표 2> 스페인의 이중언어 사용 자치주

이중 언어를 사용하는 자치주	자치주의 공용어
카탈루냐(Cataluña)	카탈루냐어(catalán)
발렌시아(Comunidad Valenciana)	카탈루냐어(발렌시아어)(valenciano)
발레아레스 제도(Islas Baleares)	카탈루냐어(catalán)
갈리시아(Galicia)	갈리시아어(gallego)
파이스 바스코(País Vasco)	바스크어(euskera)
나바라(일부 지역)(Navarra)	바스크어(euskera)

<표 3>은 스페인 국립통계청(INE: Instituto Nacional de Estadística)에서 실시한 인구조사 자료로서, 1996년과 2016년도에 해당하는 이들 자치주의 인구와 스페인 전체인구에 대한 비율을 보여준다.

---

3 발렌시아 자치주에서는 카탈루냐어를 발렌시아어라고 부르지만, 카탈루냐어의 방언에 가깝다고 한다.

<표 3> 스페인의 이중언어 사용 자치주의 인구와 전체인구에 대한 비율 (Instituto Nacional de Estadística: www.ine.es)

	1996		2016	
	인구	전체 인구에 대한 비율	인구	전체 인구에 대한 비율
스페인 전체 (Total Nacional)	39,669,394	100%	46,557,008	100%
카탈루냐(Cataluña)	6,090,040	15.35%	7,522,596	16.15%
발렌시아(Valencia)	4,009,329	10.10%	4,959,968	10.65%
발레아레스 제도 (Islas Baleares)	760,379	1.91%	1,107,220	2.37%
갈리시아(Galicia)	2,742,622	6.91%	2,718,525	5.83%
파이스 바스코 (País Vasco)	2,098,055	5.28%	2,189,534	4.70%
나바라(Navarra)	520,574	1.31%	640,647	1.37%

<표 3>에서 보다시피, 카탈루냐, 발렌시아, 발레아레스 제도와 같이 카탈루냐어를 사용하는 자치주에서는 스페인 전체 인구에 대한 비율이 증가한 반면, 갈리시아어를 사용하는 갈리시아나 바스크어를 지역어로 사용하는 파이스 바스코와 같은 자치주에서는 인구 비중이 소폭 감소했음을 알 수 있다.

한편, 스페인 헌법은 각각의 자치주가 「토착어의 사용, 학습, 표준화, 보호」에 관한 법령을 입법할 수 있는 권한을 인정하여, 해당 자치주에서는 다음과 같이 법령을 제정하여 토착어 표준화와 교육에 힘쓰고 있다. (cf. 졸저, 2006: 314)

<표 4> 자치주의 관련 법규

자치주	법령	제정일자
카탈루냐	카탈루냐 언어 표준화법	1983년 6월
발렌시아	발렌시아어 사용 및 교육에 관한 법	1983년 11월
발레아레스 제도	발레아레스 제도의 언어 표준화 법	1986년 6월
갈리시아	갈리시아 언어 표준화법	1983년 6월
파이스 바스코	바스크어의 사용 표준화에 대한 기본법	1982년 11월
나바라	나바라의 바스크어 특별법	1986년 12월

이들 스페인의 공용어들은 바스크어를 제외하고는 모두 라틴어에서 파생된 로망스어이다. 즉, 갈리시아어, 카탈루냐어 그리고 카스티야어는 모두 로망스어에 속하는 반면, 바스크어는 라틴어가 유입되기 전에 이미 존재했던 이베리아 반도의 원주민어이다.

한편, 카탈루냐어, 갈리시아어, 바스크어와 같은 지역어는 헌법에서 해당 자치주별로 공용어로 인정받고 있지만 지역 공용어로 인정받지 못하는 소수 언어도 있다. 아스투리아스(Asturias)-레온(León) 지방의 아스투리아스-레온어(asturiano-leonés; 바블레(bable) 라고 불리기도 함), 카탈루냐 지방의 바예 데 아란(Valle de Arán)의 아란어(aranés), 그리고 아라곤(Aragón) 지역의 아라곤어(aragonés)와 같은 소수 로망스어가 여기에 해당한다. 즉, 스페인 헌법에서는 스페인의 모든 지역어를 해당 자치주의 공용어로 인정하지는 않는다. 이외에도 반도의 최남단에 위치한 영국 식민지 지브롤터(Gibraltar)의 원어민 화자들은 영어와 스페인어를 모두 구사한다. <그림 3>은 소수 지역어를 모두 포함한 스페인의 現언어상황을 보여준다.

<그림 3> 스페인의 언어지도 (Hualde, Olarrea, Escobar & Travis, 2010: 290)

스페인어와 함께 사용되는 반도 내 주요 지역 언어를 요약하면 다음과 같다.

- 갈리시아어(gallego): 갈리시아 지역에서 스페인어와 함께 사용되는 공식 언어이다. 아스투리아스와 레온과 인접한 곳에서도 사용된다.
- 아스투리아-레온어(asturiano-leonés): 레온어는 레온 지방의 오래된 방언에서 전해진 로망스어이다. 아스투리아어는 아스투리아 지역에서 공식적인 보호를 받는다. 그러나 갈수록 원어민 화자가 줄어들고 있다.
- 바스크어(vasco; euskera): 파이스 바스코(País Vasco) 자치주에서 스페인어와 함께 사용되는 공식 언어이다.
- 아라곤어(aragonés): 오늘날에는 피레네 산맥의 몇몇 지역에서만 사용된다.

• 카탈루냐어(catalán): 카탈루냐(Cataluña), 발렌시아(Valencia)와 발레아레스 제도(Islas Baleares)에서 스페인어와 함께 공식 언어로 사용된다.

• 아란어(aranés): 카탈루냐 북부지방의 바예 데 아란(Valle de Arán)에서 사용되는 언어로서, 화자수가 극히 미미하여 사멸위기에 놓여있는 소수언어이다.

그렇다면 스페인에는 지역마다 왜 이렇게 다양한 언어가 생겼을까? 특히 왜 북부지방에 다양한 언어가 존재하는 것일까? 카탈루냐나 바스크 지방에서 위력을 떨치고 있는 스페인의 지역주의는 스페인의 언어상황과 어떠한 관련이 있는 것일까? 이러한 의문사항들은 스페인의 역사 속에서 그 해답을 찾을 수 있다. 이어서 스페인의 다언어 상황을 역사적 맥락 속에서 구체적으로 살펴보도록 하자.

3. 유럽의 언어상황과 스페인어

스페인의 언어 상황은 유럽의 전반적인 언어 상황과 연관되어 있다. 유럽의 언어 상황은 국가마다 다양하고 복잡하다. 게다가 국가마다 하나 혹은 그 이상의 국가 공용어, 지역 공용어, 고유방언, 소수언어 등의 다양한 언어를 인정하고 있다. 다언어 국가의 대표적인 예로는 스페인 이외에도 벨기에와 스위스를 들 수 있다. 벨기에는 네덜란드어, 프랑스어, 독일어가 사용되고, 스위스는 지역별로 프랑스어, 독일어, 이탈리아어가 쓰인다. 또한, 동일한 언어이지만 서로 다른 국가에 속해 있어 언어 명칭이 바뀐 경우도 있다. 예를 들어, 세르비아어, 보스니아어, 크로아티아어, 몬테네그로어는 국가별로 서로 다르게 불리지만, 이들 언어는 실상 세르보-크로아티아어(*Serbo- Croatian language*)라는 언어의 다른 명칭에 불과하다. 또한, 벨기에의 플라멩고어(flamenco; *flemish*)는 네덜란드어와 동일한 언어이다. 즉, 국가라는 특성상, 하나의 언어가 서로 다른 이름을 지니게 된 경우도 있는 것이다. 한국어의 경우에도 북한에서는 조선어로 칭하지 않는가.

이와는 반대로, 의사소통이 되지 않아 서로 다른 언어에 속하지만 한 국가에 속해 동일한 언어로 불리는 경우도 있다. 중국어(chino)가 바로 여기에 해당한다. 중국에는 지역별로 만다린어, 광둥어, 상해어, 대만어 등이 있지만, 이들은 서로 의사소통이 힘들기 때문에 한 언어의 방언들(dialectos)이라고 부르기에는 무리가 있다.[4] 예를 들어, 대만에서 정당 간 정책토론을 할 때 토론이 과열되어 상대방을 비난할 때, 한쪽에서 대만어를 사용하면 북경어(만다린어)를 사용하는 국민당 소속 정치인은 상대방 말을 못 알아듣는다고 한다. 하지만 이들 중국의 개별 언어들은 중국이라는 하나의 국가에 속해 있다는 정치적 이유로, 그리고 중국의 언어정책상 모두 '중국어'라고 불리고 있다.

이와 같이 중국의 여러 언어처럼 서로 다른 언어임에도 한 국가에 속해 있는 까닭에 하나의 언어로 불리는 경우도 있고, 네덜란드어와 플라멩고어처럼 동일한 언어가 국가가 달라 서로 다른 명칭을 지니는 경우도 있다. 그러나 언어학적으로 중요한 사실은 국경에 따라 그 언어 명칭이 어떠하든지 간에, 언어(lenguas)와 방언(dialectos)을 구분해야 한다는 것이다. '사투리'라고도 불리는 방언과 언어 사이의 경계선은 명확하지 않지만, 일반적으로 상호 이해도와 의사소통 여부에 따라 언어와 방언을 구분하는 것이 일반적이다. 공시적 관점에서 보면, 하나의 언어는 지역별로 다양한 방언으로 분화되어 사용되는 것이 일반적이다. 우리말의 경우에도, 경상도말, 전라도말, 강원도말, 충청도말, 제주도말, 서울말이 모두 서로 다르지 않는가? 그러나 이들 말씨를 방언이라고 하지, 별개의 언어라고 하지 않는 이유는 말씨가 서로 달라도 상호 의사소통이 가능하기 때문이다. 북한말도 마찬가지가 되겠다. 그러나 통시적 관점에서 보면, 이들 방언들이 시간이 지남에 따라 의사소통이 불가능해지는 경우도 있다. 라틴어에서 파생된 로망스어(romance)가 여기에 해당된다. 기원전 218년부터 로마제국의 지배를 받은 지역에서는 라틴어가 사용되기 시작했는데, 일상생활에서 사용되던 통속 라틴어(latín vulgar)는, 일부 지식인들에 의해서만 전해진 문어 라틴어(latín escrito) 또는 교양 라틴어(latín culto)와는 달리, 제국의 각 지역별로 독자적인 언어로 변화하였다. 글자를 모르는 일반 대중이 의사소통 수단으로 사용한 언어는 구어 라틴어(latín hablado)인 통속 라틴어였던 것이다. 즉, 초기에는 라틴어의 방언 정도로 여겨졌던 것이 시간이 지남에 따라 의사소통이 힘들 정도로 서로 다른 언어로 변모하게 된 것이다. 현재 유럽에서 사용되고 있는 로망스어는 바로 이 통속 라틴어에서 파생된 언어들이다. 이탈리아어, 프랑스어, 루마니아어, 스페인어, 갈리시아어, 카탈루냐어가 이들 로망스어에 속한다. 따라서 스페인에서 사용되는 로망스어인 카스티야어, 카탈루냐어, 갈리시아어는 스페인어의 방언이 아니라 별개의 개별언어임을 주지해야 한다. 〈표 5〉를 보면

4 세계 언어백과에 따르면, 중국어에는 크게 7개의 방언이 있다. 북방방언, 상방언, 월방언, 민방언, 객가방언, 공방언, 오방언이 그것이다. 중국의 공식 표준어는 현대 북경어를 중심으로 구성된 만다린(Mandarin)어로서, 북방방언에 속한다. 월방언에 속하는 광둥어(Cantonese)는 중국의 남부지역인 광주지역에서 사용되며, 상해어는 오방언에 속한다. 민방언에는 민동어와 민남어로 나뉘는데, 대만어를 민남어라고 한다.

라틴어에서 파생된 이들 언어의 어휘들이 얼마나 유사한지 알 수 있다.

<표 5> 라틴어와 로망스어

라틴어	스페인어	이탈리아어	포르투갈어	프랑스어	의미
AMICUS	amigo	amico	amigo	ami	친구
AMARE	amar	amare	amar	aimer	사랑하다
CANTARE	cantar	cantare	cantar	chanter	노래하다
FAMILIA	familia	famiglia	familia	famille	가족
LIBER	libro	libro	livro	livre	책
HOMO	hombre	uomo	homem	homme	사람
NOMEN	nombre	nome	nome	nom	이름
PORTA	puerta	porta	porta	porte	문
TERRA	tierra	terra	terra	terre	땅
SAL	sal	sale	sal	sal	소금
TEMPUS	tiempo	tempo	tempo	temps	시간
MANUS	mano	mano	mao	main	손
ILLE	el	il	o	le	남성 정관사
ILLA	la	la	a	la	여성 정관사
BONUS	bueno	buono	bom	bon	좋은

언어의 변화란 것이 말에서부터 시작되는 것이지, 글자와는 무관하다는 사실도 라틴어에서 파생된 로망스어는 여실히 증명하고 있다. 즉, 로망스어는 문어 라틴어가 아닌 구어 라틴어에서 파생되었기 때문이다. 이와 마찬가지의 현상이 중국어에도 적용된다고 볼 수 있다. 수능의 제2외국어에는 중국어도 있고, 한문도 있다. 과연 이들 두 언어의 근본적인 차이는 무엇인가? 한마디로 표현하자면, 중국어는 현재 중국인들이 사용하고 있는 말인 반면, 한문은 과거 당송시대의 교양어가 문자언어로 남은 고대한어인 셈이다. 지금 우리가 알고 있는 한문은 고대 문어로서 현재는 언중이 사용하고 있지 않기 때문에, 중국어 화자도 옛말인 한문을 이해하기란 쉽지 않다. 따라서 한문과 중국어의 관계는 라틴어와 로망스어의 관계와 유사하다고 볼 수 있다. 한문과 라틴어는 문자 언어로서만 남아 있는 사라진 옛말인 반면, 이들 고대 언어에서 파생된 중국의 다양한 언어들(만다린어, 상해어, 광둥어, 대만어 등)과 유럽의 로망스어들(스페인어, 이탈리아어, 프랑스어, 포르투갈어, 루마니아어, 카탈루냐어, 갈리시아어)은 살아있는 입말로서 그 생명력을 유지하고 있기 때문이다. 이러한 점에서 말·언어란 식자층들만 향유했던 문어(lengua escrita)가 아니라, 언중의 구어(lengua oral)에 그 뿌리를 두고 있음을 재확인할 수 있다.

언어 계통적 관점에서 보면 스페인어, 프랑스어, 이탈리아어, 포르투갈어와 같은 로망스어들은 인도유럽어족에 속해 있다. 인구조어(印歐造語: Proto-Indo-European language)는 인도유럽어족에 속하는 언어들의 근간이 되었으리라고 여겨지는 언어이며, 이를 현대의 언어학자들이 재구성한 조어를 가리키는 말이기도 하다. 기록된 문자가 존재하지 않았으므로, 이후 파생된 언어를 통해 추정하여 재구성이 진행되고 있다. 인도의 산스크리트어가 유럽의 그리스어, 라틴어, 게르만어 등과 문법, 어휘, 소리의 수많은 면에서 유사하다는 점이 발견되면서, 이들 언어들이 하나의 동일한 공통 조상어에서 유래했다는 결론에 이르렀으며, 이들 언어들을 '인도유럽어족'이라고 칭하게 된 것이다. 1967년에 결성된 유럽공동체(CE: Comunidad Europea)와 1991년의 EU 유럽연합(UE: Unión Europea)도 이러한 언어공동체에 뿌리를 두고 있다고 볼 수 있다. 즉, 현재 유럽연합을 구성하는 여러 국가들은 동일한 역사를 공유하며, 하나의 조상 언어에서 파생된 언어를 사용하고 있다는 하나의 유럽이라는 '정체성'을 근본으로 두고 있다고 볼 수 있다.[5] 인도유럽어가 하나의 조상어에서 파생되었다는 사실은 아래의 '어머니'를 뜻하는 유럽 여러 나라의 언어를 보면 쉽게 이해할 수 있다. 즉, 이들 언어의 음성적, 형태적 유사성은 이들 언어가 하나의 언어에서 파생되었음을 증명하고 있다.

〈표 6〉 인도유럽어 어휘의 유사성

인도유럽어	'어머니'
산스크리트어	matar
프랑스어	mère
그리스어	meter
갈리아어	mtres, matrebo
라틴어	mater
독일어	mutter
영어	mother
아일랜드 고어	moder
이탈리아어	madre

유럽의 인도유럽어족은 크게 유럽 남부의 가장 큰 부분을 차지하는 로망스어파(lenguas románicas: 포르투갈어, 스페인어, 카탈루냐어, 프랑스어, 이탈리아어, 루마니아어 등), 중부와 북부의 게르만어파(lenguas germánicas: 영어, 네덜란드어, 독일어, 스웨덴어, 노

5 비록 현재는 영국의 브렉시트 때문에 유럽연합의 결속력이 흔들리고 있긴 하지만, 독일 중심의 유럽연합은 쉽게 깨질 것 같지는 않다.

르웨이어, 덴마크어, 아이슬란드어 등), 동부의 발트-슬라브어파(lenguas balto-eslávicas: 폴란드어, 세르보-크로아티아어, 체코어, 불가리아어, 러시아어, 리투아니아어 등)의 셋으로 구분한다. 이 외에 서부의 켈트어파(lenguas célticas: 아일랜드어, 웨일즈어 등)와 남동부의 헬렌어파(그리스어)가 있다. 또한, 인도유럽어족의 명칭에서 볼 수 있듯이, 인도-이란어(lenguas indo-iranias: 인도어, 페르시아어, 벵골어)도 인도유럽어족에 속한다. 인도유럽어족의 계보를 소개하면 <그림 4>와 같다.

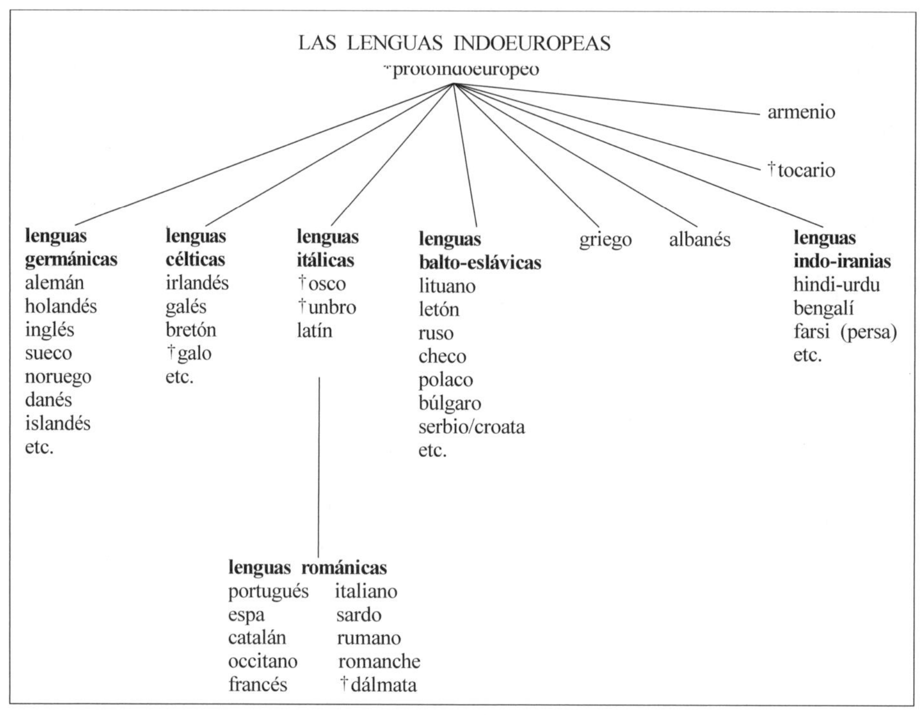

<그림 4> 인도유럽어족의 언어들[6] (Hualde, Olarrea, Escobar & Travis, 2010: 287)

유럽에서 유일하게 인도유럽어족이 아닌 언어로는 바스크어족의 바스크어와 우랄·알타이어족에 속하는 헝가리어, 그리고 핀란드어와 에스토니아어가 있다. 인도유럽어족이 몇 개의 언어권으로 분화되었다는 것은 각 언어권이 고유의 지리적 공간을 차지하면서 하나의 공통된 역사를 경험했다는 것을 추정케 한다. 각 언어권은 또 다시 하위의 언어들, 가령 게르만어권은 독일어, 영어, 스웨덴어 등으로 동일한 분화과

6 '†' 표시는 해당 언어가 사어임을 나타낸다.

정을 거쳤다. 결국 언어분화 과정의 연속선상에서 공통의 역사적 경험이 오늘날 유럽어들의 다양하고 복잡한 언어 상황을 만들었다고 생각해 볼 수 있다(cf. 졸저, 2006: 310).

4. 스페인의 역사와 언어

4.1. 로마제국 시대 전후의 언어 상황

로마시대 이전에 이베리아 반도에는 이베로족과 켈트족이 살고 있었으며 이후 페니키아인과 그리스인, 카르타고인 등의 침입으로 그 영향을 받았으나, 언어적으로는 로마시대의 언어인 라틴어가 들어오면서 대부분의 원주민어는 사라지게 되었다. 로마제국의 통치가 이베리아 반도에도 미치자 다른 언어 모두 사라졌는데 유일하게 살아남은 언어가 바스크어(la lengua vasca, vascuence)로 에우스케라(euskera)라고 불린다. 따라서 바스크어는 라틴어와는 전혀 상관이 없는 로마시대 이전의 원주민어로 인도유럽어족에 속하지 않는 언어이다. 현재는 나바라(Navarra) 지역과 파이스 바스코(País Vasco) 그리고 피레네 산맥 북쪽에서 사용되고 있다. 로마시대 이전의 언어가 스페인어 형성에 미친 영향을 말하자면 그다지 크지 않다. 그러나 중세시대에 카스티야(Castilla), 즉 스페인어의 출발지였던 지역에서 바스크어와 스페인어가 함께 사용되었기 때문에, 많은 학자는 바스크어가 스페인어의 음성학적 전개에 영향을 미쳤다고 추정한다. 라틴어 /f-/ 어두음의 기식음화(aspiración)가 그 한 예이다.[7] 바스크어 어원의 대표적인 스페인어 단어로는 *izquierda*를 들 수 있는데, 이 단어는 바스크어에서 '왼쪽'(zurdo)을 뜻하는 *ezkerra* 또는 *ezkerdo*라는 단어에서 파생된 것이다. 이 단어는 포르투갈어와 카탈루냐어로 전파되었고 부정적인 의미를 함축하는 라틴어 어원의 *siniestra*를 대체하기도 하였다. 바스크어에서 유래한 성(姓) 또한, 스페인어에 많이 퍼졌다. 예를 들어, *Echevarría*라는 이름은 *Eche*(casa)와 *barri*(nuevo)가 결합한 단어로서 바스크어로 '새 집(la casa nueva)'이란 뜻을 지닌다.

---

7 라틴 어두음 /f/는 중세스페인어에서 기식음으로 발음되었다가 현대 스페인어에서는 묵음으로 사라지게 된다: FARINA > [harína] > [arína] *harina*. 바스크어가 스페인어에 미친 음성학적 영향에 관한 보다 상세한 내용은 8장을 참조하기 바람.

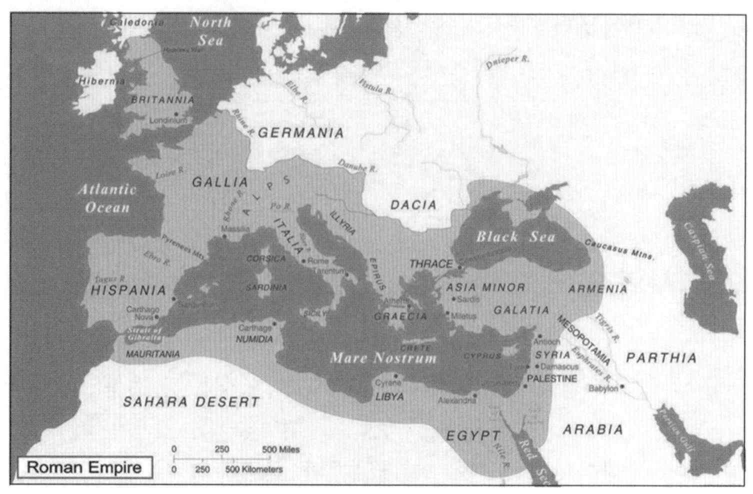

〈그림 5〉 기원후 2세기 때의 로마제국

스페인어의 기원은 기원전 218년부터 기원후 409년까지 600년간 이베리아 반도를 지배한 <그림 5> 기원후 2세기 때의 로마제국(Azevedo, 2010: 5) 로마제국의 공용어인 라틴어로 거슬러 올라간다. 이베리아 반도는 로마인의 언어인 라틴어와 로마인의 종교인 가톨릭교를 받아들이며 급속히 로마화가 진행되었다. 지금의 '에스파냐'(España)란 명칭도 당시 로마인들이 이베리아 반도를 라틴어로 히스파니아(HISPANIA)라고 부른데서 연유한다. 히스파니아는 페니키아어로 '토끼의 땅'(tierra de conejos)이란 의미를 지닌다. 한편, 〈그림 5〉는 로마제국의 영토가 얼마나 광활했는지 잘 보여준다.

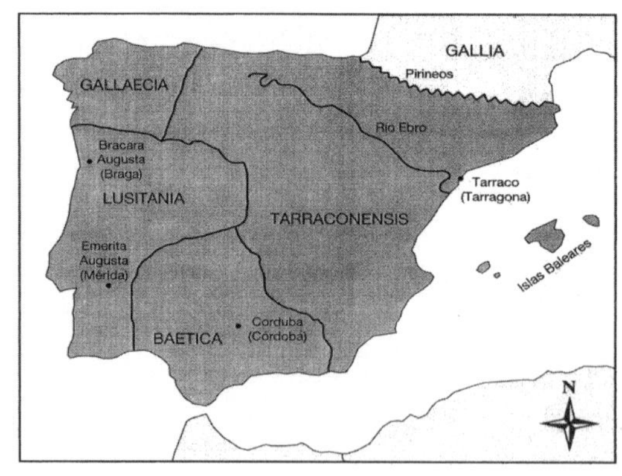

〈그림 6〉 로마제국 지배하의 이베리아 반도 행정구획 (Azevedo, 2010: 6)

〈그림 6〉에서 보듯이, 로마제국은 이베리아 반도를 〈타라코넨시스, 루시타니아, 바에티카, 갈라이키아〉와 같은 4개 주의 행정구역으로 개편하여 로마의 행정기구와 제도를 그대로 이식했다. 지금 스페인 북부지방의 갈리시아는 로마제국 시대의 이베리아 반도의 행정주 명칭인 GALLAECIA에서 유래했다고 볼 수 있다. 또한, 포르투갈어를 지칭하는 루소(luso)라는 단어 역시 포

루투갈 지역에 해당하는 LUSITANIA에서 유래된 것이다.

4.2. 서고트족 시대와 이슬람교도의 지배

로마제국은 게르만족의 대이동으로 서서히 무너지기 시작하는데, 게르만족은 북아프리카에 반달 왕국, 스페인에 서고트 왕국, 이탈리아에 동고트 왕국, 남프랑스에 부르군트 왕국, 북프랑스에 프랑크 왕국, 영국에 앵글로색슨 왕국을 세운다. 스페인의 경우, 처음엔 반달족이 이베리아 반도에 들어왔으나, 서고트족이 뒤따라 이베리아 반도로 들어옴에 따라 반달족은 북아프리카로 건너가 반달 왕국을 세운다. 게르만족의 일파인 서고트족은 409년에 로마제국의 지배하에 있던 스페인을 무너뜨렸으며, 이슬람 세력이 진입한 711년까지 약 300년간 이베리아 반도를 통치한다. 서고트족의 지배는 이미 로마화되어 있던 이베리아 반도인들의 문화와 언어에는 큰 영향을 끼치지 못했다. 즉, 유목민족으로 약탈과 전쟁에 강해 야만족으로 불린 게르만족은 이베리아 반도에 이미 뿌리를 내린 로마 문화에 쉽게 동화되고 흡수되었다고 볼 수 있다. 그 결과, 게르만 고유의 문화는 게르만족이 문화적·종교적으로 가톨릭화함에 따라 사라지고, 가톨릭교가 게르만족의 지배 시대에도 문화 전반에 침투하게 된다. 스페인에 들어온 서고트족도 용병술에는 강했지만 문화라곤 없는 야만 민족이었던 관계로 그들의 지배 시기에도 이베리아 반도는 로마제국의 제도들이 그대로 채택되어 사용되었다고 보면 된다. 따라서 속어 라틴어에서 파생된 스페인어의 경우에도 게르만족의 언어가 거의 영향을 끼치지 못하였다. 단지 다음과 같은 전쟁이나 외교와 관련된 몇몇 어휘만이 게르만어의 영향을 받았는데, 이들 게르만어 어원을 지닌 스페인어 어휘들을 헤르마니스모(germanismo)라고 부른다.

[게르만어 어원의 스페인어 단어]

- guerra 전쟁, ropa 옷, guardia 경비대, espía 간첩, albergue 숙박, embajada 대사관, tregua 휴전, orgullo 자존심

게르만족의 지배 이후, 이베리아 반도는 711년부터 1492년까지 무려 800년 동안이나 북아프리카에서 건너온 이슬람교도들(베르베르족)의 지배에 들어가게 된다. 그러나 우리의 예상과는 달리, 이슬람교도들은 오래 전부터 거주하고 있던 가톨릭교도들

을 종교적으로 차별하지는 않았다. 비록 종교는 달랐지만, 이슬람의 문화를 수용하고 이슬람교도들과 함께 살았던 가톨릭교도들과 그들의 언어를 모사라베(mozárabe)라고 불렀다. 즉, 모사라베는 이슬람교도들의 치하에 남아 있던 가톨릭교도들을 지칭하는 말로서, 언어적 측면에서는 이들 지역에서 사용되던 속어 라틴어에서 파생된 로망스어를 가리킨다. 따라서 모사라베는 언어적으로 아랍어의 영향을 상대적으로 많이 받은 스페인 남부 지역의 로망스어라고 볼 수 있다. 모사라베는 아랍어와 함께 사용되다가 나중에는 북쪽에서 내려온 가톨릭 왕국에서 사용되던 로망스어에 의해 점차 사라지게 된다.

모사라베는 하르차(jarcha)라는 시의 후렴구(estribillo)에서 볼 수 있는데, 시의 연(estrofa)은 아랍어로 작성되었으나, 후렴구인 하르차는 모사라베라는 당시의 로망스어로 구성되어 있다. 따라서 하르차는 당시 이슬람교도 지배 시대 하에 있던 가톨릭교도들의 로망스어의 특징을 알 수 있는 귀중한 자료이다. 〈그림 7〉은 10세기에 출현한 하르차에 사용된 모사라베의 한 예로서, 번역문들에서 보듯이 아랍문자로 쓰인 후렴구를 로마자로 전사하면 아랍어가 아니라 로망스어임을 알 수 있다.

게르만족의 지배 시기 때와 마찬가지로, 스페인어는 어휘 영역을 제외하고 아랍어의 영향을 거의 받지 않았다. 이슬람 세력이 이베리아 반도 중남부지역을 711년부터 1492년까지 근 800년 가까이 지배했다는 사실을 상기한다면 이러한 사실은 놀라운 일이 아닐 수 없다. 아랍어가 언어학적으로 스페인어에 그리 큰 영향은 못 미쳤지만 아랍어의 어휘들은 상당수 스페인어에 남아있다. 학자들은 스페인어가 800개 이상의 아랍어를 흡수했다고 한다. 다시 말해 로마제국의 유산인 라틴어는 아랍어에 밀려 사라지지 않고 계속 일반 서민들 사이에서 의사소통의 수단으로 사용되었던 것이다. 스페인어에 녹아든 아랍어 어휘들을 아라비스모(arabismo)라고 부르는데, 아랍어원의 스페인어 단어에는 다음과 같은 것들이 있다.

Ejemplo de la lengua mozárabe en las jarchas de la moaxaja

I. texto en caracteres árabes:

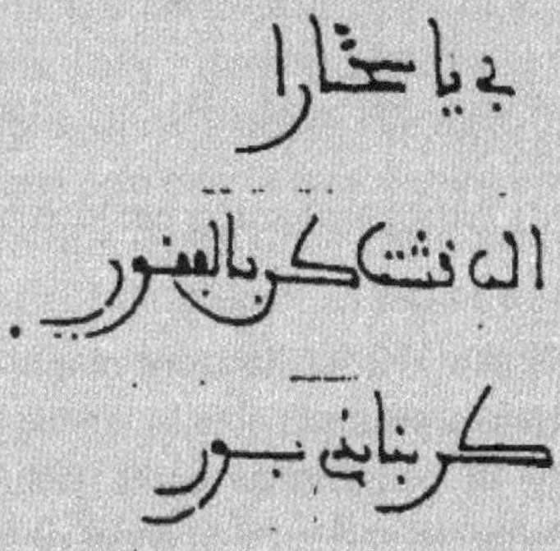

II. transcripción en caracteres latinos:	by yā sḥḥārā 'lb qšt kn b'lfġwr kn bnābdy bwr
III. transcripción insertando las vocales:	bī yā saḫḫāra alba *qəətə* kun bāla fəgūri kun bina bi-đī būri [kən bənā *bəđī* būri]

Interpretación:	
1. Álvaro Galmés de Fuentes (1994)	¡Vey, ya sahhara! alba q'está con bel fogor(e) kan(d) vene vade amor(e) ¡Vete, oh hechicero! (Alba que está con tan hermoso fulgor, cuando viene se va el amor)
2. Federico Corriente (1993)	BÁY ya sahhára ALB aqueste kon bél(lo) fogóre kon péna bed í pore (¡Fuera, hechicera! Rubio aqueste con intenso ardor, apenas ved en ello temor)

<그림 7> 하르차에 사용된 모사라베와 스페인어 번역 (Montrul, 2013: 46-47)

[아랍어에서 유래한 스페인어 어휘]

(1) 농사: alberca 저수지, aceituna 올리브, arroz 쌀, zanahoria 당근, azúcar 설탕, aceite 올리브 기름, aceituna 올리브 열매, algodón 목화, naranja 오렌지, jarabe 시럽, azafrán 사프란

(2) 실내용품: alfombra 융단, almohada 베개, almirez 절구통, jarra 항아리, taza 잔

(3) 주거: alcoba 침실, albañil 미장이, azulejo 타일, alcantarilla 하수구, azotea 발코니

(4) 군사: alcázar 성, almirante 해군제독

(5) 게임: ajedrez 서양장기

(6) 수학: algoritmo 산술, álgebra 대수, cifra 숫자, cero 영

(7) 과학: alquimia 연금술, alcohol 알콜, alambique 증류기

(8) 행정: alcalde 시장, aldea 마을

(9) 지명(아랍어 *wadi*(강)와 합성어로 형성된 지명): Guadalajara, Guadalquivir, Guadalupe

(10) 감탄사: ojalá('신이 원하신다면'(y quiera Dios)이란 뜻의 아랍어 *waša Allah*에서 파생)

(11) 전치사: HATTA ＞ hasta

위에서 보듯이, 스페인어에 차용된 아랍어 어휘는 스페인에 없던 아랍인들이 가져온 농산물, 요리재료, 실생활 용품 등이 대부분이다. 아랍어에서 차용된 스페인어 어휘에는, 아랍인들이 스페인에 가져온 alcachofa, albaricoque, azúcar, algodón, zanahoria와 같은 자연 산물, albóndiga, almíbar, jarabe, azafrán과 같은 요리재료, almohada, alfombra, alcoba, alféizar, almirez, alfiler와 같은 실생활 용품, alcantarilla, alcázar, almena, albañil, aduana, almacén, alquiler, aldea, alcalde, alguacil, alférez, almirante와 같은 군사나 시민행정과 관련된 어휘가 있다. 또한, *Guald-*로 시작하는 스페인어 지명(toponimia)은 '강'(río)을 뜻하는 아랍어 *wadi*에서 유래한 것이다. 예를 들어, Guadalajara는 '돌의 강(río de piedras)', Guadalquivir는 '큰 강(río grande)', Guadalupe는 '루페 강(río Lupe)'을 뜻한다.

스페인어에 영향을 미친 아랍어는 위와 같은 아랍어 고유명사 어휘가 대부분이다. 반면에, 스페인어 문법에 영향을 미친 아랍어의 문법요소는 거의 없다. 그러나 스페인어 전치사 *hasta*와 감탄사 *ojalá*는 아랍어에서 파생된 스페인어 문법요소라고 볼 수 있다. 스페인어 *hasta*는 아랍어 '하타'(*HATTA*)에서 파생되었다고 하며, 소망을 나타내는 스페인어 *ojalá*는 '신이 원하신다면'(Si quiere Dios)를 의미하는 아랍어 *waša Allah*에서 파생된 감탄사이다. 현대 아랍어에서는 '신이 원하신다면'을 *In Sh'a Allah*(인샬라)라고 표현한다.[8] 또한, *He aquí*로 시작하는 스페인어 문장에서 *he*는 '여기에'란 뜻

8 아랍어에서 '신'(알라)과 관련된 표현으로, 일을 시작할 때는 '비스밀라'(알라의 이름으로), 일을 끝마

의 아랍어 지시부사 *HÂ*에서 파생된 것으로, *haber* 동사의 1인칭 단수형 *he*와는 전혀 관계가 없다. 따라서 *he aquí*로 시작되는 스페인어 문장에는 '여기에'란 의미의 지시부사가 중첩되어 있다고 볼 수 있다.

한편, 지금 스페인의 남부지역에는 안달루시아(Andalucía) 자치주가 있는데, 이 지명도 이슬람교도의 지배시기와 관련되어 있다. 이베리아 반도를 침공한 이슬람교도들은 그들의 정복지였던 반도 남부 지방을 '알 안달루스'(al-Andalus)라고 불렀는데, 이 명칭은 스페인에 처음으로 침입한 게르만 민족인 반달족이 건너온 곳이라는 '반달루스'(Vandalus)에서 유래된 것이다. 즉, Vandalus에서 v가 탈락되는 음운현상을 겪어 Andalus가 되었다고 볼 수 있다.

'알 안달루스'라는 명칭에서 보듯이, 스페인어 어휘에는 앞서 보았듯이 아랍어 관사인 'al-'로 시작하는 단어들이 많은데, 예를 들어, almohada, alcalde, alcohol 등과 같은 단어들이 그것이다. 이러한 단어들은 아랍어의 관사라는 문법적 요소가 스페인어로 차용되면서 어휘화된 경우인데, 스페인어에서도 관사를 사용하기 때문에, la almohada, el alcalde, el alcohol이라는 표현은 관사의 중첩표현이라고 볼 수 있다. 우리말의 외래어의 경우에도 이러한 중첩표현을 흔히 찾아볼 수 있는데, 시에라네바다(Sierra Nevada) 산맥, 역전(驛前)앞, 리오그란데(Río Grande) 강, 토요일(土曜日)날, 아까 전(前)과 같은 표현들이 그것이다. 만약 '리오데과달키빌(Río de Guadalquivir) 강'이라고 표현한다면, 이 지명에는 '강'이란 의미가 세 번(스페인어 *Río*, 아랍어 *Guad-*, 한국어 '강')이나 중첩되는 셈이다.

4.3. 이베리아 반도 내 로망스어의 분화

이베리아 반도에서 사용되던 속어 라틴어는 어떤 과정을 통해 분화되었는지 살펴보도록 하자. 앞서 언급했듯이, 이베리아 반도에 있던 모든 언어는 바스크어를 제외하고 모두 라틴어로 대체되었다. 로마시대 초기에는 이베리아 반도에 언어학적인 통일이 있었으나 시간이 흐름에 따라 로마제국으로 대표되던 정치적인 단위가 사라지고 의사소통에 문제가 생기면서 구어 라틴어(latín hablado) 즉, 속어 라틴어는 지역 방언으로 조각나게

쳤을 때는 '알함두빌라'(알라의 은덕으로), 새로운 것 또는 대단한 것을 보았을 때는 '마샤알라'(알라가 원하는 것)라고 신에게 감사와 찬양의 뜻을 표한다. 신과 관련된 이러한 아랍어 표현은 스페인어의 Si Dios quiere, En nombre de Dios, Gracias a Dios와 같은 표현과 흡사하다.

되었다. 여기에서 우리가 주목해야할 점은, 라틴어가 반도의 북부지역에서 여러 지역 방언으로 분화해 나갈 때, 이들 방언들이 한 번에 바뀌지는 않는다는 사실이다. 이를 '방언의 연속성'이라고 하는데, 방언들의 경계는 분명하지 않으며 점진적으로 언어의 모습이 바뀌는 것이 보통이다. 프랑스와 이탈리아의 지역 방언에서 이러한 현상을 발견할 수 있다. 그러나 우리의 관심을 끄는 부분은 스페인에서 이런 방언의 연속성 현상이 북쪽 지방에서만 나타난다는 사실이다. 즉, 북쪽 지방에서는 방언들의 경계가 분명하지 않기 때문에, 지역 방언들 간에 서로 혼합현상과 접촉현상을 보이는 것이다. 예를 들어, 아라곤 지방의 피레네 산맥 쪽에서는 서쪽에서 동쪽으로 갈수록 카스티야어가 조금씩 변해 나중에는 카탈루냐어에 더 가까워지는 방언들을 발견할 수 있다. 반면에, 반도의 남쪽으로 가면 이러한 방언의 연속성은 찾아 볼 수 없다. 즉, 방언 간의 차이와 방언 간의 경계가 분명해서 언어 사이의 전환이 급격함을 알 수 있다(졸저, 2006: 302).

이러한 현상은 재정복(Reconquista)이라는 역사적 사건에 의해 설명된다. 즉, 이슬람 세력의 이베리아 반도 지배와 가톨릭 왕국들의 재정복 과정이 그것이다. 재정복은 가톨릭교도들이 이베리아 반도를 지배하고 있던 이슬람교도들을 축출하는 전쟁으로, 1492년 이슬람 세력의 마지막 왕국인 그라나다 왕국을 함락시킬 때까지 계속되었다. 서양 중세사의 한 획을 그은 십자군 전쟁도 실상 가톨릭 세력과 이슬람 세력 간의 전쟁이었는데, 스페인의 경우 반도 내의 이슬람교도들과의 재정복 전쟁에 전념했기 때문에, 스페인은 유럽에서 유일하게 성지 탈환을 위한 십자군 전쟁에 가담하지 않은 나라였다. 스페인이 다언어 상황에 놓이게 된 것도 가톨릭 세력의 국토회복 전쟁과 밀접한 관련이 있는데, 이슬람 세력의 축출과 함께 가톨릭 세력들 간에도 영토 확장과 가톨릭 세력의 통일을 위해 끊임없이 투쟁하면서 지역별로 독립적인 가톨릭 왕국들로 각각 발전해 나갔기 때문이다.

이슬람 세력은 이베리아 반도를 완전히 점령하지는 않았는데, 스페인 북쪽으로 밀려 올라간 가톨릭교도들이 머문 지역이 아스투리아스 산악 지역으로, 이슬람교도들은 굳이 험준한 칸타브리아 산맥을 넘어 비옥하지 않은 아스투리아스 지역까지 쳐들어갈 필요성을 못 느꼈기 때문이다. 그 결과, 718년에 서고트 왕국의 귀족들이 이곳에서 최초의 가톨릭 왕국인 아스투리아스 왕국을 세웠으며, 722년 칸타브리아 산악지대의 코바동가라는 작은 마을에서 처음으로 이슬람교도들과의 전쟁에서 승리했다고 한다. 따라서 코바동가 전투가 국토회복 전쟁의 시작이라고 볼 수 있다. 북부의 산악지대에서 시작된 재정복이 레온까지 내려오면서 많은 지역이 가톨릭교도들의 세력 하에 놓이게 되는데, 이렇게 회복된 지역은 독립적인 가톨릭 왕국들로 각각 발전해 나가게 된다. 이때 형성된 여러 가톨릭 왕국들은 지금까지도 그들의 지역에서 자기 고유의 언어와 문화 전통을 이어오고 있는 것이다. 따라서 현재 스페인의 다언어 상황과 문화적 다양성은 거슬러 올라가면 이슬람 지배하에 가톨릭 세력이 벌인 재정복 역사에 기인한다고 볼 수 있다.

그렇다면 왜 스페인의 북부지역에만 여러 개의 로망스어가 파생되었는지에 대해 좀 더 자세히 살펴보도록 하자. 이 역시 재정복 역사와 관련이 있다. 즉, 이베리아 반도의 북쪽에는 이슬람 세력의 침략을 피해 올라간 가톨릭 왕국들이 자리 잡고 있었으며, 이들 북쪽 지역에서는 속어 라틴어가 가톨릭 왕국들마다 점진적으로 분화해가는 과정을 거쳤던 것이다. 즉, 이슬람 세력이 이베리아 반도를 지배했으나, 10세기 이후부터는 북쪽으로 밀려나 있던 여러 가톨릭 왕국들이 재정복의 기치 아래 세력을 키워갔던 것이다. 이들 가톨릭 왕국들에서 사용되던 통속 라틴어는 해당 지역에서 개별적인 로망스어로 발전하게 된다. 그 중 이베리아 반도에서 대표적인 로망스어로는 아스투리아-레온어(asturleonés), 나바로-아라곤어(navarro-aragonés), 갈리시아-포르투갈어(gallego-portugués), 카탈루냐어(catalán), 카스티야어(castellano) 등이 있다. 즉, 10~14세기의 이베리아 반도에는 여러 개의 로망스어가 사용되고 있었는데, 카스티야 왕국이 이슬람 세력들을 몰아내고 1492년에 이베리아 반도를 통일하게 되자 그 지방에서 사용되던 말인 카스티야어, 즉 '카스테야노'(castellano)가 스페인의 공식 언어가 된 것이다. 그래서 지금도 스페인어를 '카스테야노'라 부르기도 한다. 결국 재정복의 선두에 서서 스페인을 통일한 카스티야 왕국에서 사용된 카스티야어가 여러 지역 언어 가운데서 스페인의 국가어로 자리를 잡게 된 것이다. 다음의 스페인 언어지도는 이슬람 세력과 카톨릭 세력으로 양분되었던 이베리아 반도에서의 10세기 이후 시대별 언어 상황과 카스티야어(스페인어)가 어느 지역에서 시작하여 지금의 사용지역으로 확장되었는지를 잘 보여주고 있다.

다음 〈그림 8〉, 〈그림 9〉, 〈그림 10〉의 언어지도에서 보듯이, 북쪽에 있던 로망스어들이 남쪽으로 전진하고 있으며, 그 중에서도 특히 카스티야어가 14세기경에 급격하게 확장되었음을 알 수 있다. 재정복 시기에 로망스어가 어떻게 확장되었는지를 보여주는 위의 지도들은 앞서 언급했던 북부 지방의 로망스어 사이의 방언적 연속성을 잘 설명해준다. 그러나 반도의 남쪽 지역은 이슬람 세력의 지배하에 있다가 가톨릭 왕국들의 재정복에 의해 탈환된 지역이고 게다가 북쪽에서와 같은 속어 라틴어의 점진적인 분화 과정을 거치지 않았기 때문에, 재정복된 남쪽 지역에서는 방언의 연속성이 보이지 않는다. 다시 말해, 재정복 시기에는 속어 라틴어의 분화 과정이 어느 정도 마무리된 상태로 북쪽 지역의 가톨릭 왕국들이 남하하였기 때문에, 재정복된 반도의 남쪽 지역에는 이러한 방언의 연속성이 보이지 않는다고 볼 수 있다.

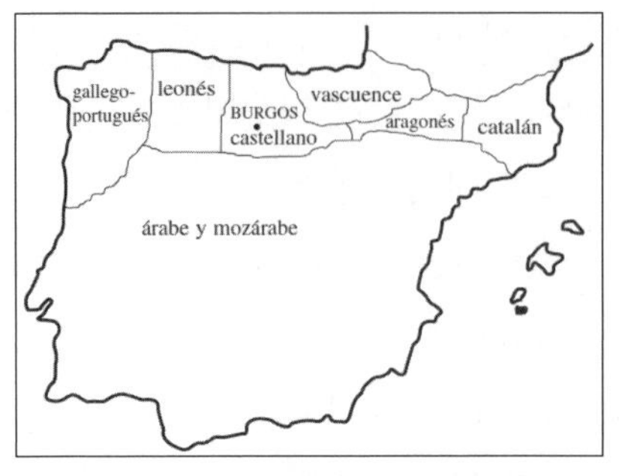

〈그림 8〉 10세기 경 이베리아 반도의 언어 상황

〈그림 9〉 14세기 경 이베리아 반도의 언어 상황

〈그림 10〉 현재 이베리아 반도의 언어 (Hualde, Olarrea, Escobar & Travis, 2010: 288-290)

4.4. 카스티야-아라곤 연합 왕국 시대의 스페인

중세 스페인 역사 속에서 스페인의 지방 언어들인 카스티야어와 갈리시아어, 바스크어 그리고 카탈루냐어는 역사적으로 다소 다른 발전 양상을 보이는데, 카스티야 왕국이 아라곤 왕국과 손을 잡고 재정복을 완수하여 스페인의 공용어 지위를 지니게 된 반면, 나머지 지역어들은 역사적 순간마다 그 지위가 바뀌었다. 예를 들어, 국토회복 전쟁을 완성한 카스티야-아라곤 연합 왕국 시기와 오스트리아의 합스부르크 왕가(1516~1700)가 스페인을 통치한 시기에는 비교적 지방 자치가 어느 정도 인정되어 해당 지역의 언어 사용이 장려되었다. 그러나 왕위 계승 전쟁(1702~1715) 결과 맺어진 위트레흐트 조약에서 프랑스 루이 14세의 손자인 펠리페 5세는 프랑스의 왕위 계승을 포기하는 대신 스페인의 왕위를 물려받게 되는데, 이때부터 시작된 스페인의 부르봉 왕가(1700~1890) 시기에는 강력한 중앙집권정책이 시행되어 지역어의 사용이 탄압되고 억제되었다. 이와 같이, 스페인에 존재하는 여러 지역어의 사용이 장려되고 보호되었는지, 아니면 탄압받고 억제되었는지는 스페인의 굴곡진 역사와 밀접한 관련을 맺고 있다. 이러한 역사적 상황을 좀 더 자세히 살펴보도록 하자.

앞서 보았듯이, 이슬람교도들의 이베리아 반도 침입으로 반도의 북부 지역에는 여러 가톨릭 왕국들이 재정복을 통해 각각 그 세력을 키워나갔는데, 이들 가톨릭 왕국들은 해당 지역별로 개별 로망스 언어들로 분화되는 과정을 겪으면서 지금의 스페인 지역어들이 생겨나게 된다. 그렇다면 카스티야 왕국의 언어인 카스티야어가 현재 스페인의 공용어가 된 이유는 무엇인가? 그것은 당시 국토회복 전쟁을 통하여 이슬람 세력을 물리치고 재정복을 완수한 왕국의 언어였기 때문이다. 그러나 완전한 재정복은 카스티야 왕국 단독이 아니라, 카스티야 왕국과 아라곤 연합왕국이 공동으로 이룬 것이었는데, 왜 카스티야 왕국의 언어였던 카스티야어가 지금의 스페인 공용어가 된 것일까? 즉, 재정복을 이룬 공동 정권이었던 아라곤 연합왕국의 언어인 아라곤어나 카탈루냐어는 왜 스페인의 공용어가 되지 못했던 것일까라는 의문이 남는다. 이와 관련된 역사적 배경을 살펴보자.[9]

476년 서로마 제국 멸망 후 아라비아 지역에서 등장한 무함마드가 610년 창시한 이슬람 세력은 대외확장에 나서 711년 아프리카 북단의 지브롤터 해협을 건너 이베리아 반도를 정복한다. 이슬람 군대는 프랑스 국경의 피레네 산맥을 넘어 서유럽 중앙부까지 진출했으나 732년 프랑스 중서부에서 샤를 마르텔이 이끄는 프랑크 군대에 패배하면서 이슬람 세력의 서유럽 확장은 멈추게 된다. 이슬람과 가톨릭의 서부 경계선이 스페인과 프랑스의 접경인 피레네 산맥으로 확정된 이후, 이베리아 반도의 역사는 이슬람과 가톨릭 계열 군소 왕국들의 상호 대립 속에 전개된다. 가톨릭 세력의 입장에선 1492년 가톨릭 양왕(Reyes Católicos)인 페르난도 2세와 이사벨 여왕이 남부 그라나다의 이슬람 나스르 왕조를 멸망시킬 때까지의 781년간이 소위 레콩키스타(Reconquista)라고 불리는 빼앗긴 땅의 회복 과정이었다.

이슬람 세력에 의해 북부 산악지역으로 밀려난 가톨릭 세력(게르만 계열의 서고트족)은 718년에 아스투리아스 왕국을 수립하였고, 10세기에는 레온 왕국, 카스티야 왕국, 나바라 왕국, 11세기에는 아라곤 왕국이 탄생한다. 이베리아 반도의 중남부를 지배한 이슬람 세력은 1031년 왕과 귀족들의 내분으로 다수의 이슬람 군소 왕국으로 분열

9 이 책에서 다루는 스페인 역사와 관련한 내용은 이강혁(2012)의 『스페인역사 다이제스트100』을 주로 참고하였음.

했고, 1231년 남부 그라나다에는 나스르 왕조가 생겨 이슬람의 구심점이 된다. 이와 같이 10~15세기 동안의 이베리아 반도에는 북부 지역에는 가톨릭 계열의 왕국들이, 남서부 지역에는 포르투갈 왕국이, 중부지역에는 이슬람 계열의 군소 왕조가, 남동부에는 그라나다의 나스르 왕조가 혼재되어 있었다. 15세기 중반에 이르러 이베리아 반도는 본격적인 통일 단계에 접어드는데, 그 출발점이 아라곤 왕국의 페르난도 2세(1452~1516)가 카스티야 왕국의 이사벨 공주(1451~1504)와의 결혼을 통한 두 왕국의 전략적 통합이었다. 아라곤 왕국과 카스티야 왕국의 연합왕국 형성으로 가톨릭 세력은 800년간 이베리아 반도에 진출해 있던 이슬람 세력을 몰아내고 스페인의 전성기를 활짝 열게 되는데, 이들 가톨릭 양왕의 후원으로 콜럼버스가 아메리카 신대륙을 발견하여 대항해 시대를 개막하고 유럽 국가 중 가장 먼저 신대륙 아메리카로 진출했다.

중세 시대의 스페인은 국토회복 운동을 성공적으로 완수함으로써 이슬람 세력의 위협에 대한 가톨릭 세력의 방패막이 역할을 충실히 했다. 14세기 후반, 이베리아 반도에 존재하던 여러 가톨릭 왕국들 중에서 카스티야 왕국과 아라곤 왕국이 국토회복 전쟁에 두각을 나타내는데, 아라곤 왕국은 1137년에 카탈루냐와 통합하여 아라곤 연합왕국을 형성한다. 아라곤 연합왕국은 지중해에서 활동영역을 넓혀나가 페르난도 2세의 통치 시기에는 아라곤 지역뿐만 아니라 카탈루냐, 발렌시아, 발레아레스 제도 그리고 시칠리아를 포함하는 거대 왕국이 된다. 한편 카스티야 왕국은 새로운 영토의 확장으로 대제국의 기틀을 마련하는데, 그 중심에 이사벨 여왕이 있었다. 당시 국왕 엔리케 4세와 귀족들 간의 권력투쟁의 결과, 엔리케 4세의 이복동생이었던 이사벨 공주가 1474년에 카스티야의 여왕으로 즉위한다. 가톨릭 양왕이 왕위에 오르기 전인 1469년에 아라곤의 왕위 계승자인 페르난도 2세와 카스티야의 왕위 계승자인 이사벨 1세가 바야돌리드에서 결혼식을 올리는데, 이 결혼은 아주 은밀하게 이루어졌다고 한다. 카스티야와 아라곤의 두 왕국이 결합하면 이 연합왕국의 왕권이 크게 강화될 것이므로, 국경을 마주한 프랑스나 국내의 귀족세력들은 이 혼인을 반기지 않았기 때문이다. 카스티야 왕국의 이사벨과 아라곤 연합왕국의 페르난도가 혼인한 지 10년 후인 1479년에 아라곤의 후안 2세가 사망하고 페르난도가 아라곤 왕국의 왕위에 오르면서 아라곤과 카스티야 두 왕국은 실질적인 통합을 이룬다.

가톨릭 양왕의 결혼으로 통합된 카스티야-아라곤 왕국은 1492년에 이슬람 세력의 마지막 거점이었던 그라나다 나스르 왕조를 축출함으로써 국토 재정복을 완성하고 스페인을 통일한다. 나스르 왕조는 261년의 역사를 뒤로 하고 패망하면서 오늘날 관광지로 유명한 아랍 건축 양식의 알람브라 궁전을 유적으로 남긴다. 이사벨 여왕은 1504년 세상을 떠났으나 남편인 페르난도 2세는 1512년 나바라 왕국을 점령해 카스티야로 병합함으로써 포르투갈을 제외한 이베리아 반도는 카스티야 왕국으로 통일된다. 페르난도와 이사벨은 이베리아 반도에서 이슬람 세력을 축출함으로써 지리적 통일과 함께 종교적 통일 역시 성취하였다.[10]

그렇다고 카스티야 왕국과 아라곤 왕국이 정치적으로 완전히 통합된 것은 아니었다. 각 왕국은 자체의 법적·행정적 조직을 유지한 상태로 통합되었기 때문이다. 실제로 두 왕국 사이에는 비록 통합은 되었다할지라도 여전히 공통적인 정치적, 사법적, 행정적인 제도를 갖추지 못했다. 두 왕국이 연합하여 재정복을 완수했지만 정치적으로 스페인은 통일된 상태는 아니었던 것이다. 당연히 언어적으로도 두 왕국에서 사용되던 지역 언어들이 해당 지역에서 자연스럽게 사용되고 장려되었을 것임은 자명한 사실이다. 가톨릭 양왕의 가장 큰 업적은 1492년에 마지막으로 이베리아 반도에 남아있던 그라나다의 이슬람교도들을 축출함으로써, 가톨릭교도들에 의한 반도의 종교적 통일을 이룬 것이다. 특히, 이사벨 여왕은 종교적으로 아주 배타적이어서, 종교재판소를 통해 이교도들을 차단시켰으며 유대교나 이슬람교와 같은 다른 종교를 허용하지 않았다. 그 결과 재정복을 완수한 1492년도에는 가톨릭으로 개종하지 않은 유대인들이 반도에서 추방된다. 개종하지 않은 반도의 유대인들은 북아프리카와 발칸 국가로 이주하였다. 역설적이게도 당시의 유대인 추방으로 인해, 스페인의 경제는 하향곡선을 그리기 시작했다고 한다. 은행과 재정의 중심이었던 유태인의 추방으로 상업 활동이 부진해져 장기적으로는 스페인 경제에 부정적인 결과를 가져온 것이다. 가톨릭이라는 종교적 순수함에서 시작된 통일 정책이 사회적 개방성을 상실하고 편협성과 이교도에 대한 박해로 연결되면서 통일대국 스페인이 후일 급속히 쇠퇴하는 배경이 된 것은 역사적 아이러니라 아니할 수 없다. 1489년에 설치한 종교재판소는 이교도에 대한 박해를 제도화하는 장치였으며, 이후 200여 년간 유럽을 휩쓴 마녀사냥과 종교재판이라는 광풍의 진원지가 되었던 것이다. 분열된 국토를 통일하고 신대륙을 발견해 대내외 확장에 성공했지만 이를 사회 전체의 개방성과 다양성으로 연결하지 못함으로써 스페인은 강대국의 지위에 잠깐 올랐다가 내려오는 운명에 처해지게 된다. 즉, 대항해 시대의 주도국은 스페인이었으나, 이후의 해양패권은 종교문제로 내전을 벌여 독립한 네덜란드를 거쳐 영국으로 옮겨지게 된다.[11]

10 스페인의 전성기를 열어 대항해 시대를 개막한 페르난도-이사벨 부부에 관한 내용은 시사저널 2016년 8월 30일자 「에스파냐 통일하고 아메리카로 진출하다」를 참조하였음.

이베리아 반도를 통합한 업적 이외에도, 가톨릭 양왕은 초기부터 대외정책을 강화시켰는데, 대서양과 아프리카로의 확장은 인구도 많고 군사적으로도 더 강력했던 카스티야 왕국의 업적이었던 반면, 터키 제국을 진압하고 지중해와 이탈리아에서 스페인의 위치를 굳건히 한 것은 아라곤 왕국의 업적이었다. 이와 같은 가톨릭 양왕의 혼인 전략, 해외 군대 파견, 그리고 아메리카 대륙 발견으로 스페인은 16세기에 유럽의 패권을 잡을 수 있었다.

그렇다면 카스티야-아라곤 연합 왕국으로 이슬람 세력을 물리치고 국토회복 전쟁을 완수했음에도, 왜 이베리아 반도는 카스티야 왕국 중심으로 정치적인 통일을 이룬 것일까? 추정컨대, 그것은 이사벨 여왕 중심의 카스티야 왕국의 세력이 아라곤 왕국보다 훨씬 더 강력했으며, 이에 따라 카스티야 왕국 중심으로 재정복이 완수되었다고 볼 수 있다. 당시 아라곤 왕국은 지중해 중심으로의 외치에 좀 더 관심을 기울였으며, 통일 가톨릭 왕국의 내치는 이사벨 여왕의 카스티야 왕국 중심으로 진행되었다고도 볼 수 있다. 1492년 콜럼버스의 신대륙 발견도 이사벨 여왕의 후원으로 가능했다는 사실은 당시 이사벨 여왕이 카스티야-아라곤 연합왕국의 실질적인 권력자였음을 추정케 한다. 따라서 재정복의 완수와 새로운 해외 식민지의 개척이 이사벨 여왕의 카스티야 왕국 중심으로 시작되었다고 볼 수 있다. 당연히 카스티야 왕국의 언어였던 카스티야어가 통일된 가톨릭 왕국의 중심언어가 되어 신대륙에도 이식되기 시작했을 것이다. 국토회복 전쟁을 완료한 가톨릭 왕국의 공동 정권이었던 페르난도의 아라곤 왕국은 통일된 연합 왕국에서 자치권의 지위를 유지했으나, 정치적으로는 서서히 권력의 중심에서 멀어져 변방으로 밀려나게 된다. 연합의 기치 아래 가톨릭 두 왕국이 재정복을 완수했기 때문에, 언어적 측면에서도 아라곤 왕국에서 사용되던 아라곤어나 카탈루냐어는 그 사용이 보장되었으나, 통일 왕국의 실질적인 지배언어는 카스티야어였다고 보아야 한다. 또한, 카스티야어 화자들이 신대륙으로 건너갔고 카스티야 왕국 중심으로 신대륙이 경

11 조선일보 2017년 12월 20일자 「스페인에서 쫓겨난 인재들이 만든 최강국」 칼럼에 따르면, 스페인은 신대륙을 발견한 1492년에 유대교도에게, 1502년에는 이슬람교도에게 추방령을 내렸다. 이로 인해 돈과 기술을 가진 유대교도(의사, 과학자, 상인, 금융업자)들이 스페인을 떠났고 스페인의 산업은 붕괴됐다. 스페인의 무적함대는 1588년 영국에 패했고, 17세기에 들어 스페인은 강국의 자리에서 무너져 내렸다. 종교의 순수성을 지키기 위해 능력 있는 사람들을 추방한 것이 쇠락의 가장 큰 이유였다. 반면에, 네덜란드는 17세기 중엽부터 무역·산업·해운·금융 강국으로 도약했는데, 종교의 자유를 찾아 스페인에서 쫓겨난 유대교도들이 몰려들었기 때문이다. 즉, 돈과 기술·능력을 가진 수많은 이들 스페인 출신 유대인들이 네덜란드에서 경제 기적을 일으킨 것이다.

영되었기 때문에 카스티야어가 식민시대의 중심언어가 될 수밖에 없었을 것이다. 만약 아라곤 왕국이 재정복과 신대륙 경영의 중심에 있었다면 지금의 라틴아메리카에는 스페인어가 아닌 카탈루냐어가 사용되고 있을 것이다.

알다시피, 1492년은 스페인 역사에서 기념비적인 해이다. 카스티야-아라곤 연합왕국이 재정복을 완료하고, 콜럼버스가 신대륙을 발견한 해이며, 유대인을 추방함으로써 가톨릭으로 종교를 통일한 해이기 때문이다. 스페인에서 추방된 유대인들이 사용하던 로망스어인 유대계 스페인어(judeoespañol)는 세파르디(sefardí)라고도 불리는데, 당시 중세 스페인어의 흔적을 잘 간직하고 있다.[12] 또한, 1492년에는 안토니오 데 네브리하(Antonio de Nebrija)가 최초의 스페인어 문법서인 『카스티야어 문법서』(*Gramática de la Lengua Castellana*)를 발간한 해이기도 하다.

4.5. 합스부르크 왕조 시대의 스페인

스페인 역사에서 최고의 황금기는 16~17세기에 형성되는데, 왕조 간의 결혼 동맹으로 카스티야-아라곤 연합왕국은 유럽 전체로 그 입지를 굳히게 된다. 그것이 바로 스페인의 합스부르크 왕조로의 편입이며 이로 인해 스페인은 16~17세기에 황금세기를 구가하며 해가 지지 않는 제국으로 거듭나 세계의 패권을 잡게 된다. 스페인 역사상 처음으로 한 군주, 즉 카를로스 1세(재위 1516~1556)가 통일된 스페인 제국을 경영하게 된 것이다. 벨기에에서 가톨릭 양왕의 외손자로 태어난 카를로스는 합스부르크 왕가로 더 잘 알려진 오스트리아 왕가를 스페인에 들여오는데, 가톨릭 양왕 시대에서 합스부르크 왕조로 바뀌게 되는 데 가장 큰 역할을 한 것은 패권을 쥐기 위한 왕조들 간의 결혼 동맹이었다. 이를 좀 더 자세히 살펴보자(cf. 이강혁, 2012).

반도에 머물러 있던 스페인 왕실이 유럽의 중심으로 그 세력을 확장하게 된 것은, 스페인 왕실이 합스부르크 왕실과의 결혼 동맹으로 가톨릭 양왕의 이베리아 반도 시대에서 유럽의 신성로마제국으로 그 지배 영토를 넓혔기 때문이다. 즉, 가톨릭 양왕의 딸인 후아나가 신성로마제국의 막시밀리아노 황제의 아들인 펠리페와 결혼함으로써, 카스티야-아라곤 연합왕국과 신성로마제국 간의 동맹은 더욱더 확고해지게 된다. 이사벨 여왕이 죽자 스페인의 왕위는 가톨릭 양왕의 딸 후아나에게 돌아가나 후아나는 그녀의 남편 펠리페가 죽자 46년 동안 정신 이상 상태로 살아갔다고 한다. 광녀 후아나

12 유대계 스페인어에 대해서는 7장의 2.3절을 참조하기 바람.

는 죽을 때까지 스페인의 여왕으로 남아 있었지만 스페인을 통치할 능력은 없었다. 광녀 후아나와 펠리페의 아들, 카를로스 1세는 자연스럽게 외가 쪽과 친가 쪽의 여러 서유럽의 영토를 상속받게 되어 스페인의 영토는 이베리아 반도에서 신성로마제국의 영토로 확장되었다. 카를로스 1세가 상속받은 영토는 다음과 같다. 먼저 외가 쪽에서 카스티야-아라곤 연합왕국의 영토를 물려받는다. 즉, 외할머니 이사벨 여왕에게 카스티야 왕국의 영토를, 외할아버지 페르난도 2세에게는 아라곤, 발렌시아, 나폴리, 시칠리아, 밀라노, 사르데냐 영토를 상속받는다. 친가는 할아버지 막시밀리안 1세에게 오스트리아 영토를, 할머니 마리 드 부르고뉴에게 플랑드르, 네덜란드, 로트링겐 영토를 물려받는다. 〈그림 11〉의 지도는 통일된 최초의 스페인 왕이었던 카를로스 1세 시대의 합스부르크 제국의 광활했던 영토를 보여준다.

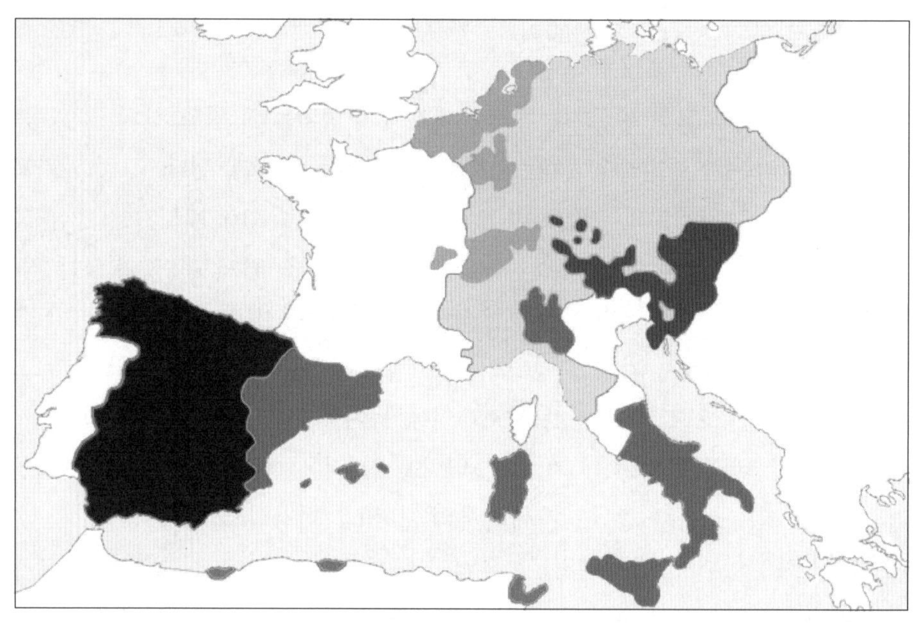

〈그림 11〉 스페인 카를로스 1세(신성로마제국 카를로스 5세) 시대의 합스부르크 제국

1516년 페르난도 왕이 죽고 난 뒤, 스페인의 왕위 계승권은 카를로스에게로 넘어가는데, 그가 바로 스페인에서는 카를로스 1세, 신성로마제국에서는 카를로스 5세이다. 카를로스 5세는 스페인과 유럽의 주도권은 물론이고, 신대륙에서의 통치권과 함께 신

대륙의 금광과 은광 채굴권까지 장악했다.

카를로스 5세를 뒤이어 펠리페 2세는 거대한 제국의 영토를 물려받는다. 또한, 펠리페 2세 재위(1556~1598) 동안 있었던 중요한 역사적 사실은 1580년 포르투갈의 왕위가 단절된 틈을 타서 포르투갈을 합병함으로써 가톨릭 양왕이 꿈꾸었던 이베리아 반도의 진정한 통합과 통일을 이룬 것이다. 현재의 이베리아 반도는 스페인과 포르투갈로 나뉘어져 있으나, 포르투갈은 1580년부터 1668년까지는 스페인과 통합되어 있었다. 이렇게 해서 이베리아 반도는 드디어 한명의 왕인 펠리페 2세에 의해 통치되었다. 그러나 펠리페 2세는 포르투갈의 합법적인 왕으로 인정받는 대신, 포르투갈의 모든 자치권을 보장해주었다. 따라서 포르투갈은 스페인에 합병되었지만 포르투갈 고유의 법과 자체의 화폐를 그대로 유지할 수 있었으며, 해외 식민지 경영과 해외 교역도 계속해서 포르투갈인들이 독점할 수 있었다. 이렇게 해서 포르투갈 역사에서 카스티야의 군주가 통치하는 시기가 있었지만, 카스티야-아라곤 연합왕국 때와 마찬가지로 자체의 법, 제도, 화폐체계 등 포르투갈 고유의 자치권을 그대로 유지하였다.

펠리페 2세는 포르투갈을 병합함으로써 포르투갈의 광대한 식민지까지 손에 넣는다. 1569년에는 마젤란의 세계 일주 덕분에 자신의 이름을 딴 필리핀을 소유하게 된다. 펠리페 2세의 지배권은 유럽, 아프리카, 아메리카, 아시아의 필리핀 등 전 지구상으로 확장되어 '스페인 제국에는 절대로 해가지지 않는다'는 표현이 생겼다. 펠리페 2세는 스페인 제국의 국경이 이베리아 반도를 초월하여 확장되었음에도 항상 스페인에 살았으며 왕실을 마드리드에 정했다.

스페인 역사에서, 가톨릭 양왕 시대와 그 뒤를 이어 유럽제국을 경영한 오스트리아의 합스부르크 왕조(1516~1700) 시대에는 영토 확장과 같은 외치에 제국의 모든 힘을 모았지만, 내치에는 제국 내의 여러 지방마다 자치권을 인정해줌으로써 가톨릭 양왕 시대의 연합과 통합정신을 잘 유지하였다. 따라서 스페인의 합스부르크 왕조 시대에는 반도의 아라곤 왕국이나 나바라 왕국이 예전대로의 자치권을 그대로 유지할 수 있었다. 즉, 가톨릭 양왕에 의해 이루어진 정치적 통합으로 국토는 통일되고 새로운 내부 조직을 가진 전제 군주제가 출현했음에도 스페인의 여러 왕국 간의 법적 차이는 18세기까지 지속되었다고 볼 수 있다. 그 결과, 언어 정책에서도 카스티야 왕국에서 사용되던 로망스어인 카스티야어 이외에도, 아라곤 왕국의 아라곤어나 카탈루냐어, 그리고 나바라 왕국의 바스크어와 같은 개별 언어 역시 보호받고 장려되었다.

4.6. 부르봉 왕조 시대의 스페인

정치적 관점에서나 언어정책의 관점에서나, 스페인 역사에서 합스부르크 왕가와 부르봉 왕가의 통치 이념은 극명하게 구분된다. 합스부르크 왕가는 가톨릭 양왕 이사벨과 페르난도 시대의 통합 정신을 이어받아 정책적으로 제국 내 각 지역의 자치성을 보장해준 반면, 부르봉 왕가는 강력한 중앙집권정책을 펼쳤기 때문이다. 카를로스 1세와 펠리페 2세로 대표되는 합스부르크 왕가는 외치에 전념하여 대외 확장에 역점을 두면서 제국 내의 여러 소왕국들에는 자치권을 인정해 준 반면, 펠리페 5세부터 시작되는 부르봉 왕가는 외치보다는 내치에 집중하여 강력한 중앙집권정책을 적용하여 소왕국들에게 자치와 특권을 인정하지 않고 카스티야 중심의 절대군주제 정책을 펼친 것이다. 그렇다면 스페인 역사에서 왜 오스트리아의 합스부르크 왕가가 프랑스의 부르봉 왕조로 바뀌게 되는지 살펴보도록 하자(cf. 이강혁, 2012).

17세기말 합스부르크 왕가의 펠리페 4세(재위 1621~1665)는 나약한 성격 탓에 올리바레스 백작(1587~1645)에게 정사를 위임하는데, 올리바레스 정권의 강력한 개혁 드라이브에 놀란 스페인의 여러 소왕국들은 자치성을 잃을 수 있다는 두려움에 올리바레스의 중앙집권적인 개혁안에 저항한다. 결국 올리바레스의 연합국 창설계획과 같은 중앙집권적인 개혁정책은 소왕국 귀족들의 격렬한 반발로 무산된다. 올리바레스 백작의 궁극적 목표는 '한 명의 왕, 하나의 법, 하나의 화폐를 가진 제국의 건설'이었지만, 결국 자기 나름의 문화와 주권, 경제력을 유지하려했던 제국 내 소왕국들의 결속만을 더욱 굳게 했다. 이러한 당시 스페인의 어수선한 분위기를 잘 보여주는 것이 스페인의 경제 위기와 함께 1640년에 일어난 카탈루냐의 반란과 포르투갈의 분리·독립 운동이다. 스페인의 앞날이 경제 파탄과 무적함대의 패배로 인한 해양권 상실로 어두워지자, 포르투갈과 카탈루냐의 귀족들은 더 이상 스페인과의 통합이 이롭지 않다는 판단 하에 지역 민족주의 감정을 부추겨 스페인으로부터 분리주의 운동을 전개한다. 카탈루냐는 반란을 일으키지만 성공하지 못하고, 대신에 자치권을 인정받고 다시 스페인의 일부가 된다. 그러나 포르투갈은 프랑스, 영국, 네덜란드의 지원으로 스페인군과 싸워 독립을 쟁취한다. 즉, 1668년 스페인과 맺은 리스본 조약에 따라, 포르투갈은 아프리카의 세우타를 스페인에 양도하는 대신 스페인으로부터 분리된다. 현재 포르투갈의 리스본에는 1668년 스페인으로부터의 독립을 기념하는 탑과 광장이 있다.

펠리페 4세의 뒤를 이은 카를로스 2세(재위 1665~1700) 때는 다시 지방 경제가 회복되고 여러 소왕국들의 정치적 다양성이 받아들여졌다. 그러나 스페인은 대외적으로 상당한 위기에 처하는데, 카를로스 2세는 유럽의 헤게모니를 잡으려던 프랑스의 루이 14세와 세 차례의 전쟁을 치루어야 했다. 1668년에 일어난 3차 전쟁에서는 스페인이 합스부르크 동맹으로 프랑스의 제국주의에 대항하여 싸웠는데, 프랑스는 일부 영토를 양도하는 대신, 스페인의 왕위 계승권을 요구하고 나섰다. 왕위를 계승할 자식이 없었던 카를로스 2세는 1700년에 프랑스 부르봉 왕가 루이 14세의 손자인 펠리페를 왕위 계승자로 지명한다. 루이 14세의 손자 펠리페가 스페인에서 왕위를 계승한다는 사실은 프랑스가 유럽에서 주도권을 장악한다는 의미를 지니기 때문에, 신성로마제국과 영국, 네덜란드는 1701년에 동맹을 체결하여 오스트리아 황제의 차남인 카를로스 대공을 스페인 왕으로 추대한다. 이 동맹국들이 1702년에 프랑스와 스페인에 선전포고를 함으로써 왕위 계승 전쟁(1702~1715)은 시작된다. 프랑스의 독주를 막고 유럽의 세력 균형 유지를 위함이었고, 이미 쇠퇴의 길로 들어선 스페인 제국의 광활한 영토는 유럽의 여러 나라들에게 아주 매력적이었기 때문이었다. 포르투갈도 스페인의 부르봉 왕가에 반대하는 동맹에 참여하였고, 분리주의 운동을 전개하고 있던 카탈루냐와 아라곤 연합왕국 역시 합스부르크 왕가의 카를로스 대공을 지지했다. 합스부르크 왕가를 지지하던 영국과 네덜란드는 입장을 바꿔 펠리페 5세에게 프랑스의 왕위 계승권을 포기하면 스페인의 왕위 계승을 인정하겠다는 조건을 내세우는데, 이러한 영국과 네덜란드의 요구가 1713년 위트레흐트 조약에서 공식화되어 부르봉 왕가의 펠리페 5세는 정식으로 프랑스의 왕위 계승을 포기하고 스페인의 왕위를 물려받게 된다. 펠리페 5세는 프랑스의 부르봉 왕가에서는 처음으로 스페인 왕으로 등극하게 되는데, 이후 부르봉 왕가는 스페인에 공화정이 들어선 1931년까지 이어진다. 위트레흐트 조약으로 영국은 지브롤터와 지중해의 메노르카 섬을 차지하였고, 스페인은 네덜란드와 이탈리아 내의 영토를 잃음으로써 유럽 전역에 걸친 거대한 스페인 제국은 이베리아 반도의 카스티야, 아라곤, 아메리카 식민지로 축소된다. 왕위 계승 전쟁의 결과 체결된 위트레흐트 조약은 영국과 프랑스의 세력 균형을 이루는 계기가 되었지만, 스페인에게 왕위 계승 전쟁은 유럽의 중심에서 변방으로 그 지위가 하락하고 정치·경제적으로도 쇠락의 길로 들어서게 한 역사적 변곡점이 된다.

펠리페 5세(재위 1700~1746) 때부터 시작된 스페인의 부르봉 왕가(1700~1931) 시대는 포르투갈이나 아라곤(카탈루냐)과 같은 스페인의 지역 소왕국 입장에서는 상당히 암울한 시기였다. 부르봉 왕가 시대에는 외치보다는 내치에 전념하면서 강력한 중앙집권정책을 시행하는데, 그 결과 소왕국들의 자치권은 인정되지 않았으며 해당 지역의 고유한 문화와 언어의 사용이 탄압되고 억제되었기 때문이다. 펠리페 5세 집권 초기에는 각 왕국의 자치를 존중하고, 법과 특권을 인정하는 관용정책을 일시적으로 펼쳤지만, 카탈루냐는 프랑스인들로부터 입은 피해의 경험 때문에 부르봉 왕조의 정책을 의심하고 1705년에 합스부르크 왕가의 카를로스 대공을 스페인 왕으로 추대하자, 1707년 펠리페 5세는 카탈루냐를 지지한 발렌시아와 아라곤을 점령하고 그들의 고유한 법과 자유를 박탈했다. 이에 카탈루냐가 강력한 저항운동을 펼치자, 스페인의 부르봉 군대는 바르셀로나를 공격하였으며 1714년에 카탈루냐인들은 스페인 왕실 군대와 프랑스 군의 거센 공격에 결국 항복하고 바르셀로나는 함락되고 만다. 이로써 펠리페 5세는 카탈루냐를 스페인에 완전히 편입시키고 스페인 제국 전체의 절대 군주로 군림한다. 당연히 그는 각 왕국 고유의 법과 자유를 박탈하고, 카스티야어 이외의 지역 언어의 사용을 금지했다. 펠리페 5세의 집권 이후, 스페인은 소왕국들의 자치권을 인정해주던 연합국가에서 강력한 중앙집권 국가로 변화한다. 즉, 스페인 지역별로 존재하던 각 왕국에 세금운영권을 비롯한 법률, 정치, 경제에서의 자치권을 부여했던 합스부르크 스페인이 중앙집권적 부르봉 스페인으로 변모하게 된 것이다. 이러한 부르봉 왕조시대의 중앙집권정책으로 지역의 고유한 문화는 무시되었는데, 그 대표적 경우로 지역의 정체성을 상징하는 지역 언어(예: 카탈루냐어, 갈리시아어, 아라곤어)가 보호받지 못하고 그 사용이 억압된 것을 들 수 있다. 당연히 스페인 부르봉 왕가의 언어인 카스티야어가 강요되고 장려된다. 이를 증명하는 것이 펠리페 5세가 주도하여 설립한 '스페인 왕립 한림원'(Real Academia Española)이다. 한림원의 모토인 "깨끗하게 하고, 정착시키며 빛을 내라"(*Limpia, fija y da esplendor*)에서 보듯이, 한림원을 통하여 스페인은 국가의 공용어라고 할 수 있는 카스티야어를 스페인 전 지역에 보급하고 전파하려는 노력을 기울인다. 즉, 기존의 스페인에 남아있던 지역별 소왕국들은 자신들이 사용하던 고유한 지역어를 더 이상 제도적으로 보호할 수 없는 정치적 상황에 들어선 것이다.

이와 같이 현재 스페인에서 뜨거운 감자로 대두되고 있는 카탈루냐의 분리·독립 운동은 그 역사의 근원을 부르봉 왕가 시대로의 전환기에서 찾을 수 있다. 우리나라에서는, 스페인 현대사의 한 획을 그은 프랑코의 군부독재 시기(1939~1975)에 이르러서야 카탈루냐와 바스크 지방의 분리·독립운동에 대한 강력한 탄압이 시작된 것으로 알고 있는 경우가 많은데, 바스크 지방의 완전한 독립을 추구하는 ETA 무장단체 세력이나 현재진행형인 카탈루냐의 분리·독립운동은 현대사의 문제가 아니라, 스페인의 중세와 근대의 굴곡진 역사에서 파생된 문제임을 알아야 한다. 즉, 카탈루냐나 바스크 지방의 분리·독립주의 운동은 17~18세기에 벌어진 스페인의 근대사(합스부르크 왕가에서 부르봉 왕가로의 전환기)에서 그 근본적인 원인을 찾아야 한다.

4.7. 스페인과 포르투갈의 영토 전쟁

포르투갈 왕국은 여타 가톨릭 왕국들처럼 이슬람 세력에 대항한 국토회복운동 과정에서 형성된다. 앞서 언급하였다시피, 711년 무어인들이 이베리아 반도를 점령해 알안달루스(Al-Andaluz)를 세웠을 때, 가톨릭교도들은 이베리아 반도 북쪽으로 모여 아스투리아스 왕국을 세운다. 포르투갈은 재정복 초기엔 갈리시아 왕국, 후엔 레온 왕국의 일부로 포르투갈레 백작령(Condado de Portucale)으로 출발한다. 포르투갈 독립 훨씬 이전부터, 갈리시아 왕국과 포르투갈레를 통치하던 귀족들에 의해, 독립에 준하는 자치권 확대를 꾀한 시도들이 여러 번 있어왔다. 1096년 카스티야-레온 왕국의 알폰소 6세는 자신의 사위 엔히크 드 보르고냐(Henrique de Borgoña)에게 갈리시아 백작령 남쪽 땅의 통치권을 양도하여 포르투칼레 백작령이 세워진다. 이후 보르고냐의 아들 엔히크가 국토회복 전쟁 중 이슬람 왕조에 승리를 거둔 것을 계기삼아 본격적으로 독립을 선언하고 스스로 아폰수 1세(Afonso I)라 칭한다. 교황의 중재로 카스티야 왕국도 이를 인정하고 교황의 정식 인가를 받아 국제적으로 하나의 국가로서 인정받게 된다. 즉, 아폰수 1세가 권좌에 올라 1143년 사모라 조약을 통해 카스티야-레온 왕국으로부터 독립하여 포르투갈 왕국을 건설한 것이다.

한편, 포르투갈 왕국은 펠리페 2세 재위 때인 1580년에 스페인에 통합된 뒤, 합스부르크 왕가의 말기인 1668년에 스페인으로부터 독립을 쟁취한다. 그러나 포르투갈은 스페인에 병합된 시기에도 고유의 자치권과 해외 식민지 경영권을 그대로 유지하였다. 사실 포르투갈은 스페인이 이슬람교도들과의 재정복 전쟁으로 정신이 없었을 때, 스페인보다 먼저 해외로 눈을 돌려 해양왕국을 건설한다. 이와 관련하여 스페인과 포르투갈의 식민지 영토 전쟁에 대해 좀 더 살펴보도록 하자. 스페인이 1492년에 국토회복 전쟁을 완수한 반면, 포르투갈 왕국은 그보다 훨씬 이른 시기인 1249년에 자체적으로 이슬람 세력과의 재정복 전쟁을 완성하여 왕국이 안정된다. 따라서 중세 카스티야 왕국이 이슬람과의 종교 전쟁에 전력을 다하고 있었을 때, 포르투갈 왕국은 해외로 눈을 돌렸는데, 이를 대표하는 인물이 15세기 말의 엔리케(1394~1460) '항해왕'이다. 엔리케 왕자는 유럽의 변방국 포르투갈의 왕 후안 1세의 셋째 아들로 태어나 국가의 에너지를 해외 개척으로 분출시켜 해외 영토를 확보하고 부국으로 도약하는 기반을 만든 인물이다. 포르투갈(Portugal)이라는 국가명이 라틴어의 '포르투스 칼레'(PORTUS CALE: 서쪽의 항구)라는 단어에서 유래되었을 만큼, 포르투갈은 유럽의 르네상스 시대에 변방의 약소국에 불과했다. 엔리케의 부친인 후안 1세는 아비스 기사단장으로 일종의 용병대장이었으나, 당시 포르투갈 왕이 아들 없이 사망하면서 1385년 왕으로 추대된다. 후안 1세의 옹립에 불만을 품고 침공한 카스티야 왕국을 막아내고 평화조약을 체결하나, 포르투갈 왕조는 정치·경제적으로 새로운 가능성을 찾아야 할 취약한 입장이었다. 이러한 상황에서 엔리케 왕자는 해외로 눈을 돌려 아프리카 북단 모로코의 세우타를 정복함으로써 아프리카와 유럽을 잇는 중계무역의 주도권을 확보하였고, 여기에서 막대한 세금이 유입되면서 약소국 포르투갈의 도약이 시작된 것이다. 엔리케는 본격적인 아프리카 항로 개척에 나서, 아프리카 남방으로 향하는 대서양에서 1419년 마데이라 제도를, 1427년에는 아조레스 제도를 발견하여 영토로 편입했는데, 이는 유럽 국가에 의한 최초의 대양항해로 기록된다. 이와 같이 왕자 신분으로 평생을 아프리카-아시아 항로 개척에 헌신한 엔리케는 포르투갈의 대항해 시대를 개막한 항해왕으로 세계사에 큰 족적을 남긴다. 엔리케 왕자가 해양국가로의 도약의 발판을 마련한 포르투갈은 지리적인 이점을 무기로 삼아 여러 나라와 해상무역을 하며 해상을 장악하였는데, 주로 아프리카와 인도를 주요 무대로 삼았다. 엔리케 왕자는 1460년 세상을 떠났으나 그가 시작한 포르투갈의 항로 개척은 계속되어, 1498년에는 바르톨로뮤 디아스(1450~1500)가 아프리카 대륙의 남단에 도달해 희망봉(Cape of Good Hope)으로 명명한다. 1498년에는 바스쿠다가마(1469~1521)가 희망봉을 돌아 인도항로를 개척하였다. 인류 역사상 최초로 바닷길로 유럽과 아시아를 직접 연결하는 시대로 진입한 것이다. 이와 같이 아프리카 항로를 개척한 엔리케 왕자는 치밀한 전략으로 약소국이었던 포르투갈을 해양 강국으로 도약시켰으며, 엔리케 왕자가 주역이 되어 개막한 대항해 시대는 스페인-네덜란드-영국 순으로 주도권이 이어지면서 세계사의 새로운 장을 열게 된다.[13]

포르투갈은 인도항로를 통하여 아시아까지 진출하여 일본과도 교류를 시작하였는데, 일본이 조선을 침공한 임진왜란(1592~1598)에서 포르투갈 상인을 통하여 전수받은 조총을 주요 무기로 채택했다는 사실은 우리로서는 안타까운 역사적 비극이다. 임진왜란 당

13 포르투갈의 엔리케 왕자에 관한 내용은 시사저널 2016년 8월 16일자 「대항해 시대 개막한 '항해王'」을 참조하였음.

시 조선에 전해진 담배나 토마토, 옥수수, 감자, 고구마, 고추 역시 유럽이 일본에 전해준 라틴아메리카의 토착산물이었다. 이와 같이, 포르투갈은 최초로 유럽과 아시아를 연결한 국가였다. 우리나라에 들어온 외래어 중에도 일본을 거쳐 들어온 포르투갈어 단어들이 있는데, 예를 들어, 비누를 칭하는 경상도 방언인 '사분'은 포르투갈어의 *sabão*이 일본을 거쳐 우리말로 들어온 경우이다. 빵(*pan*), 고무(*goma*)도 마찬가지의 예가 되겠다. 그만큼 스페인보다는 포르투갈이 먼저 일본과 긴밀히 교류했다는 사실을 알 수 있다.

포르투갈이 아프리카와 아시아를 먼저 선점한 관계로, 스페인은 포르투갈이 차지한 아프리카를 벗어난 서쪽으로의 인도항로를 개척할 수밖에 없었을 것이다. 콜럼버스가 이사벨 여왕의 후원으로 1492년 카리브 해에 도착한 것도, 아프리카를 통한 인도항로가 포르투갈에 의해 막혀있었기 때문에, 그 반대쪽인 서쪽으로 인도항로를 개척하기 위함이었다. 유럽이 인도로의 항로를 개척하고자 했던 근본적인 이유는 당시 '블랙 골드'라 불렸던 인도의 후추(향신료)를 가져오기 위함이었다. 냉동시설이 없던 당시 후추는 고기의 부패를 늦추는 최적의 상품이었기 때문에, 당연히 귀중하고 값비싼 농산품으로 모든 유럽 국가가 인도에서 후추를 가져오고자 혈안이 되어있었다. 게다가 인도로 가는 육로가 오스만투르크에 의해 점령되어 있었기에, 육로를 피해 바닷길을 통한 인도로의 항로를 개척하고자 했던 것이다.

콜럼버스의 신대륙 발견으로, 아메리카 대륙을 먼저 발견한 스페인은 1493년 교황칙령으로 대서양 가운데를 기준으로 서쪽에서 발견된 땅은 스페인이 갖는다는 약속을 받아낸다. 그러나 이 약속이 스페인에만 유리하다고 생각한 포르투갈의 엔리케 왕자는 대서양 가운데가 아닌 새로운 기준선을 정하자고 강력히 반발하여 1494년 스페인과 포르투갈의 대표는 토르데시야스(Tordesillas) 조약을 체결하게 된다. 이 조약에 따라, 대서양 가운데를 지나던 기존의 교황칙령 기준선은 왼쪽으로 더 이동하게 되어 남미 대륙 가운데를 지나게 된다. 그 결과 경계선 동쪽에 있는 브라질은 포르투갈이 차지하게 되고, 경계선 서쪽에 놓인 대부분의 남미 국가는 스페인의 지배를 받게 된다.[14]

---

14 1529년의 사라고사 조약은 마젤란 함대의 세계일주 항해로 지구가 둥글다는 사실이 확인되자 스페인과 포르투갈이 체결한 조약이다. 토르데시야스 조약에 관한 내용은 함규진(2014)의 『조약의 세계사』를 참조하였음.

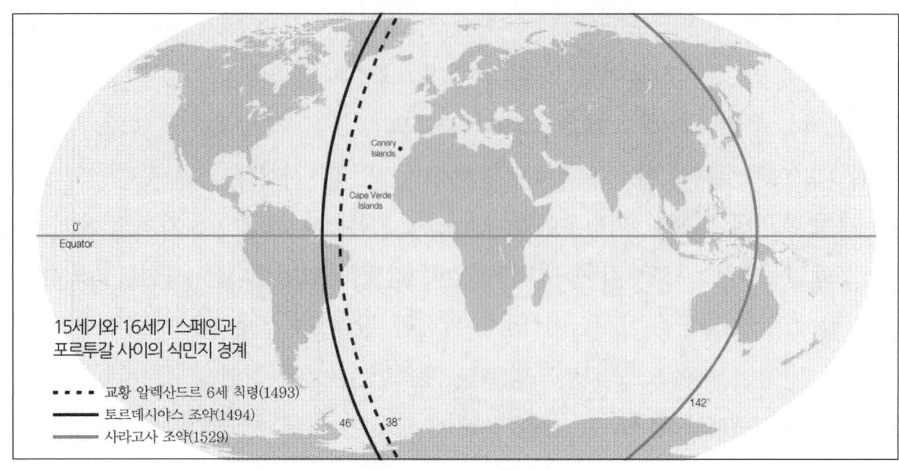

〈그림 12〉 토르데시야스 조약

포르투갈은 토르데시야스 경계선을 침략의 기준으로 삼아, 1498년에 바스쿠다가마가 아프리카 최남단의 희망봉을 돌아 인도에 이르러 인도 경략의 길을 열었고, 1507년에는 동아프리카의 모잠비크를 점령하고, 1518년에는 스리랑카에 콜롬보를 건설하며, 1543년에는 일본에 도착하고, 1557에는 중국 남부에 마카오를 건설한다. 지금의 브라질에 유독 물라토가 많은 까닭도 식민지 건설과정에서 포르투갈이 자신들이 지배하는 아프리카에서 흑인들을 무수히 브라질로 실어와 노예로 부렸던 것에 연유한다. 이후 브라질은 1808년에 나폴레옹을 피해 포르투갈 왕실이 피난할 정도로 포르투갈의 충실한 식민지로 남았다가, 1822년에 포르투갈 왕실의 일원인 페드루 1세가 브라질 제국을 선언하고 독립한 뒤 차차 유럽과의 끈이 끊어져간다.

이러한 연유로 브라질의 리우데자네이루가 약 13년간은 포르투갈의 수도가 된 적이 있었다. 유럽대륙을 정복한 나폴레옹이 영국을 굴복시키고자 1807년에 대륙 봉쇄령을 발표하여 유럽의 모든 국가와 영국 간의 해상 교역을 금지시키는데, 강력한 해군을 가진 영국은 이에 맞서 대륙 봉쇄령에 동참하는 나라의 배는 대서양을 지나지 못하도록 하는 해상 봉쇄령을 내리게 된다. 식민지인 브라질과의 교역을 계속하기 위해서 대서양을 반드시 지나야 하는 포르투갈은 나폴레옹이 무서웠지만 대륙 봉쇄령을 거부할 수밖에 없게 된다. 이에 분노한 나폴레옹이 군대를 보내 포르투갈을 점령해버리자, 영토를 잃은 포르투갈 국왕 주앙 6세는 1808년에 식민지인 브라질로 망명을 떠나게 된다. 이러한 왕실의 망명으로 브라질의 리우데자네이루는 리스본을 대신하여 포르투갈 왕국의 새로운 수도가 된다. 즉, 브라질에 도착한 주앙 6세가 포르투갈 본국으로 돌아

간 1821년까지 13년 간 브라질의 리우데자네이루는 포르투갈의 수도가 된 것이다. 1822년 브라질이 포르투갈로부터 독립하면서 리우데자네이루는 1960년까지 브라질의 수도였으며, 이후 브라질 정부는 브라질리아로 수도를 옮기게 된다.

한편, 주앙 6세가 1820년 포르투갈에서 자유주의 혁명이 일어나자 본국으로 돌아가서 이를 진압하게 되는데, 그의 아들 페드루는 브라질에 남아 섭정을 하다가 1822년 독립을 선언하고 브라질 제국을 세워 초대 황제에 오른다. 자유주의를 옹호했던 페드루는 의회를 만들고 입헌군주제를 받아들여 1824년 헌법도 반포한다. 이와 같이 브라질은 식민지로 망명을 간 왕실의 일원이 독립한 경우로, 남미 대륙에서 처음으로 군주국으로 독립한 것은 물론 제국이라는 이름을 붙인 유일한 나라가 된다. 1825년 주앙 6세도 아들 페드루가 소망한 브라질 독립을 승인해주었기 때문에, 브라질은 어찌 보면 아버지로부터 아들이 유산 받은 영토로 간주될만하다. 이러한 연유로, 스페인의 식민지였던 남미가 크리오요 계층의 분파적 독립전쟁으로 사분오열된 후 여러 국가로 분리되어 독립된 것과는 대조적으로, 브라질은 유혈 독립전쟁 없이 평화롭게 독립을 쟁취하여 남미에서 가장 넓은 영토를 지닌 하나의 국가로 남게 되었다.

한편, 스페인은 1521년 코르테스가 아스텍 제국을 점령하고 1532년에는 피사로가 잉카를 멸망시키면서 중남미를 차례차례 손에 넣는다. 이후 스페인은 식민지에 부왕령을 건설하는데, 파나마를 경계로 하는 중앙아메리카는 누에바 에스파냐(Nueva España), 남미의 콜롬비아와 베네수엘라 일대는 누에바 그라나다(Nueva Granada), 잉카의 옛 땅은 페루(Perú), 지금의 아르헨티나 일대는 라플라타(La Plata) 부왕령이 그것이다. 스페인 중앙정부는 각 부왕령에 부왕을 파견하여 식민지를 경영하였다. 필리핀도 1521년 마젤란이 상륙한 이래 스페인 식민지가 된다. 앞서 언급했듯이, 1580년에는 토르데시아스 경계선이 무너지는 일이 발생하는데, 스페인 펠리페 2세가 포르투갈 왕위를 계승함으로써 두 나라를 통일해버린 것이다. 17세기 초까지 스페인은 해가 지지 않는 제국을 구가하게 되지만, 확고한 자치권과 고유제도의 철저한 보존을 조건으로 통합에 동의했던 포르투갈은 이 기간 중에도 식민지를 별도로 관리했으며, 1668년에 다시 독립하게 된다.

한편, 콜럼버스는 1492년부터 1504년까지 네 차례에 걸쳐 서인도제도로 항해했으나, 1506년 스페인에서 사망할 때까지 서인도제도를 인도로 믿었다고 한다. 결국 콜럼버스는 신대륙을 발견한 것이지, 인도로 가는 항로를 개척하지 못했으며 지구가 둥글다는 사실 역시 증명하지 못한 셈이다. 따라서 1519년부터 1522년까지 세계일주 항해로 인도를 개척한 마젤란이야말로 진정 지구가 둥글다는 것을 증명한 항해사였다.

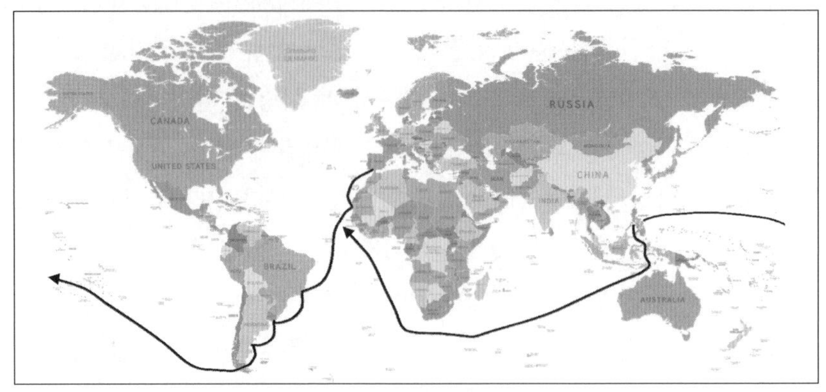

〈그림 13〉 마젤란의 세계일주 항로

포르투갈 출신 마젤란은 스페인 왕실의 후원으로 1519년 세비야를 출항해 향신료를 찾아 서쪽 바닷길을 개척하는데, 240명이 5척의 배를 타고 남아메리카를 돌아 서쪽으로 항해하면 금방 인도에 닿을 수 있으리라 믿었다고 한다. 마젤란이 남미를 돌아간 지점인 푼타아레나스는 '마젤란 해협'이라고 불렸으며, 이 해협을 지났을 때 나타난 평온한 망망대해는 '태평양'이라고 명해졌다. 마젤란은 1521년 필리핀 제도에서 원주민과의 전투에서 사망하고 1522년에 15명만이 빅토리아호로 무사 귀환한다.

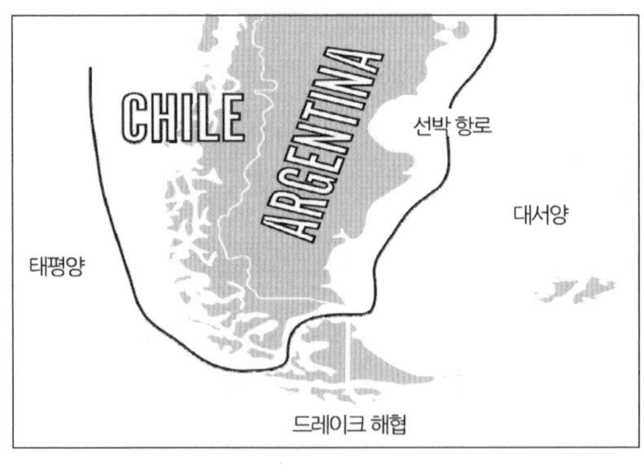

〈그림 14〉 마젤란 해협

다음 지도는 16세기 말 스페인과 포르투갈이 개척했던 식민지 영토로서, 짙은 회색이 포르투갈령이고 검은색 부분이 스페인령이다.

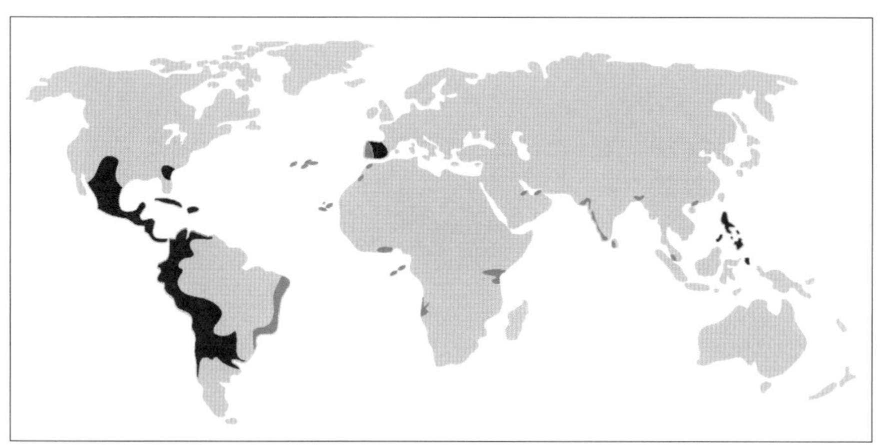

〈그림 15〉 16세기 말의 스페인과 포르투갈의 식민지(함규진, 2014)

제3장

스페인의 언어상황과 언어정책

1. 스페인 문화의 다양성과 지역 민족주의

1.1. 스페인의 지역감정

필자가 스페인 마드리드에서 유학하던 시절의 경험담이다. 1994년 5월 당시 챔피언스 리그의 전신인 유로피언컵 결승전에서 스페인의 FC 바르셀로나가 이탈리아의 AC 밀란과 우승을 다투게 되었다. 바에서 맥주를 마시면서 친구들과 경기를 관람하고 있었는데, 이게 웬일인가? 대부분의 마드리드 사람들이 밀란을 응원하는 게 아닌가? 필자는 당시 스페인의 지역감정이 그렇게 드센 줄 모르고 있었기에 이러한 광경은 당혹스럽지 않을 수 없었다. 경기결과는 AC 밀란이 4:0으로 FC 바르셀로나를 이기고 우승컵을 안았으며, 당연히 마드리드의 바에서는 환호성이 울렸고 축제의 분위기가 되었다.

반대로, 바르셀로나에서는 마드리드를 철천지원수처럼 대한다. 예를 들어, 지난 2000년 레알 마드리드 소속의 루이스 피구는 FC 바르셀로나 캄누(Camp Nou) 홈구장에서 치러진 엘 클라시코 더비에 나섰다가 무수한 야유에 시달렸고 급기야 바르셀로나 팬들이 피구를 향해 오물과 돼지머리를 투척하는 사건이 벌어졌다.[1] 이는 바르셀로나의 상징이던 피구가

1 '더비'란 동일 지역 내 라이벌 스포츠 팀들 간의 경기를 지칭한다. 유명한 축구 더비 매치로는, 마드리드 더비(레알 마드리드 vs 아틀레티코 마드리드), 런던 더비(아스널 vs 토트넘), 맨체스터 더비(맨체

<그림 1> 스페인 축구의 엘 클라시코

라이벌 팀인 레알 마드리드로 이적한 것에 대한 배신감과 증오가 한 데 섞인, 바르셀로나 팬들의 격한 감정의 표현이었다. 아마 피구가 레알 마드리드가 아닌 다른 팀으로 이적했더라면 이렇게까지 비난하지는 않았을 것이다.

우리나라에서도 지역감정이 심각한 정치사회적 문제로 등장한 지 오래지만, 만약 반감을 가지고 있는 특정 지역 연고지 팀이 외국팀과 경기를 한다고 가정해보면 대부분의 한국인들은 지역에 관계없이 자국 팀을 응원하지 않겠는가? 또한, 아무리 지역감정이 있더라도 라이벌 팀으로 이적했다고 오물까지 투척할 정도로 증오감을 느낄까? 이러한 생각에 이르게 되면서, 당시 필자는 스페인의 지역감정이 우리나라의 그것과는 비교할 수 없을 정도로 정말 심각한 것이 아닌가 생각하게 되었다. 아마도 우리나라는 동일한 언어와 문화를 공유하는 한민족이란 넓은 테두리 내에서 전라도, 경상도, 충청도 등과 같은 지역적 색깔이 포용되는 반면, 스페인은 지역별로 언어가 다르고 문화가 다르기 때문에 카탈루냐, 갈리시아, 바스크의 분리주의적 지역감정이 우리나라의 지역감정보다 훨씬 더 강력한 민족적 색깔을 띠는 게 아닌가 생각된다.

어떻게 보면, 카탈루냐가 카스티야(스페인)에 대해 지니는 지역감정은 우리가 일본에 대해 느끼는 '한일감정'과 유사한 것으로도 비교될 수 있을 것 같다. 이는 무력진압을 통한 지배의 역사가 동일하기 때문이다. 즉, 1910년 일본제국이 조선의 주권을 강탈하여 35년간 조선을 식민 지배하였듯이, 스페인도 1714년 부르봉 왕조의 펠리페 5세가 스페인·프랑스 연합군을 이끌고 자치권과 독립을 외치며 항쟁하던 카탈루냐인들을 무력진압하고 바르셀로나를 함락하여 카탈루냐를 지배하고 통치하였다. 현대사로 눈을 돌리면, 카탈루냐와 카스티야 사이의 대립양상을 보인 스페인 내전이 끝난 뒤, 군부 프랑코의 파시스트 체제는 철저한 중앙집권 통치를 선보이며 분리·독립을 추진했던 카탈루냐와 바스크를 가혹하게 탄압하는 폭압정치를 하였다.

이러한 프랑코의 강력한 독재정치가 지역 간의 대립과 악감정을 더욱 증폭시켰을

스터 유나이티드 vs 맨체스터 시티), 로마 더비(라치오 vs 로마), 밀라노 더비(AC 밀란 vs 인터밀란) 등이 있다. 아르헨티나에도 수페르 클라시코(보카주니어스 vs 리버플레이트)가 축구 더비로 유명하며, 한국 프로축구 K리그의 경우, 수원 삼성과 FC 서울의 맞대결을 1호선 더비라고 일컫는다.

것임은 자명하다. 이런 점에서, 우리 한민족이 일본의 식민지배에 저항하며 독립을 위해 투쟁해온 역사는 카탈루냐나 바스크가 스페인의 지배로부터 분리·독립을 추진해온 역사와 비교될 수도 있겠다. 그만큼 스페인의 지역감정은 스페인을 둘러싸고 있는 다언어, 다문화 그리고 다민족이라는 개념과 스페인의 역사에서 출발해야 제대로 이해할 수 있을 것 같다.

스페인은 이베리아 반도에 있던 다수의 소왕국들이 재정복 과정에서 하나로 합쳐져 형성된 국가로, 다른 유럽 국가들에 비해 지역별로 다양한 문화권이 존재한다. 특히 해당 문화권의 지역색이 강해서 구성원들 사이에 출신지에 대한 자부심을 표출하는 것이 자연스럽다. 또한, 수도 마드리드와 카스티야 지방을 중심으로 하는 중앙집권적인 애국심에 대한 저항감도 특징적으로 나타난다. 앞서 언급했듯이, 스페인 프로축구 라리가(La Liga)는 이러한 스페인의 지역주의의 대립이 가장 분명하게 표출되는 공간이다. 지역주의가 강하게 나타나는 문화권인 카스티야, 카탈루냐, 바스크, 갈리시아를 대표하는 클럽들 간에는 라이벌 관계가 분명히 드러난다. 대표적인 경우인 엘 클라시코(레알 마드리드 vs. FC 바르셀로나)는 지역주의가 집약된 형태의 대립관계로 지역 내 더비와는 차원이 다른 열기와 격렬함을 느낄 수 있다. 각 지역을 대표하는 클럽으로, 카스티야에는 마드리드 중앙정부를 상징하는 레알 마드리드가 대립관계의 중심에 위치하고 있으며, 카탈루냐는 FC 바르셀로나, 바스크는 아틀레틱 클럽(Athletic Club)이 있다. 따라서 지역 간 대립구도로 보면, 카스티야(Real Madrid)-카탈루냐(FC Barcelona), 카스티야(Real Madrid)-바스크(Athletic Club) 간의 경기에서 지역주의가 집약적으로 나타난다. 한편, 마드리드에 거주하는 카탈루냐인들과 바스크인들은 아틀레티코 마드리드(Atlético de Madrid)를 통해 레알 마드리드와 대립하는 모습을 보인다(마드리드 더비: Real Madrid vs. Atlético de Madrid). 카탈루냐와 바스크 역시 내부적으로 친 중앙정부적인 구단인 에스파뇰(Español)과 레알 소시에다드(Real Sociedad)의 존재로, 지역 간 더비의 축소판인 지역 내 더비(카탈루냐 더비: FC Barcelona vs. Español, 바스크 더비: Athletic Club vs. Real Sociedad)가 나타난다. 갈리시아의 경우, 중앙정부에 대한 반감이 그렇게 강력한 편은 아니지만, 여전히 지역 내에서 친 중앙정부적 성향을 지닌 데포르티보(Deportivo)와 갈리시아 정체성을 대표하는 셀타 비고(Celta Vigo)가 지역 내 더비 관계를 형성하고 있다. 이렇게 스페인 사회의 지역주의는 스페인 축구계를 설명할 때 빼놓을 수 없는 요소로 작용하고 있다. 역설적으로, 이러한 지역주의는 내부 경쟁을 유발하여 외부 경쟁력을 강화시키는 역할을 하여 스페인 축구 발전에 큰 기여를 하고 있다고도 볼 수 있다. 스페인 축구는 2000년대 후반부터 압도적인 경기력을 선보이면서 유로 2008 우승을 시작으로 2010 남아공 월드컵 우승, 유로 2012 우승까지 메이저 대회 3연패를 달성한 최초의 팀으로 등극하였으며, 클럽 대항전에서도 08/09 시즌 FC 바르셀로나의 UEFA 챔피언스리그 우승 이후, 현재까지 잉글랜드 프리미어리그와 독일 분데스리가 등 여타 유럽리그를 압도하는 성적을 내고 있다.[2]

2008년 여름 스페인 마드리드에서는 스페인 축구 국가대표팀의 유로 2008 우승 퍼레이드가 화려하게 펼쳐졌는데, 이를 통해 모처럼 스페인은 케케묵은 지역적 갈등을 벗고 하나가 되기도 하였다. 한마음이 돼 우승의 기쁨을 만끽하는 스페인 풍경은 2002년 6월의 우리나라를 떠오르게 한다.

1.2. 스페인 문화의 다양성

스페인은 다언어·다문화가 어울려 형성된 다양성의 국가이다. 많은 한국인들이 스페인하면 떠올리는 것이 '뜨거운 태양, 정열적인 투우(Corrida de Toros) 그리고 열정의 플라멩코(Flamenco)'라고 한다. 그러나 스페인을 여행해본 사람들은 투우와 플라멩코가 스페인을 대표하는 문화 아이콘이라고 더는 생각하지 않는다. 투우와 플라멩코는 스페인 중북부인 카스티야와 안달루시아 지방의 문화이지, 북부지방인 카탈루냐나 바스크, 갈리시아 지방의 문화는 아니기 때문이다. 마드리드, 세비야 같은 도시에서는 4월 부활절부터 10월까지 오후 5~6시 경에 투우 경기가 열리지만, 카탈루냐나 바스크 지역에서는 투우가 열리지 않는다. 카탈루냐 의회에서는 2012년 스페인 본토에서는 처음으로 투우 전면 금지 법안을 가결하기도 했다.[3] 중남미에서도 콜롬비아, 에콰도르, 멕시코에서는 투우가 열리지만, 아르헨티나와 우루과이 같은 국가에서는 투우가 금지되어 있다. 또한, 현재 스페인에서는 동물학대란 이름으로, 스페인의 오랜 전통 유산 가운데 하나인 투우를 반대하는 운동 역시 거세게 일고 있다. 예를 들어, 2010년 투우에 반대하는 동물보호단체 회원 150여 명이 스페인 북부 빌바오에서 누드 퍼포먼스를 펼치기도 하였다.

그러나 마드리드를 위시한 스페인의 중남부 지역에서 투우는 여전히 스페인의 오랜 전통유산의 하나로 자리매김하고 있다. <그림 2>와 <그림 3>에서 보듯이, 필자가 마드리드의 기숙사(Colegio Mayor Nuestra Señora de África)에 있을 때, 암송아지(vaquilla)

2 라리가를 통해 살펴본 스페인 지역주의에 도움을 준 홍정민 군에게 감사한다.
3 바르셀로나 도심지에 있는 투우 경기장은 현재 아울렛으로 바뀌어 있다.

로 투우연습(카페아: Capea)을 하는 곳으로 소풍을 가곤 했는데, 그만큼 마드리드를 위시한 카스티야 지방에서는 투우를 즐기고 있음을 알 수 있다. '카페아'에서 알게 된 것은 송아지는 움직이지 않고 가만히 서 있으면 절대로 사람을 들이받지 않는다는 것이다. 실제 투우 경기에서도 소가 투우사에게 돌진하는 것은 카포테(capote)라 불리는 빨간색 천을 보고 흥분해서가 아니라(소는 색맹이라고 한다), 주역 마타도르(matador)가 막대기에 감은 붉은색 천인 물레타(muleta)를 이리저리 흔들어 소가 흥분하기 때문이다. 소가 무섭게 돌진해올 때, 투우사는 부동의 자세를 유지하고 있음이 이를 증명한다.

〈그림 2〉 투우

〈그림 3〉 송아지 투우 연습, 카페아

춤(바일레, baile), 노래(칸테, cante), 기타연주(토케, toque)로 대표되는 집시의 한이 서린 플라멩코 역시 마드리드와 안달루시아 지역에서 주로 감상할 수 있다. 그만큼 스페인의 문화는 단일하지 않으며, 스페인은 지역마다 다양한 문화와 고유한 언어를 지니고 있는 다문화·다언어 국가라고 할 수 있다.

스페인이 우리 한국인들에게 유럽에서 가장 인기 있는 관광국이 된 이유도 어디를 가든 색다른 볼거리가 가득하기 때문이다. 그만큼 스페인은 지역마다 문화가 다양하고 지역적인 정체성이 뚜렷하다고 볼 수 있다. 기후나 토양 역시 스페인은 지방마다 다양한 색채를 띤다. 북부지방이 우리나라를 연상시키는 산악지역의 침엽수로 가득한 녹색이라면, 카스티야의 중앙 고원지대는 붉은 색의 토양이 지배적이며, 안달루시아의 남부지방은 강렬한 태양을 반사시키려는 백색의 집들로 가득하다.

스페인 관광은 대부분 마드리드에서 시작하여 톨레도, 세비야, 살라망카, 세고비아와 같은 카스티야 지방을 둘러보게 된다. 카스티야(Castilla)는 스페인의 중부 지방에 위치하며 스페인 전체 면적의 절반 정도를 차지한다. '카스티야'란 이름도 재정복 과정에서 가톨릭 세력이 이슬람 세력에 대항하여 축조한 수많은 城(카스티요: castillo)에 기원한다. 스페인 왕궁이 있는 마드리드에는 프라도 미술관(Museo del Prado)이나 레이나 소피아 현대 미술관(Museo Nacional Centro de Arte Reina Sofía) 같은 세계적인 미술관들이 있다. 프라도 미술관에는 16~18세기 스페인을 대표하는 미술가들인 엘 그레코, 벨라스케스, 고야 등의 작품이, 레이나 소피아 현대 미술관에는 파블로 피카소(Pablo Picasso), 살바도르 달리(Salvador Dalí), 호안 미로(Joan Miró) 등 20세기 스페인 화가들의 작품이 전시되어 있다.

마드리드와 톨레도를 중심으로 한 카스티야 지방과는 달리, 세비야, 코르도바, 그라나다가 있는 남부 안달루시아 지방으로 가보면, 유럽에서는 볼 수 없는 스페인만의 특징인 '이슬람과 가톨릭 문화의 공존'을 목격할 수 있다. 안달루시아는 오랫동안 이슬람의 정치적 지배와 문화적 영향 아래 놓여 있어 이슬람 건축문화를 잘 보존하고 있기 때문이다. 코르도바의 메스키타(Mezquita)는 이슬람 사원을 유지한 채 사원 중앙에 르네상스 양식의 예배당을 지었기 때문에 가톨릭교도와 이슬람교도가 한 곳에 동거하는 사원이 되었다. 안달루시아의 보석으로 불리는 그라나다의 알람브라(Alhambra) 궁전은 가톨릭교도의 손으로 빼앗은 뒤에도 정중하게 보존되어 이슬람 문화의 높은 수준과 탐미적인 매력을 오늘날까지 전하고 있다.

안달루시아를 거쳐 스페인의 동부지역인 카탈루냐 지방으로 발길을 옮기면 스페인의 또 다른 문화를 목격할 수 있다. 카탈루냐의 수도 바르셀로나는 북유럽 도시라고 불릴 만큼 스페인의 다른 도시들과 구분되는 특성을 지니고 있다. 스페인의 중심부를 형성한 카스티야가 축제(fiesta)와 낮잠(siesta)의 문화라면, 카탈루냐의 문화는 검소하며 합리적이고 실용적인 정서로 요약할 수 있다. 어떻게 보면, 마드리드의 카스티야 출신들이 다소 거만하고 게으르고 고집이 센 국수적인 인물들이라면, 카탈루냐의 바르셀로나 출신들은 좀 더 근면하고 친절하며 융통성이 있는 국제적인 사람들로 보일 수도 있다. 실제로, 마드리드보다 바르셀로나에서 영어가 더 잘 통한다. 반면에, 카스티야인들은 카탈루냐 출신들을 지나치게 경제적인 면에만 밝은 속물적인 구두쇠(tacaño)라고 폄하하기도 한다. (cf. 박구병, 2012)

카탈루냐를 거쳐 스페인의 북부지방인 바스크 지역을 돌아보면 스페인의 또 다른 강렬한 색채를 느낄 수 있다. 스페인 동북부에서 프랑스 서남부에 걸쳐있는 바스크인들의 지방이기 때문이다. 바스크인들은 언어와 민족이 로마 이전 시기와 연결되어, 로망스어가 아닌 바스크어를 사용하며 라틴족이 아닌 바스크족이기 때문에 그 문화 역시 기타 스페인 지역과는 완전히 남다르다. 기후 역시 스페인 남부지방에서 보았던 정열의 태양은 약해지고, 풍경은 우리나라와 같은 녹색의 산악지역으로 변모한다. 지역명도 '파이스 바스코'(País Vasco: 바스크 국가)로 불릴 만큼 독립성이 강하다. 비토리아(Vitoria)가 이 자치주의 수도이며, 구겐하임 미술관이 있는 빌바오(Bilbao)와 아름다운 해변을 자랑하는 산세바스티안(San Sebastián)이 이들 지역의 주요 도시이다. 물론, 소몰이 축제로 유명한 팜플로나(Pamplona)가 속한 나바라 자치주의 일부 지역에서도 바스크어가 사용되고 있다. 스페인 내에서도 바스크인들은 강하고 거칠고 무뚝뚝한 성향의 이미지로 각인되어 있으며, ETA(Euskadi Ta Askatasuna; 바스크 조국과 자유)라는 테러단체가 정부요인 암살 등 무자비한 테러 활동을 할 정도로 바스크 민족의 독립에 대한 염원은 강렬하다고 볼 수 있다. 이와 같이, 바스크 지역은 로마시대 이전의 유일한 지역 언어인 바스크어를 지금까지 사용하고, 자신들만의 고유한 문화를 유지하고 간직할 정도로, 바스크 민족의 독자성과 독립성은 카탈루냐의 지역 민족주의와는 비교할 수 없을 정도로 강력하다. 바스크족의 바스크어나 바스크 문화가 로마 이전의 것과 관련된 반면, 카탈루냐나 갈리시아의 지역주의는 라틴족과 라틴문화에서 파생된 개념으로 이해할 수 있기 때문이다.

1.3. 스페인어권 문화에서의 가톨릭

스페인의 다양한 지역별 문화와 지역주의에도, 스페인 문화를 관통하는 하나의 공통된 축은 가톨릭이란 종교라고 볼 수 있다. 스페인은 가톨릭이란 종교의 이름 아래 이슬람 이교도들을 물리치고 재정복을 완수하였으며, 15세기 말부터 300년 동안 종교재판소(Inquisición)를 통해, 유럽을 변혁시킨 종교개혁에 대항하여 반종교개혁(Contrarreforma) 운동을 전개하였다. 또한, 라틴아메리카 식민지에서 예수회의 대대적인 선교활동을 통해 원주민들을 개종시킬 정도로, 스페인의 가톨릭교는 사회문화적인 영향력뿐만 아니라 정치적인 위력을 유지하였다.

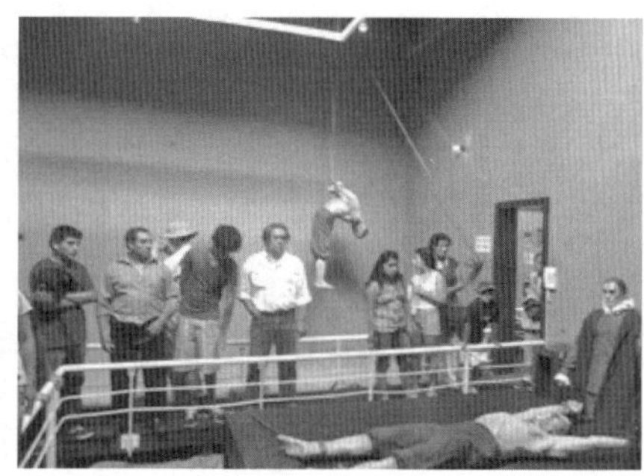

〈그림 4〉 페루 리마의 종교재판소 박물관

이와 같이, 스페인 중앙정부는 가톨릭이란 종교를 정치에 밀접하게 연결시켜 스페인의 왕조시대를 이끌어 왔다. 근대사에서 자유주의 세력과 교회 사이의 불화가 발생하고 제2공화정(1931~1936) 시기엔 지역의 자치권 보장, 국가와 교회의 분리 등으로 가톨릭교의 위세가 흔들리기도 했으나, 스페인 내전(Guerra Civil)에서 프랑코의 파시스트 세력이 승리를 거둔 후 가톨릭은 다시 예전의 특권을 회복하였다. 즉, 중세부터 프랑코의 현대사에 이르기까지 오랜 기간 동안 스페인에서 가톨릭교와 국가는 긴밀한 동맹관계를 유지해 온 것이다. 어찌 보면 스페인의 근현대사는 가톨릭 종교와 중앙정치세력이 연합한 기득권 세력과 여기에 대항하는 지역주의·자유주의 세력 간의 투쟁의 역사라고도 볼 수 있다.

스페인이 가톨릭의 국가란 것은 여행을 하면서도 충분히 인지할 수 있다. 비록 최근의 스페인 젊은이들은 가톨릭교를 믿지 않는 경우가 허다하지만, 스페인의 어느 유명한 대도시를 가더라도 카테드랄(Catedral)이라고 불리는 대성당을 만날 수 있다. 한때 세계를 주름잡았던 스페인 선조들의 유산이기 때문이다. 신대륙 발견 후, 스페인 문화+가 이식된 라틴아메리카에도 가톨릭 문화가 그 위력을 떨치고 있다. 아마 스페인 문화권만큼 가톨릭교가 정치·경제·문화 다방면에서 막강한 영향력을 행사한 곳은 없을 것이다. 대성당으로 유명한 대표적인 스페인 의 몇몇 도시를 살펴보자. 먼저 가톨릭 순례자의 길로 유명한 '카미노 데 산티아고'(Camino de Santiago)가 향하는 스페인 서북부 갈리시아의 산티아고 데 콤포스텔라(Santiago de Compostela)를 들 수 있다. 813년에 어떤 고행 수도사가 빛나는 별을 따라가다가 예수의 열두 제자였던 야곱(야고보)의 무덤을 이곳에서 발견한 후 이를 기념하는 성당이 세워졌는데, '산티아고 데 콤포스텔라'라는 도시명은 '들판(campo) 위의 별(estrella)이 일러준 성인 야곱(Santo Jacobo)'이란 의미를 지니고 있다. 성인 야곱의 무덤이 있는 산티아고 데 콤포스텔라로 향하는 카미노는 모두 12개가 있으며, 그 중에서 프랑스의 생장피에드포르(Saint-Jean-Pied-de-Port)에서 산티아고 데 콤포스텔라로 향하는 약 800km의 프랑스 길(Camino Francés)은 많은 순례자들과 도보 여행자들의 인기를 독차지하고 있다. 필자도 2017년 6월에 팜플로나에 위치한 나바라 대학교에 머물면서 이틀간 프랑스 길의 일부인 팜플로나(Pamplona)에서 에스테야(Estella)까지 걷는 영광을 누렸는데, 혼자 묵묵히 걸어가면서 자신에 대해 성찰할 수 있는 좋은 기회였다고 생각한다. 솔직히 말하자면, 바르셀로나 산츠역에서 소매치기(지갑과 스마트폰 분실)를 당해 '멘붕' 상태로 팜플로나에 도착했는데, 카미노를 걸으면서 상처난 마음을 어느 정도는 치유하고 회복할 수 있었다.

〈그림 5〉 카미노 데 산티아고

〈그림 6〉 프랑스 길

〈그림 7〉 성가족 성당

가우디가 설계한 바르셀로나의 성가족 성당(Sagrada Familia) 역시 스페인 가톨릭을 대표하는 건축물이다. 이 성당은 1883년 건축이 시작된 지 100년이 넘었지만 아직도 공사 중에 있으며, 이슬람 예술의 영향을 받은 가톨릭 양식에 프랑스식 요소가 혼합된 가우디만의 독창적인 건축 작품이다.

유럽에서 세 번째로 규모가 크다는 세비야 대성당 역시 빼놓을 수 없는 스페인의 대표적인 성당이다. 콜럼버스의 신대륙 발견 이후로, 세비야는 신대륙으로의 출항지가 되었으며 아메리카 대륙으로부터 금, 은, 담배, 카카오, 설탕 등이 쏟아져 들어온 무역의 중심 항구였다. 이 시기에 세워진 세비야 대성당의 화려함은 당시 이 도시가 얼마나 번성했는지 잘 보여주며, 대성당의 황금제대는 얼마나 많은 양의 금이 신대륙으로부터 유입되었는지 짐작하게 해준다.

한편, 스페인 가톨릭교는 라틴아메리카에도 비교적 빠른 기간 내에 전파되었는데, 여기에는 토착문화와 결합된 멕시코의 과달루페 성모(Virgen de Guadalupe)의 발현이 결정적인 역할을 했다고 볼 수 있다. 멕시코시티 북쪽의 테페약(Tepeyac) 언덕에 위치한 과달루페 성모 마리아 바실리카(Basílica)는 프랑스의 루르드와 포르투갈의 파티마와 함께 세계 3대 성모 발현지 중의 한 곳으로, 과달루페 성모는 멕시코가 섬기는 수호신이자, 스페인과 아메리카의 만남의 상징으로 여겨진다. 과달루페 성모 신화는 1531년 지금의 멕시코시티인 테노치티틀란(Tenochtitlan) 북쪽에 있는 테페약 언덕에서 원주민 후안 디에고(Juan Diego) 앞에 나타난 성모를 일컫는다. 신화에 따르면, 후안 디에고가 사람들에게 성모의 출현을 알리려 했으나 아무도 믿지 않았는데, 성모는 자신이 나타났다는 증거로서 당시 아메리카에 존재하지 않던 스페인 장미를 언덕에 피어나게 하고, 이 꽃을 겉옷 틸마(tilma, 망토)에 싸서 주교 후안 데 수마라가(Juan de Zumárraga)에게 가져가라고 명했다. 후안 디에고가 주교 앞에 틸마를 펼치자 옷에 〈그림 8〉과 같은 성모의 모습이 떠올랐다고 한다.

〈그림 8〉 과달루페 성모

〈그림 8〉에서 보듯이, 과달루페 성모는 백인이 아니라 원주민인 인디오의 특징을 지닌 메스티소 혼혈의 피부색과 이목구비를 지녔고, 아스텍 여인의 장신구를 하고 있었다. 추측컨대, 자신들의 외모로 나타난 이러한 성모의 모습과 그 신화에 영향을 받아 많은 원주민들이 가톨릭교로 개종하였고, 이러한 연유로 비교적 쉽게 가톨릭교가 아메리카에 전파되지 않았나 생각된다. 아무래도 인신공양으로 제물을 바치던 아스텍 제국의 태양신보다는 가톨릭교가 더 인류애를 실천하는 종교임엔 틀림없지 않는가. 가톨릭 신자가 아닌 필자도 멕시코 과달루페 성당에 모셔진 성모 과달루페를 접하고 깊은 성스러운 종교적 감동과 함께 과학적 호기심을 동시에 느꼈다. 486년이 지난 오늘날까지도 믿기 어려울 만큼 원형 그대로 보존되어 있기 때문이다.

현재 라틴아메리카의 가톨릭 신자 비율은 스페인보다 훨씬 더 많은 87%에 이른다. 스페인어권에 미친 가톨릭교의 위력은 스페인어 표현에서도 드러난다. 먼저, 라틴아메리카의 많은 도시명이 가톨릭식 지명이다. 도미니카 공화국의 수도인 산토 도밍고(Santo Domingo: 성 일요일), 중미의 국가인 엘살바도르(El Salvador: 구세주 예수), 멕시코와 미국의 도시인 베라크루스(Veracruz: 진정한 십자가), 아르헨티나와 미국의 도시인 산타페(Santa Fe: 거룩한 믿음), 칠레와 파라과이의 도시인 콘셉시온(Concepción: 성모 마리아의 잉태), 파라과이의 수도인 아순시온(Asunción: 성모 마리아의 승천) 등이 모두 가톨릭 종교와 관련된 지명들이다. 다음으로, 일상생활의 스페인어 표현에서도 가톨릭 종교와 관련된 것들이 많다. 예를 들면, Que Dios te bendiga, Como Dios manda, Dios sabe, Confiemos en Dios en que ..., Dios mediante, Gracias a Dios, Dios mío 등이 그것이다. 이런 표현들은 대부분 신에 대한 감사와 신에 대한 의지를 보여주는 것으로, 스페인어권 사람들의 긍정적인 사고방식을 엿볼 수 있다. 이러한 가톨릭 문화 덕분에, 라틴아메리카 국가들은 경제가 어려움에도 굉장히 높은 행복지수를 기록

하고 있다.[4] 우리나라가 세계 행복지수 하위권에 머물고 있다는 점을 상기하면, 라틴아메리카의 높은 행복지수는 우리에게 시사하는 점이 많다. 가톨릭의 긍정적 사고방식 덕분에 라틴아메리카 사람들은 가족문화를 중요시 여기며, 보통 3~4명의 자녀를 두는 다산 국가이다. 덕분에 미국의 히스패닉 인구는 매년 증가 추세에 있다. 갈수록 유교문화에 바탕을 둔 가족의 개념이 옅어지고, 젊은이들은 결혼도 선택, 출산도 선택이 되는 지금, 우리나라의 각박한 현실과는 상당히 대조적인 모습이다. 중남미 국가들의 높은 행복지수는 경제적 부가 행복의 척도가 아님을 여실히 보여준다.

1.4. 스페인의 지역 민족주의와 언어 정책

앞서 살펴보았듯이, 스페인의 역사를 되돌아보면 스페인의 지역감정은 프랑코 정부의 지역탄압과 군부독재에서부터 생겨난 것이 아니며, 그 뿌리가 훨씬 더 깊음을 알 수 있다. 지역감정이 태동하게 된 역사적 배경을 좀 더 살펴보도록 하자. 스페인은 종교전쟁이란 이름으로 이슬람교도들에 대항하여 800년에 걸쳐 재정복을 완수하였는데, 8~10세기에 스페인의 북부지역에서 태동하였던 여러 가톨릭 소왕국들은 언어가 서로 달라지고 고유한 문화를 지니게 되면서 해당 지역의 정체성으로 거듭나고 있었고 각자 재정복을 추진하면서 이들 소왕국들은 이합집산을 거듭하고 있었다. 지금 스페인의 지역주의는 이러한 당시 재정복 과정에서 태동한 가톨릭 소왕국들에 그 근원을 두고 있다고 할 수 있다. 갈리시아 왕국, 나바라 왕국, 카탈루냐 백작령과 아라곤 왕국 등이 스페인 지역 민족주의의 뿌리인 것이다. 카스티야 왕국 중심으로 재정복을 완수하여 스페인은 정치적인 통일을 이루었지만, 스페인의 뿌리 깊은 지역감정은 해소되지 않는데 그 이유는 이들 북부 지역의 소왕국들이 통일을 이룬 카스티야 왕국(합스부르크 왕조와 부르봉 왕조)에 정치·경제뿐만 아니라 문화적으로도 완전히 통합되지 않았고, 게다가 스페인 중앙정부가 이들 지역의 자치권을 인정하지 않고 절대왕조의 권력을 휘둘렀기 때문이다. 당연히 북부지역에서 소왕국을 형성하였던 바스크(나바라), 카탈루냐(아라곤), 갈리시아와 같은 지역에서는 스페인 역사 내내 자신들만의 고유한 정치·경제적 자치권을 강력하게 요구하게 된다. 이들 분리주의 세력이 지역민들의 지지를 받았기 때문에, 이들 지역은 스페인 부르봉 왕가의 강력한 중앙집권 정책에 지속적으

4 라틴아메리카 국가들 중에는 코스타리카의 행복지수가 가장 높다.

로 반대의 목소리를 내면서 중앙정부와 대립해 왔고 이러한 사실은 스페인 근현대사가 증명하고 있다.

현대사로 돌아와 본다면, 이들 분리·독립주의 세력은 공화당의 중심이 되어 스페인의 기득권 세력과 강력하게 대립한다. 즉, 가톨릭 세력과 왕실 등 기득권 세력에 반대하는 공화파 세력이 등장하는데, 스페인은 근대사에 두 공화정을 겪게 된다. 제1공화정(1873~1874)과 제2공화정(1931~1936)이 그것이다. 1936년 총선에서 좌익 공화파가 승리하자 이에 반발한 군부세력이 쿠데타를 일으켜 공화파와 국민파 간의 내전(1936~1939)이 벌어지는데, 내전에서 승리한 프랑코 군부 정부(1939~1975)는 가혹한 독재와 강력한 중앙집권정책을 폄으로써 스페인어에 절대적인 우선권을 주고 다른 모든 독립어의 사용과 발전을 금지하였다. 이러한 지역어 탄압정책은 펠리페 5세부터 시작된 부르봉 절대 왕조의 중앙집권정책의 연장선상에 있다고 보아도 무방할 것이다. 프랑코 정부의 강력한 독재는 지방자치를 요구하는 시위를 근절하는 결과를 가져왔으며, 그로 인해 역설적으로 지방언어들은 해당 지역의 정체성의 상징으로 변모하게 되었다. 이와 같이 시대별로 지역어에 대한 언어정책이 다른데, 합스부르크 왕조시대나 공화정 시대에는 지방의 자치권을 인정해주었기 때문에 갈리시아와 파이스 바스코, 카탈루냐와 같은 지역의 언어가 보호받고 그 사용이 아무 문제없이 장려되었던 반면, 부르봉 왕조나 프랑코 정부 시대와 같이 중앙집권정책이 펼쳐졌던 시대에는 지방 자치권이 탄압받아 이들 지역어들은 그 사용이 금지되었으며, 그 결과 지역어로 공식적인 인정을 받지 못하였다.

스페인 내전으로 스페인은 유럽에서 더욱 더 고립되는 결과가 초래되었다. '신과 조국을 위하여'(Por Dios y por la patria)란 기치 하에 집결한 가톨릭 보수주의자들과 스페인 민족주의자들은 공화파, 사회당, 공산당이 연합한 인민전선과의 전쟁에서 승리함으로써 장기간에 걸쳐 지속된 프랑코의 군부독재가 시작된다. 이로써 스페인은 지역적 분열이 가속화되고, '피레네 산맥을 넘으면 아프리카'란 나폴레옹의 말이 유행할 정도로 국제적 고립이 심화된다. 이러한 처절했던 스페인 내전을 배경으로 한 작품들을 소개하면, 먼저 파블로 피카소의 『게르니카』(Guernica)가 있다. 독일과 이탈리아 연합군은 1937년 4월 26일 바스크 지방의 작은 마을 게르니카에 3시간에 걸쳐 무차별 융단폭격을 가해 주민 7천명 가운데 1천명을 학살했다. 대부분의 남자들은 내전에 참여했던 관계로, 게르니카에서 희생된 사람들은 대부분 여성과 아이들이었다. 이 잔혹한 학살을 고발하는 작품이 바로 게르니카이다. 더욱 충격적인 것은 게르니카가 독일 히틀러 나치의 신형 폭격기 성능 테스트의 실험장이 되었다는 비극적 사실이다. 파시스트들의 잔학성이 극에 달하자, 공화파의 요청에 의해 피카소는 파리에서 『게르니카』 대작을 완성했는데, 1981년에 이르러서야 스페인으로 돌아올 수 있었다. 현재 마드리드의 레이나 소피아 현대 미술관에 전시되어 있으며, 비인간적이고 잔인한 대량 학살의 잔혹성을 고발하는 반전과 평화의 상징적인 작품이다. 피카소의 게르니카와 더불어, 스페인의 인민전선 정부를 돕고자 참전한 반파시스트 국제의용대원의 활동과 사랑을 그린 어니스트 헤밍웨이의 소설 『누구를 위해 종은 울리나』(*For Whom the Bell Tolls*)와 로버트 카파가 인민전선 종군기자로 내전에 참가하면서 공화파의 의용대원이 총탄에 맞아 죽는 순간을 찍은 전쟁 보도사진으로 유명한 『쓰러지는 의용군』(*Falling Soldier*)도 스페인 내전을 배경으로 한 작품들이다. 2013년 세종문화회관에서는 "한 발짝 더 카파처럼 다가서라"라는 주제로 로버트 카파를 기념하는 사진 전시회가 개최되기도 하였다.

<그림 9> 피카소의 『게르니카』

1975년 11월 프랑코 총통의 사망으로 지역어에 대한 억압상황은 급격히 변하였다. 1978년 민주주의의 회복과 스페인의 다문화 및 다언어적 특징을 인정하는 헌법의 승인으로 사실상 스페인은 새로운 모습을 띠게 된 것이다. 이전에는 프랑코식 국가 모델에 따라 모든 지방은 스페인어라는 하나의 유일한 공용어만 가지는 것으로 정해져 있었으나, 1978년 헌법 개정으로 전 스페인 영토는 하나의 공용어(스페인어)와 3개의 지역어(갈리시아어와 바스크어, 카탈루냐어) 사용이 허용되는 이중언어 지역을 가진 17개의 자치주들의 연합으로 바뀌었다. 이러한 스페인의 언어 상황은 유럽연합의 언어정

책과 일맥상통하는 것으로, '언어 평등주의 원칙'에 입각하여 어떤 언어에도 정치, 경제, 문화적 차원에서 특권적 지위를 부여하지 않고 다양한 민족 언어공동체를 통합하려 한다는 점에서 의의가 있다. 현재 28개 회원국으로 확대된 유럽연합은 상당한 통번역 비용에도 모든 회원국의 공용어를 공식문서와 회의에서 사용하고 있으며, 최근 모국어 이외에 '1+2 프로그램'으로 명명된 2개의 유럽어 교육을 계획하고 있다. 더욱이 「지역 언어 및 소수언어를 위한 유럽헌장」은 지역 언어가 국가 통합에 위협이 되지 않는다는 것을 각 회원국에게 설득시키고, 소수언어에 대한 관용과 열린 의식을 강조하고 있다. 이러한 유럽연합의 일련의 언어정책들은 유럽의 정체성을 유지하는 문화적 기반이 언어 다양성의 존중에 있다는 인식에 토대를 두고 있다. 스페인을 포함한 유럽연합의 언어정책은 세계화의 구호 아래 영어 일방주의에 경도되어 있는 우리나라의 현행 외국어 정책에 좋은 본보기라 할 수 있다.

스페인에 다양한 지역 언어가 존재한다는 사실은 스페인어를 배우는 우리에게 상당히 당혹스러운 것이 사실이다. 이중언어 사용지역에서는 스페인어 이외에 또 다른 지역어를 학습해야 하는 이중고를 겪을 수 있기 때문이다. 실제로, 카탈루냐어는 지역주민의 정체성의 상징이 되고 있으며, 주민들의 전폭적인 지지 하에 일상적인 대중매체와 문학작품, 영화 등이 모두 이 언어로 제작되고 있고, 전문용어의 표준화도 정책적으로 지원되고 있다. 그만큼 카탈루냐어를 지켜나가기 위한 '지역어 보존운동'은 카탈루냐어 사용 지역의 행정력과 경제력을 바탕으로 해가 거듭될수록 강화되고 있다. 한편, 바스크 자치주에서 사용되는 바스크어(에우스케라 euskera)는 앞에서도 밝혔지만 이베리아 반도에 존재하는 언어 중에서 유일하게 라틴어에서 파생되지 않은 언어로, 유럽에서 '언어의 섬'이라고 불린다. 바스크어는 수세기에 걸쳐 타민족의 언어에 의해 말살당하지 않고 현재에도 살아남아 있을 정도로 바스크인들의 독립정신은 상상을 초월한다. 1975년 프랑코가 죽고 난 후, 1979년부터 자치권을 부여받았지만 ETA를 중심으로 하는 '바스크 민족 분리주의자'들은 계속해서 완전한 독립을 주장하고 있다. 이러한 배경에는 바스크 민족 특유의 민족적 자부심이 한몫하고 있기도 하다. 또한, 언어적·민족적 배경이 너무나 다르기 때문에 쉽게 문화적으로 공유할 수 있거나 동화될 수 있는 여건이 아니기도 하다.

그러나 스페인에서는 2000년대 이후 외국인(예: 모로코, 에콰도르, 콜롬비아, 중국 등) 이민자가 급증하였으며, 이러한 외적 요인은 지역 문화의 정체성을 와해시키는 요소가 되고 있다. 스페인은 1996년에 약 4천만 명이었던 인구가 2010년 4,700만 명으로 증가했는데, 특히 1996년 이후 스페인으로 이민 온 사람들의 수가 500만 명을 상회함에 따라 1996년에 2% 수준이었던 외국인 인구 비율이 2009년에는 12%까지 상승한 것이다. 특히 스페인은 북아프리카와 라틴아메리카, 그리고 동유럽 출신들이 가장 선호하는 나라이다. 중남미 이민자들이 내국인과의 인척관계와 같은 유리한 조건 덕에 이민의 승인률이 높은 반면, 모로코와 중국의 경우에는 불법이민자가 급증하고 있는 추세이다. 스페인 국내의 이주현황을 보더라도, 20세기 초에 바스크 지역에서는 철강과 조선 산업, 카탈루냐 지역에서는 섬유 산업이 호황을 누려, 스페인의 타 지역, 특히 안달루시아 출신의 이민자들이 바스크와 카탈루냐로 많이 유입되었다. 이주민들은 해당 지역의 민족주의자들로부터 배척을 받게 되는데, 이들 지역주의자들은 그 지역만의 독특한 문화와 언어를 앞세워 국내외 이주민들과 이질감을 보인다. 이들 이주자들은 바스크어나 카탈루냐어를 몰라 어려움을 겪기도 하며, 급증한 이주자들의 유입으로 인해 지역 언어의 활성화보다는 스페인어의 일반적 사용이 눈에 띄게 증가한다. 즉, 이들 이주민들은 한 지역에서만 소통되는 지역어보다 전국적으로 의사소통에 불편이 없는 스페인어를 배우려하기 때문이다. 스페인의 이중언어 시스템을 알고 있지만, 스페인에 살기 위해 언어를 배우려 하는 외국 이민자들은 별 고민 없이 스페인어를 선택하는 것이다. 실제로, 스페인 이중언어 지역에서 사용되고 있는 지역어에 대한 부담으로 외국인 이민자나 유학생들은 일반적으로 스페인어만 사용하는 지역에 몰리는 경향도 있다. 해당 지역어를 모든 거주자에게 사용할 것을 강요하는 이중언어 시스템은 외국인들에게 배타적으로 다가올 수 있으며, 이에 따라 지역어가 이중언어 지역의 세계화에 저해요소가 될 수도 있다.[5]

요약하면, 스페인의 지역주의는 다음과 같은 장단점을 지니고 있다. 단점으로는 먼저 지역주의가 강화될수록 스페인 전체의 통합에는 부정적 영향을 미친다는 것이다. 지역별로 고유한 언어를 사용함으로써 지역의 정체성과 스페인 문화의 다양성은 강화되지만, 스페인이라는 국가에 대한 소속감은 약화된다고 볼 수 있다. 또 다른 지역주의의 단점으로는, 앞서 언급하였듯이, 스페인 국민들조차 해당 지역으로 대학을 가거나 일자리를 얻게 되는 경우, 새로운 언어를 학습해야 하는 부담감이 존재한다는 것이다.

반면에, 스페인의 지역주의는 다양성을 추구할 수 있고 지역별 정체성을 더 공고히 할 수 있다는 점에서 장점으로 여겨질 수 있다. 스페인 북부 지방의 자치주 정부들이

5 필자도 바르셀로나 자치대학(UAB: Universidad Autónoma de Barcelona)으로 유학 갈 생각을 해본 적이 있었으나, 스페인어도 힘든데 카탈루냐어까지 배워야한다는 부담감에 마드리드 자치대학(UAM: Universidad Autónoma de Madrid)으로 유학을 결정한 바 있다.

지역어의 사용을 더욱 더 권장하고 지역어 보호정책을 강력히 폄으로써 지역문화의 정체성을 한층 더 높일 수 있다. 또한, 세계화라는 이름 아래 많은 민족 문화들과 소수 언어들이 사라져가고 있는 현재, 스페인의 다언어 정책은 다양성 추구라는 점에서 세계 여러 나라의 문화 정책에 좋은 시사점을 준다. 이런 면에서 세계화란 명목 하에 펼쳐지고 있는 우리나라의 영어 일변도의 획일화된 외국어 정책은 다양성의 관점과 거시적인 시각에서 보면 절대 좋은 평가를 받을 수 없다.

스페인 지역주의의 장단점과 바스크 지역과 카탈루냐 지역의 분리·독립 운동을 고려해보건대, 스페인이 앞으로 취해야할 지향점은 조상들이 이룬 '이베리아 왕국들의 연합체'라는 1492년의 통일 정신을 되살리고, '국가적 통합'과 '문화 다양성의 보존'이라는 두 가지 요소를 성공적으로 조화시키는 것이라고 생각된다.

2. 스페인의 이중언어 지역

스페인의 지역 민족주의는 지역마다의 고유한 언어와 문화에서 출발한다. 이런 점에서, 여기에서는 스페인 헌법에서 인정한 공식 지역어(카탈루냐어, 바스크어, 갈리시아어)를 사용하는 자치주(카탈루냐, 파이스 바스코, 갈리시아)에서의 이중언어 현황과 역사 그리고 언어정책에 대해 살펴보기로 하겠다.

2.1. 스페인의 이중언어 지역: 카탈루냐

2.1.1. 카탈루냐의 문화와 역사

〈그림 10〉 스페인의 카탈루냐 자치주

앞에서 이미 언급했듯이, 카탈루냐 출신들의 지역에 대한 자부심과 애향심은 대단하다. 언어와 문화가 스페인과는 다르다고 여기는 것이다. 지역 고유어인 카탈루냐어는 9세기 중세 라틴어를 바탕으로 로망어(오크어)의 영향을 받아 독자적인 언어로 발전된 로망스 언어로서, 스페인어의 방언이 아닌, 개별언어이다. 또한, 문화적으로도 여타 지역보다 역사적으로 이슬람 세력의 지배를 비교적 짧은 기간 동안만 받은 탓에, 카탈루냐는 스페인에서 바스크 지역과 함께 이슬람 문화의 영향이 가장 적은 곳이다. 경제적으로도, 카탈루냐는 중세시대부터 지중해 무역을 통해 상업이 발전한 부유한 지역으로, 농업 위주의 낙후된 경제를 지닌 스페인 여타 지역과는 분명한 차이를 보인다. 이러한 언어·문화적 이질감과 경제적 수준 차이로 지금도 카탈루냐인들은 스페인으로부터의 완전한 독립을 외치고 있다. 이해를 돕기 위해, 이 지역에 대한 역사를 간략히 살펴보도록 하자.[6]

5세기에 서로마 제국이 멸망하고 6~7세기 게르만족의 일파인 서고트 왕국이 다스리던 이베리아 반도를 711년 이슬람 세력이 침략하고 단 7년 만에 바스크 지역을 포함한 북서쪽 고산지대 일부를 제외한 반도 전체를 점령하자, 서유럽을 통일한 서게르만계인 프랑크 왕국의 샤를마뉴 대제는 795년 오늘날 카탈루냐를 포함해 스페인과 프랑스 국경의 동북지대에 '스페인 변경백'(Marca Hispánica)을 설치한다. 변경백은 이슬람의 서유럽 진입을 차단하고 가톨릭교의 수호를 목적으로 만든 것이다. 즉, 이슬람 세력이 피레네 산맥을 넘어 유럽 중심부로 향했지만, 프랑크 왕국은 이베리아 반도의 서고트 왕국과는 달리 이슬람 세력의 공격을 저지했고 오히려 이베리아 반도를 공격해 카탈루냐 지방에 있던 이슬람 세력을 몰아낸 것이다. 프랑크 왕국의 카를로스 대제는 변경백을 설치해 여러 귀족을 카탈루냐 지역에 배치하고 이슬람 세력을 막도록 하였다. 서고트 왕국이 멸망하고 이베리아 반도의 내륙은 이슬람 세력이 지배하였지만, 카탈루냐는 바르셀로나 변경백이 통치하게 된다. 이와 같이, 카탈루냐 지역은 8세기에 이슬람 세력이 반도를 침략하고 정복했을 때 이슬람의 영향을 가장 적게 받은 곳이 된다. 즉, 이때부터 라틴과 게르만족의 문화를 유지한 카탈루냐 지역은 이슬람 문화가 혼합된 스페인 중앙 지역과는 문화적 차이를 보인다. 그 후 이 변경백은 바르셀로나 백작령이 되고 10세기에는 프랑크로부터 독립한다. 1137년에는 아라곤 연합왕국을 형성하여 카스티야에 비해 크게 발전하였으며 섬유공업 제품으로 지중해 무역에 진출하여 큰 번영을 거두며, 이러한 경제적 성공에 힘입어 바르셀로나는 근세 초기에 스페인에서 가장 부흥하고 민주적인 유럽도시로 발전하게 된다.

이슬람이 정복한 이베리아 반도에서 최초로 형성된 가톨릭 왕국은 북부 고산지대의 아스투리아스 왕국이었다. 칸타브리아 산맥 북쪽에 형성된 아스투리아스 왕국은 이슬람 세력과 충돌을 거듭하며 남쪽으로 세력을 늘려 914년에 레온으로 천도하여 이후

---

6 카탈루냐 역사에 관해서는 조선일보 2016년 9월 22일자 「숨어 있는 세계사: 카탈루냐와 스페인」을 참조하였음.

레온 왕국으로 불리게 된다. 레온 왕국의 동부 지역은 산에 둘러싸인 고원 지대가 많았고 항상 이슬람 세력과 전투가 자주 벌어졌기에 방위를 위해 많은 성채를 건설했는데, 이 지역이 카스티야로 불리게 된 이유도 스페인어로 성을 의미하는 카스티요(castillo)라는 말에서 유래되었기 때문이다. 백작령으로 있던 카스티야는 961년에 레온 왕국의 지배력으로부터 벗어나 사실상 독립을 이룬 뒤, 1037년에는 카스티야-레온 왕국을 형성하며, 카스티야 왕국에서 포르투갈이 1143년에 독립 왕국을 건설한다. 동부 지역에서는 1035년에 팜플로나에서 태동한 아라곤 왕국이 탄생한다. 앞서 언급한 카탈루냐 지역에서는 카를로스 대제가 이슬람 세력을 저지하기 위해 변경백을 설치하고 프랑크 왕국의 귀족들이 통치한다. 이 변경백은 프랑크 왕들의 지배를 받다가 다시 독립된 바르셀로나 백작령을 형성하고 10세기에는 프랑크로부터 독립한다. 다시 말해, 이베리아 반도에는 카스티야-레온, 나바라, 포르투갈, 아라곤 등 여러 가톨릭 왕국들이 들어서 무려 800년에 걸쳐 재정복 운동에 앞장섰지만, 카탈루냐 지역이 8세기 초기의 이슬람 세력을 가장 먼저 몰아내었기 때문에 카스티야가 중심이 되어 재정복이 진행된 스페인 내륙 지역과는 역사적 경험이 다르다고 볼 수 있다.

2.1.2. 카탈루냐의 분리·독립 요구

지금 스페인 정부는 경제위기 극복을 위해 애쓰고 있는 와중에, 카탈루냐의 분리·독립 요구 로 골치가 아프다. 카탈루냐가 왜 스페인으로부터 독립하고 싶어 하는지는 앞서 본 언어와 문화의 차이점 이외에도 역사적인 비극이 숨겨져 있다. 이를 간략히 살펴보자.

카탈루냐는 역사적으로 백작령으로만 존재했지, 왕국으로 승격하지 못했다. 이러한 연유로 이웃 왕국과 연합하여 연합왕국을 형성하는데, 1137년 아라곤의 여왕과 바르셀로나의 백작이 결혼하면서 아라곤-카탈루냐 연합왕국이 탄생한 것이 그것이다. 이후, 1469년에는 아라곤의 페르난도 왕과 카스티야의 이사벨 여왕이 혼인하면서 스페인 내륙과 카탈루냐가 합쳐진 스페인 왕국이 생긴다. 어찌 보면, 카탈루냐는 왕국이 아니었던 까닭에, 아라곤 왕국과 연합하면서, 나아가 아라곤 왕국이 카스티야 왕국과 연합하면서 그 독자적인 존재가치를 상실하고 말았다고도 볼 수 있다. 한번 연합왕국의 일원이 되어버리면, 다시 자치권과 독립을 쟁취하기란 쉽지 않기 때문이다. 카탈루냐의 역사가 이것을 증명하고 있다. 카탈루냐의 입장에서 역사를 되돌이켜 보면, 아라곤-카탈루냐 연합왕국을 형성한 것과 카스티야-아라곤 연합왕국을 형성한 것이 두 번의 뼈아픈 실수였다고도 볼 수 있다.

역사적인 배경과 경제적으로도 카탈루냐와 카스티야는 큰 차이가 있었기 때문에, 카탈루냐인들은 카스티야-아라곤 연합 왕국의 탄생을 탐탁지 않게 여겼을 것임은 분명하다. 그나마 합스부르크 왕가에서는 연합왕국의 통합정신을 살려 어느 정도 카탈루냐의 자치권을 인정해주었으나, 스페인 왕국이 부르봉 왕가로 바뀌면서는 분위기는 완전히 역전된다. 즉, 1700년 합스부르크 왕가의 스페인 왕 카를로스 2세가 후계자 없이 죽으면서 스페인 왕위 계승 전쟁(Guerra de Sucesión: 1702~1715년)이 벌어졌을 때, 정치적으로 어수선한 틈을 타 카탈루냐 사람들은 독립을 추진한다. 당시 스페인 왕위를 놓고 프랑스와 신성로마제국(영국 & 네덜란드와 연합) 간에 전쟁이 벌어졌는데, 카탈루냐인들은 독립을 조건으로 신성로마제국을 지원하지만, 프랑스의 승리로 전쟁이 끝나고 1713년에 위트레흐트 조약이 체결된다. 이 조약으로 프랑스 부르봉 왕가의 펠리페 5세는 정식으로 프랑스의 왕위 계승을 포기하고 스페인의 왕위를 물려받으며, 영국은 지브롤터를 차지하게 된다. 분리주의 운동을 전개하고 있던 카탈루냐는 이러한 일련의 협상과정과 프랑스 부르봉 왕가의 펠리페 5세의 등장에 반발하여 1714년 9월 11일 바르셀로나에서 대규모 독립시위를 벌인다.[7] 프랑스의 부르봉 왕가에서는 처음으로, 스페인 왕으로 등극한 펠리페 5세는 스페인·프랑스 연합군을 이끌고 바르셀로나를 함락시키고 만다. 이런 점에서, 역사상 1714년이 카탈루냐가 진정으로 스페인에 '편입'된 해라고 볼 수 있다. 그 이전에는 모두 연합왕국의 일부로 자치권을 보장받고 유지하였기 때문이다. 바스크 지방이 지금도 '푸에로'(Fuero) 전통에 따라 경제적 자치권을 보장받고 있다는 점을 상기하면, 카탈루냐는 너무나 쉽게 스페인 중앙정부와 제대로 된 협상 한번 해보지 못하고 스페인에 흡수되었다고 볼 수 있다.

강력한 중앙집권정책을 펼친 부르봉 왕조의 펠리페 5세에 의해 무력으로 점령당한 1714년부터 카탈루냐의 자치권은 완전히 상실되었으며, 이때부터 지금까지 카탈루냐 사람들은 스페인으로부터의 완전한 분리·독립을 염원하고 있다고 볼 수 있다. 프랑코의 독재기를 끝내고 민주화를 이룬 스페인이 1978년 헌법에서 자치주에서의 자치권을 인정하고, 문화적 유산으로서 지역 고유어를 존중하고 보호한다고 명시하였지만, 여전히 카탈루냐인들은 완전한 자치권을 얻지 못했다고 여기며 스페인으로부터의 분리·독립을 희망하고 있다. 여기에는 카탈루냐인들의 민족적 감정뿐만 아니라, 현재 경제위

7 필자의 카탈루냐 출신 친구는 이날을 우리나라의 3·1 운동에 비교하였다.

기 상황에서 경제적 안정을 이루고자 하는 여론이 한 몫하고 있다. 즉, 카탈루냐 자치주는 스페인 최고의 부자동네로서, 스페인 전체 국내 총생산의 20%를 차지하여 지역의 경제규모가 스페인 전체에서 얼마나 큰 비중을 차지하는지 알 수 있다. 그런데 자신들이 스페인 주정부에 헌납하는 세금이 카탈루냐를 위해 사용되지 않고, 스페인의 가난한 지역인 안달루시아와 같은 타 지역을 위해 사용된다는 데에 분개하는 것이다. 이런 점에서, 카탈루냐는 현재의 자치권은 헌법적 선언에 그치기 때문에 경제적 독립과 같은 완전한 자치권을 요구하고 있다고도 볼 수 있다. 예를 들어, 파이스 바스코 자치주는 지난한 독립투쟁의 보상금으로 '푸에로' 전통에 따른 경제적 자치권을 획득하였으며, 그 결과 모든 세금은 자치주 내에서만 사용하고 있다. 이러한 경제적인 이유로, 카탈루냐 주정부는 스페인으로부터의 완전한 독립을 요구하면서도, 스페인 중앙정부와의 협상을 통해 경제적 자치권을 획득하는 것으로 분란을 매듭지을 여지도 있어 보인다. 카탈루냐가 스페인에서 독립을 할 경우, 스페인의 반대로 유럽연합에서 탈퇴해야 할 것이고, 그렇게 되면 다국적 기업들이 카탈루냐를 떠날 것이기 때문에 심각한 경제적 위기를 맞을 수도 있기 때문이다.

2014년 9월 11일 카탈루냐 국경일(La Diada Nacional de Catalunya)을 기념하여 스페인 카탈루냐에서는 150만 명이 분리·독립을 요구하는 시위를 벌였다. 1714년 펠리페 5세가 바르셀로나를 함락했을 당시에 항쟁했던 카탈루냐인들을 기념하는 날에 대규모 독립 시위를 벌인 것이다. 그 이후 지금까지 카탈루냐는 지속적으로 스페인으로부터의 완전한 독립을 요구하고 있으며, 2014년 11월 9일에는 카탈루냐의 독립 여부를 묻는 비공식 주민투표를 실시한 바 있으며, 630만 유권자 중 230만 명이 투표에 참여하여 80%가 독립을 지지하였다. 그러나 스페인 중앙정부는 이 주민투표를 강력 비판하였으며 헌법재판소에서는 위헌 판결을 내렸다.

그렇다면 2014년에 실시된 스코틀랜드와 카탈루냐의 독립여부를 묻는 주민투표 차이점은 무엇인가? 스코틀랜드는 2014년 9월 12일에 주민투표를 실시하여 영국으로부터의 독립여부를 결정했는데, 독립 찬성 45% vs. 독립 반대 55%로 독립결정이 부결되었다. 스코틀랜드는 영국보다 경제력이 낮아, 민족감정보다는 경제안정을 선택했다고 볼 수 있다. 그럼 왜 카탈루냐는 주민투표로 독립을 결정하지 못하는가? 영국 정부는 1707년 체결된 '연합'(uinón)이라는 관점에서 스코틀랜드 주정부의 독립에 대한 주민투표를 인정했지만, 스페인 중앙정부는 1714년 '정복'(conquista)의 관점에서 카탈루냐 주정부의 독립에 대한 주민투표를 위헌으로 간주한 것이다. 즉, 스페인 정부는 카탈루냐가 연합계약으로 스페인에 통합된 것이 아니라, 스페인으로부터 무력으로 점령된 지역이기 때문에 독립에 대한 투표는 아무런 법적 효력을 지니지 않는다고 판단한 것이다. 실제로, 영국(United Kingdom)은 잉글랜드, 스코틀랜드, 웨일즈, 북아일랜드의 4개 국가가 연합된 나라인 반면, 스페인은 연합국가가 아니다. 영국의 경우, 실제 독립한 경우도 있다. IRA(Irish Republican Army)로 알려진 아일랜드 공화국군은 영국령 북아일랜드와 게릴라 군을 조직하여 독립전쟁(1919~1921)을 펼쳤으며, 1921년에 아일랜드는 영국으로부터 독립을 쟁취하였다.

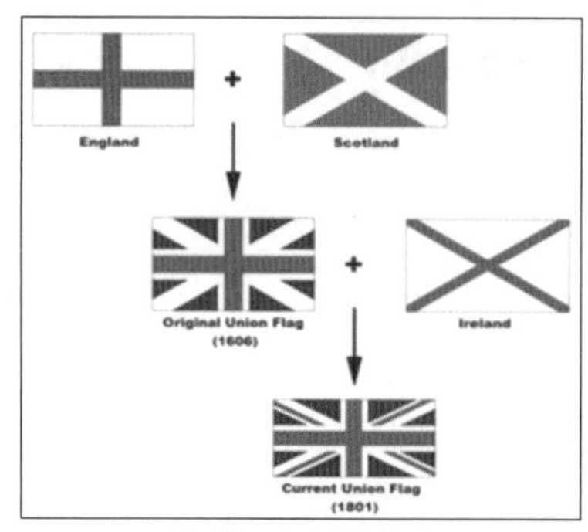

〈그림 11〉 영국 국기

〈그림 12〉 스페인 국기 문양

영국 국기의 조합에서 보듯이, 영국은 4개의 국가가 연합되어 있음을 알 수 있다. 스페인 국기 문양에서도 스페인은 소왕국들(왼쪽 위부터 시계 방향으로, 카스티야 왕국, 레온 왕국, 나바라 왕국, 아라곤 왕국)이 연합하여 있음을 알 수 있는데, 이 문양은 합스부르크 왕가 시대의 카를로스 5세 시기에 만들어졌기 때문에 스페인의 통합정신이 반영된 것일 뿐이다. 해가 지지 않는 스페인 왕국의 위세를 보여주듯, 카를로스 5세는 그리스 시대의 세계관이었던 '지브롤터가 끝'이라는 Non Plus Ultra를 변형하여 '보다 먼 세계로'라는 의미로 Plus Ultra를 문양에 새겨 넣을 정도로 영토 확장에 대한 의욕이 대단하였다.

이와 같은 스페인 중앙정부의 억압과 헌법재판소의 위헌 판결에도, 카탈루냐인은 지속적으로 독립을 요구하고 있다. 2015년 9월 27일 카탈루냐 지방의회 의원선거 결과, 카탈루냐 지방의 분리·독립을 주장하는 정당 연합체인 '찬성을 위해 함께'(Junts pel Sí)와 민중연합후보당(CUP)이 지방의회 총 의석수 135개 중 각각 62석, 10석을 차지하여 과반수를 넘김으로써 독립을 할 가능성이 더 확고해졌다고 볼 수 있다. 실제로 2016년 1월 10일 스페인 카탈루냐 새 주지사로 당선된 카를레스 푸지데몬(Carles

Puigdemont)은 2017년 중순까지 18개월 내에 스페인에서 분리·독립을 천명하기도 했다. 그러나 스페인 중앙정부나 언론에서는 카탈루냐 지방 선거에서 독립을 주장하는 당이 의석수는 과반수를 넘겼지만, 투표 득표율은 과반수에 못 미치는 48%에 그쳤기 때문에 선거결과가 부정적이라고 평가하고 있다. 득표율로 보자면, 카탈루냐 사람들의 절대다수가 독립을 주장하는 것은 아님을 알 수 있다. 아마 타 지역에서 온 이민자들이나, EU에서의 탈퇴를 원하지 않는 카탈루냐인들의 경우 독립을 원하지 않을 것이다. 독립을 할 경우, 스페인이 카탈루냐의 EU 가입을 절대 찬성하지 않을 것이기 때문이다. 또한, 스페인 프로축구에서 FC 바르셀로나는 퇴출될 것이다. 하여간 스페인의 경제위기를 틈타, 카탈루냐는 완전한 정치, 경제, 지리적 독립을 원하고 있지만, 스페인 중앙정부의 완강한 거부와 함께, 설령 독립이 되더라도 스페인과 카탈루냐의 동반 경제 침체 가능성도 배제할 수 없다.

한편, 최근의 스페인 정치사정은 더욱 악화일로로 가고 있다. 2017년 5월 22일자 중앙일보 의 「스페인 카탈루냐 '국민투표 없어도 독립 가능' 선언」 기사에 따르면, 스페인으로부터 분리·독립을 추진 중인 카탈루냐 자치정부는 중앙정부의 승인 없더라도 일방적인 독립 선언을 준비 중이다. 스페인의 유력 일간지 엘 파이스(El País)가 단독 입수해 공개한 카탈루냐 자치정부의 새 헌법안에는 "스페인 중앙정부가 카탈루냐 독립 국민투표를 저지할 경우, 카탈루냐 독립정부를 수립하는 이 헌법이 즉각 효력을 발휘한다"는 항목이 포함됐다. 이 같은 조항은 10월경 분리·독립을 묻는 국민투표를 준비 중인 카탈루냐 자치정부가 중앙정부의 반대를 돌파하기 위해 넣은 것으로 풀이된다. 스페인 정부가 국민투표를 저지하더라도 단독으로 독립선언이 가능한 법적 근거를 마련한 것이다. 카탈루냐를 독립된 공화국으로 규정한 이 헌법 초안은 현 카탈루냐 영토의 주권을 카탈루냐 국민에게로 완전히 귀속시키고, 국가의 제1언어를 표준어인 카스티야어(castellano) 대신 카탈루냐어(catalán)로 지정하는 등의 내용을 담고 있다. 또 이 헌법은 카탈루냐 독립이 국민투표를 통해 비준된 이후 효력을 발휘하지만, 스페인 정부가 이 국민투표를 저지할 경우 즉각 발효된다고 한다.

2017년 11월 현재, 카탈루냐 사태는 끝없는 소용돌이에 빠져들고 있다. 스페인으로부터 분리·독립을 추진해온 카탈루냐 자치의회는 10월 27일 전체회의에서 스페인으로부터 독립공화국을 선포한다는 내용의 결의안을 무기명 표결 끝에 통과시켰다. 카탈루냐 문제를 논의하기 위해 이날 전체회의를 소집한 스페인 상원도 카탈루냐 독립선포안 가결 직후, 정부의 헌법 155조 발동안(카탈루냐의 자치권 박탈 및 중앙정부의 직접

통치 계획)을 압도적 표차로 의결했다. 이에 따라, 스페인 정부는 카탈루냐 자치정부 수반과 자치내각 각료 전원을 해임하고 직접통치에 나설 방침이라고 밝히고 있다. 1975년 프랑코 독재정권 종식 후 민주주의를 회복한 스페인에서 불복종하는 자치정부를 상대로 정부가 헌법 155조를 발동해 자치를 강제로 중단시키는 것은 역사상 처음이다. 한편, 미국을 위시한 EU의 각 회원국들도 카탈루냐의 독립에 반대한다는 입장을 표명하고 있어, 카탈루냐 자치주의 독립 선언은 큰 동력을 얻지 못하고 있다. 게다가, 지난 10월 1일 강행된 카탈루냐 주민투표 결과, 투표율도 40%대에 그쳐 카탈루냐 독립에 대한 주민 과반수의 동의를 얻는데도 실패하였다. 투표에서는 독립 찬성률이 90%에 이르렀지만 중앙정부가 투표를 저지하고 있는 상황에서 투표에 참가한 사람들은 찬성표를 던지기 위함이라는 것을 고려하면 찬성률은 큰 의미가 없다고 본다. 실제로, 바르셀로나 내에서 벌어진 독립반대 시위 역시 만만치 않았다. 또한, 경제 위기감을 느낀 카탈루냐 내 다국적 기업들이 카탈루냐를 빠져나가고 있어 카탈루냐 독립은 대내외적으로 어려워지고 있는 상황이다. 바스크 자치주가 투쟁을 통해 경제적 자치권인 '푸에로'(Fuero)를 얻어낸 바와 같이, '세금의 자치주내 사용'을 목표로 협상하는 것이 차라리 나았지 않았을까 하는 개인적인 생각을 해본다.[8]

2.1.3. 카탈루냐의 이중언어 상황과 언어 정책

필자는 『스페인어의 세계』라는 학부강좌에서 카탈루냐의 이중언어 상황을 설명하기 위

---

8 이 책의 집필 기간 중 가장 최근인 2017년 12월 23일자 조선일보 「카탈루냐 독립파 지방선거 승리」 기사에 따르면, 카탈루냐주(州) 자치정부를 구성하기 위한 12월 21일 조기 선거에서 분리·독립파가 승리했다고 전해진다(독립 찬성파가 전체 135석 중 과반인 70석을 차지). 이에 따라 분리·독립을 추진하던 카탈루냐 자치정부를 해산하고 조기 선거로 독립운동의 불씨를 끄려고 했던 스페인 중앙정부는 큰 타격을 입었다고 뉴욕타임스(NYT)가 보도했다. 이번 선거는 지난 10월 27일 스페인 중앙정부가 헌법 155조를 발동해 분리·독립을 추진하던 카탈루냐 자치정부 및 자치의회를 해산하면서 조기 선거로 치러졌다. 앞서 카탈루냐 독립 찬성파가 이끌던 자치정부는 지난 10월 1일 독립 찬반 여부를 묻는 주민투표를 강행하고 90%가 넘는 찬성표를 바탕으로 10월 27일 자치의회에서 독립 선포안을 가결한 바 있다. 스페인 중앙정부와 카탈루냐 자치정부 내 독립 찬성파가 첨예하게 대립한 가운데 열린 이번 선거에는 양측 지지자들이 투표소에 몰려나오면서 투표율이 역대 최고치인 81%를 기록했다. 이번 선거 결과에 따라, 스페인 중앙정부의 고민은 더욱 더 깊어질 것으로 보인다. 그렇다고 독립 찬성 정당들이 지난 10월처럼 분리·독립 운동을 또다시 강행하기도 힘들 것이란 관측도 나오고 있다. 카탈루냐를 위해 다함께(JxCat), 공화좌파당(ERC), 민중연합후보당(CUP)과 같은 카탈루냐 독립 찬성파 정당들끼리도 서로 궁합이 맞지 않아, 누가 주도권을 쥐고 어떤 방식으로 분리·독립 운동을 추지할지에 대해 의견을 모으기가 쉽지 않다. 게다가, 지난 10월 말부터 벨기에 브뤼셀에 머물고 있는 카를레스 푸지데몬 전 카탈루냐 자치정부 수반 역시 귀국할 경우 반역 혐의로 체포될 수 있어 복귀가 어려운 상황이다.

하여 『스페니쉬 아파트먼트』(*Spanish Apartment*)라는 영화의 일부를 학생들에게 소개해 준다. 이 영화는 에라스무스 장학금으로 스페인 바르셀로나 대학교로 유학 온 프랑스 학생의 좌충우돌 스페인 적응기를 다루고 있는데, 카탈루냐어로 고생 중인 프랑스 유학생들이 경제학개론 수업시간에 스페인어로 강의를 해줄 것을 요구하나, 교수로부터 일언지하에 거절당하는 장면이 나온다. 이곳 카탈루냐 지역에서의 공용어는 카탈루냐어이기 때문에, 스페인어로 진행되는 수업을 듣고 싶으면 마드리드나 라틴아메리카로 가라는 것이다.

〈그림 13〉 영화 *Spanish Apartment*

바르셀로나 자치대학교로 교환학생을 다녀온 우리 학생들에 따르면, 수강편람에는 스페인어로 진행되는 수업인지, 카탈루냐어로 진행되는 수업인지 분명히 명시되어 있어서 위와 같은 난처한 상황은 피할 수 있다고 한다. 그러나 카탈루냐의 초중고교 공교육에서는 모든 수업을 카탈루냐어로 진행하고 있다. 이것이 바로 '카탈루냐어 몰입 정책'이다.

카탈루냐 자지정부는 언어정책법(Ley de Política Lingüística) 20조와 21조에서 각각 카탈루냐어는 카탈루냐의 고유어이며, 초중고교 공교육에서의 학습 언어(lengua de aprendizaje)임과 동시에 매개 언어(lengua vehicular)임을 분명히 명시하고 있다. 2006년에 공포된 카탈루냐 자치주의 언어 정책은 '언어몰입원칙'(Principio de inmersión lingüística)으로서, 스페인어문학과 외국어 어문학 과목을 제외한 모든 필수 과목은 카탈루냐어로 강의가 진행되어야 한다. 이와 같이, 카탈루냐 자치주는 의무교육이 끝날 때에는 모든 학생이 스페인어 이외에도 카탈루냐어 말하기와 쓰기의 완벽한 습득을 보장하고자 한다.

이러한 카탈루냐 자치주의 과도한 카탈루냐어 중심의 이중언어 정책에 맞서, 당시 스페인의 우익 집권당인 국민당(PP) 정부는 긴축정책의 연장선상에서 교육정책을 개혁하기 위한 방편으로, 2013년 10월 10일 새 교육법인 '교육의 질 향상을 위한 기본법' (LOMCE: Ley Orgánica para la Mejora de la Calidad Educativa)을 통과시킨다. 이 법은 교육예산 삭감, 교사인력 축소, 등록금 인상, 장학금 축소 등이 핵심 내용이다. 최근에는 이러한 교육악법에 대한 반대 투쟁이 프랑코 독재시기가 끝난 이후로 최대 규모로 벌어진 바 있다. 스페인의 학생, 교사, 학부모들은 지금 노동자 계급 자녀를 배제하고, 자본가 계급과 소수 엘리트 자녀만을 위한 교육을 반대하며 투쟁하고 있는 것이다. 노동조합들은 '엘리트만 중시하고, 학생들을 분열시키는 교육', '공립학교와 대학보다 사교육을 우선시하는 교육'이 우려된다고 비판했다. 게다가, 스페인 정부는 교육개혁법(LOMCE)에서 새 시험제도를 강력하게 밀어붙이고 있다. 이는 학생이 졸업과 대학입학을 위해 서로 경쟁하고 더 많은 시험과 평가를 통과하도록 강제하는 제도다. 이 새로운 시험제도에 맞서 2016년 10월 26일에는 스페인 전역에서 20만 명 이상의 학생들이 시위를 벌였으며, 특히 수도 마드리드에서는 6만여 명의 학생, 학부모, 교사가 단결해 프랑코 독재시절의 엘리트주의적 교육으로 돌아가는 걸 반대한다며 힘껏 목소리를 높였다.

언어정책의 측면에서 본다면, 스페인 정부가 추진하고 있는 신교육법 LOMCE는 스페인어를 모든 지역어보다 더 우위에 놓는 국가 차원의 언어정책으로, '스페인 모든 지역에서의 학교 교육은 스페인어를 매개 언어로 진행하여야 함'(La ley hará del castellano lengua vehicular en las escuelas de toda España)을 명시하고 있다. 이러한 중앙정부의 교육법은 카탈루냐 자치주의 지역어 몰입교육 정책을 약화시키려는 의도를 담고 있으며, "학생들이 국가의 공용어인 스페인어로 교육을 받을 권리를 교육당국이 보장하는 것이다"(Las Administraciones educativas garantizarán el derecho de los alumnos a recibir las enseñanzas en castellano, lengua oficial del Estado). 당연히 카탈루냐 자치주에서는 스페인어로 공교육이 진행된다면 카탈루냐어는 보호받지 못할 것이라고 주장하면서, 중앙정부의 LOMCE 교육개혁법을 헌법재판소에 위헌으로 상정하면서 강력 반발하였다.

이러한 스페인 정부의 교육개혁법(LOMCE)은 카탈루냐의 교육정책 모델인 언어몰입원칙을 위험에 빠뜨리는 것으로, 추후 카탈루냐 지역민들 사이의 사회적 결속을 깨뜨릴 수도 있다. 예를 들면, 카탈루냐어로의 언어몰입원칙에 기반을 둔 카탈루냐의 언어정책에 대한 지역여론이 찬반으로 나뉠 수 있다. 먼저 카탈루냐 자치주의 이러한 언어정책에 반대하는 쪽에서는, 언어몰입모델이 스페인어 화자의 자녀들이 학교에서 언어를 선택할 자유를 위배하며, 스페인어가 하나의 공통어(lengua común)가 되어야 한다고 주장한다. 또한, 반대론자들은 언어몰입모델이 스페인어 학습권을 해치기 때문에 주정부의 언어정책을 비판한다.

반면에, 언어몰입모델에 대한 찬성론자들은 스페인은 다언어 국가이며 이를 명시한 1978년 스페인 헌법에 따라, 중앙정부나 자치주 정부나 모두 지역어인 카탈루냐어를 보호할 의무가 있다고 주장한다. 또한, 공통어라는 개념이 하나의 언어에만 적용될 필요는 없으며, 균형잡힌 이중언어도 공통어가 될 수 있다는 방어논리를 편다. 게다가, 찬성론자들이 중요하게 여기는 사실자료는, 카탈루냐에서의 스페인어 구사수준이 타지역의 스페인어 구사수준과 대동소이하다는 것이다. 만약 카탈루냐의 언어몰입정책이 스페인어 습득에 악영향을 미쳤다면, 카탈루냐 지역에서의 스페인어 구사수준이 현격히 낮아야 할 것이기 때문이다. 이러한 점들을 들어, 찬성론자들은 카탈루냐어로의 언어몰입정책이 계속 시행되어야 한다고 주장하며, 언어몰입정책을 원천적으로 차단하려는 스페인 정부의 교육개혁법을 강력히 비난한다. 한마디로, 카탈루냐 측에서는 스페인 중앙정부가 이중언어 상황 자체를 제대로 이해하지 못하고 있다고 비판한다.

이와 같이, 지역어를 보호하고 장려하기 위해 모든 공교육 과정에서 해당 지역어로 몰입교육을 해야 하는가에 대해서는 논란의 여지가 있을 수 있겠으나, 카탈루냐 자치주는 최소한 이러한 언어정책을 통하여 지역어의 보호와 지역 정체성의 공고화 및 지역문화의 활성화라는 목표는 달성했다고 볼 수 있다. 아래에서 제시되는 통계자료들이 이를 증명한다(cf. Lee Kim, 2014 재인용). 먼저, 〈표 1〉은 전 세계에서 카탈루냐어를 사용하는 지역과 해당 국가 그리고 그 인구를 보여준다.

〈표 1〉 카탈루냐어를 사용하는 지역과 인구 (*El catalán, lengua de Europa*, 2012: 4)

TERRITORIA	ESTADO	SUPERFICIE(km2)	POCLACIÓN
Andorra	Andorra	468	78,549
Cataluña	España	31,895	7,134,697
Islas Baleares	España	5,014	1,001,062
Communudad Valenciana	España	23,291	4,806,908
Franja de Poniente (Aragón)	España	3,672	45,357
Cataluña Norte (Francia)	Francia	4,166	422,297
El Alguero (Cerdeña)	Italia	224	40,257
TOTAL		68,730	13,529,127

〈표 1〉에서 보듯이, 스페인 내에서 카탈루냐어를 사용하는 지역은 카탈루냐, 발레아레스 제도, 발렌시아, 그리고 아라곤의 일부 지역이다. 스페인 이외에도, 안도라와 카탈루냐 북부의 프랑스 지역, 이탈리아 사르데냐(Cerdeña) 섬의 북서부에 위치한 알게로(Alguero)에서도 카탈루냐어를 사용하고 있다. 스페인에서 카탈루냐어를 사용하는 인구는 총 1300만 명에 이르며, 이중에서 카탈루냐 자치주가 700만 명 이상으로 가장 많다. 다음 통계자료는 위의 지역들에서 카탈루냐어를 이해하고 말하는 인구 비율을 나타낸다.

〈표 2〉 카탈루냐어를 이해하고 말하는 인구 비율 (*El catalán, lengua de Europa*, 2012: 6)

TERRITORIA	POBLACIÓN TOTAL	SABE HABLAR CAYALÁN	ENTIENDE EL CATALÁN
Andorra	78,549	78.9%	96.0%
Cataluña	7,734,697	84.7%	97.4%
Islas Baleares	1,001,062	74.6%	93.1%
Communudad Valenciana	4,806,908	53.0%	75.9%
Franja de Poniente (Aragón)	45,357	88.8%	98.5%
Cataluña Norte (Francia)	422,297	37.1%	65.3%
El Alguero (Cerdeña)	40,257	61.3%	90.1%
TOTAL	13,529,127	9,118,882	11,011,168

〈표 2〉에서 보듯이, 스페인 내 카탈루냐어를 사용하는 자치주에서는 카탈루냐가 카탈루냐어를 이해하고(97.4%) 말하는(84.7%) 비율이 가장 높다는 것을 알 수 있다.

한편 다음 통계자료는 카탈루냐 자치주에 거주하는 사람들을 대상으로 1986년부터

2011년 사이에 조사한 것으로, 카탈루냐 총인구 중 카탈루냐어로 의사소통(이해하기, 말하기, 읽기, 쓰기)할 수 있는 구사자의 비율을 보여준다.

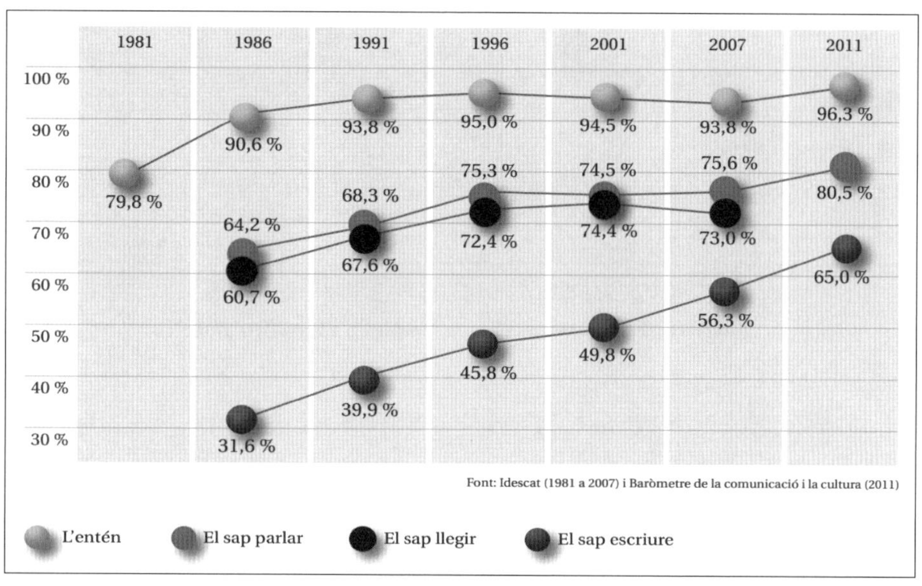

〈그림 14〉 카탈루냐어 의사소통 4영역에서의 구사 비율(*Informe de política lingüística*, 2011)

〈그림 14〉에서 보듯이, 카탈루냐 자치주에서의 카탈루냐어 구사자의 비율은 꾸준히 증가하고 있다. 예를 들어, 카탈루냐어로 말할 수 있는 인구의 비율이 2011년에는 80.5%로서 1986년의 64.2%에 비하여 16% 포인트 증가했음을 알 수 있으며, 카탈루냐어로 쓸 수 있는 인구의 비율은 2011년에 65%로서 1986년보다 33% 포인트 급증했음을 알 수 있다. 이러한 통계자료로 미루어 짐작컨대, 카탈루냐 주정부의 카탈루냐어 언어몰입 교육정책이 큰 성공을 거두고 있음을 알 수 있다.

그러나 카탈루냐 주정부의 적극적인 언어정책 덕분에 지역어인 카탈루냐어가 활성화되어 있지만, 〈그림 15〉는 카탈루냐가 여전히 '불균형적 이중언어'(bilingüismo asimétrico) 상황에 놓여있음을 보여준다. 즉, 카탈루냐 거주자들이 사용하는 주요어(lengua mayoritaria)는 스페인어이며, 카탈루냐어는 여전히 소수어(lengua minoritaria)에 머물러 있다는 사실이다.

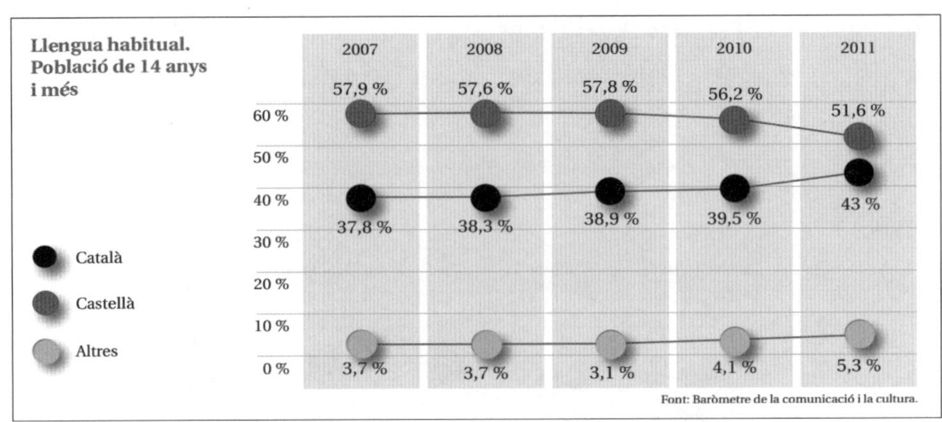

〈그림 15〉 일상어로서의 스페인어와 카탈루냐어 구사자 비율
(*Informe del Barómetro de la comunicación y la cultura*, 2011)

〈그림 15〉에서 보듯이, 카탈루냐 지역에서 카탈루냐어를 일상어로 삼는 14세 이상의 화자 비율이 꾸준히 증가 추세에 있으나, 2011년 현재 카탈루냐어를 일상어로 삼는 화자의 비율(43%)이 스페인어를 일상어로 삼는 화자의 비율(51.6%)에 비해 약 9% 포인트 정도 낮은 편이다. 이는 스페인어가 카탈루냐 지역주민의 주요어이며 가장 많이 사용되는 언어임을 보여준다. 즉, 스페인에서 지역어가 가장 잘 보호되고 활성화되어 있는 카탈루냐에서도 지역어인 카탈루냐어는 소수언어에 그치고 있어, 이중언어 상황이 비대칭적임을 알 수 있다.

2.1.4. 카탈루냐의 이중언어: 대립과 공존의 역사

한 지역이 다언어 상황에 놓이게 되는 데에는 이민, 식민지화, 연방화 또는 언어접촉과 같은 유형이 있을 수 있다. 이민에 의한 대표적인 다언어 국가는 미국이 될 수 있겠으며, 스페인어와 토착어인 원주민어가 함께 사용되는 라틴아메리카의 경우에는 식민지화에 의해 다언어 상황에 처한 경우가 되겠다. 스페인의 경우에는 연방화에 의해 다언어 국가가 된 케이스이다. 즉, 아라곤 왕국과 카스티야 왕국이 연합하여 재정복을 완수하고 스페인을 통일하였으므로 연방화에 의해 스페인은 다언어 국가가 되었다고 볼 수 있다. 한편, 미국과 멕시코 접경지대인 티후아나(Tijuana)와 같은 지역은 언어접촉에 의해 다언어 상황에 놓인 경우가 될 것이다.

카탈루냐가 이중언어 지역이 된 이유도 연방화에 의한 것이다. 즉, 1137년에는 아라곤 왕국과 카탈루냐 백작령이 통합되어 바르셀로나를 수도로 한 아라곤 연합왕국이 형성되며, 1469년에는 아라곤 왕국과 카스티야 왕국이 연합하여 톨레도를 수도로 하는 카스티야-아라곤 연합왕국 탄생하며 1492년에는 카스티야 왕국이 중심이 되어 스페인을 통일하고 1561년에는 마드리드로 천도한다. 카탈루냐 지역에는 이러한 정치적 연합으로 인해 자연스럽게 스페인어 화자가 유입되어 스페인어-카탈루냐어의 이중언어 상황이 전개되었다. 카탈루냐가 이중언어 지역으로 변모한 또 다른 중요한 원인은 대규모 집단이민에 있다. 제2공화정기인 1931년에는 정치이념의 이유로 100만 명이 이민을 왔으며, 마찬가지 이유로 프랑코의 독재 말기인 1975년에는 570만 명이 카탈루냐로 이민을 왔다. 이와 같은 대규모 집단이민으로 인해, 카탈루냐에는 스페인어 화자가 대량 유입되어 이중언어 상황이 가속화되었다.

카탈루냐어는 9세기에서 11세기경 프랑스의 백작령에서 형성되기 시작하였으며, 12세기에형성된 아라곤 연합왕국에서는 행정어로 사용될 만큼 전성기를 맞는다. 그러나 1469년에는 아라곤과 카스티야의 연합으로 행정의 중심이 카스티야의 수도였던 톨레도로 옮겨졌으며, 바르셀로나는 지방 도시로 전락하면서 스페인어와 카탈루냐어의 공존이 시작된다. 부르봉 왕조를 시작한 펠리페 5세는 통합정치의 일환으로, 1716년부터 아라곤과 카탈루냐 지역의 공용어는 카스티야어로 규정하였으며 카탈루냐어의 사용은 억압한다. 19세기에는 영국으로부터의 방적기, 직조기 등의 기계와 기술 도입을 통한 산업의 발전과 스페인 최초의 바르셀로나-마타로 철도(1848) 개통 등으로 카탈루냐의 경제와 문화는 부흥기를 맞는다. 20세기 초에는 주자치 정부가 정치력과 행정력의 회복과 함께 카탈루냐어 진흥 정책을 펴기 시작하여 1907년에 카탈루냐어 연구소(Institut d'Estudis Catalans)를 창립하여 카탈루냐어를 지원한다. 이후 연속적으로 카탈루냐어 관련 서적들이 출판되는데, 1913년에는 정자법(Normes ortografiques)이, 1917년에는 정자법 사전(Diccionari ortogrfic)이, 그리고 1918년에는 폼페우 파브라(Pompeu Fabra)의 카탈루냐어 문법서(Gramática catalana)가 출판되어 본격적으로 카탈루냐어의 보존과 보호정책의 발판이 마련된다. 스페인 제2공화정(1931~1936년)에는 카탈루냐어가 다시 공용어로 사용되나, 프랑코 군부(1939-1975)의 독재기에는 카탈루냐어 말살정책이 펼쳐져 그 사용이 탄압받는다. 이 시기에는 스페인어의 절대적인 우선권을 강조하고 모든 다른 독립어들의 사용과 발전을 금지한 것이다.

프랑코 사후 1978년 공포된 스페인 헌법에서 스페인은 여러 주로 구성된 복수 국가의 나라이며 다언어 국가임을 인정하고 각각의 자치주가 그 지역의 고유어의 사용 및 발전, 권장을 맡을 것을 명시하고 있다. 스페인 헌법 3조에서는 다음과 같이 스페인어

(castellano)가 국가의 공용어이며, 마찬가지로 다른 지역어들은 해당 자치주에서 공용어임을 밝히고 있다.

스페인 헌법 3조(Constitución española, Artículo 3)
1. 카스티야어는 스페인의 공용어이다. 모든 스페인 사람은 이 언어를 알아야 할 의무와 이 언어를 사용할 권리를 가진다. El castellano es la lengua oficial del Estado. Todos los españoles tienen el deber de conocerla y el derecho de usarla.
2. 그 밖의 스페인의 언어들은 법령에 의거하여 해당 자치주에서 공용어로 사용될 것이다. Las demás lenguas españolas serán también oficiales en las respectivas Comunidades Autónomas de acuerdo con sus Estatutos.

이러한 지역어의 사용을 보장하고 권장하는 스페인 헌법에 빠르게 발맞추어, 1979년의 '카탈루냐 자치주 정관' 3조에서는 다음과 같이 카탈루냐어(catalán)를 지역의 공용어로 선언한다.

카탈루냐 자치주 정관 3조(Estatuto de Autonomía de Cataluña, Artículo 3)
1. 카탈루냐의 고유어는 카탈루냐어이다. La lengua propia de Cataluña es el catalán.
2. 스페인어가 스페인 국가의 공용어이듯이, 카탈루냐어는 카탈루냐의 공용어이다. El idioma catalán es el oficial de Cataluña, así como también lo es el castellano, oficial en todo el Estado español.

한편, 카탈루냐어를 사용하는 각 자치주에서는 카탈루냐어 표준화 법규를 제정하였다. 카탈루냐에서는 1983년 6월에 '카탈루냐어 표준화법'을, 발렌시아에서는 1983년 11월에 '발렌시아어 사용 및 교육법'을, 발레아레스 제도에서는 1986년 6월에 '발레아레스 제도의 언어 표준화 법'을 각각 제정하여 토착어인 카탈루냐어의 표준화와 교육에 법적인 근거를 마련하였다. 특히, 1997년 12월에는 카탈루냐 의회가 스페인어와 카탈루냐어의 사용규정을 통과시켜, 카탈루냐에 근무하는 모든 공무원들의 이중언어 사용을 의무화하였으며. 라디오와 TV에 카탈루냐어 사용 최소 방송분량을 규정하고, 모든 광고와 홍보물은 이중어로 표시하여야 함을 법제화하였다. 따라서 카탈루냐에서는 카탈루냐어를 모르고서는 공무원이 될 수 없으며, 공공 안내판에는 다음 사진에서와 같이 카탈루냐어가 스페인어, 영어와 함께 표기되어 있다.

<그림 16> 카탈루냐어, 스페인어, 영어로 된 표지판>

이러한 카탈루냐어 보호정책은 카탈루냐어 화자들이 지역 내에서 차지하는 영향력이 상당히 크기 때문에 그 빛을 더욱 더 발하고 있다. 즉, 카탈루냐어 구사자들은 지역의 엘리트 계층에 속하고 자원 집단을 이루고 있고, 그들의 언어로 정치적, 사회적, 경제적 영향력을 행사할 수 있는 위치에 있기 때문에, 카탈루냐어의 생명력은 상당하다고 볼 수 있다. 또한, 주정부의 카탈루냐어 대중화 및 표준화 노력 덕택에, 카탈루냐어는 일상생활이나 교육에 사용되는 언어일 뿐만 아니라, 대중매체와 문학 작품, 영화가 모두 이 언어로 제작이 되고 있고, 전문 용어의 표준화도 정책적으로 지원받고 있어 카탈루냐어는 지속적으로 사용될 수 있다고 볼 수 있다. 즉, 자치주 법규에서의 선언적 차원에 그치지 않고, 주정부의 체계적인 지역어의 활성화 노력 덕분에 카탈루냐어는 꾸준히 활성화되어 그 생명력을 유지하고 있다고 볼 수 있다. 이제 카탈루냐어는 카탈루냐 민족의 정체성 및 단결의 상징으로 여겨지고 있으며, 이주민들에 대해서도 적극적인 학습의 기회를 부여하고 있다.

지금까지 살펴본 바를 요약하면, 스페인어와 카탈루냐어의 대립과 공존은 카탈루냐어 사용 지역의 행정력과 경제력을 바탕으로 스페인어의 지배로부터 카탈루냐어를 지켜나가기 위한 끊임없는 노력의 소산이다. 또한, 두 언어의 공존은 그 밖의 스페인 지역으로부터의 스페인어 사용 이주민들의 유입과 스페인 중앙정부의 공용어인 스페인어의 지배가 그 원인이다. 카탈루냐어 화자들은 집중되어 거주하고 있고 자원 집단을 이루고 엘리트 계층에 속하므로, 그들의 언어로 영향력을 행사할 수 있는 위치에 있어, 카탈루냐어 보호운동은 해가 거듭될수록 더 강화될 것으로 전망된다. 언어 정책과 이중어 교육에 대한 주민들의 긍정적인 평가가 이를 뒷받침해 주고 있다.

2.1.5. 카탈루냐어 맛보기

<표 3>은 라틴어에서 파생된 로망스어들(카탈루냐어, 프랑스어, 스페인어, 포르투갈어)의 몇몇 단어를 소개한 것으로, 카탈루냐어는 프랑스어와 가깝고, 스페인어는 포르투갈어와 유사함을 보여준다. 카탈루냐가 8~10세기에 프랑크 왕국의 백작령이었다는 역사적 사실을 상기하면 카탈루냐어가 스페인어보다는 프랑스어와 더 가깝다는 사실을 이해할 수 있을 것이다.

<표 3> 라틴어에서 파생된 로망스어의 어휘 대조

라틴어	카탈루냐어	프랑스어	스페인어	포르투갈어
PAVORE METUS	por	peur	miedo	medo
TABULA MENSA	taula	table	mesa	mesa
MANDUCARE COMEDERE	menjar	manger	comer	comer
LECTU CAMA	llit	lit	cama	cama
SINES SINE	sens	sans	sin	sem
VOLERE QUAERERE	voler	vouloir	querer	querer
PARABOLARE FABULARE	parlar	parler	hablar	falar

위에서 보듯이, 라틴어의 어휘에는 고어와 신조어 두 종류가 있다. 예를 들어, 라틴어에서 '말하다'란 의미로 사용되는 단어에는 두 개가 있는데, FABULARE는 라틴어에서 처음부터 사용되던 고어에 해당하며, 이 옛말을 대체하고 새로이 등장한 신조어가 PARABOLARE이다. 라틴어가 사용되던 이탈리아로부터 멀리 떨어져 있는 스페인과 포르투갈의 경우에는 고어 라틴어 어휘인 FABULARE에서 스페인어 *hablar*와 포르투갈어 *falar*가 파생되었으나, 이탈리아로부터 지리적으로 비교적 가까운 지역이었던 프랑스나 카탈루냐에서는 신조어 라틴어 어휘인 PARABOLARE에서 프랑스어 *parler*와 카탈루냐어 *parlar*가 파생되었다. 우리말의 경우에도, 서울로부터 가장 멀리 떨어져 있

는 제주도에서 한국어의 옛말이 가장 잘 남아 있음을 알 수 있다.

이와 같이, 카탈루냐어는 프랑스 남부 지방의 프로방스어, 오크어와 유사하며, 라틴어에서 동일한 의미의 두 어형이 사용되고 있던 경우, 스페인어와 포르투갈어가 같은 어원의 어형을 취하고, 카탈루냐어는 프랑스어와 같은 어형을 취하는 것으로 보인다. 이베리아 반도가 비교적 빠른 시기인 BC 201년에 로마인들에 의해 식민화되었으며, 반도가 지리적으로 로마제국의 중심권으로부터 벗어나 있었으므로, 스페인어와 포르투갈어는 프랑스어나 카탈루냐어보다 오래된 어휘들을 보유하고 있었던 것으로 보인다.

그럼에도, 카탈루냐어와 스페인어는 라틴어에서 파생된 로망스어에 속하기 때문에, 다음의 전화 대화문에서 보듯이 두 언어는 유형학적으로 굉장히 유사하다는 사실을 알 수 있다. 그러나 스페인어 화자들이 카탈루냐어를 듣고 이해하기란 그리 쉽지 않다고 한다. 스페인어 화자가 포르투갈어나 이탈리아어를 듣고 상당부분을 이해하는 것과는 차원이 다르다는 얘기다.

〈표 4〉 카탈루냐어와 스페인어 대화문

카탈루냐어	스페인어
A: Despatx del senyor Vila. Digui'm!	A: Despacho del señor Vila. ¡Dígame!
B: Hola, bon dia. Soc en Mas, l'enginyer. Que hi es el senyor Vila?	B: Hola, buenos días. Soy [el señor] Mas, el ingeniero. ¿Está el señor Vila?
A: No, no hi es. Si jo el puc servir en alguna cosa...	A: No, no está. Si yo puedo servirle en algo...
B: No sap on el puc trobar? Es que he de discutir amb ell un problema urgent. I com que sempre decideix personalment aquestes coses...	B: ¿No sabe dónde puedo encontrarlo? Es que debo discutir con él un problema urgente. Y como siempre decide personalmente estas cosas...
A: Ai, no ho se pas, on pot ser. No ho diu mai, on va. Si vol, pot telefonar la seva senyora. Ella ho deu saber, aixo. Te el numero de casa seva?	A: ¡Ay! No sé dónde está. No dice nunca adónde va. Si quiere, puede telefonear a su esposa. Ella debe saberlo. ¿Tiene el número de su casa?

2.2. 스페인의 이중언어 지역: 파이스 바스코

2.2.1. 바스크 지방의 역사

파이스 바스코(País Vasco)라 불리는 바스크 지방은 스페인의 17개 자치주 가운데 하나로 스페인 동북부에 위치하고 있다. 바스크 지방은 스페인 역사에서 불가사의한 지역이다. 이베리아 반도 내 대부분의 언어와 문화가 로마제국의 지배로부터 파생된 것인데 반해, 바스크의 언어와 문화는 로마시대 이전부터 존재하던 바스크족의 전통에서 유래된 것이기 때문이다. 바스크족은 로마제국이 침입하기 훨씬 이전인 구석기 시대부터 스페인 북부지역에 거주하였다. 로마시대 이전의 이베리아 반도에는 이베로족(Ibero)이나 켈트족(Celta), 타르테시오족(Tartesio), 켈트-이베로족(Celtíbero)과 같은 원주민들이 거주하고 있었으나, 라틴제국의 지배 이후 그들의 언어와 문화는 모두 라틴어와 라틴문화에 흡수되어 사라졌다. 그러나 로마시대 이전의 원주민 중 하나인 바스크 민족은 북부산악지역을 요새화하여 로마군의 침략을 물리쳤으며, 이에 따라 라틴문화에 동화되지 않고 자신들의 고유한 언어인 바스크어와 바스크의 전통문화를 유지할 수 있었다. 따라서 바스크어는 현재 이베리아 반도에서 사용되고 있는 언어들 중 유일하게 라틴어에서 파생된 로망스어가 아니다. 바스크어는 인도유럽어족에도 속하지 않기 때문에, 핀란드어·헝가리어와 함께 유럽에서는 '언어의 섬'이라고 불린다.

바스크인들은 기원전 3세기의 로마군을 물리쳤을 뿐만 아니라, 8세기의 이슬람 세력도 이겨냈다. 즉, 바스크 지방은 두 번의 정복당할 위기를 극복한 것이다. 그만큼 바스크족의 독립성과 결속력 그리고 외부세력에 대한 저항력은 타의 추종을 불허한다. 바스크 지역은 남쪽에 험준한 산맥을 두고 있어서 외적(外敵)이 침범하기 어려울 뿐더러 바스크족 자체가 용맹한 전사인 탓에 바스크 지역을 정복하려는 집단은 항상 강력한 저항에 봉착했다. 지리적 여건과 바스크인들의 완강한 저항 때문에 외부세력은 바스크 지역을 굳이 정복할 필요를 느끼지 못했다. 즉, 바스크 지방이 외부세력에서 안전할 수 있었던 이유 중의 하나는 지리적 여건이다. 외부 정복자들에게 산맥 넘어 있는 바스크 지방은 전혀 매력적이

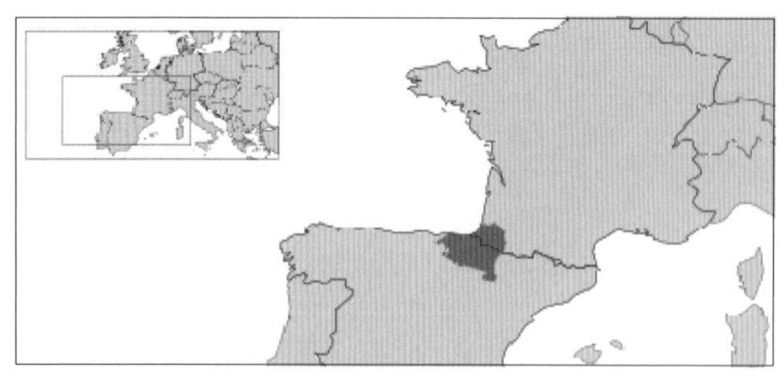
〈그림 17〉 바스크 민족의 거주 지역

지 않았고, 이베리아 반도의 에브로 강 남쪽의 대평원이 훨씬 더 매력적이었다. 이베리아 반도를 장악한 로마도 바스크족은 로마법이 아닌 그들만의 관습법을 지키도록 허용했고, 이런 이유로 바스크 지역은 고유의 문화와 언어를 지킬 수 있었고, 로마시대에 바스크 지역은 평온할 수 있었다.

10세기 이후 바스크인들은 팜플로나 왕국과 나바라 왕국을 세우면서 세력을 팽창해 나간다, 나바라 왕국은 카스티야 왕국과 프랑스로 분리된다. 즉, 나바라 왕국은 1515년에 카스티야-아라곤 왕국에 합병되나, 북부지역은 프랑스로 편입된다. 이로 인해 프랑스 남서부 지역에는 지금도 바스크인들의 문화가 남아 있다. 프랑스 지역의 북부 바스크는 세력이 크게 약화되는데, 강력한 왕권을 중시하던 프랑스는 북부 바스크의 자치권을 조금씩 줄여가다가, 1789년의 프랑스 혁명 이후에는 북부 바스크가 프랑스 사회에 통합되고 이때부터 북부 바스크 지역은 많은 힘을 잃는다. 반면에, 스페인의 바스크 지역은 카스티야-아라곤 연합 왕국에 합병이 되었어도 크게 자치권을 간섭받지 않는다. 통일 스페인이 애초에 여러 왕국이 모여서 나라를 만들었기 때문이다. 또한, 강력한 중앙집권정책을 펼친 부르봉 왕조 시기에도 바스크와 나바라 지방은 자신들의 자치권을 유지할 수 있었는데, 왕위 계승 전쟁에서 펠리페 5세의 편을 들었기 때문이다. 즉, 바스크 지방은 18~19세기의 스페인 부르봉 왕조 시기에서도 의회와 법제를 지닌 자치정부의 형태를 유지했다. 펠리페 5세의 부르봉 왕조가 들어서자 분리·독립을 위해 강력 저항하던 바르셀로나 시민들이 스페인·프랑스 연합군에 의해 무력 진압된 후, 아라곤(카탈루냐)과 발렌시아의 자치권이 박탈된 것과는 대조적이다. 앞서 보았듯이, 카탈루냐 자치주의 세금이 스페인 중앙정부의 관리 하에 안달루시아와 같은 가난한 타 지역을 위해서도 사용되는 것과는 달리, 파이스 바스코 자치주는 소왕국들의 자치권을 뜻하는 '푸에로'(Fuero) 고유전통에 따라 지금도 자치주가 자신들의 세금을 관리하는 경제 자치권을 행사하고 있다.[9]

하지만 제1공화국 이후 1876년에 제3차 카를로스 전쟁이 끝나면서 바스크 지방의 자치권은 조금씩 상실된다. 이 상태가 지속되면서 바스크 지방의 짜증과 불만은 쌓여가고, 19세기 후반부터 스페인 중앙정부에 반감을 가진 바스크인들은 '바스크 민족주의 운동'을 싹틔우기 시작한다. 바스크 고유의 자치특별법인 푸에로를 복원하여 자치권을 회복하고자 노력한 것이다. 이러한 바스크 민족주의 운동은 제2공화정 말기인 1936년에 정점에

9 앞서 언급하였다시피, 2017년 하반기에 주민투표를 통해 독립을 쟁취하려는 카탈루냐 주정부도 결국에는 경제 자치권 획득을 목표로 스페인 중앙정부와 협상할 가능성이 높아 보인다. 영국의 브렉시트가 흔들리듯이, 카탈루냐가 독립을 쟁취하는 순간, EU에서 떨어져나가 다국적 기업이 카탈루냐를 떠날 것이고 그 결과 상당한 경제적 혼란과 침체를 겪을 것이 분명하기 때문이다.

달하였으나, 스페인 내전(1936~1939년) 후에 프랑코 군사정권(1939~1975년)이 들어오면서 탄압은 더 심해졌고, 그 결과 '바스크 조국과 자유'(ETA)라는 조직이 2010년대까지 폭탄테러와 같은 폭력적 방식으로 스페인 내 바스크 지방의 독립을 주장하게 된 것이다.

2.2.2. 바스크 분리주의 ETA

역사적 사실에서 보듯이, 바스크 민족은 두 번 정복당할 위기를 극복했지만, 결국엔 한번 정복당했던 역사를 가지고 있다. 즉, 기원전 3세기의 로마군과 8세기의 이슬람 세력은 물리쳤지만, 20세기의 프랑코 군에게는 굴복했다. 바스크인들은 스페인 내전 때 공화파를 지지했던 탓에 파시스트 정권인 프랑코에 의해 무차별 학살을 당하고 스페인에 강제 통합된 것이다. 프랑코 장군은 스페인 내전에서 승리한 후 36년 동안 독재정치를 폈는데, 바스크어의 사용을 금지하는 등, 바스크인들의 독자성을 박탈하는 정책을 펼쳤다. 프랑코 독재기 동안 펼쳐진 바스크어 사용 금지와 관련하여, 스페인 언어학자인 이찌아르 라카(Iziar Laka) 교수는 자신의 MIT 박사논문(*Negation in Syntax*, 1990) '감사의 글'에서 바스크어를 비밀리에 가르쳐준 학교 선생님들에게 깊은 감사를 표하고 있다.

> I would like to dedicate this dissertation to my school teachers, who run a clandestine school where kids could learn in Basque. I want to thank them for smiling and being cool when the state inspector came and we all had to speak in Spanish. And for the most wonderful History lessons, where two versions that never coincided were taught: the one written by the losers, which we could not repeat outside the walls of the classroom, and the one written by the winners, which we had to repeat, every year, in the state-exam.
>
> ― Iziar Laka 박사논문 '감사의 글' 중 일부분

프랑코의 독재와 탄압 정책에 맞선 바스크 지방의 좌파 민족주의자들은 ETA를 결성해 납치나 폭탄테러를 통해 바스크인들의 독립 의지를 세상에 알리고자 했다. ETA는 1959년 결성된 이후, 처음에는 전통 문화를 옹호하는 단체에서 시작하여 바스크의 독립을 요구하는 준군사조직으로 발전하였다. 1960년대 초 치명적인 테러공격을 시작으로 지금까지 1000명이 넘는 사상자를 냈는데, 주로 정치인 납치테러, 요인 암살, 국방부 폭탄테러, 치안경찰시설 폭파와 같은 테러를 자행했다. 아일랜드의 IRA에 비견되는 스페인 무장 독립단체 ETA는 바스크인들이 민주화 이후 20년 동안 지방분권제

도 아래 매우 높은 수준의 지방자치를 누려 왔음에도 그들의 목표는 오직 스페인으로부터 완전한 독립이다.

ETA의 잔혹한 폭력행위로 말미암아 ETA는 테러단체로 인식되었고, 스페인 전 사회의 지탄의 대상이 되었다. 게다가, 전통 지지층인 바스크 사람들로부터도 외면을 받는 지경에까지 이른다. 2003년 12월 13일, 스페인 북부도시 산세바스티안에서는 "이제는 됐다!"(¡Basta ya!) 시민단체의 주도 하에 10만 명 이상의 사람들이 ETA의 테러중단을 촉구하는 거리행진을 벌이기도 하였다.

무차별 테러로 국내외의 비판에 부딪힌 ETA는 1998년 이후 휴전과 테러 재개를 반복하다가 2010년 9월 5일 영원한 휴전을 선언한다. 프랑코 군사독재정권에 맞선 ETA의 테러는 민족을 위한 헌신과 민주화 운동으로 여겨졌지만, 폭력은 민중들의 지지를 잃게 할 뿐이라는 내부해석에 따라 ETA에서도 "갈등의 민주적 해결을 찾겠다"고 밝힌 것이다. ETA는 휴전 선언에서 "대화와 협상을 통해 민주적으로 결정하는 절차를 추구할 것이며, 스페인 정부가 원한다면 필요한 조건에 합의할 준비가 돼 있다"고 밝혔다. 이후 2011년 10월 20일에 ETA는 무장투쟁 종식을 선언하면서, 스페인 및 프랑스와 직접 대화를 요구했다. 그러나 ETA를 범죄단체로 규정해온 스페인 정부는 ETA가 알아서 스스로 완전히 해산하라는 입장에 있다. 한편, 무장활동 최종 중단을 선언한 ETA는 현재 보유하고 있는 무기를 어떻게 처리할 것인지는 말하지 않고 있다.

비록 2010년 이후 지금까지 ETA는 더 이상 테러를 자행하고 있지는 않지만 여전히 스페인 정부와 ETA 간에는 신뢰가 부족하고 긴장이 지속되는 상황이라고 할 수 있다. ETA가 1981년 이후 휴전선언을 11번이나 약속했으나, 테러를 감행해 약속을 뒤집은 바 있기 때문이다. ETA는 지난 2006년 3월에도 평화 회담 개시에 앞서 무장투쟁 종식을 선언했으나 9개월 만에 마드리드 바라하스 공항에 차량 폭탄테러를 감행함으로써 스페인 정부는 더 이상의 협상은 없다는 강경책을 택한 바 있다. 또한, 2011년에 무장활동 최종 중단을 선언한 ETA에게 스페인 중앙정부는 무기반환을 요구하고 있으나 이행되지 않고 있다. ETA 측에서는 전국에 분산 수감되어 있는 테러범죄자들을 파이스 바스코 자치주의 감옥소로 옮겨달라고 요구하고 있으나 중앙정부는 이를 거절한 바 있다.

ETA와 관련하여, 필자의 박사학위 논문 지도교수인 루이스 에구렌(Luis Eguren)이 공항 입국장에서 겪은 일화를 소개하고자 한다. 에구렌 교수는 스페인과 미국을 입국할 때마다 이민국 심사에서 곤욕을 겪는다고 한다. 이 모든 곤욕이 그의 이름 'Luis Eguren Gutiérrez' 때문에 발생한 것인데, 스페인 입국장에서는 그의 첫 번째 성(primer apellido)인 Eguren이 ETA 사령관의 성과 동일하기 때문이며, 미국 입국심사대에서는 그의 두 번째 성(segundo apellido)인 Gutiérrez가 멕시코 마약사범 두목의 성과 같기 때문이라고 한다. 그만큼 스페인에서 테러단체 ETA와 관련된 사항들은 아무리 사소한 것이라도 철저한 심사를 거친다는 사실을 알 수 있다.

2.2.3. 바스크 지방의 이중언어 상황

바스크어는 로마시대 이전의 언어로서 라틴어에서 파생된 로망스어와는 구조적으로 매우 다르며, 유형론적으로 어떤 언어계열에 속하는지 아직 밝혀지지 않은 상태이다. 바스크어가 사용되는 지역은 스페인의 파이스 바스코 자치주와 나바라 자치주 일부에서 스페인어와 함께 공용어로 사용되며, 또한, 남부 프랑스의 바스크 지방에서도 사용된다. 이들 지역의 인구 약 280만 명 중에서 대략 80만 명의 사람들이 바스크어를 사용한다. 현재 파이스 바스코에서는 바스크어가 민족의 정체성으로서의 지위를 지키며 생명력을 유지하고 있지만, 나바라와 프랑스의 바스크 지방에서의 바스크어의 미래는 불안정한 상태이다. 다음 표는 바스크 지방에서의 16세 이상의 바스크어를 구사하는 인구의 추세를 보여준다.

<표 5> 16세 이상 바스크어 화자의 비율: IV Encuesta Sociolingüística, 2006 (Montrul, 2013: 61)

	1991	1996	2001	2006
파이스 바스코	24.1	27.7	29.4	30.1
나바라	9.5	9.6	10.3	11.1
프랑스 바스크 지방	-	26.4	24.8	22.5

<표 5>에서 보듯이, 스페인의 파이스 바스코와 나바라에서의 바스크어 화자는 꾸준히 증가 추세에 있으나, 프랑스의 바스크 지방에서는 감소 추세에 있다. 또한, 아래 표는 바스크 지방에서의 바스크어 구사 수준을 보여준다.

<표 6> 바스크 지방에서의 바스크어 이해도; IV Encuesta Sociolingüística, 2006 (Montrul, 2013: 59)

바스크어 구사수준＼지역	파이스 바스코	나바라	프랑스 바스크 지방
활발한 사용	30.1%	11.1%	22.5%
수동적 이해	18.3%	7.6%	8.6%
이해 못함	51.5%	81.3%	68.9%

〈표 6〉에서 보듯이, 파이스 바스코 자치주의 30.1%가 바스크어를 적극적으로 사용하여 다른 지역에 비해 바스크어를 활발히 사용하고 있음을 알 수 있다. 그러나 가장 활발히 바스크어가 사용되는 파이스 바스코 지역에서조차도 절반 이상인 51.5%의 화자가 바스크어를 전혀 구사하지 못하며 스페인어만 사용하는 단일 언어 화자라는 것을 보여준다. 즉, 바스크어는 바스크 지방 내에서조차 소수언어로 전락하고 있다. 그나마 바스크어 교육 덕분에, 젊은 세대에서는 스페인어와 바스크어를 모두 구사하는 이중언어 화자가 많이 늘었다. 그럼에도, 16세~24세 사이의 화자들을 조사한 2006년의 또 다른 통계자료에 따르면, 48.5%만이 바스크어와 스페인어를 활발히 사용하는 이중언어 화자들이고, 20.2%는 바스크어에 소극적인 이중언어 사용자라고 한다. 이와 같이, 바스크 지방에서의 스페인어와 바스크어의 이중언어 사용 현황은 극히 비대칭적이다. 즉, 바스크 지방에서의 대다수 화자가 사용하는 지배적인 언어는 스페인어이며, 바스크어는 소수언어로 전락하여 적극적으로 활발히 사용하는 화자의 비율이 높지 않다. 이는 이중언어 지역에서 바스크어가 카탈루냐어에 비해 전반적으로 활성화되어 있지 않음을 의미한다.

이와 같이, 바스크 지방에서 스페인어와 바스크어의 이중언어 현황이 불균형적인 이유는 중세시대부터 20세기에 이르기까지 바스크어는 시골 지역에서 주로 사용되었으며 제도적인 뒷받침이 없어 바스크어가 구전에 의해서만 대대로 전해져 온 까닭에 다양한 방언으로 분화되었기 때문이다. 또한, 표준어 없이 현대에 이르기까지 문자가 없었으며 시골 지역이나 폐쇄된 지역에서의 사용으로 지역 간에 바스크어로의 상호소통이 어려워졌기 때문에 바스크어 화자가 급격히 줄어들었다. 게다가, 바스크어의 언어 유형이 인접한 다른 로망스 언어들과 확연히 달라, 스페인 사람들도 바스크어를 배우기가 쉽지 않다. 이러한 이유로 국가 공용어인 스페인어가 지배언어가 된 반면, 바스크어는 소수언어로 전락하여 그 생명력을 보장할 수 없게 되었다. 이러한 불균형적 이중언어 상황을 극복하고자 파이스 바스코 자치주는 바스크어 왕립 한림원(Real Academia de la Lengua Vasca)인 에우스깔사인디아(Euskaltzaindia)를 창설하여 표준어 작업을 제도적으로 지원하였다. 바스크어 왕립 학술원은 표준 바스크어 작업의 선두에 섰으며, 바스크어의 통일된 문자 표준어인 '에우스케라 바투아'(euskera batua)를 탄생시켰다. 표준 바스크어는 문자화된 공통어(lengua común)이기 때문에, 공식문서를 포함하여 서면으로 된 모든 서류에는 바스크어를 사용할 수 있으며, 학교에서도 바스크어를 가르칠 수 있게 되었다. 또한, 바스크 한림원은 바스크어 문법과 사전 등을 출판하였으며, 대학과 과학·기술에 바스크어를 도입함으로써 바스크어 표준어 사용에 대한 우려를 상당히 해소시켰다. 이러한 바스크어 표준어 정책으로, 바스크어는 이제 일반대중의 의사소통 수단으로 사용이 가능하게 되었으며, 교육기관과 자치주 정부의 공문서와 법령 등에서도 공용어로 바스크어를 사용할 수 있게 되었다. 또한, 문자화된 표준 바스크어 덕분에, 누구나 표준 바스크어를 체계적으로 학습할 수 있게 되어, 일상 언어로서의 생명력이 차츰 강해지고 있다. 이러한 파이스 바스코 자치주의 바스크어 보호정책으로 말미암아, 바스크어는 오늘날 충분히 발전했다고 볼 수 있다. 지금도 파이스 바스코에서는 지배언어인 스페인어로부터의 접촉과 영향에서 오는 폐해를 극복하고, 바스크어가 스페인어와 같은 수준의 지위를 누릴 수 있도록 바스크어의 표준화 작업에 많은 노력을 경주하고 있다. 그 결과, 전통적인 시골지역에 거주하고 있는 화자들부터 현대화된 지역의 도시민들에 이르기까지, 바스크어는 의사소통 매개체를 넘어 바스크 지방의 문화적 정체성의 상징으로 변모하고 있다.

〈그림 18〉, 〈그림 19〉, 〈그림 20〉에서 보듯이, 나바라와 파이스 바스코 지역에서는 모든 공공기관과 거리 표지판에 바스크어가 스페인어와 함께 표기되어 있다. 이러한 표기는 이들 지역이 스페인어와 바스크어가 함께 사용되는 이중 언어 지역임을 공식적으로 보여주는 것이다. 나바라 자치주의 경우, 팜플로나 남부지역 밑의 지역민은 바스크어를 거의 사용하지 않음에도, 바스크어가 스페인어와 함께 표기되어 있다는 것은 그만큼 해당 자치주가 바스크어를 활성화시키고자 꾸준히 노력하고 있다는 증거라고 볼 수 있다. 흥미로운 점은 나바라 자치주의 팜플로나 거리의 표지판에는 스페인어가 바스크어보다 먼저 쓰여 있지만, 파이스 바스코 자치주의 북부 해안도시 산세바스티안에는 바스크어가 스페인어 앞에 표기되어 있다는 것이다. 아무래도 파이스 바스코 자치주가 바스크어에 대한 자부심과 자긍심이 더 강하다는 반증이 아닐까 생각된다.

〈그림 18〉 팜플로나 기차역의 안내판

〈그림 19〉 나바라 대학교 건물 표지판

〈그림 20〉 산세바스티안의 안내판

2.2.4. 바스크어 맛보기

인도유럽어족에 속하지 않는 바스크어는 이베리아 반도에서 언어의 섬이라고 불린다. 당연히 바스크어는 반도 내 로망스어(스페인어, 카탈루냐어, 갈리시아어 등)와 확연하게 다르다. 어순도 주어-목적어-동사(SOV)로서, 동사가 문장 끝에 위치하는 한국어, 일본어와 동일하며, 격조사가 나타나는 현상도 우리말과 동일하다. 그러나 어순이 비슷하다고 바스크어가 우리말과 유사하다고는 볼 수 없다. 다음에서 보듯이, 문법 현상이 완전히 다르기 때문이다.

현대 언어학에서는 다음과 같이 언어의 종류를 문법현상에 따라 '주격언어'(Nominative Language)와 '능격언어'(Ergative Language)로 구분하고 있다. 주격언어에는 영어, 스페인어, 한국어 등 대부분의 언어가 여기에 속한다. 능격언어에는 바스크어와 마야어와 같은 라틴아메리카의 원주민어가 해당한다. 주격언어와 능격언어를 구분짓는 결정적인 요소는 자동사 구문에서 주격언어는 주어가 주격으로 표현되지만, 능격언어는 주어가 목적격으로 나타난다는 것이다. 먼저, 우리말에는 주격(Nominative case: NOM)과 목적격(대격 Accusative case: ACC)이 2논항(주어 & 목적어)이나 3논항(주어, 직접목적어, 간접목적어)의 타동사 구문에 나타나는데, 하나의 논항만을 요구하는 자동사 구문에는 이 논항이 주격으로 표시된다. 다음 예문을 보자.

- 한국어

(1)	인수가(주격) 책을(대격) 읽었다.	(타동사: transitive verb)
(2)	인수가(주격) 나에게(여격) 책을(대격) 주었다.	(타동사: ditransitive verb)
(3)	인수가(주격) 어제 왔다.	(자동사: intransitive verb)

위의 예문에서 보듯이, 우리말에는 1개의 논항만이 등장하는 자동사 구문에 주격조사가 표시되어 이 논항이 주어임을 보여준다.

한편, 바스크어는 타동사 구문에 우리말의 주격에 해당하는 능격(Ergative case: ERG)과 목적격(대격)에 해당하는 절대격(Absolutive case: ABS)이 표시된다. 그러나 특이한 점은, 아래 예문에서 보듯이, 하나의 논항만을 요구하는 자동사 구문에서 이 논항이 능격이 아닌 절대격(ABS)으로 표시된다는 것이다.

- 바스크어

(4)	Jonek	liburua	irakurri	du.		(타동사: transitive verb)
	John-ERG	book-Det-ABS	read	AUX		
	존이(NOM)	책을(ACC)	읽었다.			
(5)	Jonek	niri	ogia	eman	dit.	(타동사: ditransitive verb)
	John-ERG	I-DAT	bread-Det-ABS	give	Aux	
	존이(NOM)	나에게(DAT)	빵을(ACC)	주었다.		
(6)	Jon	bihar	etorriko	da.		(자동사: intransitive verb)
	John-**ABS**	tomorrow	come-fut	AUX		
	존이(NOM)	내일	올 거다.			

위의 예문 (6)에서 보듯이, 하나의 논항만이 등장하는 자동사 구문에서 우리말에는 주격(NOM) 조사가 표시되는 반면, 바스크어는 우리말의 목적격에 해당하는 절대격

(ABS)이 표시된다. 이와 같은 점에서 바스크어는 능격언어에 속하며, 주격언어인 우리말과는 분명히 다른 문법체계를 지니고 있다고 볼 수 있다.

또한, 다음 바스크어의 단어와 대화문에서 보듯이, 바스크어는 스페인어와는 전혀 다른 언어임을 직감할 수 있다. 즉, 로망스어에 속하는 카탈루냐어나 갈리시아어는 스페인어와 굉장히 유사하여 서로 의사소통이 어느 정도 가능하지만, 바스크어는 스페인어 화자가 전혀 이해할 수 없다. 그만큼 바스크어는 타 지역 출신은 배우기 힘든 언어이다.

<표 7> 바스크어와 스페인어 어휘

바스크어	스페인어
Kaixo	Hola
Aupa	Hey
Agur	Adiós
Aita	Padre
Ama	Madre
Irteera	Salida
Sarrera	Entrada
Kutxa	Caja

<표 8> 바스크어와 스페인어 대화문

바스크어	스페인어
Barkatu, hemen lan egiten du?	¿Perdón, usted trabaja aquí?
Zertan lagundu ahal zaitu?	¿En qué puedo ayudarte?
Handiagoa.	Más grande.
Merkeagoa.	Más barato.
Kalitate hobekoa.	Mejor calidad.
Han ez zait gustatzen.	Esto no me gusta.
Zenbat balio du?	¿Cuánto cuesta?
Deskonturik ba al dauka?	¿Hay descuento?
Ofertan dago?	¿Están en oferta?
Han eramango du.	Llevaré esto.
Kutxa han dago.	La caja está allí.
Kreditu txartelaz ordainduko dut.	Pagaré con tarjeta de crédito.
Hor zare ordainagiria.	Su recibo.

2.2.5. 바스크어와 스페인어

8장에서 자세히 언급하겠지만, 바스크어는 스페인어에도 많은 영향을 미쳤다. 먼저, 라틴어에서 파생된 카스티야어(castellano)는 바스크어의 영향으로 라틴어의 10모음이 5모음으로 축소되었으며, 라틴어 어두음 /f/도 /h/ 기식음으로 바뀌었다가 현대 스페인어로 오면서 해당 음은 상실된다(예: FILIU > [híʒo] > [híʃo] > [íxo] *hijo*). 바스크어에 5모음밖에 없었고, /f/ 순치음이 없었기 때문에, 바스크 지역 근처인 Burgos에서 태동한 스페인어의 이러한 음운 변화에 바스크어가 큰 영향을 미쳤다고 볼 수 있다.

이외에도 바스크어 어휘가 스페인어로 차용된 경우도 있다. 예를 들어, 라틴어휘 *siniestra*를 대신하여 바스크어 *izquierdo*가 사용된다. 왼손이 '나쁜 운'이나 '나쁜 의도'와 관련이 있었기 때문에, 이러한 의미를 지녔던 *siniestra*라는 라틴어휘를 대체하게 되었을 것이다. 스페인어 숙어에도 이러한 의미로 *izquierda*가 사용되는 것을 볼 수 있다. 예를 들어, *Hoy me he levantado con el pie izquierdo y todo me va mal*이라는 표현은 '오늘 왼발로 일어났어. 그래서 그런지 하루 종일 재수 없었어'라는 의미를 나타낸다. 한편, 라틴어휘 *siniestra*는 현재 *a diestra y siniestra*("a la derecha y a la izquierda")라는 표현에만 남아 있다. 이외에도 스페인어와 바스크어가 사용되는 이중언어 지역에서 바스크어는 스페인어에 많은 영향을 미쳤다.[10]

2.2.6. 바스크 문화

바스크 지방은 지리적으로 본다면 피레네 산맥 넘어 프랑스의 아두르 강 건너서 스페인의 서북쪽에서 동남쪽으로 흐르는 에브로 강에 이르는 지역을 바스크 지역이라고 할 수 있다. 바스크어로 '북쪽'이란 뜻의 Iparralde라고도 불리는 북부 바스크 지역은 프랑스에 속하며, 남부 바스크 지역에는 스페인령으로 파이스 바스코(País Vasco) 자치주와 나바라(Navarra) 자치주가 해당된다. 이들 지역에서는 모두 바스크어가 사용되는데, 나바라 자치주의 경우에는 바스크어로 Nafarroa라고 불리는 일부 지역에서만 사용된다. 파이스 바스코 자치주의 수도는 비토리아(Vitoria)이며, 비스카야(스페인어 Vizcaya; 바스크어 Bizkaia), 구이푸스코아(Guipúzcoa; Gipuzkoa), 알라바(Alava; Araba)의 세 지방(Provincias)으로 나뉜다.

---

10 바스크 지역에서의 스페인어에 대해서는 7장 3.3절을 참조하기 바람.

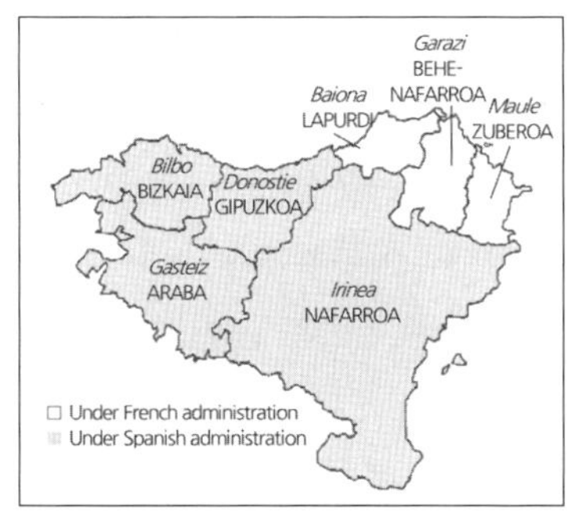

〈그림 21〉 스페인과 프랑스에서의 바스크 지역

〈그림 22〉 País Vasco 자치주의 세 지방

비스카야 지방의 빌바오는 구겐하임(Guggenheim) 미술관으로 유명하다. 미국인 프랭크 게리(Frank Gehry)가 디자인한 구겐하임 박물관은 빌바오 건축의 대표 건물로서, 정면·측면의 구분 없이 형상이 모두 다르고 굽이진 벽면은 티타늄으로 되어 있다. 구겐하임 미술관은 쇠퇴해가는 바스크 지방의 공업도시 빌바오를 매년 백만 명이 찾는 세계적인 관광도시로 변모시키는 데 결정적 역할을 했다. 구이푸스코아 지방의 산세바스티안은 스페인 북동부 비스케이 만 연안에 위치하고 있으며, 스페인 최고의 휴양지 중 하나로 아름답고 눈부신 해변으로 유명하다.

〈그림 23〉 스페인 북부 해안도시, 산세바스티안

바스크 지방이나 바스크 사람을 규정하는 기준은 언어이다. 바스크 사람은 '바스크 언어를 사용하는 사람'이고, 바스크 지방은 '바스크 언어가 통용되는 지방'이다. 바스크어로 바스크어는 '에우스케라'(euskera), 바스크 지방은 '에우스칼레리아'(Euskal Herria: 바스크어를 말하는 사람들의 땅), 바스크 사람은 '에우스칼두네스'(euskaldunes: 바스크어를 모어로 말하는 사람들)라고 불린다. 한편, 모국어가 아닌 제2언어로 바스크어를 배우는 사람들

<그림 24> 스페인 영화 <*Ocho apellidos vascos*>

은 에르달두네스(erdaldunes)라고 한다. 이처럼 바스크 사람에게는 언어가 바스크인과 그들의 지역을 규정하는 중요한 의미를 갖고 있다. 앞서 언급했듯이, 바스크어는 다른 유럽 언어와는 전혀 다른 모습을 갖고 있다. 학자들은 바스크어가 대부분의 유럽언어의 뿌리인 인도유럽어와는 다르며, 유럽어 중 헝가리어, 핀란드어, 그리고 에스토니아어만이 인도유럽어족 속하지 않는데, 바스크어는 이들 언어와도 전혀 관련이 없다고 한다. 바스크어의 계통은 이처럼 미스터리하기 때문에 지구상의 가장 오래된 현존 언어가 바스크어라는 속설도 있다.

스페인 내에서도 바스크인들은 강하고 거칠며 무뚝뚝한 성향을 지닌 것으로 유명하며, 신체적으로도 독특하여 바스크 사람들은 골격이 큰 편이다. 최근에는 스페인 영화 『8개의 바스크 성(姓)』(*Ocho apellidos vascos*)에서 바스크 문화의 특징을 코믹하게 잘 부각시켰는데, 이 영화는 스페인에서 2014년 9주간 박스오피스 1위를 차지하는 큰 흥행을 거둔 바 있다. 바스크인들은 순수 혈통을 강조하고자 증조부모의 성씨 8개를 다 외우는 걸 자랑으로 여기는데, 영화 제목 『8개의 바스크 성』은 여기서 유래한 것이다.

바스크어로 아빠는 'Aita', 엄마는 'Ama', 헤어질 때 인사말로는 'Agur'라고 한다. 영화의 한 장면에서, 세비야 바의 한 종업원은 바스크 여자의 핸드폰 번호에 뜬 'Aita'(아빠)를 보고 스페인어처럼 말하기도 한다. 스페인 남부 안달루시아 지방에서는 'Ahí está'(거기 있어)를 'Aí-ta'로 발음하기 때문이다. 또한, 벽에 새겨진 "Utzi Pakean Euskal Herria" (Dejad en paz al País Vasco; 파이스 바스코를 가만히 좀 내버려 둬!)란 글귀가 흥미롭다.

독자적인 문화가 있는 바스크 지방에는 음식 문화가 특히 발달되어 있어 이 지역은 식도락 여행으로도 유명하다. 특히, 우리에게 잘 알려져 있는 바스크 음식으로는 핀쵸(pincho)를 들 수 있다. 핀쵸는 술안주로 알려져 있는 스페인의 타파스(tapas)보다는 좀 더 양이 많아, 가벼운 식사로 대신할 수 있다. 여기저기 바를 돌아다니면서 다양한 종류의 핀쵸를 맛볼 수 있다.

바스크 지방의 음식 문화로 빼놓을 수 없는 전통이 '식도락 모임'이다. 몇 백 년을 이어 내려오는 전통으로, 강하고 거친 남자들의 부드러운 모임이라고 알려져 있다. 재미있는 것은 여성은 금지된 곳이 대부분이라는 것이다. 여성은 일 년에 하루 정도 날을 정해서 그 날만 출입이 가능하며, 그 이외의 날에는 참석하지 못하도록 제한되어 있다고 한다. 적게는 50여명에서 많게는 200여명까지 모이는 모임인데, 오랫동안 음식을 연구하고 만들어 왔기 때문에 스페인에서 유명한 요리사들 중에는 바스크 출신의 남자 요리사들이 많다. 클럽이 300개가 넘을 정도로 식도락 모임이 번성하고 있는 바스크 지방은 미식의 성지라 불릴 만하다.

음식 문화 이외에도 바스크 지방의 또 다른 특징으로 남성들의 강인함을 상징하는 스포츠가 있다. 예를 들어, '통나무 패기'나 '무거운 돌 들기' 등과 같은 힘과 기술을 요구하는 전통경기가 그것이다. 통나무 패기는 피레네 산맥에서 벌목을 통해 살아가던 바스크 선조들의 모습을 재현한 경기이다. 통나무 패기는 도끼질을 하는 단순한 경기가 아니라 다양한 기술과 힘을 요구하는 경기라고 한다.

이외에도, 바스크인의 전통 스포츠로 '펠로타'(Pelota)를 빼놓을 수 없다. 펠로타는 스쿼시와 비슷하게 공을 벽면에 힘껏 치는 경기로, 맨손으로 공을 치기도 한다. 가장 좋은 것은 돌아오는 공을 상대방이 되받아 칠 수 없도록 세게 치는 것이다. 펠로타는 바스크인들에게는 일종의 생활 정서로, 바스크인의 강인함, 고통, 자부심을 상징한다.

바스크 사람들에게 펠로타는 단순한 스포츠가 아니다. 프랑코 독재시기, 고유 언어 사용 금지 등 정체성의 위기 속에서 바스크인임을 가슴에 새길 수 있게 해 준 유일한 도구였기 때문이다.

2.3. 스페인의 이중언어 지역: 갈리시아

2.3.1. 갈리시아의 역사

갈리시아 지방의 고유어인 갈리시아어(gallego)는 포르투갈어와 굉장히 가까운 언어이다. 라틴어에서 파생된 로망스어로서, 초기의 갈리시아어는 갈리시아-포르투갈어(gallego-portugués)라고 불릴 정도로 하나의 언어였으나 후에 갈리시아와 포루투갈이 정치적으로 분리되면서 언어도 갈리시아어와 포르투갈어로 나뉘어졌다. 그만큼 갈리시아는 포르투갈과 밀접한 관련을 맺고 있으며, 역사적으로 보면 하나의 왕국에서 분리된 형제와 같은 사이라고도 볼 수 있다. 지금도 갈리시아어는 스페인어보다는 포르투갈어와 훨씬 더 가까운 언어로 남아있다. 그렇다고 갈리시아어가 포르투갈어의 방언으로는 볼 수 없다. 두 지역의 화자들이 갈리시아어와 포르투갈어를 각자 구사 시 완전한 의사소통을 할 수 없기 때문이다. 역사적으로, 지금의 갈리시아 지방과 포르투갈은 모두 갈리시아 왕국에 속해 있었으나, 재정복 과정에서 포르투갈이 분리·독립되었다. 이를 좀 더 상세히 살펴보자.

라틴제국 시대, 이베리아 반도의 행정주 명칭 중의 하나인 '갈라이키아'(GALLAECIA)에서 유래한 스페인 서북부의 갈리시아 지방은 본래 포르투갈과 같은 왕국에 속해 있었다. 서고트 왕국이 이슬람 세력에 의해서 멸망한 뒤, 이슬람 세력으로부터 가톨릭 세력을 수호하려는 재정복 운동이 일어나게 되고, 이 재정복의 중심이 된 아스투리아스 왕국이 건립된 이후, 아스투리아스 인근에 있던 갈리시아 지방은 아스투리아스 왕국에 종속된다. 이후 알폰소 3세가 세 아들에게 갈리시아, 아스투리아스, 레온으로 분할 상속하는 과정에서, 갈리시아 왕국이 형성된다. 갈리시아 왕국은 추후 레온 왕국에 편입되었다가, 레온 왕국이 카스티야 왕국과 연합하면서 카스티야-레온 왕국에 통합된다.

한편 포르투갈은 가톨릭 세력의 재정복 과정에서 초기엔 갈리시아 왕국에 속했다가, 후엔 레온 왕국의 일부로 포르투칼레 백작령(Condado de Portucale)을 형성하면서 시작된다. 즉, 1096년 카스티야-레온 왕국의 알폰소 6세는 자신의 사위 엔히크 드 보르고냐(Henrique de Borgonha)에게 갈리시아 백작령 남쪽 땅의 통치권을 양도하여 포르투칼레 백작령이 세워진 것이다. 오늘날 국가명인 포르투갈은 '따뜻한 항구'란 뜻의 라틴어 '포르투스 칼레'(Portus Cale)에서 유래한 지명이다. 이후, 보르고냐의 아들 엔히크가 국토회복 전쟁 중 이슬람 왕조에 승리를 거둔 것을 계기삼아 1139년에 본격적으로 독립을 선언하고 스스로 아폰수 1세라 칭한다. 교황의 중재로 카스티야 왕국도 이를 인정하고 교황의 정식 인가를 받아 국제적으로 하나의 국가로서 인정받게 된다. 즉, 아폰수 1세는 1143년 사모라 조약을 통해 카스티야-레온 왕국으로부터 독립을 승인받아 포르투갈 왕국을 건설한 것이다. 포르투갈 왕국은 1249년에 이슬람 세력을 완전히 몰아내고 왕국의 뿌리를 내리는데, 이로써 이베리아 반도에서는 가장 먼저 재정복을 완수하였으며 현재와 같은 국경의 확립을 통해 포르투갈은 유럽에서 가장 오래된 민족 국가로 거듭난다. 앞에서 보았듯이, 포르투갈은 1580년부터 1668년까지 90여 년간 합스부르크 왕가의 스페인에 합병되었던 것을 제외하면, 천년 가까이 이베리아 반도에서 스페인과 국경을 맞댄 유일한 나라로 역사를 이어오고 있다.

이와 같이, 갈리시아와 포르투갈은 역사적 측면에서 보면 한 뿌리에서 나왔음을 알 수 있다. 두 지역 모두 갈리시아 왕국에서 출발했으나, 역사적 갈림길에서 갈리시아는 카스티야 왕국에 편입된 반면, 포르투갈은 카스티야 왕국으로부터 독립했기 때문에 지금의 두 지역이 각각 서로 다른 국가에 속하게 된 것이다. 언어적 측면에서도 갈리시아어와 포르투갈어는 한 뿌리이다. 초기에는 갈리시아-포르투갈어라는 하나의 로망스어에서 출발하였다가 역사적 변화와 함께 자연스럽게 두 언어로 분리되었기 때문이다. 즉, 정치적으로 두 지역이 분리되면서 하나의 언어가 갈리시아 지역에서는 갈리시아어로, 포르투갈 지역에서는 포르투갈어로 발전하였다고 볼 수 있다. 그렇기 때문에 갈리시아어와 포르투갈어는 반도 내 인접 로망스어들(예: 스페인어, 카탈루냐어, 아라곤어 등)보다 훨씬 더 가까운 언어이다.

갈리시아 왕국은 카스티야-레온 왕국에 편입되었지만, 펠리페 5세의 부르봉 왕조가 들어서기 전인 합스부르크 왕가에서는 자치권을 유지하였다. 그러나 부르봉 왕조 시기에는 자치권을 제대로 행사할 수 없었으며, 내전 이후 프랑코 군사정권의 독재 하에서는 갈리시아는 카탈루냐, 바스크와 마찬가지로 자치권이 심각하게 억압되었다. 프랑코의 중앙집권화 정책에 따라 국가 공용어인 스페인어 이외의 지방어 사용은 제재를 받아, 일상어로서의 갈리시아어의 사용이 금지되고 위축된다. 1975년 프랑코 사후 민주화가 진행되면서, 1978년 스페인 헌법에 따라 갈리시아는 스페인으로부터 자치권을 다시 얻어내게 된다.

2.3.2. 갈리시아의 이중언어 상황

라틴어에서 파생된 갈리시아-포르투갈어는 중세인 13세기에서 15세기까지에는 갈리시아어로 쓰인 문학작품이 번성했을 정도로 그 활력을 유지하였다. 갈리시아-포르투갈어는 13세기와 14세기에 문화어로서 번성하였고, 특히 갈리시아에서 공부를 했던 현왕 알폰소 10세(Alfonso X el Sabio)는 카스티야어와 갈리시아-포르투갈어 모두를 지지했다. 많은 문학작품이 갈리시아-포르투갈어로 쓰여졌다는 사실은 이를 뒷받침한다. 그러나 갈리시아는 레온 왕국 이후에 카스티야 왕국에 편입되었기 때문에 14세기부터는 행정언어로 카스티야어의 사용이 공식화된다. 이후 갈리시아어로 된 문학 창작물들은 16세기에 들어서 뜸해졌고, 20세기까지 성경조차 갈리시아어로 편찬되지 못하고 있었다.

갈리시아어 표준화법(1983년 6월)이 지정되기 2년 전인 1981년부터 갈리시아 주정부는 자신들의 고유어가 갈리시아어이며, 대중문화 및 통신 생활의 모든 영역에서 사용이 가능함을 밝혔다. 또한, 갈리시아 자치주는 1983년 9월에 대학을 제외한 모든 공교육에서 갈리시아어는 의무적인 학습 언어이며, 스페인어에 할당된 만큼의 학습시간이 명시된 법령을 통과시켰다. 더불어 행정의 거의 모든 영역에서 갈리시아어를 공용어로 채택하는 등 사회적 지위를 부여하며 갈리시아어의 위상을 높이기 위해 노력하고 있다. 갈리시아어가 갈리시아 민족의 정체성을 상징한다고 여기기 때문이다.

이러한 갈리시아 주정부의 갈리시아어 보호정책 덕택에, 오늘날 갈리시아인들의 지역 고유어인 갈리시아어에 대한 이해도가 높아지고 있다. Hermida(2001)에 따르면, 1995년도 조사에서 97%가 갈리시아어를 이해하며, 86.4%는 말할 수 있고, 45.1%는 읽을 수 있으며, 27.1%는 쓸 수 있다고 한다. 여전히 갈리시아어로 읽고 쓸 수 있는 비율은 낮은 편이다. 또한, 갈리시아어는 주로 시골 지역의 고령층에서 주로 사용되고 선호되는데, 이들은 갈리시아어만 사용하는 단일언어 화자들이다. 카탈루냐나 바스크 지방에서는 지역어만을 사용하는 단일언어 화자가 거의 사라진 반면, 갈리시아의 시골 지역에서는 갈리시아어만을 사용하는 단일언어 화자가 여전히 존재한다. 젊은 세대로 내려올수록 갈리시아어와 스페인어를 모두 사용하는 이중언어 화자 수가 증가하지만, 문제는 이들 이중언어 화자들도 일상 언어로 스페인어를 훨씬 더 선호한다는 것이다. 이러한 사실은 갈리시아 지방에서 국가어인 스페인어의 위상에 비해 지역어인 갈리시아어의 위상은 현격히 낮다는 것을 의미한다. 갈리시아어는 시골 지역에 거주하는 고령층에서만 선호될 뿐, 도시 지역과 젊은이들 층에서는 스페인어가 일상 언어로 사용된다. 이러한 점으로 미루어보아, 갈리시아 지방에서의 이중언어 상황 역시, 바스크 지방에서와 마찬가지로, 여전히 심각한 불균형 상태에 놓여 있다고 볼 수 있다. 더 심각한 것은 이중언어 화자 사이에서도 갈리시아어의 사용이 위축되고 있다는 것이다. 카탈루냐어나 바스크어 이중언어 화자들이 자신들의 지역어를 일상어로 사용하고 있는 현실에 비추어보면, 갈리시아어는 그 위상이 카탈루냐어나 바스크어에 비해 떨어진다고 볼 수 있다.

스페인의 여타 이중언어 지역에 비해 갈리시아 지역에서의 지역어 사용이 비교적 덜 활성화되어 있다는 사실에서 보듯이, 갈리시아의 지역 민족주의는 카탈루냐나 바스크 지역에 비해 다소 수동적이고 변방적인 성격을 띤다. 카탈루냐와 바스크 지방의 적극적 민족주의는 산업과 경제의 발달과 함께 바르셀로나, 빌바오 같은 대도시에서 새로운 부르주아 층이 형성된 것과 관련이 있다. 이에 비해, 갈리시아의 민족주의는 다소 수동적인 경향을 보이는데, 이는 갈리시아 지역의 경제가 낙후되어 있다는 점과도 연관이 있다. 즉, 지역의 경제력이 높고 정치 세력이 튼튼한 지역에서는 민족의 정체성과 자긍심의 상징인 언어와 문화에 대해 적극적으로 표현하는 반면, 경제력·정치력이 비교적 낮은 지역에서는 지역어와 지역문화에 대한 자긍심이 떨어져 지역 민족주의가 소극적이고 수동적인 경향을 보인다는 것을 알 수 있다.

2.3.3. 갈리시아어 맛보기

앞서 보았듯이, 갈리시아어는 갈리시아-포르투갈어라고 불리는 로망스어에서 파생된 언어로, 포르투갈어의 방언이라고 여겨질 정도로 포르투갈어와는 밀접하게 관련된 언어이다. 하나였던 갈리시아-포르투갈어가 정치적으로 스페인과 포르투갈로 분리된 뒤, 갈리시아어는 철자나 발음이 점차 스페인어와 유사해지면서 오늘날엔 스페인어와 포르투갈어의 중간지점에 위치한 언어라고 볼 수 있으나, 엄연히 갈리시아어는 포르투갈어와 같은 뿌리에서 나온 언어이기 때문에 스페인어보다는 포르투갈어와 더 가까운 언어라고 볼 수 있다. 다음의 <표 9>를 통해 갈리시아어와 포르투갈어 그리고 스페인어가 얼마나 유사한지 살펴볼 수 있을 것이다.[11]

〈표 9〉 갈리시아어·포르투갈어·스페인어 비교

갈리시아어	포르투갈어	스페인어	번역
Tódolos seres humanos nacen libres e iguais en dignidade e dereitos. Dotados de razón e conciencia, díbense comportar fraternalmente uns cos outros.	Todos os seres humanos nascem livres e iguais em dignidade e em direitos. Dotados de razão e de consciência, devem agir uns para com os outros em espírito de fraternidade.	Todos los seres humanos nacen libres e iguales en dignidad y derechos. Dotados de razón y conciencia, deben comportarse fraternalmente los unos con los otros.	모든 인간은 태어날 때부터 자유로우며 그 존엄과 권리에 있어 동등하다. 인간은 천부적으로 이성과 양심을 부여받았으며 서로 형제애의 정신으로 행동하여야 한다.

11 https://namu.wiki/w/갈리시아어

제4장

라틴아메리카의 언어상황과 언어정책

1. 들어가기

우리는 앞서 스페인의 이중언어 상황을 지역별로 다루었다. 특히 독립에 대한 열망이 큰 카탈루냐와 파이스 바스코 자치주의 언어정책과 언어상황을 좀 더 집중적으로 조명한 바 있다. 이 장에서는 라틴아메리카에서의 이중언어 현황과 국가별 언어정책을 살펴보고자 한다. 먼저, 라틴아메리카의 대표적인 다언어 국가로 알려진 몇몇 국가들을 선정하여 이들 국가에서의 이중언어 상황과 언어사용 현황에 대해 알아보고자 한다. 또한, 해당 국가의 원주민어에 대해서도 언어학적 측면에서 간략하게나마 소개할 예정이다. 볼리비아의 아이마라어, 파라과이의 과라니어, 멕시코의 나우아틀어와 마야어, 페루의 케추아어, 그리고 칠레의 마푸체어가 여기에 해당되겠다. 둘째, 이들 다문화, 다언어 국가들의 정부에서 채택하고 있는 언어정책의 의미 있는 변천과정을 살펴볼 것이다. 이를 통하여 라틴아메리카 국가들의 원주민어, 원주민 문화에 대한 입장이 어떻게 변해왔는가를 알 수 있을 것이다. 즉, 지배언어로서 스페인어가 패권을 쥐고 있는 이곳 라틴아메리카에서 소수언어인 원주민어를 모국어로 구사하는 화자들이 겪는 인권유린이나 인종차별과 같은 사회적 문제점들을 알아보고자 한다. 마지막으로, 스페인과 라틴아메리카 각국의 언어상황과 소수언어 보호정책을 고려하여, 이들 지역에서의 소수언어가 앞으로 어떠한 미래로 나아갈 것인지 그 전망에 대하여 살펴볼 것이다.

라틴아메리카의 언어상황과 언어정책에 대한 연구는 다음과 같은 점에서 중요한 의미가 있다. 먼저, 한국에서는 중남미를 연상하면 스페인어와 포르투갈어만 떠올리지만, 이러한 연구를 통하여 한국에서의 스페인과 라틴아메리카 문화에 대한 인식의 변화를 유도할 수 있을 것이다. 둘째, 스페인어권 문화에 대한 올바른 인식은 한국과 스페인어권 국가 간의 진일보된 문화적 교류와 앞으로의 경제적 투자를 위해서도 바람직하다. 마지막으로, 이러한 연구는 소외된 계층의 인권보호라는 측면에서도 중요한 시사점을 준다. 범세계적 문제인 인종차별에 맞서기 위해, 중남미 각국의 원주민 문화, 원주민어 보호정책에 관한 연구는 바람직한 해결책을 제시해줄 수 있다. 예를 들어, 1992년 노벨평화상을 수상한 과테말라의 리고베르타 멘추(Rigoberta Menchú)는 자신의 지도력 하에 사회운동을 벌여 마야-키체 원주민들의 인권을 보호하는 데 앞장선 바 있다.[1] 멕시코 남부의 원주민 무장 해방 단체인 사파티스타 운동도 이와 같은 맥락에서 이해할 수 있겠다. 총사령관 마르코스(Marcos)는 1994년에 자신들의 인권을 위한 최선의 무장투쟁 방식이 인터넷을 통한 홍보라고 밝힌 바 있다. 즉, 중남미의 소외된 원주민들의 인권보호는 자신들 스스로가 외부에 도움을 요청하는 노력이 필수적이며, 그러한 노력이 정부의 제도적 뒷받침이 있을 때 성과를 거둘 수 있음을 보여준다.

중남미의 경우 가장 큰 문제는 자신들의 모국어인 원주민어가 차별되고 소외됨으로써, 원주민들의 교육, 건강, 일자리, 시민 투표권 등과 같은 인권문제에 부정적 영향을 미친다는 점이다. 우리나라가 현재 개발도상국을 지원해주는 국가로 부상하고 중남미 국가들이 우리나라의 강력한 경제 협력국가로 떠오르고 있는 지금, 스페인과 중남미 각국의 다문화·다언어 상황을 제대로 이해하는 것이야말로, 한국과 스페인·중남미 국가 간의 경제, 문화교류에 더 바람직하고 더 효율적인 도움을 줄 것이다. 최근의 한국과 EU, 칠레, 콜롬비아와의 자유무역협정, 볼리비아 대사관의 재개 등은 우리가 그들의 현실을 좀 더 제대로 파악하는 것이 시급한 과제임을 보여준다 하겠다.

---

1 멘추는 자서전『나, 리고베르타 멘추』*Me llamo Rigoberta Menchú y así me nació la conciencia* (1983)에서 과테말라 원주민 인디오들의 인권과 사회정의를 위해 군사적 폭압에 맞서 싸운 자신의 인생사를 술회하고 있다. 특히, 과테말라 내전 동안 원주민들에게 자행된 학살행위를 세계에 고발하고 있다. 멘추의 자서전은 중남미 원주민들의 참혹한 현실을 전하는, 反권력과 원주민 인권을 위한 투쟁사로서 세계사적 가치가 있다. "가장 잔인한 탄압과 박해를 받은 가정에서 태어났음에도 그녀는 사회 및 정치활동을 함에 있어 항상 투쟁의 최종목표가 평화라는 점을 잊지 않아 왔다." 노벨 평화위원회의 프란시스 세예르스타트 위원장이 1992년 10월 멘추에게 노벨상을 수여하면서 한 말이다.

2. 라틴아메리카의 언어상황

스페인에는 국가의 공용어인 스페인어 이외에도 갈리시아어, 카탈루냐어, 바스크어가 해당 자치주에서 공용어로 사용되고 있음을 보았다. 고덴씨 알레그레(Godenzzi Alegre, 2001)에 따르면, 21세기 초를 기준으로 라틴아메리카에는 총 5천만 명 정도의 원주민이 거주하고 있으며 400개 이상의 원주민어가 사용되고 있다. 그러나 국가들마다 전체 인구에서 원주민이 차지하는 비율은 조금씩 다르다. 예를 들어, 멕시코, 과테말라, 에콰도르, 볼리비아, 페루와 같은 몇몇 중남미 국가들에는 상당한 수의 원주민 마을 공동체가 형성되어 있는 반면, 아르헨티나, 우루과이, 칠레, 콜롬비아와 같은 국가들에는 원주민이 차지하는 비율이 극히 미미하다. 게다가, 쿠바, 푸에르토리코, 도미니카 공화국, 자메이카, 아이티 등 서인도제도에는 원주민들을 찾아보기 힘들며 그들의 고유어 역시 남아 있지 않다. 예를 들어, 카리브 지역에서 주로 사용되던 원주민어인 아라와코-타이노(arahuaco-taíno)어는 tabaco(담배), barbacoa(바비큐), canoa(카누), cacique(추장), maíz(옥수수)와 같은 몇몇 어휘만이 스페인어에 남아 있을 뿐 그 언어는 완전히 사라지고 말았는데. 아라와코(arahuaco) 원주민의 한 종족인 타이노(taíno)족이 강제노역, 전쟁, 전염병 등으로 전멸하였기 때문이다. 카리브해의 이들 원주민들은 16세기 스페인 정복자들이 정착하면서 거의 사라졌는데, 유럽인들을 통해 들어온 전염병으로 원주민 90%가 죽었으며, 정복자들과의 전쟁과 노예화에 따른 혹독한 환경으로 대부분 사망했다고 알려져 있다. 파나마와 콜롬비아의 카리브 해안 지역에서 사용되던 원주민어인 칩차(chibcha)어도 마찬가지 이유로 사라졌다. 우루과이의 경우에도 1830년 우루과이 공화국이 탄생할 즈음에는 대부분의 원주민들이 전염병과 전쟁 등으로 인해 사망했다고 한다. 〈그림 1〉의 언어지도는 라틴아메리카 스페인어권 국가들에서의 원주민어 사용 현황을 보여준다.

고대문명이 발달하지 않았던 라플라타 유역의 대평원에 위치한 아르헨티나의 경우에도 유럽의 이민자들이 정착하는 과정에서 마푸체족과 같은 원주민들을 박해하고 전쟁을 통해 자신들의 영토에서 몰아내면서, 토착어를 사용하는 원주민들이 많이 남아있지 않다.[2] 그러나 아스텍·마야문명이 뿌리를 내렸던 멕시코·과테말라나 잉카문명의 본거지였던 안데스 고산지대의 라틴아메리카 국가들에는 여전히 이들 고대문명의 후손

2 아르헨티나·우루과이에 정착한 유럽인들의 反원주민 정책은 북미 앵글로색슨족의 영토개척을 위한 원주민 학살정책과 유사하다고 볼 수 있다.

〈그림 1〉 라틴아메리카의 언어상황(Cortés Amador, 2012)

들이 원주민 커뮤니티를 형성하여 순수혈통과 전통문화를 유지하고 있으며, 자신들의 언어 역시 활발히 사용하고 있다.

라틴아메리카의 고대문명이 발달했던 지역에 원주민들이 지금도 여전히 많이 남아 있는 이유는 스페인의 식민정책이었던 혼혈정책과 정복자들의 원주민 노동력 착취와 관련이 있다. 즉, 혈혈단신으로 부귀영화를 찾아 신대륙으로 건너온 스페인 남성들이 성적 관계를 맺기 위해 자연스럽게 인디오 원주민 여성들을 필요로 했을 것이며, 대농장이나 광산에서의 자원개발을 위해 원주민 남성들의 노동력 역시 반드시 필요했던 것이다. 혼혈정책이 자연스레 태동하게 된 계기는 아스텍 제국을 정복한 스페인 정복자들이 초기에는 현지 원주민들과 원만한 관계를 가져 원주민의 적극적인 협조로 전투적인 군사 국가인 아스텍을 멸망시킬 수 있었던 것과 관련이 있다. 즉, 인신공양을 비롯한 아스텍 제국 지배자들의 폭압에 시달려 오던 여러 부족의 인디오들은 에르난 코르테스(Hernán Cortés)에게 적극 협조를 하여 1522년 아스텍을 최종적으로 멸망시켰다. 또한, 아스텍 제국을 정복한 스페인의 탐험가 에르난 코르테스와 그의 군사들 대부분은 현지 인디오 여성들과 결혼하였다. 유럽백인과 원주민 사이에서 태어난 혼혈을 메스티소(mestizo)라 부르는데, 멕시코의 경우 인구의 대다수를 차지한다. 멕시코인들은 최초의 메스티소는 정복자 에르난 코르테스와 그의 정부 말린체(Malinche) 사이에서 태어난 마르틴 코르테스(Martín Cortés)라고 생각한다. 메스티소라는 혼혈에서 볼 수 있듯이, 멕시코를 위시한 대부분의 라틴아메리카 국가들에서는 스페인 정복자들이 원주민 인디오들을 노예로 탄압하고 식민지의 노동력으로 활용하였을지언정, 이들 원주민 인디오들을 학살하지는 않았던 것이다. 라틴아메리카에는 현재도 수많은 인디오들이 그 혈통을 유지하고 있지만, 중남미 태생 백인인 크리오요들이나 메스티소들에 비해 체격도 왜소하고 교육도 부족하여, 원주민 인디오들은 라틴아메리카의 확고한 최하층을 이루고 있다.

이러한 정복·식민시기의 원주민 인디오들에 대한 스페인·포르투갈(라틴족)의 혼혈 정책은 영국(앵글로색슨족)의 아메리카 원주민 말살정책과 극명하게 대조된다. 즉, 스페인의 정복자들은 이른바 인종청소를 감행했기보다는 인종혼혈 정책을 구사했던 것이다. 스페인 정복자들은 실로 광활한 중남미 대륙의 식민지들을 보다 효과적으로 통치하기 위해 인디오 원주민들을 새로운 식민사회에 동화시키는 방안으로 혼혈정책을 적극 추진했다고 볼 수 있다. 그 결과, 중남미 전역에서는 유럽인(스페인과 포르투갈인)들과 원주민 인디오들 간의 인종혼혈이 적극적으로 이뤄졌고, 식민지배층을 이룬 수많은 스페인과 포르투갈 남성들이 원주민 여성들과 성적 접촉을 가진 결과 혼혈인종 메스티소가 탄생한 것이다. 게다가 신분상승을 노리고 부귀영화를 찾아 신대륙으로 건너온 스페인인들은 절대다수가 남성들이었다. 이들과 인디오 원주민 여성 사이에서 태어난 메스티소 혼혈인종은 정상적인 결혼에 의한 것이 아니라, 혼혈문화를 추진한 스페인 식민정책의 산물이라고 볼 수 있다. 어찌 보면, 앵글로색슨족의 영국인들과는 달리, 스페인 사람들 자신이 이베리아반도의 원주민과 라틴족, 게르만족, 아랍족이 뒤섞인 혼혈이라고 볼 수 있기 때문에, 스페인의 아메리카 혼혈 식민정책은 아주 자연스럽게 진행되었다고 볼 수 있다. 전체 인구의 대부분이 메스티소 인종으로 구성되어 있는 멕시코 사람들은 스페인 정복자들을 비난하는 어조로, 자신들을 스스로 비하하는 다음과 같은 표현을 사용하기도 한다: "우리 멕시코인들은 겁탈당한 여인의 자녀들입니다"(*Los mexicanos somos los hijos de la chingada*).

이와 같이, 스페인의 경우 혼혈정책을 통해 원주민들의 노동력을 착취하고 라틴아메리카의 자원을 수탈해가는 방식의 식민정책을 편 반면, 종교의 자유를 찾아 가족단위로 북미에 건너온 영국인들은 서부를 개척하고 영토를 점령하기 위해 북미에 거주하던 원주민들을 무차별적으로 학살하는 원주민 말살정책을 펼쳤다고 볼 수 있다.[3] 스페인과는 달리 혼혈문화에 거부감이 컸던 영국의 앵글로색슨족은 가족단위로 이민을 왔기 때문에 인디오 여성들이 불필요했으며, 이에 따라 북미에서는 자연스럽게 정복자들의 인종말살정책이 구현되어 철저한 순혈주의 백인 사회가 구성되었다. 원주민 인디오들의 사멸로 초래된 부족한 노동력은 아프리카에서 수입한 흑인노예가 대체하였다. 미국 동부로 이주한 청교도 필그림(pilgrim)들이 자신들의 정착을 도와준 인디오들에게 감사의 표시로 시작된 추수감사절(*Thanksgiving Day*)은 앵글로색슨족의 원주민 말살정책을 상기해보면 정말 아이러니한 축제일이라고 하지 않을 수 없다.[4]

흑인노예 수입은 스페인의 식민지였던 서인도제도나 포르투갈의 식민지였던 브라질에서도 마찬가지로 적용된다. 즉, 카리브해 연안, 중미, 브라질, 베네수엘라, 콜롬비아 등의 지역에서는 식민지 개척 초기에 원주민 수가 그리 많지 않아 경제 활동에 큰 애로를 겪자, 정복자들은 안정된 대체 노동력 확보를 위해 아프리카에서 상당한 수의 노예를 들여온다. 아프리카에서 팔려온 흑인노예들은 주로 중남미의 사탕수수 재배 농장에서 강제노역에 동원돼 인간 이하의 취급을 받았다. 스페인 식민통치자들은 이들 흑인들과도 적극적인 혼혈정책을 펼쳐, 유럽인과 아프리카인의 혼혈아인 물라토(mulato)는 시간이 흐를수록 기하급수적으로 늘어나게 된다. 이들 물라토들은 쿠바, 도미니카 공화국, 브라질, 푸에르토리코와 같은 국가의 대다수를 차지하고 있다.[5]

한편, 중남미의 원주민과 흑인과 관련하여, 1장에서 언급했던 '중남미'와 '라틴아메리카'라는 명칭에 대해 한 번 더 생각해보도록 하자. '라틴아메리카'라는 명칭은 라틴족과 라틴문화의 지위를 높이고자 프랑스의 나폴레옹 3세가 학자들을 동원해 이와 같은 지명

3 미국의 서부 개척시대의 정신이 그대로 녹아 스포츠에 투영된 것이 미식축구(American Football)이라고 볼 수 있다.

4 두산백과에 따르면, 추수감사절은 1620년 종교적 자유를 찾아 메이플라워호를 타고 영국에서 신대륙으로 이주한 청교도들이 이주 첫해에 혹독한 추위와 질병으로 많은 이들이 목숨을 잃는 시련을 겪은 후 이듬해인 1621년 정착지에서 첫 추수를 마친 것을 기념해 신에게 감사기도를 올리고 잔치를 연 데에서 비롯되었다. 청교도들은 그들에게 여러 도움을 준 원주민들을 초대해 옥수수 등의 곡식과 야생 칠면조 등의 음식을 나눠 먹으며 수확의 기쁨을 함께했다고 한다. 즉, 초기 청교도들은 자신들에게 농사짓는 법 등을 가르쳐준 원주민과 대체로 평화롭게 지냈다는 것을 알 수 있다.

5 우사인 볼트(Usain Bolt)를 비롯하여 육상으로 유명한 자메이카나 도미니카 공화국, 트리니다드 토바고 등의 카리브해 국가에 왜 흑인의 피가 섞인 혼혈이 많은지 생각해보기 바란다.

을 만들었다고 전해진다. 이에 따라 앵글로색슨족의 영국이 지배한 미국과 캐나다 지역은 자연스럽게 '앵글로아메리카'라고 불리게 된다. 이러한 인종적 구분에 기반을 둔 라틴아메리카와 앵글로아메리카라는 명칭에는 유럽 중심의 역사관과 철학은 반영되어 있지만, 이곳에 거주하던 원주민의 역사와 존재에 대한 관심은 전혀 담겨져 있지 않다. 또한, 아프리카에서 강제로 끌려온 수많은 아프리카 흑인과 그 후손들도 전혀 고려하고 있지 않은 명칭이다. 따라서 지리교육 연구회 지평(2005)의 『지리 교사들 남미와 만나다』에서 언급하듯이, 굳이 문화적 구분이 필요하다면 라틴아메리카와 앵글로아메리카 대신 '북미'와 '중남미'와 같은 자연지리적인 구분 방식을 사용하는 것이 더 바람직하다고 볼 수 있다. 중남미란 지명에는 북미에 위치한 멕시코의 문제가 여전히 남아있긴 하지만, 최소한 인종차별과 인권침해의 요소를 줄일 수 있으며 일반적으로 대륙을 구분할 때 자연지리적인 구분방법을 사용한다는 점에서도 보편적 기준에 부합한다고 볼 수 있다.[6]

앞서 언급했듯이, 북미의 경우 앵글로색슨족의 원주민 말살정책으로 인해 원주민과 그들의 언어가 대부분 사라지고 말았지만, 중남미의 경우 원주민 노동력을 최대한 활용한 스페인의 식민정책으로 말미암아 이들 지역에서는 원주민 혈통과 그들의 언어가 아직도 남아있다. 즉, 원주민 인디오들이 사용하던 수많은 토착어는 정복 이후 500년을 거치면서 정복자의 언어인 스페인어에 대부분 흡수되어 사라져버린 것이 사실이지만, 중미의 유카탄 반도나 남미의 안데스 고산지대를 중심으로 분포한 몇몇 토착어들은 여전히 활발히 사용되고 있다. 지금도 광범위하게 사용되고 있는 대표적인 중남미의 주요 원주민어로는 나우아틀(náhuatl)어, 마야(maya)어, 케추아(quechua)어, 아이마라(aimara)어, 과라니(guaraní)어, 마푸체(mapuche)어를 들 수 있다.

중남미의 주요 원주민어 분포를 보여주는 <그림 2> 언어지도에서 볼 수 있듯이, 나우아틀어는 아스텍 제국의 언어로서 멕시코시티를 중심으로 멕시코의 중부지역과 과테말라, 엘살바도르에서 사용되고 있으며 약 2백만 명의 화자가 있다. 키체(quiché)어, 유카테코(yucateco)어, 케치(quechi)어, 카치켈(cachiquel)어, 맘(mam)어와 같은 마야의 언어들은 과테말라와 멕시코 유카탄 반도의 중미 일부 지역에서 사용되고 있으며 약 6백만 명 정도의 화자가 있다. 잉카제국의 공용어였던 케추아어는 오늘날에도 페루와 볼리비아의 주요 원주민어로서 콜롬비아 남부, 에콰도르, 아르헨티나 북부에서도 사용되며, 그 화자 수는 중남미 원주민어 중 가장 많은 약 1천2백만 명에 이른다. 아이마라어는 볼리비아의 주요 원

6 본 교재에서는 라틴아메리카와 중남미라는 용어를 섞어서 사용하고 있다.

주민어이며 페루에서도 사용되는 원주민어로서 약 3백만 명의 화자가 있다. 과라니어는 파라과이의 공용어로 사용되는 원주민어로서, 아르헨티나 북동부와 볼리비아의 동부에서도 사용되며, 그 화자 수는 약 1천만 명에 육박한다. 아라우카노(araucano)어라고도 불리는 마푸체어의 화자 수는 20만 명 정도로서 칠레의 남부지역에서 주로 사용되고 있다.

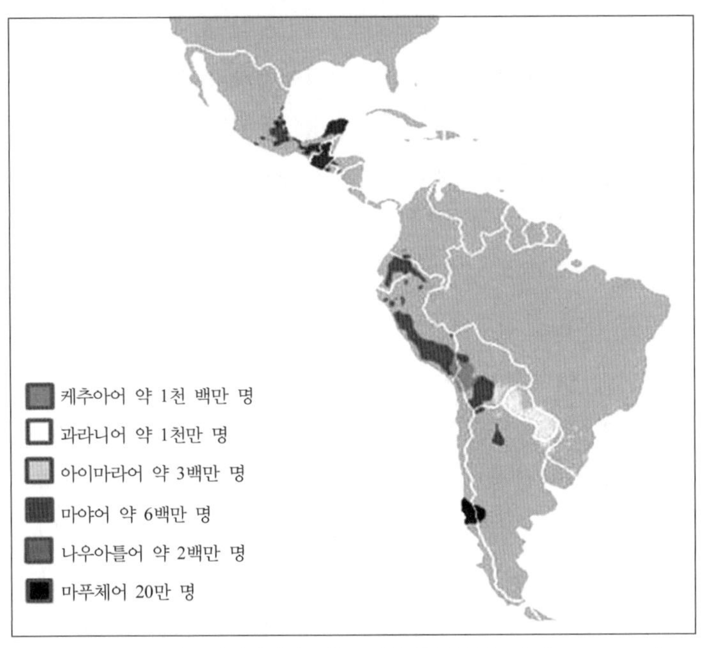

<그림 2> 21세기 라틴아메리카의 주요 원주민 언어 분포 (Infolatam.com)

<그림 2>의 언어지도에서 볼 수 있듯이, 중남미 대다수 국가의 공용어 및 가장 널리 쓰이는 언어는 스페인어이지만, 시골 지역과 고산지대를 중심으로 수많은 원주민 공동체가 형성되어 있으며 이들 지역에는 지금도 상당수의 원주민어가 사용되고 있다. 이러한 중남미의 언어상황은 영국의 식민 지배하에 있던 북미의 원주민어 대부분이 소멸 위기에 처한 것과는 대조적인 것으로, 중남미 지역은 상대적으로 그 언어적 다양성이 비교적 잘 보존되어 있는 편이라고 할 수 있다. 이러한 중남미의 언어상황을 고려해보면, 스페인의 북부지역이 이중언어 상황에 놓여있는 것과 마찬가지로, 중남미 대부분의 국가들도 국가의 공용어인 스페인어와 함께 원주민어가 함께 사용되고 있는 이중언어 상황에 있음을 알 수 있다.

한편, 김우성(2010, 2014)에서 제시된 <표 1>에서 볼 수 있듯이, 라틴아메리카 각국

에서 2000년에서 2008년 사이에 실시된 인구조사에 따르면, 라틴아메리카의 전체 원주민 수는 대략 2천9백만 명을 상회하여 전체 인구의 약 6.1%를 차지한다. 특히 멕시코, 과테말라, 페루와 볼리비아, 파나마 5개국은 원주민이 집중적으로 거주하고 있는 대표적인 국가이다. 반면에, 아르헨티나, 우루과이, 코스타리카, 콜롬비아, 베네수엘라와 같이 원주민 비율이 아주 낮은 국가도 존재한다. 이 자료에 따르면, 볼리비아는 인구의 절반 이상인 66.2%가 원주민으로 구성되어 라틴아메리카에서 전체 인구 대비 원주민 비율이 가장 높은 국가로 나타났다. 그리고 과테말라가 39.9%로 그 뒤를 잇고 있다. 한편 멕시코는 원주민이 전체 국민의 9.4%에 불과하지만 원주민 수는 950만 명으로 라틴아메리카에서 원주민 수가 가장 많은 나라이다. 이것은 멕시코의 전체 인구가 1억 명 이상으로 볼리비아나 과테말라의 인구보다 훨씬 많기 때문이다. 주요 국가별 전체 인구 대비 원주민 비율을 살펴보면, 볼리비아 66.2%, 과테말라 39.9%, 페루 13.9%, 멕시코 9.4% 그리고 파나마가 10%를 차지하고 있다.

〈표 1〉 라틴아메리카 원주민 사회언어지도 (UNICEF y FUNPROEIB Andes, 2009)

국가	총 인구 수	원주민 수	원주민 비율	원주민어 수
브라질(2000)	169,872,856	734,127	0.4%	186
멕시코(2000)	100,638,078	9,504,184	9.4%	64
콜롬비아(2005)	41,486,384	1,392,623	3.3%	65
아르헨티나(2001)	36,260,160	600,329	1.6%	15
페루(2008)	28,220,764	3,919,314	13.9%	43
베네수엘라(2001)	23,054,210	534,816	2.3%	37
칠레(2002)	15,116,435	692,192	4.6%	6
에콰도르(2001)	12,156,608	830,418	6.8%	12
과테말라(2002)	11,237,196	4,487,026	39.9%	24
볼리비아(2001)	8,090,732	5,358,107	66.2%	33
온두라스(2001)	6,076,885	440,313	7.2%	6
엘살바도르(2007)	5,774,113	13,310	0.2%	1
파라과이(2002)	5,163,198	108,308	2.0%	20
니카라과(2005)	5,142,098	292,244	5.7%	6
코스타리카(2000)	3,810,179	65,548	1.7%	7
파나마(2000)	2,389,177	285,231	10.0%	8
라틴아메리카 총계	481,190,282	29,496,894	6.1%	557

〈표 1〉에서 제시된 자료를 보면, 브라질을 포함한 라틴아메리카 국가들에서 500개가 넘는 원주민어가 사용되고 있다는 것을 알 수 있다. 하지만 볼리비아, 과테말라, 페

루 등 몇몇 나라를 제외하면 국가별 전체 인구 대비 원주민 인구 비율은 대체적으로 10%도 되지 않는다. 또한, 원주민 수와 원주민어 수가 반드시 비례하지 않음을 알 수 있다. 콜롬비아의 경우에는 원주민 인구가 전체 인구의 3.3%밖에 안 되지만 65개의 원주민어가 사용된다. 브라질도 원주민의 수가 전체 인구의 0.4%에 불과하지만 180개 이상의 원주민어가 존재한다. 반면에 원주민 인구 비율이 높은 국가인 볼리비아는 33개의 원주민어가, 과테말라는 24개의 원주민어가 사용된다. 볼리비아의 경우, 스페인어와 33개의 원주민어를 포함하여 34개의 언어가 모두 공용어로 규정되어 있으나, 이들 원주민어 중에서는 케추아어, 아이마라어, 과라니어가 가중 중요한 언어로 사용되고 있다. 페루 역시 스페인어, 케추아어, 아이마라어가 공용어이다. 한편, 케추아어는 중남미에서 가장 중요한 원주민어 중의 하나로서, 40개 이상의 방언이 있다고 한다. 또한, 나우아틀어는 멕시코의 가장 중요한 원주민어이며, 또 다른 중요한 원주민어로는 칠레의 마푸체어와 과테말라의 마야어족인 키체어가 있다.

대체적으로 원주민 비율은 원주민어 화자의 비율과 비례한다. 볼리비아, 과테말라, 페루, 멕시코와 같이 원주민이 많이 분포하는 곳에 원주민어 화자가 당연히 많을 것이고, 아르헨티나, 코스타리카, 브라질과 같이 원주민 수가 적은 국가에서는 원주민어 화자도 적을 것이기 때문이다. 아래 제시된 총 인구 대비 원주민어 구사자 비율을 조사한 최근 통계자료는 이러한 현상을 반영하고 있다. 예를 들어, 원주민 비율이 높은 국가들인 볼리비아, 페루, 멕시코는 원주민어 구사자 비율도 높은 편인 반면, 원주민 비율이 낮은 브라질은 원주민어 화자 비율도 0.4%로 저조하게 나타난다.

〈표 2〉 라틴아메리카 주요 국가 원주민어 화자 비율 (Lee, 2014: 25)

국가		총 인구	원주민어 화자 비율	출처	
1	파라과이	6,783,334	79%	DGEEC	2013
2	볼리비아	10,389,903	62.2%	INE	2012
3	페루	30,135,875	16%	INEI	2012
4	멕시코	112,336,538	6%	INEGI	2010
5	브라질	190,755,799	0.4%	IBGE	2010

그러나 원주민 비율과 원주민어 화자의 비율이 반드시 일치하는 것은 아니다. 〈표 2〉에서 보듯이, 파라과이가 이러한 예외적 경우에 해당된다. 즉, 파라과이는 원주민 수는 전체 인구의 2%에 불과하지만, 원주민어 화자의 비율은 79%로서 중남미 국가 중에서

가장 높게 나타난다. 이는 파라과이 국민의 80%에 육박하는 절대 다수가 원주민어를 구사한다는 것을 의미한다. 이러한 자료를 통해, 파라과이에서는 소수민족에 불과한 원주민뿐만 아니라, 주류사회를 구성하는 메스티소와 유럽혈통의 크리오요 등 대다수 국민이 과라니어를 구사한다는 사실을 알 수 있다.

한편, 중남미에는 원주민어 이외에도 스페인어가 다른 언어와 결합한 다양한 혼성어도 존재한다. 예를 들면, 콜롬비아에는 스페인어와 아프리카 흑인들의 언어가 섞인 팔렝케로(palenquero)가 있으며, 우루과이와 브라질의 접경 지역에는 스페인어와 포르투갈어가 혼합된 포르투뇰(portuñol)이 존재한다. 파라과이에는 과라니어와 스페인어의 혼성어인 조파라(jopara)가 사용되기도 한다. 한편, 아이티, 자메이카, 수리남을 위시한 카리브해 인근의 서인도제도에는 다양한 크레올어(lengua criolla)가 존재한다. 크레올어는 서로 의사소통이 되지 않는 사람들 사이에서 자연스레 형성된 언어인 피진(pidgin)어가 그 사용자의 자손들을 통하여 모어화된 언어를 일컫는다. 혼성어를 지칭하는 '크레올'(*creole*)이라는 영어 명칭은 중남미 태생의 스페인 혈통 백인 후예들을 일컫는 스페인어 '크리오요'(criollo)에서 비롯되었다. 김승민 외(2003)에 따르면, 크레올이라는 용어는 본래 16세기에서 18세기까지 스페인령 아메리카에서 태어난 백인을 지칭하나, 카리브 해 지역에서는 이 용어가 더 광범위하게 사용되어 이 지역의 문화를 구성하는 사람이면 계층이나 선조를 가리지 않고 통틀어 가리키는 의미로도 사용된다. 식민시대 라틴아메리카에서 지역민들이 의사소통을 위해 원주민어도 아프리카어도 유럽어도 아닌 새로운 언어를 생성하여 사용하였고, 시간이 지나면서 고유한 언어로 정착한 것이 크레올어이다.

3. 라틴아메리카의 시대별 언어정책[7]

라틴아메리카에서 다언어주의, 언어의 다양성과 언어접촉 현상과 같은 주제를 일목요연하게 체계적으로 설명하고 기술하기란 상당히 어려운 주제이다. 일단, 중남미에서 가장 두드러지게 사용되고 있는 원주민어는 마야어, 나우아틀어, 케추아어, 아이마라어, 과라니어 그리고 마푸체어(아라우카노어) 정도이다. 모레노 페르난데스(Moreno Fernández, 2006)의 중남미 원주민어의 사회역사적 측면에서의 연구에 따르면, 원주민

7 라틴아메리카의 시대별 언어정책 정리에 도움을 준 서민교 군에게 감사를 표한다.

어의 존재를 가장 위협하는 두 가지 요소는 스페인인들의 정복에 따른 원주민 인구의 감소와 독립을 주도한 스페인 출신 크리오요들의 스페인어 공용어 채택으로 인한 원주민어의 위상 하락이다. 여기에 덧붙인다면, 대부분의 중남미 국가에서 그동안 원주민어는 제도적 지원과 보호정책이 거의 없었으며, 문자화를 통한 원주민어 교육정책(상호문화에 기반한 교육정책)도 전무했다는 점이다. 원주민어 언어정책에 관한 저명한 언어학자인 엔리케 아멜(Enrique Hamel, 2001)은 중남미 국가들의 언어정책을 세 종류의 이념으로 나누어 제시한다. 단문화주의(monoculturalismo), 다문화주의(multiculturalismo), 다원적 문화주의(pluriculturalismo)가 그것이다. 아멜에 따르면, 단문화주의는 19세기 독립 공화국으로서 태어난 라틴아메리카 국가들의 공식 정책으로 채택된 것으로, 문화적, 인종적, 언어적 다양성을 전적으로 부정하는 태도로서 19세기 내내 지배적인 정책이었다. 20세기 들어서 등장한 다문화주의는 원주민의 권리를 보장해 주어야 하며, 그러기 위해서 문화적 다양성을 인정해야 한다는 태도이다. 그러나 그 이면에는 문화적 다양성이 사회 통합을 방해하여 발전을 저해한다는 믿음이 전제되어 있으며, 궁극적으로는 원주민을 주류 문화에 동화시키는 것이 목적이다. 20세기 후반에 나타난 다원적 문화주의는 원주민의 문화적 다양성을 인정한다는 점에서는 다문화주의와 그 궤를 같이하지만, 다양성이 사회와 문화를 더욱 풍요롭게 만드는 자산이라고 여긴다는 점에서 다문화주의와 근본적인 차이를 보인다. 여기에서는 아멜(Hamel)의 시대적 구분과 언어학자 하워드(Howard, 2000)의 연구를 토대로, 라틴아메리카 국가들의 언어정책이 어떤 변천 과정을 거쳐 왔는지 개략적으로 살펴보도록 하겠다.[8]

3.1. 단문화주의: 16~19세기

먼저, 16~19세기는 단문화주의가 지배하던 식민시대로서, 식민지 시대 초기였던 1516년부터 1556년까지 재위한 카를로스 1세는 식민지의 모든 백성에게 스페인어를 배우게끔 하였다. 이 시기는 아랍 왕조의 침략을 받아 이베리아반도 북부로 쫓겨났던 여러 가톨릭 왕조가 카스티야 왕조를 주축으로 하여 1492년에 아랍 왕조를 자신들의 영토에서 축출해 내고 통일된 하나의 왕국으로 거듭나고 있던 시기였다. 따라서 통일 왕국의 군주는 여러 언어와 문화가 공존하고 있던 이베리아 반도를 하나의 국가로 통

8 언어정책에 관한 시대별 이데올로기적 구분법이 다소 경직된 이론 틀이라는 점을 배제할 수 없다. 왜냐하면 단문화주의, 다문화주의, 다원적 문화주의와 같은 언어정책 이념이 동시대에도 지역별·국가별로 공존하기도 하기 때문이다.

합하기 위해 스페인어 사용을 강요하였다. 이와 비슷한 시기에 중남미의 식민지 건설이 시작되면서, 당시 스페인 통일 왕국에 있어서 국가 통합 및 정체성 확립이라는 문제의 중요성은 더욱 부각되었다고 할 수 있다. 이 시기에 나타난 단일언어 정책은 완전히 봉합되지 못한 이베리아 반도와 새로 발견한 영토를 하나로 묶고 안정된 왕권을 이룩하고자 하는 카를로스 1세의 노력과 시대적 상황이 빚어낸 필연적 결과라고 볼 수 있다. 하지만 유사한 문화를 지니고 있던 이베리아 반도의 통일과는 달리, 이베리아반도와 비교할 수 없을 정도의 다양성을 지닌 라틴아메리카 식민지에서의 스페인화는 단순히 정책을 밀어붙임으로써 이루어질 수 있는 것이 아니었다. 카를로스 1세의 왕위를 물려받아 1556년부터 1581년까지 재위한 펠리페 2세는 식민지의 스페인화라는 목표 달성에 대한 어려움을 지속적으로 보고받았고, 그 결과 식민지의 즉각적인 스페인화에서 점진적인 스페인화로 목표를 완화하기에 이르렀다. 펠리페 2세는 1570년에 부분적인 이중언어 정책을 허용하게 되는데, 이 정책의 골자는 각각의 부왕령은 관할 지역의 대표적인 원주민어를 선정하여 그 언어로 국왕의 지시 전달 및 선교와 교육을 행하는 동시에, 선정된 원주민어를 관할 지역 전역에 확산시켜 언어적 다양성을 완화시키라는 것이었다(cf. Llinás, 1978).

당시 중남미에 설치된 부왕령으로는 '누에바 에스파냐' 부왕령과 '페루' 부왕령이 있었는데, 누에바 에스파냐 부왕령에서는 나우아틀어를, 페루 부왕령에서는 케추아어를 공용어로 채택하게 된다. 부왕령(virreinato)은 스페인 왕실이 해외 식민지를 원활히 통치하기 위해 아메리카 신대륙에 설치한 통치 기구로서, <그림 3>의 지도는 18세기 말 라틴아메리카에 있었던 부왕령을 보여준다. 스페인은 4개의 부왕령(virreinato)에 부왕(virrey)을 파견하여 식민정책을 폈는데, '누에바 에스파냐(Nueva España)' 부왕령, '누에바 그라나다(Nueva Granada)' 부왕령, '페루(Perú)' 부왕령, '리오 델 라 플라타(Río de la Plata)' 부왕령이 그것이다. 반면에, 포르투갈은 '브라질(Brasil)' 부왕령 하나만 설치하고 식민지를 통치하였다. 그러나 이러한 부분적인 이중언어 정책도 생각만큼의 효과를 거두지 못하자 26년 뒤 펠리페 2세는 스페인어를 중남미에 확산하는 것을 포기하면서 다중언어 정책을 승인하였다. 이 정책에 따라 스페인어는 행정어 역할을 하게 되었고, 유럽 출신 스페인 사람들과 중남미 태생 백인인 크리오요와 같은 엘리트 지배층이 사용하였다. 반면, 원주민 피지배층은 각자의 원주민어를 사용하였으며, 선교 시에도 원주민어가 사용되었다. 이 같은 계층 간 언어분리 현상은 계층화 및 계층 간의 사회적 분리를 심화시켰으며, 그 결과 펠리페 2세의 이 정책은 중남미의 중앙

<그림 3> 18세기 말의 라틴아메리카 부왕령 (Montrul, 2013: 85)

권력과 스페인화의 약화를 초래하였다. 중앙권력에서 멀리 떨어져 있어서 행정력이 미치지 못하는 변두리 지역은 스페인화가 거의 이루어지지 못했으며, 중앙정부로부터 자율성을 누리고 있던 변두리 지역 원주민 엘리트 계층은 스스로 행정력의 공백을 메웠다. 1759년부터 1788년까지 재위한 카를로스 3세에 이르러서야 식민지에 대한 권력 재강화 정책이 추진되었다. 카를로스 3세는 개혁주의적인 성향을 가지고 있었기에 다방면에서 개혁을 추진하였다. 하지만 많은 사람이 이 같은 개혁주의적인 성향에 반감을 가지고 있었고, 주요한 개혁정책 중 하나인 곡물 거래에 관한 법령이 도화선이 되어서 1766년 마드리드에서 폭동이 수차례 발생하는 전례 없는 사건이 있었다. 폭동을 일으킨 자들은 일반 백성들로서 전반적인 개혁정책의 철회를 주장하였고, 이 사건은

왕권에 심각한 위협이 되었으며, 카를로스 3세는 아랑후에스(Aranjuez)에 아홉 달 동안 몸을 피해 있었다. 그러나 카를로스 3세는 위축되는 대신 다시 마드리드로 돌아와 더욱 강력한 개혁을 추진하며 왕권을 회복하고 권력 강화에 집중하였다(cf. Rodríguez, 1973). 이 같은 개혁과 권력 강화의 일환으로 1770년에 식민지에 대한 단일언어 정책이 재등장하는데, 스페인어가 식민 제국의 유일한 언어임을 천명하고 행정·사법 당국 등 여러 당국에게 스페인어 이외의 언어는 모두 금할 것을 지시하였다. 비록 예외적인 상황에서의 원주민어 사용을 인정하기는 했지만, 이 칙령은 중남미에서는 변두리 지역까지 스페인어가 빠르게 보급되어 스페인어가 일상적으로 쓰이게 되는 계기가 되었다(cf. 김우성, 2008).

19세기 독립 이후에 스페인어의 지위는 더욱 높아졌다. 앞서 살펴보았던 통일 이후의 스페인과 마찬가지로, 여러 국가로 갈라진 중남미 국가들도 국력 신장에 필수적인 통합과 정체성 확립이라는 문제에 부딪히게 되면서 원주민어를 억압하고 스페인어를 장려하였다. 또한, 근대화를 받아들이기 위한 교육의 중요성을 인식하게 되면서 스페인어 확산의 중요성이 더 부각되었다. 추가적으로, 독립을 주도한 것은 원주민이 아닌 지배층 크리오요였는데, 스스로에 대한 자부심이 사회적 다윈주의와 혼합되어 자신들의 우월한 문화를 전파하고 원주민의 열등한 문화를 도태시켜야 한다는 인식이 확산되어 중남미에서의 스페인어 사용 경향은 더욱 심해졌다.

3.2. 다문화주의: 20세기

20세기에 두 차례 발발한 세계대전 이후 원주민어에 대한 인식에 변화가 생겼는데, 산업화와 농지개혁이 복합적인 원인으로 작용하였다. 우선 산업화는 고급 인력에 대한 수요 증대를 촉발하는 계기가 되었으나 인구 대부분이 농민이던 당시, 교육받은 인력의 공급은 수요에 비해 부족하여 만성적인 초과수요가 발생할 수밖에 없었다. 따라서 수요를 충족시키기 위한 공급 확대의 방안으로 원주민 교육의 필요성이 증대하였다. 다른 한편으로, 농지의 소유권을 농민에게 이전하는 농지개혁은 농민의 사회적 지위를 향상시켰으나 소유권에는 법적인 문제가 관여된 만큼 농민에게 더 많은 지식이 필요하게 되면서 농민에 대한 교육의 필요성도 증가하였다. 산업화와 농지개혁으로 촉발된 전반적인 교육의 필요성은 정책 입안자들로 하여금 효과적인 교육 방법을 고민하도록 만들었다. 새로운 기술과 지식은 스페인어를 통해 교육하는 것이 가장 효율적이었지만, 그들은 이전의 강압적인 스페인어 강요 정책이라는 전철을 밟지 않았다. 대신, 원주민어도 인정해 주는 다중언어 정책을 채택하였고 학교에서 원주민어도 사용할 수 있도록 하였는데, 이는 스페인어로의 쉽고 효과적인 이행을 위해서였다는 점에서 다문화주의적인 특성이 드러난다.

이렇게 교육받은 원주민들이 늘어나면서 원주민은 자신들의 문화와 언어에 대한 권리에 대해 인식하게 되었고, 당시 세계적으로 퍼져 있던 사회주의 혁명의 영향 아래 진행되던 노동운동 및 농민운동 가운데 자신들의 문화와 언어 보전에 대한 목소리를 높였다. 이와 같은 운동은 국가마다 다른 양상의 결과를 낳았다. 멕시코의 원주민, 볼리비아의 아이마라어 화자, 볼리비아, 페루 및 에콰도르의 케추아어 화자들에 대한 인식은 높아진 반면, 다른 대부분의 국가에서는 원주민 권리를 주장하는 개인과 단체를 무력으로 진압하기 시작했다. 당시 대부분의 국가는 독재정권 하에 있었고, 원주민을 통합의 대상으로 보는 다문화주의적 태도가 당시 원주민 문화에 대한 주된 태도였다는 사실을 고려하면 당연한 결과라 할 수 있다. 이 시기에 원주민 문화와 언어 보전에 가장 큰 목소리를 낸 사람들은 역설적이게도 원주민 자신이 아니라 외국인이었다. 언어학자, 인류학자, 선교사, NGO 비정부기구 등 외국인들의 주장은 독재정권의 탄압을 비껴갈 수 있었기 때문이다.

3.3. 다원적 문화주의: 20세기 후반

중남미에서 원주민에 대한 전반적인 인식과 태도가 다문화주의에서 다원적 문화주의로 전환되기 시작한 때는 1980~1990년대이다. 즉, 20세기 후반에 들어서야 원주민 비율이 높은 중남미 국가들은 스페인어와 함께 원주민어를 국가의 공용어로 채택하거나 문화유산으로 지정하여 원주민 문화와 그들의 언어를 보호하고자 보다 더 적극적으로 노력하였다. 예를 들어, 페루는 1975년에 케추아어를 시작으로 다른 원주민어를 국가 공용어로 지정했으며, 1993년에 공포된 페루 헌법(Constitución Política)에서는 모든 페루인들은 자신의 고유한 언어를 사용할 권리를 지니며, 국가는 인종과 문화의 다양성을 인정하고 보호해야 한다고 명시했다. 또한, 파라과이는 1992년에 과라니어를 국가 공용어로 인정하였다. 한편 멕시코는 1917년 헌법에서는 원주민어를 인정하지 않고 멕시코가 단일언어와 단일문화로 형성된 국가라고 했으나, 1992년 헌법(Constitución Política) 4조에는 여러 원주민들에 뿌리를 둔 다문화 국가임을 표명하고 원주민들의 언어와 문화를 보호하고 발전시킬 것이라고 천명하고 있으며, 나아가 2001년도에는 나우아틀어를 포함한 65개의 원주민어를 국가 공용어로 지정하였다. 볼리비아는 2009년에 케추아어와 아이마라어를 포함한 37개의 원주민어를 스페인어와 함께 국가 공용어로 인정하였다. 한편, 콜롬비아는 1991년 신헌법에서 원주민어가 해당 지역에서 스페인어와 함께 공용어임을 공포하였다.

이와 같이, 20세기 후반에 들어서야 중남미 여러 국가들이 원주민들의 문화적 다양성을 인정하는 다원적 문화주의로 전환한 여러 이유 중에서 주요한 두 가지 이유를 꼽자면, 국제금융기구로부터의 자금 차입과 공산주의 진영의 몰락을 들 수 있다. 포퓰리즘적 성향이 강하게 나타나는 중남미 국가들의 정권은 정부의 예산으로 감당할 수 없을 정도의 사회보장 서비스를 남발하였고, 만성적인 재정 적자와 재정의 원천이 되었던 공기업의 비효율성으로 인해 수차례 외환위기를 겪으면서 세계은행이나 IMF와 같은 국제금융기구로부터의 자금 차입이 불가피하였다. 자금을 빌리기 위해서는 국제금융기구가 제시하는 조건을 이행해야 하는데, 금융기구에서는 중남미 국가들에게 시장 경쟁력을 강화하기 위한 신자유주의적 경제구조 개편을 요구하였다(cf. 이슈투데이편집국, 2003). 따라서 이 시기에 중남미 국가에 신자유주의가 유입되면서 다양성이라는 가치가 존중받는 분위기가 형성되었다. 다른 한편으로, 소련과 동독 등 공산주의 진영이 몰락하면서 이전에 탄압했던 노동 및 농민운동에 의한 위협이 줄어들었다. 이에 따라 원주민의 권리 주장에 대해서도 더 큰 포용력을 갖출 수 있었고, 그들의 문화와 언어를 존중하자는 분위기가 확산되었다. 현재 중남미 국가의 법률은 교육, 사회, 문화 등 생활 전반에 걸쳐서 원주민의 문화와 언어를 보호하고 진흥하고자 하는 내용을 담고 있다. 2003년에 멕시코에서 제정된 원주민 언어권에 관한 일반법에서는 정치, 사회, 문화, 종교 등 모든 공적·사적 영역에서 구어·문어에 관계없이 원주민어를 스페인어와 동일한 효력을 갖는 것으로 규정하였으며, 원주민들의 교육에 있어서도 모국어인 원주민어를 먼저 습득한 후 스페인어를 제2언어로 배우도록 하고 있다(cf. 김우성, 2006). 이 법에서 드러나는 것과 같이 공용어인 스페인어를 제2언어로 배우게끔 한다는 것은 원주민을 주류 문화에 동화시키려는 노력을 더 이상 하지 않겠다는 태도로의 전환을 의미한다. 이 정책은 멕시코뿐만 아니라 아르헨티나, 볼리비아, 콜롬비아 등 중남미 12개국 이상에서 시행되고 있다(cf. 김우성, 2005).

3.4. 현실과 전망

앞서 보았듯이, 1990년대부터 많은 중남미 국가들의 헌법에 명시된 언어정책에는 다원적 문화주의가 반영되었다고 볼 수 있다. 이러한 법률적·제도적 뒷받침에 따라 중남미의 주요 원주민 언어들은 법적으로는 스페인어와 함께 공용어의 지위를 누리고 있다. 그러나 중남미 각국의 언어상황 현실을 살펴보면 얘기는 달라진다. 중남미 거의 대부분의 국가에서 주요 원주민어들은 명목적인 공용어일 뿐, 원주민들조차 실제 사회생활에서는 거의 사용하고 있지 않기 때문이다. 이는 "원주민어를 사용해서 좋을 게 없다"는 사회적인 인식 때문이라고 볼 수 있다. 이 같은 사회적 인식을 결정하는 하나의 주요한 원인으로 극빈층을 형성하고 있는 원주민들의 경제력을 꼽을 수 있다. 경제적으로 가장 가난하고, 사회적·정치적으로 소외되어 있는 원주민들의 언어를 그 누가 배우고 사용하려고 하겠는가? 이러한 중남미의 비대칭적 언어상황은 스페인의 언어상황을 돌이켜보더라도 잘 이해할 수 있다. 우리는 앞서, 바르셀로나를 중심으로 스페인 경제를 이끌어나가고 있는 카탈루냐와 중공업이 발달한 파이스 바스코 자치주에서는 해당 지방의 지역어인 카탈루냐어와 바스크어가 비교적 활발히 사용되거나 보호받고 있는 반면에, 1차 산업 위주의 갈리시아 자치주에서는 자신들의 지역어인 갈리시아어의 사용이 갈수록 줄어들고 있음을 보았었다. 중남미에서 원주민들이 경제적으로 최하층에 속해있고 주류사회에서 극히 소외되어 있다는 현실을 고려해보면, 중남미 각국에서 펼치고 있는 원주민어 보호정책이 성공을 거두지 못하고 있는 이유는 자명한 것이다.

다문화·다언어 국가에서 소수언어에 대한 보호정책은 현재 모든 라틴아메리카 국가들에 있어서 중요하게 다뤄지고 있지만, 원주민어와 원주민 문화를 보호하는 데 가장 적극적인 입장을 취하고 있는 나라는 파라과이와 볼리비아이다. 파라과이는 1994년에 초등학교 정규 교육과정에서 과라니어 교육을 의무화할 정도로 과라니어를 보호하고 있으며, 볼리비아는 2006년에 아이마라 출신인 에보 모랄레스(Evo Morales)가 대통령으로 당선되어, "나는 할 수 있다"라는 모토로 도시와 시골 모든 지역에서 아이마라어와 케추아어 화자들을 교육시킴으로써 이들 원주민들을 문맹에서 탈출시키고 있다. 파라과이와 볼리비아의 경우에서처럼, 정부가 원주민어에 대한 전폭적인 지원과 지지를 하는 경우, 원주민어가 스페인어와 함께 비교적 동등한 위치에서 차별과 사회적 거부 없이 사용될 수 있음을 볼 수 있다.

반면에, 나머지 대다수 라틴아메리카의 다언어 국가들의 경우에는 스페인어가 여타 원주민어에 대하여 우월성과 패권을 지닌 상황에 놓여있다고 볼 수 있다. 예를 들어, 페루나 멕시코, 칠레와 같은 국가에서는 원주민어 화자 비율이 상당히 높음에도 여전히 원주민어 화자들은 스페인어 지배층 사회로부터 차별받고 격리되고 있어 원주민들의 인권이 심각히 위협받고 있다. 이들 국가에서는 원주민어(예: 나우아틀어, 케추아어, 마푸체어) 화자들이 학교에서나 사회에서 스페인어 화자들로부터 놀림과 차별을 받고 있다는 것은 꾸준히 통신매체를 통해 전해지고 있다. 예를 들어, EFE 통신을 인용 보도한 2011년 5월 2일자 연합뉴스 기사에 따르면, 멕시코 원주민의 자녀들이 사회적으로 극심한 차별을 겪고 있는 것으로 나타났다. 멕시코 국가인권위원회(CNDH) 조사결과에 따르면, 멕시코 원주민 어린이들은 비원주민 어린이들에 비해 사망률이 60%나 높았으며, 5세 이하 원주민 어린이들의 32.2%가 신장과 몸무게에서 국가 평균보다 낮은 반면 문맹률은 4배나 높은 것으로 조사됐다. CNDH는 원주민 자녀들이 어릴 때 학교에 가기 보다는 부모를 도우려 농장 노동자로 일하는 탓에 문맹률이 높다고 지적했다. 멕시코 원주민은 약 1400만 명 정도로 전체 인구의 12%를 차지하고 있으며, 이 중 400만 명은 도시 지역에 살고 있다. 하지만 원주민들은 자신이 태어나 생활하는 공동체에서 사용하는 고유어와 사회적으로 통용되는 스페인어 사이의 차이 때문에 여러 활동에서 차별과 멸시, 폭력을 경험하는 것으로 알려져 있다. 또한, 페루의 경우에도 2010년 11월 6일자 엘 코메르시오(El Comercio)의 「페루에서 케추아어는 부끄러워 죽습니다」(*El quechua muere de vergüenza en el Perú*)라는 기사에 따르면, 케추아어를 사용하는 학생들은 스페인어 화자 학생들로부터 따돌림과 차별이 두려워 케추아어를 사용하는 것을 꺼린다고 한다.

ElComercio.pe

SÁBADO 6 DE NOVIEMBRE DEL 2010 | 13:46

El quechua muere de vergüenza en el Perú

Un **reportaje** de la agencia Efe revela que los niños se niegan a recibir como herencia el idioma de los incas por temor a ser excluidos y a las burlas de sus compañeros, que dominan el castellano

1 de 2

La mayoría de quechuahablantes vive en zona de extrema pobreza, que son abatidas por el friaje. (Foto: Giancarlo Shibayama/ Archivo El Comercio)

14

Recomendar

(EFE). A lo largo del siglo XX el porcentaje de quechuahablantes en el Perú no ha dejado de reducirse, y en el último censo de 2007 solo el 13,2% de la población confesaba tener el quechua como primera lengua de comunicación.

〈그림 4〉 2010년 11월 6일자 엘 코메르시오(*El Comercio*) 기사

이러한 라틴아메리카 원주민들의 참담한 현실을 직시하면서, 라틴아메리카 각국에서 진정으로 원주민어를 보호하고 활성화시키려면 다음과 같은 점들을 고려해야 한다

고 본다. 먼저, 다원적 문화주의에 입각한 헌법에서의 제도적 선언만으로는 한계가 있다. 원주민에 대한 차별과 인권 경시가 여전히 팽배해 있는 라틴아메리카에서 아무리 원주민어를 국가의 공용어로 인정한다는 헌법적 선언을 하더라도 토착어를 사용하는 원주민들이 한 국가의 극빈층을 형성하여 주류사회로부터 차별받고 소외된다면, 그 누가 원주민어를 배워서 실생활에서 사용하려고 하겠는가? 원주민어에 대한 헌법적 선언 문구도 중요하지만, 더욱 더 중요한 것은 정책당국의 원주민어를 보호하고 장려하기 위한 실천적 의지일 것이다.

둘째, 원주민어의 사용을 활성화하기 위해서는 상호문화주의에 입각한 이중언어 교육만으로는 한계가 있다. '상호문화 이중언어 교육'(Educación Bilingüe Intercultural)에 따르면, 원주민 자녀들의 모국어 사용 권리를 보장하기 위해 해당 원주민어로 먼저 교육을 시킨 이후 스페인어로의 교육이 진행되어야 한다고 주장한다. 그러나 이러한 상호문화 이중언어 교육은 원주민들에게만 적용되는 언어정책이지, 원주민어의 활성화와는 거리가 멀다. 원주민어를 보다 많은 화자에게 확산시키기 위해서는 원주민어를 사용하는 지역에서는 모든 거주자들에게 해당 원주민어를 습득하도록 제도적으로 의무화시켜야 한다. 즉, 토착어를 모국어로 습득한 원주민이 스페인어를 배워 주류사회에 동화해 가듯이, 스페인어가 모국어인 화자들(예: 크리오요)도 해당 지역의 소수언어인 원주민어를 배워 그들의 문화를 이해해야만이 진정한 상호문화주의에 입각한 이중언어 정책이 실현될 수 있을 것이며, 또한, 그렇게 해야만 원주민어 역시 자연스럽게 활성화 될 것이라고 본다. 앞서 살펴본 파라과이와 볼리비아의 원주민어 보호정책이 이를 증명하고 있다. 스페인의 경우에도 카탈루냐 자치주의 카탈루냐어 몰입교육정책 덕분에 해당 지역어가 활성화되어 있음을 보았다.

셋째, 원주민어가 보호되고 장려되려면 원주민의 인권과 경제력 그리고 그들의 정치력이 확대되고 강화되어야 하는 것이 급선무이다. 즉, 원주민들 스스로 중앙정치, 지역정치에 적극적으로 개입하여 자신들의 목소리를 내어야 하며, 나아가 원주민들의 경제력이 향상될 때에만 원주민들은 주류사회로부터 차별받거나 소외받지 않을 것이다. 스페인의 카탈루냐어가 지금도 강력한 소수언어로 지탱할 수 있는 원천적 힘은 카탈루냐 자치주의 경제력과 카탈루냐인들의 강력한 정치력 덕분이라고 볼 수 있다. 또한, 볼리비아의 경우가 말해주듯이, 원주민들이 정치에 적극적으로 개입하여 원주민 출신의 대통령이 선출되었기 때문에 원주민어 보호정책이 실질적 힘을 발휘할 수 있었다고 본다.

4. 라틴아메리카 몇몇 국가들의 언어상황과 언어정책

앞서 살펴보았듯이, 원주민이 존재하는 대부분의 중남미 국가들은 1990년대 이후 원주민의 권리 및 원주민어의 보호에 대한 규정을 헌법 및 법률에 명시하고 실천하고자 노력하고 있다. 원주민어 보호와 관련하여 중남미 국가들의 헌법을 조사한 김우성(2010)의 연구를 간략히 소개하고자 한다. 김우성(2010)에 따르면, 비교적 원주민 수가 많은 멕시코나 볼리비아와 같은 국가들에서뿐만 아니라, 원주민 수가 상대적으로 적은 브라질이나 아르헨티나에서도 원주민의 언어권을 포함한 기본적인 권리를 보장하고 있다. 그러나 칠레, 온두라스 그리고 우루과이와 같은 중남미 국가의 헌법에는 원주민어와 관련된 조항이 전혀 나타나지 않아 원주민어의 권리에 관한 선언적 형태조차 없다. 또한, 헌법상에 원주민어를 공용어로 규정한 나라는 볼리비아, 콜롬비아, 에콰도르, 니카라과, 파라과이, 페루, 베네수엘라인데, 이들 국가 중에서도 볼리비아, 에콰도르, 파라과이는 원주민어를 지역에 제한을 두지 않고 공용어로 인정한 반면, 다른 국가에서는 원주민이 많이 거주하는 지역에서만 원주민어를 공용어로 인정하고 있다. 이와 같이, 헌법에 원주민어를 공용어로 인정하는 대부분의 중남미 국가들의 경우에도 그 사용 범위가 제한적인 경우가 많으며, 원주민 언어권 보장이 선언적 형태에 머물러있어 실질적인 보장이 이루어지고 있다고 보기는 어려워 보인다.[9]

이런 면에서, 중남미 국가들 중에서도 파라과이와 볼리비아의 언어 정책은 선진적인 축에 속한다고 볼 수 있다. 파라과이와 볼리비아는 원주민 거주 지역과 무관하게 원주민어를 스페인어와 동등한 지위를 가진 전국적 공용어로 인정한 국가이기 때문이다. 여기에서는 원주민어 보호정책이 성공을 거둔 파라과이와 볼리비아의 사례를 중심으로, 멕시코, 페루, 칠레에서의 언어상황과 언어정책을 간략히 살펴보고자 한다.

4.1. 파라과이의 언어상황과 언어정책

중남미 원주민어들 중, 스페인어와 함께 확고한 국가의 공용어로 자리를 잡고 있는 언어는 파라과이의 과라니어이다. 여기에서는 과라니어의 사용 현황을 제시하고 과라니어 언어정책의 성공에 영향을 미친 요인을 살펴보도록 하겠다. 구경모(2010)에서 언

9 원주민의 존재가 상대적으로 미미한 코스타리카와 엘살바도르에서는 원주민어를 원주민의 권리가 아니라 국가의 문화재로 간주하여 이를 보존하고 보급하는 것만을 국가의 의무로 규정하고 있다.

급하고 있듯이, 중남미의 여타 국가와 달리 파라과이는 '명목적인 공용어'가 아닌 '실제적인 공용어'로서 거의 모든 국민들이 과라니어를 사용하고 있으며, 원주민뿐만 아니라 인구의 대다수를 차지하는 메스티소와 타국에서 이주한 이민자들조차도 과라니어를 유창하게 구사한다. 다시 말해서, 과라니어는 원주민어임 시골에서만 쓰거나 원주민들만 사용하는 것이 아니라, 도시에서도 사용되며 크리오요나 메스티소와 같은 비원주민들도 높은 비율로 구사한다. 아래 제시된 표는 2002년에 파라과이에서 실시된 인구주택 총 조사의 자료를 바탕으로 작성되었으며, 5세 이상 인구를 구사 언어와 소득을 기준으로 구분하였다. 전체 인구의 68.3%가 과라니어를 구사할 수 있으며, 소득 5분위에서 1분위로 갈수록 과라니 구사자는 89.5%에서 44.8%로 감소하는 양상을 보인다. 비록 소득 하위 계층에서 과라니어의 사용 비중이 훨씬 높지만, 소득 1분위 계층의 40% 이상이 과라니어를 구사할 수 있다는 점은 원주민어 진흥 정책에 있어 매우 고무적이라 할 수 있다.

〈표 3〉 파라과이 소득별 구사 언어 현황 (Dirección General de Estadística, Encuestas y Censos, 2002)

구사 언어	5분위	4분위	3분위	2분위	1분위	전체	
						%	인구
과라니어	81.6	65.2	53.7	33.5	22.9	50.6	2,451,723
과라니어/스페인어	7.9	15.0	19.9	22.8	21.9	17.7	857,401
스페인어	8.4	17.4	23.2	39.5	47.1	27.6	1,338,853
기타	2.0	2.4	3.3	4.3	8.0	4.1	197,052
총계	100	100	100	100	100	100	4,845,029

〈표 3〉을 보면, 파라과이의 원주민 비율은 2.1%로 다른 나라에 비해 상당히 적은 편인데도 이처럼 인구의 70% 가까이가 과라니 원주민어를 구사할 수 있다는 사실은 특기할 만하며, 이러한 상황은 다른 나라의 원주민 문화·언어 보호 정책이 지향하는 바일 것이다. 파라과이에서 과라니어가 스페인어와 함께 사용되는 양층언어(diglosia) 현상을 지니게 된 중요한 원인으로 파라과이의 과라니어 교육정책을 들 수 있다. 김경희(2007)에 의하면, 과라니어는 1944년 인문고등학교 교과과정에 편성되었고, 1967년 헌법에서 국어의 지위를 부여받았으며, 1971년 중등교육에 도입된다. 1983년에는 초등학교 저학년 교육과정에서 이중언어 교육을 실시하기 시작했으며, 1994년에는 기본교육과정에서 과라니어와 스페인어의 균형적인 교육을 의무화하였다. 즉, 모든 파라과이

국민이 과라니어를 제도권에서 배우도록 의무화한 것이다. 한편 과라니어는 파라과이의 1992년 개정 헌법에서 스페인어와 동등한 지위의 공용어로 인정받았다. 대부분 중남미 국가에서 주요 원주민어가 해당 사용지역에서만 공용어로 인정된 반면, 파라과이의 과라니어는 국가 전역에서 공용어의 지위를 차지하게 된 것이다. 파라과이의 헌법도 스페인어와 과라니어 두 언어로 작성되었으며, 과라니어는 2009년 7월에 메르코수르(Mercosur)의 공용어로 채택되기도 하였다. 또한, 2012년에는 '과라니어 학술원'을 만들어 과라니어의 표준화 작업에 박차를 가하였다.

Se creó la Academia de Lengua Guaraní

POR E'A · OCTUBRE 5, 2012 · IMPRIMIR · COMENTAR

Secretaría de Políticas Lingüísticas oguenohe kuehe ñemanda 80 he'íva opuã ha Ava Ñe'ẽ Rerekua Pave. La Academia tendrá co
función elaborar y aplicar las reglas para el buen uso escrito y oral del idioma guaraní. Pe ñemanda he'íma mávapa omba'apóta Ava Ñe
Rerekua ryepýpe. El ministro Carlos Villagra Marsal firmó la resolución.

Ministro-secretario de la Secretaría de Políticas Lingüísticas, Carlos Villagra Marsal.

Después de un largo proceso que se inic
con un debate ciudadano sobre la ley
lenguas, su sanción en el Congreso y
posterior puesta en vigencia, pasando por
creación de la Secretaría Nacional
Políticas Lingüísticas ayer juev
se emitió la Resolución Número 80 de
Secretaría de Políticas Lingüísticas por
cual se crea la Academia de Leng
Guaraní.

Ko Ava Ñe'ẽ Rerekua oipytyvõ tuicháta ñe
guaraníme ojapo haguã hape. Oipytyvõ
kuña ha kuimba'e oñe'ẽva guarani ña
retãme oiporu porã haguã pe ñe'ẽ.

El artículo 46 de la resolución dispone l
funciones que tendrán los 15 miembros
la Academia, las cuales apuntarán
normativizar la lengua, lo que impli
establecer las reglas para hablar y escri

<그림 5> 2012년 10월 과라니어 학술원 창립 기사

과라니어가 법적으로 누리는 지위는 스페인어와 동등하지만, 일상에서 스페인어와 과라니어가 쓰이는 문맥은 구분되어 있다. 과라니어는 도시보다는 주로 시골에서는 사용되며, 도시에서는 비공식적인 상황에서 농담을 하거나 수다를 떨 때처럼 친근하고 가벼운 분위기에서 사용된다(cf. Rendón, 2008). 스페인어와 과라니어의 상황에 따른 역할 분리 현상이 나타난다는 점 즉, 두 언어가 모든 상황에서 동등하지 않다는 점에서 파라과이 언어 정책의 성공 여부에 의문을 제기할 수 있을 것이다. 하지만 두 언어가 서로 다른 역할을 수행하고 있기 때문에 이만큼의 공존이 가능했으며 많은 화자를 붙잡아 둘 수 있었을 것이라는 점에서 이러한 현상은 현재까지 긍정적인 요소로 작용했다고 평가될 수 있다.

과라니어가 파라과이의 공용어로서의 지위를 획득하는 데 성공할 수 있었던 요인에 대해서는 독립 이전 식민 지배 당시의 상황과 독립 이후 파라과이 국내의 정치적인 상황을 나누어서 생각해 볼 수 있다. 우선 스페인의 식민지로 있을 때 주요하게 작용했던 요인으로는 지리적 고립성과 예수회의 활동을 들 수 있다. 독립 이후로는 폐쇄적인 독재 정치와 전쟁을 그 요인으로 꼽을 수 있다.

파라과이는 1530년대 후반 아순시온 지역이 점령되면서 스페인의 식민 지배가 시작되었다. 하지만 파라과이는 지리적으로 고립되었으며 접근하기도 어려웠기 때문에 스페인 본토나 가까운 부왕령과의 연락도 쉽지 않았다. 더군다나 귀한 자원도 많지 않았기 때문에 중앙권력의 관심도 덜 받았다. 이와 같은 환경에서 많은 정복자들이 파라과이에 정착해서 살았는데, 원주민의 수가 정복자의 수보다 훨씬 많은 상황에서 평화적인 관계를 유지하고 자손을 남기기 위해서는 원주민과 결혼을 하는 수밖에 없었다. 그리고 정복자들도 일상에서 스페인어를 쓰는 대신 과라니어를 배워서 사용했다는 기록이 있는 만큼, 스페인화가 잘 진행되지 못하고 오히려 정복자들이 파라과이의 문화에 동화되어 버리는 현상도 나타났다. 현재 파라과이 사람들은 자신들을 스페인 정복자와 원주민 모두의 후손으로 생각하며 두 문화와 언어 모두에 자부심을 지니는 통합된 정체성을 지니고 있다(cf. 김경희, 2007).

파라과이에는 선교를 하기 위해 예수회가 들어와서 주로 활동을 하였는데, 선교를 위해 스페인 정부의 권력이 미치지 못하는 곳에 자율성을 지닌 마을(reducciones)을 여러 개 만들어서 150년 동안 운영하였다. 이들 마을의 특징은, 예수회가 정한 규율 하에 운영되었지만 원주민들의 독립성이 존중되고 그들의 문화가 그대로 유지되었다는 점이다. 이들 마을에서는 주로 과라니어가 사용되었으며, 선교와 일상에 있어서 다른 언어는 거의 사용되지 않았다. 1624년 몬토야(Ruiz de Montoya) 신부는 과라니어를 문자화해서 사전과 문법서를 출간하기도 하였으며, 성경이 과라니어로 출간되기도 했다. 이러한 과라니어의 표준화 노력 덕분에 과라니어의 위상이 높아지고, 다양한 방언들이 현재 파라과이에서 사용되는 표준어 형태의 과라니어로 수렴해 나갈 수 있었다. 그 결과 과라니어의 확산과 일상에의 정착이 쉽게 이루어질 수 있었다. 1811년에 파라과이가 스페인으로부터 독립했을 때 파라과이에서는 원주민뿐만 아니라 정복자의 후손까지 많은 사람들이 과라니어를 사용하고 있었다.

새로 수립된 독재정권들은 당시 인접국들과 마찬가지로 과라니어가 통합을 가로막아 발전을 저해한다고 생각하여 과라니어 사용을 축소하려 했다. 그러나 동시에 첫 번째 지도자인 프란시아(Gaspar Rodríguez de Francia; 1814~1840)는 일상뿐만 아니라 행정과 같은 공적 영역에서도 과라니어를 사용한 반면, 프란시아를 이은 로페스(Carlos Antonio López; 1840~1862)는 예수회가 만든 마을을 해체해서 파라과이 사회 전반에 과라니 사용자들이 편입되게 하는 등 과라니어에 대해 모순적인 태도가 나타났다. 그러나 이들은 폐쇄적인 무역·외교 기조를 유지하였기 때문에 외부와의 접촉이 적었고, 따라서 국민들 사이에서는 스페인어가 더 부유한 계층의 언어라는 인식이 크지 않았다. 그 결과 독립 이전에 획득된 과라니어의 지위는 쉽게 사라지지 않았다. 아버지의 정권을 물려받은 아들 로페스(Francisco Salano López; 1862~1870) 정권이 들어서자마자 1864년부터 1870년까지 파라과이에서는 아르헨티나, 브라질, 우루과이로 구성된 삼국연합과의 전쟁이 발발하는데, 이때 과라니어는 파라과이 군인들 사이에서 일종의 암호처럼 사용되었으며 과라니어로 된 노래가 군인들의 사기를 북돋우는 등 전쟁 중 큰 힘을 발휘하게 되면서, 과라니어는 파라과이라는 국가의 정체성을 대표하는 상징이 되었다. 전쟁이 끝나고 인접국의 내정 간섭이 시작되면서 교육과 행정 전반에서 스페인어 사용이 의무화되는 동시에 과라니어의 사용이 금지되었다. 억압받고 있던 과라니어는 1932년부터 3년 동안 지속된 볼리비아의 차코전쟁에서 다시 예전의 역할을 수행하였으며, 이는 파라과이 사람들에게 있어 과라니어의 지위와 상징성이 더욱 강화되는 계기가 되었다. 1954년부터 35년 동안 독재를 한 스트로에스네르(Alfredo Stroessner)는 파라과이 국민의 지지를 얻기 위해 파라과이의 정체성으로 굳게 자리 잡은 과라니어를 장려하는 정책을 수립하였다. 하지만 스트로에스네르의 독재가 끝나고 나서야 과라니어는 스페인어와 동등한 현재의 헌법적 위상을 획득하고 모든 공적 영역에까지 그 사용이 확대되기 시작하였다(cf. Rendón, 2008).

라틴아메리카에서의 원주민어 사용현황을 다시금 개괄하면, 원주민어는 그 다양성과 법적으로 주어진 지위에 비해 실제적인 사용은 전체 인구에 대비해서 소수에 불과하다고 볼 수 있다. 이는 사회적으로 원주민어를 배우고 사용하고자 하는 인식과 그러한 행동을 이끌어내는 현실적인 유인이나 동기가 부족하기 때문이라 하겠다. 파라과이에서 사용되는 과라니어의 경우, 일상에서나 헌법에서나 중남미에서 예외적으로 높은 위상을 차지하고 있지만, 역사적인 사실을 살펴볼 때 법적 지위가 일상에서의 지위를 창출해 낸 것이라기보다는 일상에서 파라과이 사람들이 지니고 있는 과라니어에 대한 태도가 전제되었기에 과라니어가 파라과이 전역에서 스페인어와 동등한 지위를 부여받을 수 있었던 것으로 판단된다. 이는 과라니어에 대한 사회적 인식을 결정한 것은 언어정책이 아니라, 역사의 흐름 속에서 파라과이 사람들이 과라니어에 부여한 상징성 때문이라고 볼 수 있다. 이러한 측면에서 볼 때, 파라과이의 언어정책은 단지 원래 잠재하던 현상을 표면화하였을 뿐, 정책적 요인이 과라니어의 확산을 직접적으로 야기하였다고 보기는 어렵다. 따라서 언어에 대한 사회적 인식을 결정하는 가장 중요한 요소인 대중적이며 경제적인 발판이 없이는, 원주민어를 사용하는 화자가 빈민층이 주류를 이루는 대부분의 중남미 국가에서 원주민어에 대한 소수언어 보호정책이 성공을 거두기는 어렵다고 예측할 수 있다. 다원적 문화주의적인 언어정책이 단지 법에 그치지 않기 위해서는 정부는 강한 의지를 가지고 정책적으로라도 공적 영역에서부터 시작하여 일상 속에서 원주민어가 적극적으로 사용되게끔 하여 사회적 인식을 변화시켜 나가는 수밖에 없을 것이다. 특히, 과라니어는 국가 공용어일 뿐만 아니라 메르코수르의 공용어로 채택되어 이제 국제어로서도 그 위상이 올라갔다. 이러한 상황과 관련하여, 엘 메르쿠리오 디히탈(*El Mercurio Digital*) 신문사의 페론 로우레이로(Bruno Peron Loureiro)가 남긴 2009년도 기고문은 파라과이에서의 이중 언어상황에 대한 국민적 인식을 잘 반영하고 있다.

> "진정한 라틴아메리카의 언어인 우리의 말을 배우는 것이 더 바람직하다. 유럽연합은 수십 개의 공용어를 가지고 있으며, 심지어 인구가 백만 명도 안 되는 지역의 언어도 인정하고 있다. 그럼, 우리가 과라니어에 관심을 기울이지 않을 이유는 없다. 우리 중남미인들도 이제 전 세계에 훌륭한 본보기를 보여줄 때가 되었다. 과라니어에 관심을 기울인다는 것은 메르코수르에 참가하는 나라들의 스페인어나 포르투갈어를 배제하자는 얘기가 아니라, 우리의 뿌리인 원주민 문화에 가치를 부여하여 우리의 목소리를 내자는 뜻이다. 소위 선진국이라 불리는 나라들은 과라니어를 배워야하며, 라틴아메리카의 문화적 유산을 존중해야 한다."

이와 같이, 중남미 태생 유럽혈통인 크리오요를 포함한 모든 파라과이 국민이 과라니어라는 원주민어를 의무적으로 배우게 한다는 점, 그리고 과라니어의 구사가 파라과이의 정체성을 확인할 수 있다는 국민적 인식 등으로 볼 때, 라틴아메리카 국가들 가운데 파라과이는 이중언어 정책의 가장 모범적인 국가라고 볼 수 있다.

4.2. 볼리비아의 언어상황과 언어정책

파라과이 못지않게 정책적으로, 그리고 실제 생활에서도 원주민어가 잘 보호되고 장려되고 있는 또 다른 국가로는 볼리비아를 들 수 있다. 볼리비아의 경우, 2006년도에 대통령으로 당선된 에보 모랄레스(Evo Morales)가 펼친 적극적 이중언어 정책 덕분에 원주민어가 제도적 뒷받침 하에 성공적으로 뿌리를 내리고 있는 모범 국가라고 볼 수 있다. 모랄레스의 정부에서는 모든 볼리비아 국민들이 원주민어에 대한 편견의 장벽을 허물고 이중언어 화자가 되도록 하기 위해 이중언어 교육제도를 강력하게 추진하고 있다. 즉, 파라과이와 마찬가지로 볼리비아의 경우에서도 원주민뿐만 아니라, 크리오요를 포함한 모든 국민들이 원주민어를 의무적으로 배우고 익혀야 한다는 적극적인 이중언어 정책을 펼치고 있다. 볼리비아에서 이중언어 화자가 되지 않으면 공무원으로 채용될 수 없게끔 제도화하고 있다는 점은 헌법에서의 선언적 이중언어 정책에 머물고 있는 대부분의 여타 중남미 국가들에게 시사하는 바가 크다. 그러나 모랄레스 정부의 이러한 야심찬 계획의 성공여부는 볼리비아 내부의 복잡한 정치상황과 밀접한 관련을 맺고 있다. 즉, 모든 학교에서의 원주민어 교육정책은 스페인어를 모국어로 사용하는 전통적 기득권층인 크리오요들로부터 심각한 저항을 불러올 것이기 때문이다.

볼리비아는 2009년에 신헌법에서 국가명을 '볼리비아 다민족국'(*Estado Plurinacional de Bolivia*)으로 바꿀 정도로, 원주민들의 고유문화를 중심으로 국가를 재건하려고 노력하고 있다. 볼리비아 2009년 신헌법(*Nueva Constitución Política del Estado*)은 1조 1항에서 "볼리비아는 다원성에 기반을 두고 있으며, 정치·경제·문화·법률·언어적인 다양성을 추구한다"고 명시하고 있다. 또한, 신헌법 4조 234항에서는 "공무원이 되기 위해서는 국가의 공용어를 최소 두 개 이상은 구사할 수 있어야 한다"고 명기하고 있다. 5조 1항에서는 원주민어들을 구체적으로 열거하면서 스페인어와 함께 이들 다양한 원주민어를 볼리비아의 공용어로 인정한다고 선언하고 있다: "스페인어와 원주민어인 아이마라, 아라오나, 바우레, 베시로, 카니차나, 카비네뇨, 카유바바, 차코보, 치만, 에세에하, 과라니, 과라수웨, 과라유, 이토나마, 레코, 마차후야이칼라와야, 마치네리, 마로파, 모헤뇨-트리니타라오, 모헤뇨-이그나시아노, 모레, 모세텐, 모비마, 파카와라, 푸키나, 케추아, 시리오노, 타카나, 타피에테, 토로모나, 우루-치파야, 웨나옉, 야미나와, 유키, 유라카레 그리고 사무코는 국가의 공용어이다." 사법절차에서도 이들 언어의 사용권리를 보장하고 있는데, 신헌법 107조 2항에서 "모든 사람은 자신의 모국어로 재판을 받아야 하며, 예외적으로 번역자 혹은 통역자의 조력을 반드시 받아야 한다"라고 규정함으로써 주류사회의 언어인 스페인어를 구사하지 못하는 원주민에게 사법절차에서의 언어권을 보장하고 있다(cf. 김우성, 2010).

이와 같이 볼리비아는 2009년 신헌법 재정을 통하여 원주민들의 언어권을 제도적으로 보호할 뿐만 아니라, 공직을 수행하기 위해서는 최소한 2개의 구사해야 한다는 규정을 헌법에 명시함으로써 유럽혈통의 크리오요를 위시한 주류사회의 스페인어 화자들에게도 해당 지역의 원주민어 습득을 장려하고 있다. 또한, 2008년에는 볼리비아에서 주류를 이루는 원주민어인 아이마라어, 케추아어, 과라니어 화자들을 대상으로 '볼리비아 원주민 대학교'(UNIBOL: Universidad Indígena Boliviana)를 세 곳(UNIBOL Aymara, UNIBOL Quechua, UNIBOL Guaraní) 설립하여 원주민들의 전문인 양성에도 힘쓰고 있다. 아이마라 원주민 출신인 에보 모랄레스의 대통령 당선으로 본격적으로 원주민어 교육 정책이 자리를 잡게 된 것이다. 이것은 식민시대 이후 지속된 스페인어만을 공용어로 인정하는 단일언어 정책에서 벗어나, 볼리비아 사회 내의 원주민어의 존재를 실질적으로 인정하는 다언어주의 정책으로의 전환을 헌법을 통해 공식화한 것을 의미하여, 원주민들에게 자신의 문화와 언어에 대한 자긍심을 심어주려는 시도로 이해할 수 있다.

에보 모랄레스의 언어정책은 탈식민화에 중점을 두고 있다. 김우성(2008)에 따르면, 2006년에 입안된 신교육법(*Nueva Ley de Educación Boliviana*)에서는 학교교육에서 스페인어, 원주민어 그리고 외국어를 배우게 하여 3개어 구사자를 양성하는 것을 목표로 하고 있다. 3개어 교육을 위해서는 언어를 잘 분류해야 한다. 다시 말하면, 어떤 언어들은 교육에서 사용되는 언어가 될 것이고, 다른 언어들은 학습 대상 언어가 될 것이다. 예를 들면, 원주민어가 주로 사용되는 지역의 학생들에게는 그 지역의 원주민어가 교육언어가 되고, 반면에 스페인어가 주로 사용되는 지역의 학생들에게는 원주민어가 학습언어가 되는 것이다. 마찬가지로 스페인어가 주로 사용되는 지역의 학생들에게는 스페인어가 교육에서 사용되는 언어가 되고, 원주민어가 주로 사용되는 지역의 학생들에게는 스페인어가 배워야 할 학습언어가 된다. 학습언어의 경우에는 의사소통이 가능할 정도로 배워야한다. 그리고 원주민어는 공립학교나 사립학교를 불문하고 모든 학생들이 유치원에서 고등학교까지 배워야 하며, 외국어는 초등학교에서부터 점진적으로 실시된다(신교육법 14조).

<그림 6> 라파스의 아이마라어 교사

<그림 7> 볼리비아 TV 뉴스 앵커

앞서 언급했듯이, 원주민어를 알아야 하는 것은 교육에서뿐만 아니라 공적 영역에까지 이어지고 있다. 현재 모랄레스 정부에서 논의되고 있는 것은 공직자, 즉 대통령 후보나, 국회의원, 주지사가 되기 위한 요건으로서의 원주민어의 구사여부를 명시하자는 것이다. 또한, 공무원이나 교사가 되기 위해서도 원주민어 구사능력을 요구하고 있다. 공직자에게 스페인어 외에 원주민어 구사능력을 요구하는 것은 현 집권세력이 이중언어 사용을 볼리비아의 계급사회와 인종간의 벽을 허무는 중요한 수단으로 간주하여, 공직자의 인식 전환을 통해 원주민어의 중요성을 부각시키고자 하기 때문이다. 모랄레스 정부 초대 교육부 장관을 지낸 펠릭스 파치(Félix Patzi)에 의하면, 그동안 볼리비아를 지배해 온 소수의 유럽계 지배층에게 원주민어는 미개하고 야만적인 언어로 간주되어 온 것이 사실이다. 이는 식민주의적 사고방식에 기인한 것으로 이런 상황을 변화시킬, 언어적 탈식민화를 이룰 수 있는 유일한 방안은 볼리비아에서 시도하고 있는 이중언어 사용을 제도화하여 전 국민에게 원주민어를 습득하도록 하는 이중언어 정책을 펴는 것이다. 그 결과, 볼리비아의 언어정책은 현재 비교적으로 성공적인 원주민어 정책의 사례가 되어가고 있다.

대부분의 중남미 국가들이 본격적으로 원주민어와 원주민 문화 그리고 그들의 인권에 대한 관심을 기울이기 시작하고 문화 다원주의에 입각한 정책들을 펴긴 했지만, 정작 페루나 멕시코를 위시한 중남미의 인디오 원주민 문화는 점점 설 자리를 잃어가는 반면, 볼리비아의 아이마라어나 파라과이의 과라니어는 그 위상이 올라가고 있는 추세이다. 이에 대한 요인을 분석해보자면, 첫째 정책의 적극성 차이가 있다. 볼리비아의 경우, 대통령을 중심으로 헌법에 원주민어 사용 권리와 원주민의 권리를 적극적으로 보장하는 조항들을 마련하였고 교육에 있어서도 원주민들뿐만 아니라 스페인어가 모국어인 화자들에게도 원주민어 교육을 활성화시키는 등 다방면에서 원주민어의 지위를 높이려고 노력했다. (파라과이의 경우도 마찬가지가 되겠다) 그러나 대부분의 중남미 국가들은 비록 문화 다원주의를 표방하는 법들은 통과시켰으나, 무엇보다 원주민어 교육을 다른 국민들에게 확대시키려는 노력은 적극적으로 하지 않았다. 파라과이나 볼리비아처럼 모든 국민들에게 원주민어를 공통으로 교육시키는 것이 왜 중요한지 알 수 있게 하는 대목이다.

두 번째로는 원주민어의 사회적 지위가 중요하다. 원주민어의 지위가 스페인어에 비해 계속 낮아지고 있는 환경에서 대부분 중남미 국가들의 원주민들은 자신들의 언어를 사용할 필요성을 못 느끼고 있다. 언어의 지위가 높아지려면 그 사용자가 적극적으로 사용해야 하는데, 적극적으로 사용하려면 그 언어의 지위가 높아야 한다는 역설적인 상황에 처하게 된다. 그러나 볼리비아나 파라과이의 경우, 원주민어를 구사할 수 있는 원주민 화자가 워낙 많고 게다가 국가의 정책적인 보호도 받고 있기 때문에 원주민어의 위상이 유지되고 있다고 볼 수 있다. 따라서 볼리비아나 파라과이의 원주민들은 자신들의 고유어를 사용할 동기와 자부심을 갖추고 있다고 볼 수 있다.

4.3. 멕시코의 언어상황과 언어정책

멕시코는 스페인어권 나라들 중에서 가장 많은 인구를 가지고 있다. 비록 공용어는 스페인어지만 이외에도 약 64~200개의 다양한 원주민어가 사용되고 있다. 앞에서도 살펴보았듯이, 원주민의 절대적인 숫자만 놓고 봤을 때, 멕시코에는 가장 많은 원주민들이 살고 있기도 하다. 수많은 원주민어들 중에서 예부터 가장 활발히 사용되어 온 토착어는 아스텍 제국의 언어였던 나우아틀어이다. 나우아틀어는 현재 멕시코, 엘살바도르, 과테말라를 중심으로 약 2백만 명의 화자가 있다. 또한, 유카탄 반도와 멕시코 남부, 과테말라, 온두라스를 중심으로 마야어들이 사용되고 있으며 그 대표적인 원주민어로 키체(quiché)어가 있다.[10]

아스텍 제국의 언어로 위세를 떨쳤던 나우아틀어는 에르난 코르테스(Hernán Cortés)가 아스텍 제국을 정복한 1522년 이후 스페인 정복자들의 식민시기를 거치면서 그 위상이 추락하였고, 독립 이후에도 단일문화를 기반으로 한 국가를 건설하기를 원하는 크리오요 정부의 단일문화 정책 탓에 예전의 그 명성을 회복하지 못했다. 19세기 동안 지속적으로 유지된 스페인어화 정책으로 인해 원주민과 원주민어 사용 비율이 급격히 감소했으며, 20세기에 들어서야 원주민어의 위상을 회복하기 위한 정부 차원의 노력이 시작되었다고 볼 수 있다. 상호문화에 기반한 이중언어 교육과 같은 정책의 수립은 이러한 노력의 단적인 예이지만, 궁극적으로는 대부분 정부의 동화 정책을 위한 수단으로 작용했다. 현재 멕시코인들에게 나우아틀어는 현재 멕시코 문화의 일부가 아닌, 과거의 찬란했던 역사의 상징으로 여겨질 뿐이다.

현재 멕시코는 1992년의 개정된 헌법에서 국가가 '원주민에 기반을 둔 다문화적 구성'을 갖고 "법률로써 그들의 언어, 문화, 풍속, 관습, 자원, 특정한 형태의 사회 조직

---

10 흥미롭게도, 멕시코의 시골지역에는 지금도 윷놀이나 팽이치기, 공기놀이와 같은 문화가 남아 있어, 멕시코의 아스텍 문화와 우리나라 전통문화 사이의 유사성이 관심을 끌기도 하였다. (cf. 손성태, 2014)

을 보호하고 진흥시킨다"고 헌법에 명시하고 있다. 이는 단일문화주의를 천명한 1917년 헌법의 규정과는 상당한 차이를 보이며, 원주민들의 언어적 권리를 개인적 그리고 집단적 차원에서 보호하고자 사법, 행정기관, 대중매체, 교육 등의 분야에서의 언어권을 확립한 것이다. 하지만 불행히도 이러한 언어권을 보장할 제도적 장치들이 부족하기 때문에 여러 어려움을 겪고 있다. 가장 큰 문제는 멕시코에 존재하는 원주민어가 극도로 분화되어 있으며 통일된 문자가 부재하여 원주민어들 간의 차이를 좁히는 것이 어렵다는 점이다. 이외에도 정부의 정치적 무관심과 의지 부족, 그리고 예산과 전문 인력의 부족 등이 있다.

멕시코의 원주민 교육 정책은 크게 세 가지 시기로 구분해서 살펴볼 수 있다. 처음 실행되었던 것은 독립 직후의 스페인어 몰입 교육 정책이었다. 이 시기 원주민들은 다른 국민들과 동등하게 교육을 받을 권리를 인정받았기 때문에 교육을 보장받을 수 있었지만 스페인어로 의무교육을 받아야 했다. 당시의 교육목표가 원주민 문화의 동화인 것을 감안한다면 당연한 결과였고, 학교에서 원주민어의 사용이 금지되어 많은 원주민 학생들은 학업의 어려움을 겪었다. 이에 따라 1930년에 들어서 이중언어 교육이 실시되기 시작하는데, 원주민 학생들은 초등학교 저학년의 수업을 모국어인 원주민어로 받되 스페인어로 수학할 수 있는 능력을 키울 적응 단계를 마련하는 시간을 가졌다. 하지만 이 역시도 원주민들을 언어적·문화적으로 동화시키려는 시도에 불과했다는 점에서 이전의 정책과 큰 차이가 없었다. 이를 반영해 마지막으로 등장한 것이 '상호문화 이중언어 교육'이다. 이는 다양성 안에서의 통일성을 강조하는 정책으로 다양성이 통합의 방해요소로 여겨지는 것이 아니라, 지켜야 할 자원으로서 인정받고 강조되어야 한다는 것이다. 상호문화 이중언어 교육 하에서의 교육은 스페인어와 원주민어 둘 중 그 어느 것도 지배적인 위치를 차지하는 것을 예방하는 동시에, 두 언어 모두 존중 받고 의사소통의 수단으로서 사용될 수 있도록 보장한다. 하지만 현재의 상호문화 이중언어 교육의 한계점은 이것이 원주민들에게만 적용되고 있다는 사실이다. 진정으로 다양성을 추구하는 사회를 만들기 위해서는 이러한 정책이 원주민 교육정책에만 머무는 것이 아니라 사회구성원 전체를 대상으로 실행되어야 원주민어와 원주민 문화의 위상이 상승할 것이다.

4.4. 페루의 언어상황과 언어정책

페루는 라틴아메리카 국가들 중 가장 다양한 민족, 문화, 그리고 언어를 가진 국가 중

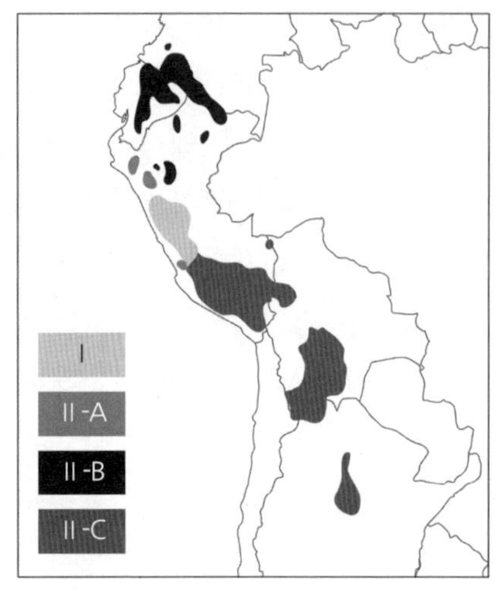

〈그림 8〉 케추아어 사용 지역과 방언 구분[11]

하나이다. 멕시코의 주 원주민어가 아스텍 제국의 나우아틀어이듯이, 페루의 가장 중요한 원주민어는 잉카 제국의 공용어였던 케추아어이다. 스페인의 정복자 프란시스코 피사로(Francisco Pizarro)가 1533년 잉카제국을 정복하고 쿠스코에서 리마로 수도를 옮긴 후, 잉카제국은 멸망하고 그들의 언어도 사라질 위기에 처해졌지만, 원주민들은 안데스 산악지역을 중심으로 고산지대에서 자신들의 커뮤니티 형성하여 고유한 언어와 문화를 유지할 수 있었다. 현재에도 케추아어의 구사자는 천만 명 내외로, 중남미 주요 원주민어 중 그 화자수가 가장 많다. 잉카인들은 자신들의 언어를 '인간의 말'이라는 뜻인 루나시미(Runa Simi)로 불렀으나, 16세기 스페인 선교사 산토 토마스(Fray Domingo de Santo Tomás)에 의해 '온화한 기후의 주민'이라는 의미로 '케추아'(quechua)라는 이름이 붙여졌다. 케추아어 사용 국가로는 페루를 중심으로 에콰도르, 볼리비아, 콜롬비아, 아르헨티나, 칠레와 브라질의 7개국이다. 〈그림 8〉의 지도에서 볼 수 있듯이, 케추아어는 지역별로 의사소통이 힘들 정도로 다양한 방언이 존재한다고 하는데, 방언지도 구분상 4개의 하위 그룹으로 나눌 수 있다. 예를 들어, 숫자 '3'과 '이곳'을 뜻하는 케추아어는 〈표 4〉에서 보듯이 그 사용지역에 따라 다르게 발음된다.[12]

〈표 4〉 케추아어 방언

사용 지역	케추아어	
	3 (*tres*)	이곳 (*aquí*)
Chimborazo	kimsa	kaypi
Chavin	kima	keečoo
Huancavelica	kimsa	kaypi
Cuzco	kinsa	kaypi

11 http://www.esacademic.com/dic.nsf/eswiki/559758

12 Paul Heggarty(2006)의 *Origins and Diversity of Quechua*를 참조하였음. http://www.quechua.org.uk/Eng/Sounds/Quechua/QuechuaOriginsAndDiversity.htm

페루에는 현재 원주민어 사용자 중 80% 이상이 잉카제국의 언어였던 케추아어를 사용하고 있지만 잉카제국의 찬란했던 역사와는 달리, 현재 원주민들의 문화와 언어는 앞서 언급한 그 어느 나라보다도 위협을 받고 있는 실정이다. 특히, 최근 들어 지역 간의 교류가 더욱 활발해지며 스페인어의 보급 속도가 급증하고 있고 일부 원주민어의 생존에 막대한 영향을 끼치고 있다. 원주민 커뮤니티를 중심으로 나타나는 양층언어(diglosia) 현상은 페루에서도 낯설지 않은 현상인데, 스페인어가 지배적인 위치를 차지하고 있는 것이 일반적이다. 다음의 INEI(*Instituto Nacional de Estadística e Informática del Perú*) 통계자료(〈표 5〉)는 페루에서 5세 이상의 모국어 별 화자 수와 그 비율의 변화를 보여주는 것으로, 1993년에 비해 2007년에는 다수언어인 스페인어 화자 수의 비율은 증가한 반면, 소수언어인 케추아어와 아이마라어 화자 수의 비율은 감소하고 있음을 보여준다.

〈표 5〉 페루의 모국어 별 화자 수와 비율 (INEI 2007)

언어	모국어 화자 수			
	1993		2007	
	전체	비율	전체	비율
스페인어	15,405,014	80.27%	20,723,489	83.92%
케추아어	3,177,938	16.56%	3,262,137	13.21%
아이마라어	440,380	2.29%	434,372	1.76%
기타 원주민어	132,174	0.69%	223,941	0.91%
외국어	35,118	0.18%	21,097	0.09%
무응답	117.979		28,905	

페루가 문화적·언어적 다양성을 인정하기 시작한 것은 비교적 최근의 일이라, 아직까지 이런 포용적인 인식이 일반 대중들까지 미치지는 못했다. 앞서 엘 코메르시오 신문기사를 통해 언급했듯이, 일부 지식인을 제외하고는 아직까지 원주민어 사용을 열등한 것으로 인식하는 사고가 보편적이다. 사회적으로 낮은 입지를 지닌 원주민어의 사용을 원주민들조차도 거부하고 있는 상황이다. 차별과 무시가 일상이 된 이들에게 있어 원주민어가 아닌 스페인어의 사용만이 생활수준의 향상과 권리의 보호와 발전을 달성할 수 있는 수단이기 때문이다. 화려했던 잉카 제국의 언어였던 케추아어는 21세기의 페루에서 '극빈층의 언어'로 가난과 차별, 소외의 상징이 되어버렸으며, 그 결과 아무도 배우려하지 않는 부끄러운 언어가 되어가고 있다.

이러한 페루의 참담한 언어상황은 페루 당국의 언어정책이 얼마나 허울뿐인가를 잘 보여준다. 즉, 언어와 관련된 헌법과 언어권 법에 있어서 페루는 상당한 모순을 보여주고 있는 것이다. 헌법 제 48조에서 "스페인어는 공용어이고 케추아어, 아이마라어 그리고 그 밖의 원주민어들도 그 사용이 지배적인 지역에서 법이 정하는 바에 따라 공용어이다"라고 명시하고 있지만, 법에서 규정된 원주민어 사용지역이 상당히 제한되어 있다는 점은 아직 원주민어의 다양성을 충분히 반영하지 못하고 있는 현실을 잘 나타낸다. 또한, 헌법에서 문맹퇴치를 강조하지만 그 대상을 스페인어로 국한하여 원주민 언어에 대한 문맹퇴치는 경시되고 있다. 한마디로, 페루에서의 상호문화에 기반한 이중언어 교육은 동화정책의 한 부분에 불과하며, 원주민들이 스페인어 주류사회로 원활히 편입되도록 하기 위한 수단으로만 활용되고 있다.

〈그림 9〉 페루의 원주민 초등학교 교실

페루의 원주민어 법은 행정기관, 교육, 그리고 다양한 공적·사적 영역에서 원주민어를 사용하고 이 때문에 차별받지 않을 것을 규범화하고 있지만, 원주민 표준어의 부재, 사회적 인식 부족, 예산과 정부협조 부족 등의 문제들로 인해 그 실행에 어려움을 겪고 있는 것이 현실이다. Coronel-Molina(2007)에서 언급하고 있듯이, 페루는 라틴아메리카 국가들 중에서도 국민통합을 목적으로 원주민 문화가 가장 빠르게 상실되고 있는 나라 중 하나라고 볼 수 있다. 이러한 페루의 원주민어 언어정책은 전 국민에게 스페인어와 함께 원주민어를 습득하게끔 제도적으로 뒷받침하고 있는 볼리비아의 이중언어 정책과는 확연한 차이를 보이고 있다. 이러한 볼리비아와 페루에서의 대조적인 언어정책과 원주민어의 위상은, 볼리비아에서는 원주민 대통령이 나올 정도로 원주민들이 정치 세력화하여 그들의 정치력이 급성장한 반면, 페루에서는 여전히 원주민들의 정치력이 빈약하여 주류사회에 종속되어 있음을 반증한다.

4.5. 칠레의 언어상황과 언어정책

많은 사람들은 라틴아메리카에는 다양한 문화와 언어가 평화롭게 공존하고 있다고 여긴다. 가장 큰 이유 중 하나로 유럽이나 아시아 등 다른 지역보다 인종이 뒤섞여 대부분의 인구가 메스티소로 구성되어 있다고 생각하기 때문이다. 하지만 실제로 라틴아메리카 대륙을 다녀보면 페루, 볼리비아, 에콰도르 등 안데스 지역의 저소득 국가들은 비교적 원주민이 많은 반면, 아르헨티나, 칠레, 우루과이 등 대륙 내 선진국들은 대부분 백인으로 구성되어있어, 중남미 국가 별로 인종 및 민족의 분포가 상이하다. 한 국가 내에서도 이러한 차이가 여전히 존재하는데 칠레의 경우, 페루, 볼리비아와 인접한 아리카 주부터 안토파가스타 주까지는 원주민이 많이 거주하는 한편 남부 지역으로 갈수록 백인의 인구비중이 높아지는 모습을 보인다. 심지어 한 도시 안에서도 길거리 노점상의 경우 대부분 원주민 계통 메스티소이지만 피트니스 클럽에서 운동하고 있는 사람들은 백인 계통의 메스티소로 같은 혼혈 혈통이라고 하더라도 그 정도에 따라 경제력과 생활 양상이 구분되는 모습을 보인다.

라틴아메리카의 모든 인종이 조화를 이루고 있다는 일반적인 인식은 환상에 불과하다. 이러한 환상이 하나씩 벗겨지면서 현실 정치문제로 대두되고 있는데, 19세기 크리오요 주도로 독립을 달성한 이래로 백인 중심주의가 사회의 패권을 쥐었으나 그 이후로 사회주의와 노동주의와 같은 사상운동에 밀려 묻혀 있던 각국의 여러 민족들이 정치, 사회, 경제, 문화에서 새로운 참여자로 대두되고 있다. 2006년 볼리비아의 첫 원주민 출신 대통령인 에보 모랄레스(Evo Morales)가 당선된 것도 라틴아메리카 대륙에 존재하는 여러 민족의 존재감을 한층 더 부각시켜주었다.

1492년 10월 12일 콜럼버스에 의해 라틴아메리카 대륙이 발견된 이래로 여러 원주민들은 빠르게 점령당했다. 멕시코의 아스텍 문명의 경우 스페인 정복자와 접촉한 지 3년만인 1522년에 에르난 코르테스가 이끄는 군사들에 의해 빠르게 정복되었고, 페루의 잉카 문명 또한, 1533년에 프란시스코 피사로에 의해 순식간에 정복되었다. 하지만 칠레의 마푸체족은 1550년 스페인 문명과 접한 이래로 300년 이상 스페인 정복 세력에 굴하지 않고 세력을 지속했다. 화기 수준, 인력 등 모든 것이 뒤쳐진 상태였지만 라틴아메리카에서 유일하게 서양 세력을 300년 이상 막아낸 것이다. 즉,

잉카제국이 쉽게 무너진 것과는 달리, 마푸체족은 1880년대까지 강력한 독립 세력으로 남아 있었다. 현재에도 칠레에서 가장 많은 원주민 커뮤니티를 형성하고 있는 마푸체는 스페인 식민지 시절뿐 아니라 이후에도 끊임없이 아르헨티나와 칠레 사이에서 그들의 땅을 지키기 위한 저항을 해왔다. 여기에서는 칠레의 원주민어인 마푸체의 언어상황과 함께, 마푸체족이 유럽의 정복자들에게 맞서 굳건히 버틸 수 있었던 원인을 분석하고 현재까지도 칠레 정부와의 갈등이 지속되고 있는 이유를 살펴보고자 한다.[13]

마푸체(mapuche)의 마푸(mapu-)는 '땅', 체(-che)는 '사람'을 의미하여, 마푸체는 '땅의 사람들'이라는 뜻을 가지고 있다. 마푸체어는 전통적으로 '땅의 말'이라는 의미로 '마푸둥군'(mapu: 땅, dungun: 말), 또는 스페인 정복자들이 붙인 이름인 아라우카노(araucano)라고도 불린다. 마푸체족은 칠레 중남부, 아르헨티나 서남부인 파타고니아 지방에 약 5백만 명 정도 거주하는 것으로 알려져 있으나, 칠레의 이중언어 상황은 열악한 편이다. 남부 칠레에서 원주민에 대한 완전한 교육을 제공하려는 칠레 정부의 노력에도 마푸체어는 칠레 정부에서나 아르헨티나 정부에서나 공식 언어로 지정된 적이 없으며, 정책 차원의 보호를 받은 적도 없다. 현재 결과적으로 도시 마푸체 인구의 2.4%, 지방 마푸체 인구의 16%만이 자녀와 대화할 때 마푸체어를 사용하고 청소년의 3.8%만이 마푸체어를 사용한다. 마푸체 민족이 유럽 정복자들과 칠레 정부에 맞서 저항하면서 오랜 기간 동안 독자적 세력을 유지하였으나, 마푸체족 내에서도 자신들의 언어인 마푸체어를 사용하는 인구가 이렇게 저조하다는 것은 시간이 흐를수록 마푸체족의 고유한 언어와 문화의 정체성이 약화되어 가고 있음을 뜻한다.

마푸체 민족은 1550년 이래로 스페인 왕정과 칠레 정부에 저항하면서 260년 이상 자신들의 영토 위에 독립적인 세력을 지속하였다. 하지만 19세기 후반부에 들어서면서 칠레 정부의 식민지화가 강화되어 1869년의 군사적 정복과 1881년 마푸체 반란 진압을 통해 칠레 공화국에게 주권을 빼앗겼다. 현재 마푸체족은 칠레 인구의 5%도 안 되는 원주민 인구 중 약 90%를 차지하면서 '소수의 다수'를 구성하고 있다. 스페인 식민지, 초기 칠레정부, 군부정권을 거치면서 소수민족에 대한 대우가 나아졌다고는 하지만, 파라과이나 볼리비아의 원주민의 주권 수준에 비해 상대적으로도 열악할 뿐만 아니라 여전히 국가 내에서 평등한 취급을 받지 못하고 있는 것이 현실이다.

13 마푸체족의 역사에 대해 도움을 준 최상웅 군에게 감사를 표한다.

스페인 식민세력이 라틴아메리카 대륙에 도달하기 이전의 마푸체족은 호전적인 수렵, 채집 민족이었으며, 스페인 정복자들이 도달하기 이전인 15세기 말 칠레 북부에서 남하하던 잉카세력을 저지시킨 첫 번째 민족이었다. 16세기 후반 스페인 왕국이 칠레에 식민지를 세웠을 때 스페인은 마푸체족이 점령했던 칠레 중남부 지역의 대다수 지역을 점령하지 못했다. 오히려 스페인 침략에 대한 마푸체족의 저항이 지속되자 당시 유럽 대륙에서 스페인과 대항하던 네덜란드 해군은 마푸체족에 대한 간접적인 지원을 통해 反스페인 연합전선을 형성하였고, 이로 인해 스페인은 칠레 영토에서 더욱 더 고전하게 되었다. 여타의 라틴아메리카 원주민들과 다르게 마푸체족은 스페인 침략 이후 오히려 세력을 더 확장해 나갔는데, 주변 원주민들과의 친족 관계를 통해 마푸체 세력권을 넓혀갔다. 또한, 유럽 세력과 접촉하면서 얻게 된 새로운 가축들과 작물들을 도입하여 수렵, 채집에서 농업 중심으로 생활 기반을 발전시켜 나갔다. 16세기 후반부터 17세기 후반 스페인 식민세력과 마푸체족 사이에서 벌어진 아라우코 전쟁(Guerra de Arauco)에서 4만 명 이상의 유럽인들이 마푸체족에 의해 사망했다. 하지만 스페인 식민세력에 의해 학살된 마푸체족도 10만 명 이상이었기 때문에 두 세력 모두 전쟁과 세력 확장을 중단하고 평화협정을 맺게 되는데, 이것이 킬린 협정(Parlamento de Quilin)이다. 평화협정 후에도 스페인 식민세력과 마푸체족은 곳곳에서 게릴라전을 펼쳤다.

칠레가 스페인 본토로부터 독립을 시도하면서부터 마푸체 전쟁에서의 참여자는 스페인 왕당파, 크리오요 독립세력 그리고 마푸체로 구분된다. 약 300년 가까이 스페인 식민 세력에 대항했지만, 스페인과의 교역이 마푸체에게도 경제적 이익을 가져다주었기 때문에 크리오요의 독립운동에서 마푸체는 스페인 왕당파를 지지하게 된다. 직접적으로 마푸체를 수탈한 것은 오히려 칠레 태생의 백인들이었기 때문에 마푸체는 칠레 독립 세력을 지지하지 않았고, 이것이 현재까지 이어지는 칠레 정부와의 갈등의 씨앗이 된다. 이에 대해 초기 칠레 정부는 스페인에 영웅적으로 대항한 마푸체족을 나태한 야만인으로 선전하면서 깎아 내리는 방식으로 대응하였다. 독립 초기에 마푸체는 칠레 정부와 독립적인 세력으로 칠레 남부에 자리 잡았다. 이는 칠레 정부의 세력이 마푸체를 제압할 정도로 강하지 못한 탓이지, 마푸체족의 권리를 존중해서가 아니었다. 따라서 국가의 기틀을 잡아가는 1850년대부터 칠레정부는 마푸체 정복에 나선다. 칠레 정부는 1852년 아라우코주(Provincia de Arauco)를 설치하였고, 이에 대항하여 마푸체는 남쪽의 칠레군 전초기지를 공격한다. 마푸체는 거세게 저항하며 전쟁을 이어갔지만 칠레의 화력이 강력했기 때문에 1881년 칠레 군대에 의해 완전하게 정복된다.

마푸체 정복 이후 칠레 정부는 더욱 격렬하게 마푸체족을 학살했고, 마푸체는 기존의 영토에서 90% 이상 축소된 레둑시온(Reducción; 원주민 보호구역)으로 강제 이주하게 된다.[14] 더 나아가 주류인 유럽계 백인들의 인종주의에 따라 2등 시민으로 전락하였고 경제적으로도 몰락하였다. 또한, 마푸체족의 빈곤화로 대다수가 도시로 이주했고 여성들은 백인 이주민과의 강제 통혼을 통해 민족 정체성 또한 붕괴되었다. 이에 대해 마푸체족은 정치사회적 참여를 통해 민족의 문제를 타계하고자 했다. 마푸체족의 중심지인 테무코 시에서 칠레 최초의 원주민 조직(*Sociedad Caupolicán Defensora de la Araucanía*)이 설립되었고 이 단체 출신의 원주민이 하원의원으로 당선되기도 하였다. 19세기 후반부터 20세기 초반까지 마푸체족 거주지역의 삼림 개발 문제로 마푸체족과 칠레 정부 간의 갈등이 심화되었는데 그 과정에서 마푸체 정치세력은 칠레 주류사회와의 통합을 거부하는 급진파가 득세하게 되었다. 더 나아가 마푸체 민족운동은 개혁적이고 사회주의적 방향으로 기울게 되어, 민족 자체보다는 '프롤레타리아로서의 마푸체'에 초점이 맞춰지게 되었다. 이에 좌파정권이었던 아옌데 정권도 마푸체족의 문제를 토지개혁을 통해 해결하려는 모습을 보였지만, 칠레 사회 전반에 퍼져있던 인종갈등과 원주민 경시문제를 근본적으로 해결할 수는 없었다.

아옌데 정부의 토지개혁이 본질적인 문제는 해결하지 못했다고 하더라도, 이전의 많은 문제점을 해결할 수 있는 시작이 된 것은 부정할 수 없다. 하지만 민선 아옌데 정권을 전복시킨 피노체트 군사정권은 좌파정권 하에서 제정된 토지개혁법과 원주민법을 폐지했다. 칠레 사회의 비정치화로 인해 기존의 마푸체 정치조직 또한 소규모로 분할·해체되었다. 하지만 가장 크게 영향을 미쳤던 것은 마푸체족에게 나머지 국민들과 똑같은 권리와 의무를 부과하는 법이었다. 표면적으로는 평등한 정책처럼 보이지만 마푸체를 칠레 사회에 동화시키고 통합하고자 하는 정책으로, 애초에 동일 선상에서 경쟁할 수 없던 마푸체족을 동일 선상에 옮겨 놓은 모순적인 평등화 정책이었다. 예를 들어, 과거 원주민법에 존재했던 마푸체족 교육, 전문가 훈련, 기술교육, 수공예 센터 설립, 마푸체 학생들을 위한 입학 우대정책 등이 모두 폐지되었다.

칠레의 민주화 이후에도 마푸체족과 정부 간의 갈등은 지속되었는데 그 중 토지소유권과 개발 문제는 지속적으로 발생하였다. 군사정권 이후 칠레 남부 삼림지역의 소

14 라틴아메리카 선교과정에서 예수회에 의해 설치되었던 레둑시온(Reducción)과는 차이가 있다.

유권과 벌목권을 얻게 된 대규모 목재회사들에 대항해 역사적·민족적 권리를 주장하며 마푸체족이 맞섰는데, 이에 대해 칠레 정부는 민간 소유라는 자본주의 경제 원칙과 법원의 결정이라는 근대 국가 원칙을 내세워 목재회사를 지지하였다. 하지만 민주화 정부도 마푸체족의 문제를 무시할 수는 없었다. 민주화 정부가 부정하는 군사정권에 대해 첫 번째로 맞섰던 사회 세력 중 하나가 마푸체족이었고 수많은 마푸체들이 군사정권 아래서 박해받았기 때문이다. 따라서 민주화 이후의 민선 정부들은 마푸체의 어려움에 민감할 수밖에 없었고, 1991년에는 마푸체들이 주로 거주하는 킨첸 지역을 국립보존림으로 지정하여 목재회사들의 삼림개발을 제한했다. 또한, 목재회사 소유의 땅을 구입해 마푸체 공동체에 재분배하였다.

1990년의 아일윈(Aylwin) 대통령은 당선 전부터 마푸체족의 문제를 해결하겠다는 공약을 주장하였고 당선 이후에는 원주민 특별위원회를 설치함과 동시에 마푸체 출신의 학자를 위원장으로 임명하였다. 이전의 이러한 조직들이 정부의 어용기구로 남았던 것에서 탈피하여, 마푸체의 철학과 문화를 존중하고 헌법적 권리의 인정을 추구하는 방향으로 나아갔다. 헌법적 권리의 인정은 여전히 세력을 유지하고 있던 군부의 반대로 추진될 수 없었기 때문에, 마푸체의 요구에 실용적으로 대응할 수 있는 법을 제정하였다. 이 법에 따르면, 국가가 원주민뿐만 아니라 그들의 땅과 물까지도 존중할 것을 명시하고, 그들의 관습법을 실제 법률관계에서도 존중할 것을 명시하였다. 원주민의 이중언어 교육과 마푸체족의 고고학적, 문화적 유산을 보호하는 목표도 설정하였다. 민주화 시대의 정부 하에서 위와 같은 실천적 노력들은 마푸체 공동체 해체라는 역사적 흐름을 역전시키는 역할을 하였다. 하지만 토지의 강제 수용, 민족 자치 등 본질적인 문제들을 적극적으로 다루지 않았고 신자유주의 발전 모델이라는 틀에서 이루어졌다는 점에서 큰 한계를 보였다.

앞서 언급한 마푸체족과 칠레 정부의 갈등의 역사는 현재까지도 진행되고 있다. 사회당 출신의 바첼렛(Bachelet) 정부가 들어서자 정부는 보안법을 시위자에게 적용하는 것을 금지하고 원주민 권리를 헌법적으로 인정하였다. 이러한 유화책에도 여전히 독재시기만큼 탄압적인 분위기가 지속되고 있다는 비난이 그치지 않고 있다. 실제로 2008년 22세의 마푸체 학생이 경찰에 의해 살해되었는데, 이는 칠레 정부가 원주민을 대하는 기본적인 태도가 변하지 않았음을 보여준다. 위의 사건을 통해 마푸체 민족운동은 민족 내부의 지지를 넘어서 여러 사회 세력들의 지지네트워크를 형성하게 된다. 다양한 사회 세력과 연계하게 되는데 대표적으로 환경 NGO 단체들의 후원을 받아 그들의 삶의 터전에 댐 건설을 반대하는 운동에 힘을 얻게 된다. 또한, 현재 마푸체 민족운동은 진정한 정체성을 찾아가려는 노력을 보인다. 이전부터 그들의 운동에 영향을 준 계급적 구조를 제거하고, 전통적 조직과 정체성을 재건하고자 하는 것이다.

지금도 칠레정부와 마푸체 커뮤니티 사이의 갈등은 지속되고 있다. 칠레정부는 2012년에 발생한 '아라우카니아 방화사건'과 같은 마푸체족의 폭력적 저항방식에 문제를 제기하여 이들을 테러리스트로 매도하고 있으며, 독재시절의 反테러법을 적용하여 비인도적인 진압방식을 고수하고 있다. 〈그림 10〉은 2015년 10월 12일 「마푸체의 저항」이라는 이름으로 칠레 산티아고에서 개최된 집회를 담고 있다.[15]

〈그림 10〉 칠레 마푸체 민족의 집회

이날은 1492년 10월 12일, 콜럼버스가 처음 아메리카 대륙에 도착한 날로, 스페인에서는 '신대륙 발견의 날'로 국경일로 지정하여 기념하고 있다. 그러나 점차적으로 신대륙 발견 이후 아메리카 땅에서 고통 받고 사라져간 원주민들과 그들의 문화에 대한 재인식의 필요성이 부각되어, 2001년 베네수엘라는 이날부터 원주민의 대학살이 시작된 점을 인식하는 의미를 담아 '원주민 저항의 날'로 이름을 바꾸었고, 2011년 에콰도르는 다양한 문화와 민족에 대한 존중을 되새기는 날의 의미로 '다국가·다문화의 날'로 지칭하고 있다. 집회에서 칠레 원주민 마푸체의 지역대표 로드리고는 "이날은 기념하는 것이 아니라 고통을 기억하는 날이며 여전히 계속되고 있는 원주민에 대한 인권침해와 폭력에 대해 저항하는 날이다"라고 호소했다.

이러한 마푸체 민족의 정체성 추구 노력에도 마푸체 민족문화의 현실은 암담한 형편이다. 현재 대부분의 마푸체족은 전통적인 공동체가 무너지면서 자기 정체성을 상당부분 상실했다. 마푸체인들 대다수가 전통적인 생업인 농업에 종사하지 않으며, 앞서

15 마푸체 집회에 관한 내용은 2015년 10월 14일자 오마이뉴스 해외리포트를 참조함.

언급하였다시피 마푸체 구성원들은 마푸체어를 제대로 구사하지도 못한다. 자식들에게도 스페인어만 가르치고 성도 칠레식으로 바꾸고 전통적 종교 대신 카톨릭교에 귀의한다. 스스로가 마푸체임을 인정하지 않는 마푸체족의 현실 앞에, 마푸체 민족운동을 정체성 중심으로 이끌어 나가려는 노력은 정치력을 얻기 위해 민족을 이용하는 것에 그치는 위험성 역시 내포하고 있다.

4.6. 카리브해 연안 국가들의 언어상황

〈그림 11〉에서 볼 수 있듯이, 앤틸리스(Antillas) 제도를 중심으로 한 카리브해 연안에는 수많은 크고 작은 국가들이 분포되어 있다. 앤틸리스 제도는 카리브 해의 서인도제도의 섬들을 일컫는데, 북쪽의 큰 섬들로 이뤄진 大앤틸리스 제도와 동쪽의 작은 섬(오른쪽 윗부분에 확대 표시)들로 이뤄진 小앤틸리스 제도로 나뉜다.

대앤틸리스 제도의 국가들로는 쿠바, 자메이카, 아이티, 도미니카 공화국, 푸에르토리코를 들 수 있으며, 소앤틸리스 제도에는 세인트루시아, 마르티니크, 바베이도스, 트리니다드 토바고 등을 들 수 있다. 이들 카리브해 국가들의 언어상황의 주된 특징은, 대부분의 라틴아메리카 국가들과는 달리, 스페인어나 포르투갈어를 공용어로 사용하고 있지 않는다는 것이다. 즉, 쿠바, 도미니카 공화국, 푸에르토리코를 제외한 이들 카리브해 연안 국가들에서는 영어나 프랑스어가 공용어로 사용되고 있다. 예를 들어, 중미의 벨리스를 비롯하여, 서인도제도에 위치한 자메이카나 세인트시아, 바베이도스, 트리니다드 토바고, 바하마에서는 영어가 사용되며, 아이티에서는 프랑스어가 사용된다.[16]

16 남미의 베네수엘라 옆에 위치한 세 국가에서도 스페인어나 포르투갈어가 공용어가 아니다. 즉, 기아나에서는 영어, 수리남에서는 네덜란드어, 프랑스령 기아나에서는 프랑스어가 사용되고 있다.

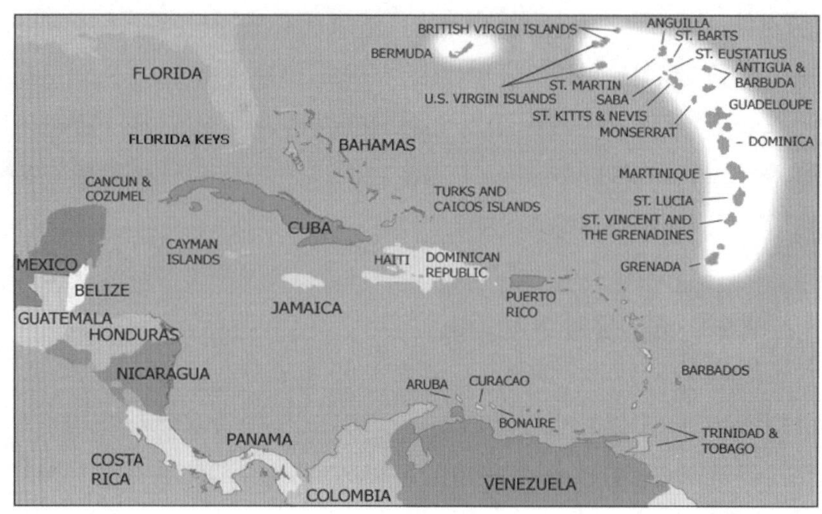

<그림 11> 카리브해 연안 국가들

이들 국가들이 보이는 또 다른 언어적 특징은 영어나 프랑스어, 포르투갈어, 네덜란드어, 스페인어와 같은 유럽어 이외에도 크레올어라고 불리는 새로운 종류의 혼성어를 사용하고 있다는 점이다. 이들 카리브 지역에는 식민시대 이전에 사용되었던 카리브(carib)어나 아라왁(arawak)어, 타이노(taíno)어 등의 원주민어가 화자들의 소멸과 함께 사라지고 말았지만, 아프리카 흑인 노예들의 후손들인 지역민의 대다수는 의사소통의 수단으로 정복자의 언어인 유럽어를 기반으로 다양한 아프리카어와 해당 지역의 원주민어가 뒤섞인 크레올어라는 새로운 언어를 만들어 활발히 사용하고 있다. 김경희(2004)에 따르면, 카리브 지역 이외에도 크레올어 발달 지역으로 미국과 태평양 연안의 영어계 크레올어 지역, 아프리카의 포르투갈어계 크레올어 지역, 필리핀의 스페인어계 크레올어 지역 등이 있다. 카리브 해 지역의 크레올어로, 자메이카의 흑인들은 영어를 기반으로 서부 아프리카의 방언이 혼합된 파투아(patua)라는 크레올어를 사용하고 있으며, 바베이도스에서도 영어와 아프리카어가 혼합된 나타난 바한(bajan)이라는 크레올어를 사용한다. 아이티에는 프랑스어를 기반으로 아프리카의 방언이 영향을 미친 아이티 크레올어가 국가의 공용어로까지 인정되어 활발히 사용되고 있다.

이와 같이, 서인도제도를 중심으로 한 카리브해 연안 국가들에서는 아라와코-타이노어를 위시한 식민 이전의 원주민어들은 소멸하였지만, '크레올'(*creole*; lengua criolla)이라고 불리는 혼합어가 활발히 사용되고 있다. 카리브 지역에는 유럽 식민지배시대에 대서양 삼각무역(*triangular trade*)을 통해 아프리카 흑인노예들이 대거 유입되었으며,

아프리카의 여러 지역에서 건너온 부족들이 서로의 원활한 의사소통을 위하여 크레올어라는 새로운 혼성어가 발달하게 된 것이다. 크레올어도 지역에 따라, 그리고 기반이 되는 언어에 따라 상당한 차이를 보인다. 여기에서는 카리브해 일부 지역에서 사용되는 유럽어도 원주민어도 아프리카어도 아닌 새로운 언어인 크레올어에 대해 간략히 살펴보도록 하겠다.[17]

크레올어는 언어 접촉의 결과로 만들어진 '피진'(pidgin)이라는 아주 단순한 의사소통어가 언어적 형태로 발전한 것이다. 피진은 국제 무역이나 식민지배 또는 노예무역 등에 의해 의사소통이 필요한 외국인과 다양한 언어의 화자들이 접촉할 때에 공통 언어가 존재하지 않아 생성된다. 대개 일시적인 필요성에 의해 만들어지는 경우가 많으므로 일반적인 언어보다 간략화 된 문법이 많으며 최소한의 어휘만을 필요로 한다. 크레올은 피진이 조금 더 발달되어 한 언어공동체의 모어가 된 언어를 가리킨다. 피진이 크레올이 되면, 새로운 문법 범주가 만들어지고, 복합구문이 생겨나며 어휘 수도 증가하여 정상적인 일반 언어의 모습을 갖추게 된다.

크레올어에는 여러 가지 언어의 다양한 요소들이 혼성되어 나타난다. 카리브 지역에서는 프랑스어, 스페인어, 포르투갈어, 네덜란드어와 아프리카 제어에 기반을 둔 크레올어가 발달하였다. 카리브 지역을 식민지배한 국가들의 언어와 아프리카 언어의 영향을 받은 것이다. 이렇듯 다양한 언어들의 복잡한 혼성의 결과로 생성된 크레올어는 카리브 지역의 인종과 문화, 사회, 정치, 역사의 뒤섞임이 얼마나 복잡하고 다양하게 전개되어 왔는가를 보여주는 실증적 지표가 된다. 언어학적으로 크레올어는 상이한 언어들이 혼성되어 생성된 언어이다. 16세기 말부터 대서양 삼각무역이 시작되어 스페인 사람들이 아프리카 노예를 카리브해로 수입해 사탕수수 농장을 경영하기 시작했다. 노예교역상들은 노예들의 반란을 사전에 방지하기 위해 한 배에 같은 언어를 사용하는 동 종족을 다수 싣지 않았고, 서로 간의 의사소통이 어려운 상이한 언어를 사용하는 종족들을 뒤섞어 실었다고 한다. 그 결과, 자연스럽게 임시적인 형태로 최소한의 의사소통을 가능하게 해주는 피진어가 발달하게 되었다. 이 흑인 노예들은 사탕수수 농장에 도착한 뒤에도 동족끼리는 흩어져서 피진어를 계속적으로 사용할 수밖에 없었고, 아이들이 태어나면서 점점 크레올어가 정착한 것이라고 한다(cf. 김경희, 2004).

라틴아메리카의 대표적인 크레올어로는 아이티 크레올어를 들 수 있는데, 이 혼성어

17 카리브해 연안 국가들의 크레올어에 대해서는 5장의 3.2.6에서도 다룬다.

는 프랑스어와 아이티로 강제이주 온 흑인의 언어가 결합되어 만들어진 언어이다. 아이티 크레올어는 현재 약 1,200만 명의 화자가 있다. 1960년대 이후부터 문학, 신문, 라디오 및 TV 방송에서 사용되기 시작하여 1983년 이래로 프랑스어와 함께 아이티의 국어가 되었다. 크레올어가 아이티에 전파된 이유는 콜럼버스 시기의 강제노역 때문이라고 할 수 있다. 아이티는 황금이 많은 국가로 알려져 콜럼버스가 적극적으로 강제노역을 시켜 금광을 개발한 곳이다. 과도한 노역부과로 원주민 인구는 한 세대도 채 지나기 전에 전멸되었으며 이에 따른 노동력 부족으로 중남미 노예무역의 시초가 되었다. 따라서 이 시기에 피진어가 파생되고 크레올어가 정착한 것으로 보인다. 이후 프랑스의 식민 지배를 받은 아이티는 흑인법에 의하여 흑인 노예들이 프랑스어를 배우는 것이 금지되었고 이에 따라 대부분의 흑인들은 크레올어를 사용했다. 독립 이후 일부 기간 동안에는 금지되어왔던 프랑스어를 학습하고자 하는 열망이 분출되어 성공과 신분상승으로 여겨지는 프랑스어를 공용어로 유지하며 크레올어에 대한 관심은 두드러지지 않았다.

아이티가 본격적으로 크레올어를 연구하기 시작한 것은 1915년 미국의 아이티 점령 이후이다. 1915년에서 1934년의 점령기간에 저항운동의 일환으로 크레올어는 진지한 언어학적 탐구의 대상이 되었으며 크레올어 문법 연구 활동 조직이 구성되었다. 이는 아이티 내의 반미적인 분위기 형성으로, 외국세력에 대적해 아이티의 고유한 정체성의 상징으로 크레올어가 사용되었다고 볼 수 있다. 1979년에는 특별법으로 아이티 인구의 90%가 사용하는 크레올어를 공인하였고 교육어로 사용하도록 했지만 전면적으로 적용되지는 않았다. 1983년이 되어서야 비로소 헌법에서 프랑스어와 크레올어를 둘 다 공용어로 인정하였다. 참고로 아이티는 현재 자국의 지폐에도 프랑스어와 아이티 크레올어를 함께 표기하고 있다. 예를 들어, '아이티 공화국 은행'이란 뜻으로 윗줄에는 프랑스어로 BANQUE DE LA RÉPUBLIQUE D'HÄITI가, 아랫줄에는 크레올어로 BANK REPIBLIK DAYITI가 적혀 있다.

김우중(2002)에 따르면, 아이티 크레올어의 가장 두드러진 문법적 특징은 프랑스어의 굴절적 특징이 대부분 소멸되었다는 점이다. 그 예를 보면 다음과 같다(cf. Todd, 1990).

- 동사는 원형 그대로 사용되고 시제와 법은 동사 앞에 보조사를 붙여 나타낸다:
  li pa ***te*** konẽ. (He didn't know.)
- 의문문은 SV로 평서문과 어순이 동일하나, 상향 억양으로 의문문임을 나타낸다.

li bel? (Is he/she pretty?)
li bel. (He/She is pretty.)

이와 같이, 아이티의 크레올어는 로망스어 중에서 발음이 가장 단순화되고 축소되어 있는 프랑스어를 기반으로 생성되었기 때문에 다른 크레올어에 비해 음운변형이 더욱 더 두드러지게 관찰된다. 아이티의 언어상황을 보면, 비공식적이고 친밀한 맥락에서는 크레올어가 사용되나, 공식적이고 제도적인 맥락에서는 프랑스어가 사용되는 양층언어(diglosia) 현상을 보인다. 즉, 크레올어는 화자들 간의 상호교류의 매체로 일상생활에서 사용되는 반면, 프랑스어는 공식적인 상황에서 주로 쓰인다고 한다.

아이티와 마찬가지로 다른 카리브 국가인 자메이카와 수리남에서도 크레올어 사용이 활발하다. 자메이카 크레올어는 영어를 기반으로 하고 있으며, 그 발음상의 특징으로는 서부 아프리카어의 영향으로 인해 본래 존재하던 영어의 음가가 좀 더 쉬운 음으로 대체되는 현상이 있다(예: water 〉 wata, girl 〉 gal, friend 〉 fren). 문법적 특징으로는 다음과 같은 예들을 들 수 있다(cf. 이미재, 1997).

- 영어의 목적격이 주격으로 사용된다:
  Me come fram Kingston. (I come from Kingston)
- 성의 구분이 불분명하다:
  Him is me fren. (He/She is my friend)
- 복수 표지로 they의 목적격인 dem을 명사의 뒤에 붙여 복수를 나타낸다:
  de gal ***dem*** (the girls)
- 시제표지가 없으며, be 동사가 생략된 형태로 사용된다:
  Him ***hab*** plenty money. (He has plenty money)
  You ***poas*** me letter? (Did you post me a letter?)
  Tea **Ø** mek wid bwilin wata. (Tea is made with boiling water)

자메이카는 영어와 크레올어의 혼합이 상당히 잘 나타나고 있는데, 두 언어가 꾸준히 서로 영향을 주고받고 있다. 김경희(2004)에 따르면, 자메이카 크레올어는 영어의 영향을 받아 자메이카 영어에 점점 가까워지는 탈크레올어화 현상마저 보인다. 또한 자메이카 지식층이 구사하는 영어는 크레올어의 영향을 받아, 문법적 측면에서 순수영어와는 다소 차이를 보인다. 예를 들어, 자메이카 레게가수 Bob Marley의 *No woman, no cry*(No, woman, don't cry)에서 보듯이, 자메이카 영어가 순수영어의 문법과는 다소 차이가 있음을 알 수 있다.

수리남에서는 스라난(Sranan), 드주카(Djuka), 사라마깐(Saramaccan)이라는 서로 다른 크레올어가 사용되고 있다. <표 6>에서 보듯이, 스라난은 영어에 기반한 크레올어이나, 자메이카의 크레올어에 비해 영어와의 유사성은 낮은 편이다(cf. Todd, 1990).

<표 6> 수리남의 크레올어

영어	자메이카 크레올어	수리남 크레올어 스라난
back	bak	baka
blood	blɔd	brudu
head	hɛd	ede
ask	(h)aks	aksi
take	tek	teki

사라마깐은 포루투갈어와 영어에 근거한 크레올어로, 수리남이 영국령에서 네덜란드령으로 바뀌면서 또 다른 변화를 겪고 있다. 이와 같이 수리남의 경우, 한 국가 내에서도 다양한 언어에 기반 한 크레올어가 사용되고 있어 혼란을 초래하고 있다. 특히 공용어인 네덜란드어는 전체 인구의 2%만이 구사할 정도로, 일반 대중들은 영어나 네덜란드어를 구사하지 못하며, 대부분이 스라난이나 드주카와 같은 영어 기반의 크레올어를 사용하고 있다(cf. Todd, 1990). 이러한 수리남의 언어상황에도 특정 크레올어나 모든 크레올어를 공용어로 지정하거나 교육권을 보장하기는 어려운 상황인데, 이는 너무나 상이한 이익집단의 대립, 제도 확충을 위한 예산의 부족, 그리고 중상위층에서 확고한 영어의 입지 등 다양한 갈등이 원인이라고 한다(cf. 김경희, 2004).

콜롬비아 북부해안의 팔렝케 지역에서도 스페인어와 아프리카의 언어가 혼합된 팔렝케로 크레올어(criollo palenquero)가 사용되고 있는데, 학자들의 연구에 따르면 이 크레올어는 중앙 아프리카의 키콩고(kikongo)와 킴분두(kimbundu)와 같은 반투(bantú) 어족의 영향을 많이 받았다. 예를 들어, 팔렝케로에는 복수 형태소로는 드물게 접두사 *ma-*가 사용되는데('las gallinas'를 *ma ngaína*라고 표현함), 이는 키콩고어의 복수 접두사 *ma-*에서 유래된 것으로 볼 수 있다. 이러한 언어현상을 통해 콜롬비아 북부해안 지역에 아프리카로부터 수많은 흑인노예들이 강제로 이주되었음을 알 수 있다.

서인도제도를 중심으로 카리브 지역 국가들에서 나타나는 이러한 크레올어는 굉장히 독특한 언어현상이라고 볼 수 있다. 원주민어와 같이 기존의 언어가 살아남은 것이 아니라, 여러 언어가 결합되어 새로운 언어가 탄생되었기 때문이다. 따라서 크레올어는 외국인과 원주민 사이의 의사소통 노력의 결과로서, 역사적·문화적 맥락을 담고 있는 언어유산이라 할 수 있다. 이러한 크레올어는 기반이 되는 모국어의 특성을 가지고 있으면서도 이를 단순화하고 간략하게 만드는 공통적인 특성을 가지고 있다. 크레올어는 초반에는 하층민이나 가난과 연관되어 국가 내에서도 차별을 받는 언어였지만, 시간이 지나면서 국가의 정체성을 상징하는 강한 도구로 사용되면서 크레올어 화자들의 권리와 지위가 보장받고 있다. 또한, 미디어가 발달한 오늘날 크레올어는 다른 언어들을 쉽게 크레올화시키며 상호 영향을 주고 있다. 그러나 크레올어는 여전히 공적인 영역에서 영어나 프랑스어, 스페인어 등 지배언어들에 비해 그 영향력이 현저히 약하며, 흑인 계층에서만 주로 사용된다는 한계점을 지니고 있다. 따라서 카리브해 연안 국가들의 크레올어가 차별받지 않고 그 정당성이 인정받으려면, 흑인 이외의 다른 계층에서도 널리 사용될 수 있도록 정부 차원에서 크레올어를 표준화하여 보급하려는 노력이 필요하다.

제5장

라틴아메리카 원주민어와 스페인어

1. 들어가기

우리는 앞서 중남미 여러 국가들에서의 언어상황과 언어정책에 대해 살펴보았다. 스페인의 정복자 에르난 코르테스가 1519년에 유카탄 반도에 왔을 때 그곳에서는 마야어를 사용하고 있었으며, 아스텍 제국의 존재를 알고 수도 테노치티틀란(Tenochtitlán; 현재의 멕시코시티) 정복을 시작했을 때 그곳에는 아스텍 제국의 공용어인 나우아틀어가 사용되고 있었다. 마찬가지로 1533년 피사로가 잉카 제국을 정복했을 때에도 잉카인들은 케추아어를 제국의 공용어로 사용하고 있었다. 스페인 왕국이 아스텍 제국과 잉카 제국을 정복하고 누에바 에스파냐 부왕령, 페루 부왕령을 설치하여 이들 지역을 철저하게 식민통치했지만 그곳에 거주하던 아스텍인, 마야인, 잉카인들을 정신적·문화적으로는 완전히 지배하지는 못하였다. 게다가 원주민들이 자신의 고유어를 버리고 스페인어를 사용하도록 꾸준히 언어정책을 폈지만 원주민들은 지금도 자신들의 고유 언어를 활발히 사용하고 있으며 스페인어를 제대로 구사하지 못하는 화자들이 여전히 존재한다. 즉, 식민시대 스페인의 단일언어 정책은 실패로 끝났다고 볼 수 있다. 〈그림 1〉은 현재 중남미에서 활발히 사용되고 있는 원주민어인 나우아틀(nahuatl)어, 마야(maya)어, 케추아(quechua)어/아이마라(aimara)어, 과라니(guaraní)어 그리고 마푸둥군(mapudungun)이라고도 불리는 마푸체(mapuche)어의 사용지역을 보여준다.

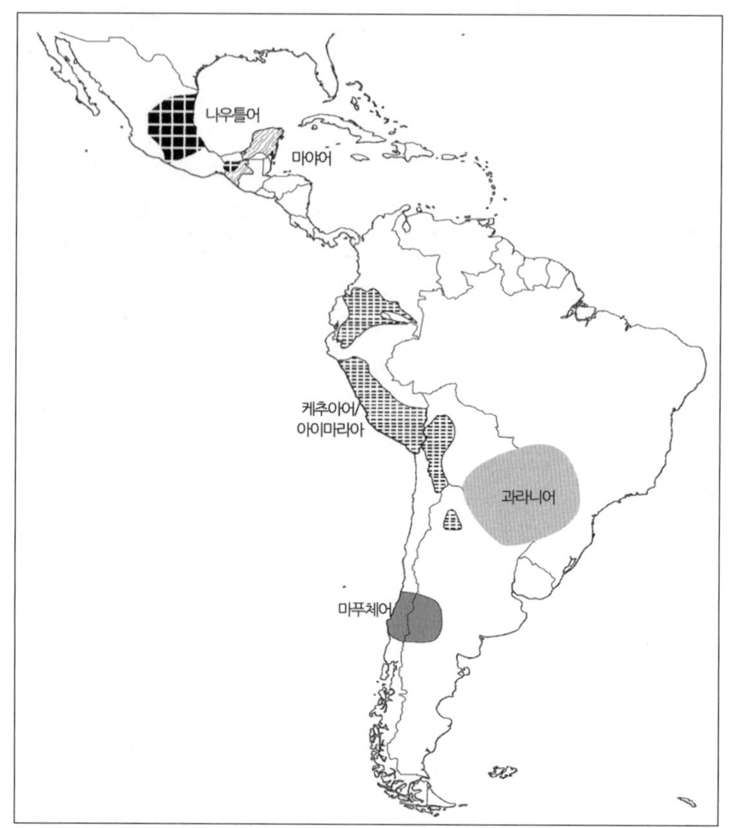

<그림 1> 라틴아메리카에서 화자수가 많은 대표적인 원주민어들 (Montrul, 2013: 76)

이와 같이 중남미에는 아직도 주요 원주민어들이 활발히 사용되고 있으며, 이들 지역에서는 스페인어와 원주민어를 모두 구사하는 이중언어 화자의 수도 증가하고 있다. 따라서 스페인어와 이들 원주민어 사이의 언어접촉 현상 역시 활발한 편이다. 이 장에서는 이들 원주민어가 스페인어와의 언어접촉을 통해 현대 중남미 스페인어에 어떠한 영향을 미쳤는지에 대해 주로 살펴볼 예정이다. 이를 위해 원주민어가 어떠한 모습을 띠고 있는지 알아볼 필요가 있다고 판단하여, 볼리비아의 아이마라어와 과테말라의 키체어를 중심으로 이들 원주민어의 언어학적 양상에 대해 간략히 소개하고자 한다.

2. 중남미 원주민어 맛보기

2.1. 아이마라어의 언어학적 특징

볼리비아의 대표 원주민어인 아이마라어는 볼리비아를 중심으로 페루 남부지역, 칠레 북서부지역에서도 사용되고 있는 언어이다. <그림 2>에서 볼 수 있듯이, 아이마라어의 사용지역은 남미의 안데스 고원과 티티카카 호수를 중심으로 분포되어 있으며, Lewis et al.(2015)에 따르면 약 280만 명의 화자가 있다.

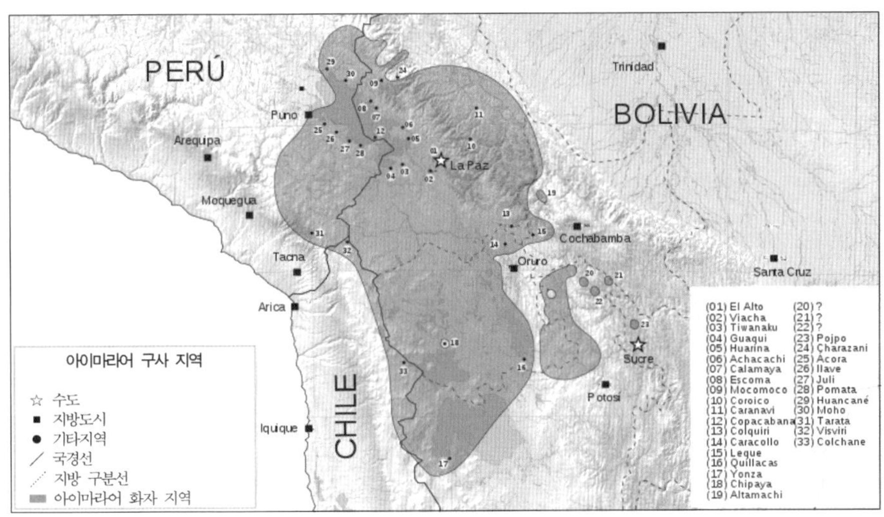

<그림 2> 아이마라어 언어지도 (Albó, 1988)

필자가 연구원으로 참여한 '서울대학교 아이마라어 한글 표기법 연구단'(연구책임자: 권재일 교수, 연구기간: 2012. 9 ~ 2015. 8)에서는 볼리비아의 수도 라파스를 세 차례 방문하여 아이라마어 원어민 화자들과의 인터뷰에서 추출한 코퍼스를 통해 아이마라어의 음성적, 통사적, 어휘적 측면을 연구한 바 있다.

멕시코 아스텍의 전통문화가 그렇듯이, 아이마라 민족의 고유문화도 우리의 전통문화와 유사한 점이 많다. 예를 들어, 우리나라에는 음식을 먹을 때 먼저 조금 떼어 던지면서 외치는 '고시레'라는 풍습이 있다. 이와 마찬가지로 아이마라인들은 '차야'(ch'alla)라고 외치면서 술을 땅에 뿌리고, 단 과자나 코카나무 잎, 과일의 일부를 떼어 땅에 던진다. 대지의 여신인 파차마마(Pachamama)에게 수확(예: 감자)에 대한 감사를 표시하는

〈그림 3〉 아이마라어 원어민 화자들

행위라고 한다. 이러한 자연숭배 문화는 우리 한민족의 전통문화인 천지인(天地人) 사상과도 가깝다고 볼 수 있다. 이와 관련하여 우리의 전통 구전을 소개한다.

> "농부가 씨를 뿌릴 때 씨앗 세 개를 함께 심는다고 합니다. 하나는 하늘의 새를 위해, 하나는 땅 속의 벌레를 위해, 남은 하나만이 곡식으로 잘 자라기를 바란다는 뜻입니다."

우리의 선조들은 인간 개개인의 힘으로는 결코 제대로 된 수확을 이루어낼 수 없으며, 하늘과 땅과 같이 함께 어우러져 시너지 효과를 내야만 비로소 온전한 성공을 이룰 수 있다는 것을 후손들에게 전해주려 하였다. 아이마라 민족의 차야 문화와 우리의 고시레 문화는 이런 점에서 개인주의에 물들어 있는 지금의 우리에게 많은 시사점을 준다.

여기에서는 아이마라어의 언어학적 특징 중 우리말이나 스페인어와 관련하여 흥미로운 점을 중심으로 간략히 소개하고자 한다. 먼저, 아이마라어의 음성적 특징에 대해 살펴보도록 하자. 아이마라어는 한국어와 유사하게 세 종류의 파열음(oclusivas) 대립쌍이 있다. 즉, 우리 한국어의 파열음에는 무성음만 존재하나 그 속에 평음, 기식음, 긴장음으로 구분되듯이, 아이마라어도 평음, 기식음, 성문음이라는 세 종류의 무성파열음이 존재한다.

〈표 1〉 한국어의 (무성)파열음과 한글 표기

	양순음	치음	연구개음
평음 [simple]	ㅂ /p/	ㄷ /t/	ㄱ /k/
기식음 [aspiración]	ㅍ /p^h/	ㅌ /t^h/	ㅋ /k^h/
긴장음 [tensión]	ㅃ /p'/	ㄸ /t'	ㄲ /k'/

<표 2> 아이마라어의 (무성)파열음과 로마자 표기

	양순음	치음	연구개음	후두음
평음 [simple]	p	t	k	q
기식음 [aspiración]	ph	th	kh	qh
성문음 [glotal]	p’	t’	k’	q’

이에 반해, 스페인어나 영어는 <표 3>에서 보듯이 유성파열음인 /b, d, g/와 무성파열음인 /p, t, k/라는 두 종류의 파열음만을 지닌다.

<표 3> 스페인어/영어의 파열음

	양순음	치음	연구개음
유성음	/b/	/d/	/g/
무성음	/p/	/t/	/k/

이러한 파열음의 종류를 고려해보면, 음성적·음운론적 측면에서 아이마라어는 스페인어보다는 한국어와 더 유사함을 알 수 있다. 우리말처럼 유성파열음이 없으며, 무성파열음 내에서도 세 종류의 대립쌍 체계가 있기 때문이다.

언어 유형론적 관점에서도 아이마라어는 여러 면에서 한국어와 비슷한 특징을 지닌다. 먼저, 두 언어 공히 기본어순이 동사가 문장 끝에 나오는 SOV이지만, 동사 앞의 구성성분들은 담화정보에 따라 다양한 뒤섞기(scrambling) 어순을 허가한다. 또한, 여러 개의 접미사가 연달아 붙어서 단어를 형성하는 교착어(lengua aglutinante)에 속한다는 점에서도 두 언어는 동일하다.

문법적인 측면을 살펴보면, 아이마라어에서는 4인칭 체계를 사용하는 특이한 점을 발견할 수 있다.

<표 4> 아이마라어의 인칭체계

인칭	단수	복수
1인칭	naya ‘나’	na-naka ‘나들’ (화자)
2인칭	juma ‘너’	juma-naka ‘너희들’ (청자)
3인칭	jupa ‘그’	jupa-naka ‘그들’
4인칭(1인칭+2인칭)	jiwasa ‘나+너’	jiwasa-naka ‘나들+너들’(화자+청자)

〈표 4〉에서 볼 수 있듯이, 아이마라어에는 1인칭 단수 화자(나)와 2인칭 단수 청자(너)를 포함하는 *jiwasa*(나와 너)라는 인칭이 별도로 존재한다. 따라서 아이마라어는 청자 포함 여부에 따라 세 종류의 '우리'가 있다.

〈표 5〉 아이마라어의 '우리' 표현

Na-naka	'나들' (복수 화자): 2인칭 제외
Jiwasa	'나와 너' (단수 화자 & 단수 청자): 2인칭 포함
Jiwasa-naka	'나들+너들' (복수화자 & 복수청자) '우리 모두들'

스페인어의 *nosotros*나 영어의 *we*가 1인칭 복수만을 지칭한다는 사실을 고려하면, 아이마라어는 유럽어보다는 담화상의 인칭을 더 잘 반영하는 언어라는 것을 알 수 있다.

아이마라어의 또 다른 문법적 특징은 스페인어와 마찬가지로 동사가 주어의 인칭에 따라 굴절한다는 점이다. 그러나 아이마라어의 동사 굴절소는 주어뿐만이 아니라 목적어의 인칭과도 결합되어 굴절소가 활용된다. 〈표 6〉은 스페인어 *querer*(사랑하다)에 해당하는 아이마라어 *muna-*가 주어와 목적어의 인칭에 따라 어떻게 변하는지를 보여준다.[1]

〈표 6〉 아이마라어와 스페인어의 인칭별 동사어미 활용

인칭	아이마라어	스페인어
1>2	(Naya-x) (juma-ru) mun-**sma**.	(Yo) Te quiero.
2>1	(Juma-x) (naya-ru) mun-**ista**	(Tú) Me quieres.
3>3	(Jupa-x) (jupa-ru) mun-**i**.	(Él) La quiere.
1>3	(Naya-x) (jupa-ru) mun-**ta**.	(Yo) La quiero.
4>3	(Jiwasa-x) (jupa-ru) mun-**tan**.	(Nosotros) La queremos.
3>1	(Jupa-x) (naya-ru) mun-**itu**.	(Él) Me quiere.
3>4	(Jupa-x) (jiwasa-ru) mun-**istu**.	(Él) Nos quiere.
2>3	(Juma-x) (jupa-ru) mun-**ta**.	(Tú) La quieres.
3>2	(Jupa-x) (juma-ru) mun-**tam**.	(Él) Te quiere.

〈표 6〉에서 볼 수 있듯이, 스페인어는 주어의 인칭에 따라서만 동사의 어미가 굴절 활용되지만, 아이마라어는 주어뿐만 아니라 목적어의 인칭에 따라서도 동사가 활용된다. 따라서 아이마라어는 스페인어보다는 훨씬 더 복잡한 동사의 활용이 있는 셈이다. 또한, 스페인어가 굴절된 동사만으로도 주어를 확인할 수 있어 인칭대명사 주어를 탈락시킬 수 있

1 표에서, 인칭 '1 > 2'는 1인칭 주어('내가')와 2인칭 목적어('너를')를 나타내다.

는 *pro*-drop 언어이듯이, 아이마라어도 주어와 목적어의 인칭에 따라 동사의 굴절소가 바뀌기 때문에 주어와 목적어의 인칭대명사를 동시에 탈락시킬 수 있는 *pro*-drop 언어이다. 즉, 아이마라어는 주어 대명사를 탈락시킬 수 있다는 점에서는 스페인어와 동일하나, 목적어 대명사도 탈락시킬 수 있다는 점에서는 스페인어와는 다르다고 볼 수 있다. 다음 예문에서 보듯이, 스페인어는 *me*, *te*, *lo*, *la*와 같은 목적어 접어 대명사를 탈락시키면 비문이 되는 반면, 아이마라어는 주어와 목적어 대명사를 모두 탈락시킬 수 있다.[2]

〈표 7〉 스페인어와 아이마라어 대화문 비교

스페인어	아이마라어
A: ¿(Tú) Me quieres?	A: (Juma-x) (naya-ru) Mun-ista-ti?
B: Sí, (yo) te quiero.	B: Jisa, (Naya-x) (juma-ru) mun-sma-wa.[3]

한편, 아이마라어와 케추아어는 어휘, 문법, 음운이 유사하여 케추아-아이마라어족이라고 부르는 학자들도 있을 만큼 두 언어는 상당히 유사한 점이 많다. 그럼에도, 위에서 살펴본 동사의 굴절형태소와 관련하여 두 언어는 다소 차이를 보인다. 〈표 6〉과 〈표 7〉에서 볼 수 있듯이 아이마라어는 주어와 목적어의 인칭대명사와 일치하는 동사의 굴절소가 둘로 분리될 수 없는 하나의 형태소로 나타나지만, 케추아어의 동사는 주어와 목적어의 인칭대명사와 일치하는 굴절소가 두 개의 형태소로 분리되어 나타난다. Adelaar (2004: 220-221)에 소개된 다음의 케추아어 예문은 동사의 인칭 굴절소가 주어와 일치하는 형태소와 목적어와 일치하는 형태소로 각각 분리될 수 있음을 잘 보여준다.

(1) a. muna-**wa**-nki. (quechua)
querer-1O-2S
'Me quieres.'

b. tapu-**su**-ni. (quechua)
preguntar-2O-1S
'Te pregunto.'

---

2 스페인어에서는 다음 대화문에서 보듯이, 목적어 대명사 *me*나 *te*를 탈락시키면 비문이 된다.
A: ¿*(Me) Quieres?
B: Sí, *(te) quiero.

3 아이마라어의 문장에는 우리말과 같이 종결어미가 붙는다. 예를 들어, 의문사 의문문의 종결어미로는 -sa, 판정 의문문의 종결어미에는 -ti, 초점(focus)의 기능을 표시하는 평서문의 종결어미로는 -wa가 사용된다.

<표 8>은 아이마라어와 케추아어의 인칭별 동사 굴절체계 차이점을 보여준다.

<표 8> 아이마라어와 케추아어의 인칭별 동사 굴절체계

muna- (querer)		
인칭	아이마라어	케추아어
1>3	mun-ta	muna-**pu**-ni
2>3	mun-ta	muna-**pu**-nki
1>2	mun-sma	muna-ykicheh
3>2	mun-tam	muna-**su**-nkicheh
2>1	mun-ista	muna-**wa**-yku
3>1	mun-itu	many-**wa**-yku
3>4	mun-istu	muna-**wa**-ncheh

2.2. 마야어족의 키체어

마야어족에 속하는 다양한 언어들과 그 방언은 멕시코의 유카탄 반도를 중심으로 중미 일부 지역에서 사용되고 있으며 약 6백만 명 정도의 화자가 있다고 알려져 있다. 키체(quiché)어는 가장 대표적인 마야어족의 언어로서, 그 화자인 키체족은 현재 약 160만 명이 과테말라에 살고 있으며, 이 중 100만 명은 과테말라의 키체(Quiché)주와 토토니카판(Totonicapán)주에 거주하고 있다. 키체어는 영어로는 *Kichean*으로 표기하지만, 스페인어로는 *Quiché*라고 쓴다. 세계적으로 유명한 키체족 인물로는 과테말라의 여성 인권운동가인 리고베르타 멘추(Rigoberta Menchú)가 있다. 4장에서 언급하였다시피, 그녀는 전 세계에 중남미 원주민들의 참상을 알리고 대변함으로써 사회적 정의와 민주화 운동을 이끈 공로를 인정받아 1992년 노벨평화상을 수상한 바 있다.

마야어의 한 갈래인 키체어는 SVO 어순을 지니며, 능격언어(Ergative Language)에 속한다. 이는 케추아어, 아이마라어, 과라니어, 나우아틀어 등과 같이 대부분의 중남미 원주민어가 우리 한국어와 마찬가지로 동사가 문장의 끝에 오는 SOV 어순을 지니는 것과는 대조적이다. 또한, 앞서 바스크어에서 소개하였듯이, 키체어는 바스크어와 마찬가지로 능격언어란 점에서 주격언어(Nominative Language)에 속하는 한국어나 앞서 언급한 원주민어들과는 큰 차이를 보인다. 예를 들어, 하나의 논항만을 취하는 자동사 구문에서 주격언어에서는 주어가 주격(NOM)으로 표시되지만, 능격언어에서는 주어가 절대격(ABS)으로 나타난다. (참고로, 타동사 구문에서, 능격언어의 절대격은 주격언어의 목적격에 해당한다) 즉, 키체어는 자동사 구문에서 주어 논항이 동사에 절대격(ABS)으로 나타난다는 점에서, 바스크어와 마찬가지로 능격언어에 속한다고 볼 수 있다. Preminger(2014: 16)에서 소개된 아래의 키체어 예문들을 보자.

〈키체어 자동사 구문〉

- ri achin x-Ø-uk'lun
the man COM-3SG.ABS-arrive
'The man arrived.' (그 사람이 도착했다)
- rat x-at-uk'lun
you(SG) COM-2SG.ABS-arrive
'You(SG) arrived.' (너가 도착했다)

위의 예문에서 보듯이, 주어 논항만이 등장하는 자동사 구문에서 우리말에는 주격(NOM) 조사인 '이/가'가 표시되는 반면, 키체어에는 우리말의 목적격에 해당하는 절대격(ABS)이 동사에 표시된다. 또한, 키체어는 아래 타동사 예문에서 볼 수 있듯이, SVO 어순을 보인다.

〈SVO 어순의 키체어 타동사 구문〉

- rat x-Ø-aw-ax-aj ri achin
you(SG) COM-3SG.ABS-2SG.ERG-hear-ACT the man
'You(SG) heard the man.' (너가 그 사람을 들었다)
- ri achin x-a-r-ax-aj rat
the man COM-2SG.ABS-3SG.ERG-hear-ACT you(SG)
'The man heard you(SG).' (그 사람이 너를 들었다)

위 예문에서 보듯이, 키체어의 타동사에는 인칭과 수에서 목적어와 일치하는 절대격(ABS) 형태소와 주어와 일치하는 능격(ERG) 형태소가 차례대로 붙어 나온다. 이러한 현상은 앞서 살펴본 케추아어의 동사에 주어와 목적어의 인칭에 일치하는 형태소가 각각 별도로 나타나는 것과 유사하다고 볼 수 있다.

〈키체어 타동사에 나타나는 형태소 순서〉

- [상 접두사] - [절대격 표지] - [능격 표지] - [동사 어간]
(Aspect prefix) (ABS marker) (ERG marker) (Verb stem)

키체어의 또 다른 특이한 점은, 아래 예문의 아이마라어·케추아어나 한국어와는 달리, 키체어를 비롯한 마야어족의 언어는 '은/는'과 같은 주제 표지(Topic marker)나 주격조사 '이/가', 목적격조사 '을/를'과 같은 격 표지(Case marker)가 나타나지 않는다는 것이다.

〈SOV 어순의 아이마라어, 케추아어, 한국어 타동사 구문〉

- Jupa-***x*** naya-***ru*** uñj-i. (아이마라어)
  3P-TOP me-ACC see-3P
  'He saw me.'

- Mario-***w*** wasu:r Bolivia-***r*** sar-i. (아이마라어)
  Mario-FOC yesterday Bolivia-to go-3P
  'Mario went to Bolivia yesterday.'

- Wambra-***ca*** sapu-***ta*** chari-ya (케추아어)
  boy-NOM toad-ACC carry-dur
  'The boy carries the toad.'

- No-***qa*** runa simi-***ta*** yachayta munani (케추아어)
  I-NOM quechua-ACC learn want
  'I want to learn quechua.'

- 그-**는** 나-**를** 보았다. (한국어)
  마리오-**가** 어제 볼리비아-**로** 갔어.
  소년-**이** 두꺼비-**를** 가지고 간다.
  나-**는** 케추아어-**를** 배우고 싶다.

위의 예문에서 보듯이, 아이마라어, 케추아어는 한국어와 같이 SOV 어순을 지니며 주격·목적격조사, 주제·초점 표지 그리고 (전치사 대신) 후치사를 지닌다는 점에서 유형론적 관점에서 유사한 계통에 속하는 언어라고 볼 수 있다. 그 반면에, 마야어족의 키체어는 한국어에서 보이는 격조사가 나타나지 않으며 바스크어처럼 능격언어에 속한다. 또한, 키체어는 영어나 스페인어처럼 SVO 어순을 지니는 선핵(head initial) 언어이다. 한국어(일본어도 마찬가지임)나 아이마라, 케추아어, 나우아틀어 등 대부분의 중남미 원주민어가 주격언어이며, SOV 어순을 지니는 후핵(head final) 언어에 속한다는 점을 고려할 때, 키체어를 위시한 마야의 언어들은 중남미의 여타 원주민어들과는 상당히 다른 문법체계를 지니고 있다고 볼 수 있다.

3. 스페인어와 중남미 원주민어의 언어접촉

여기에서는 언어접촉을 통해 원주민어가 스페인어에 어떠한 영향을 미쳤는지에 대해 살펴볼 것이다. 먼저, 스페인어 어휘부에 차용된 다양한 원주민어 어휘들을 알아보고, 이들 원주민어가 해당 지역의 스페인어에 어떤 언어학적 영향을 미쳤는지에 대해서도 간략히 소개하고자 한다.

3.1. 스페인어에 차용된 원주민어 어휘

앞서 살펴보았듯이, 중남미에서 사용되던 상당수 토착어는 타이노(taíno)어나 칩차(chibcha)어처럼 스페인 정복자의 침략과 함께 사멸되기도 하고 그 사용 범위가 소수 원주민 커뮤니티로 축소되어, 언어학적(통사·형태론적) 측면에서 접근해보면 원주민어가 스페인어에 영향을 끼친 부분은 거의 없다고 볼 수 있다. 그러나 스페인어에는 원주민어에서 파생된 많은 어휘가 남아있다. 이들 어휘는 주로 아메리카가 원산지인 식물군(flora)이나 동물군(fauna), 음식명과 같은 고유명사로서, 유럽에는 생소한 중남미에만 존재하던 것이었기에 원주민어 어휘가 그대로 스페인어에 차용된 것은 당연하다고 볼 수 있겠다.

중남미의 몇몇 지명(topónimo)도 원주민어에서 그 유래를 찾아볼 수 있다. 예를 들어, 멕시코(México)라는 국가명도 아스텍 제국의 나우아틀어에서 파생된 것으로, 아스텍인이 그들의 수도를 *Meshiko*라고 불렀던 데에 기인한다.[4] 멕시코의 반도명인 유카탄(Yucatán) 역시 마야어에서 파생된 지명이며, 엄청난 규모의 폭포로 유명한 이과수(Yguazú)는 과라니어로 '큰 물'(agua grande)이란 뜻이다.[5] 또한, 남미의 팜파(Pampa)는 케추아어에서 파생된 지명이다. 한편, '유카탄'이란 지명을 통하여, 서로 다른 언어권의 문화가 갑자기 만났을 때 사람들은 온갖 노력을 기울여 상대가 횡설수설 내뱉는 말을 자신의 언어로 바꾸려고 한다는 사실을 알 수 있다. 1517년 스페인 정복자 일행이 "이곳 이름이 뭐죠?"라고 원주민에게 질문했더니, 마야 원주민이 "Ki u t'aan"(뭐라구요)라고 답을 했으며 여기에서 '유카탄'이라는 지명이 유래했다고 한다. 호주의 '캥거루'도 마찬가지의 경우이다. 1770년 영국탐험가 제임스 쿡이 원주민에게 "이 동물의 이름이 뭡니까?"라고 물었더니, 원주민이 "강 그루"(무슨 소리를 하는지 모르겠다)라고 한데서 기인한다고 한다. 한마디로, 유카탄

4 멕시코 국가명의 로마자 표기(México 또는 Méjico)에 관해서는 8장의 2.3을 참조하기 바람.
5 하천명(hidrónimo)인 이과수(Yguazú)는 과라니어로 *y*는 물(agua), *guasu*는 거대한(grande)을 뜻한다.

반도는 '뭐라구요' 반도이며, 캥거루는 '모르겠다' 동물인 셈이다.

원주민어에서 유래한 어휘는 인디헤니스모(indigenismo)라고도 불리는데, 우리말뿐만 아니라 전 세계적으로 퍼진 대표적인 중남미 원주민어 기원의 스페인어 어휘로는 tomate(토마토), papa 또는 patata(감자), cacao(카카오), chocolate(초콜릿), chicle(껌), barbacoa(바비큐), huracán(허리케인), tabaco(담배), llama(야마), jaguar(재규어), cóndor(콘도르) 등이 있다. 새로운 동식물을 접했을 때 기존의 어휘를 빌리기도 하였는데, 예를 들어 '재규어'를 처음엔 tigre(호랑이)라고 지칭하였다고 한다. 원주민어들 간에도 접촉이 생겨 새로운 어휘가 생겨난 경우도 있는데, 감자를 지칭하는 안데스의 케추아어인 *papa*가 카리브해 서인도 제도의 *batata*(고구마)라는 어휘와 접촉하면서 *patata*(감자)라는 어휘가 탄생하기도 하였다. 스페인어에 비시고도의 게르만어 어휘, 모로족의 아랍어 어휘 등이 스페인 역사와 함께 스페인어에 차용된 것과 동일한 현상이 신대륙 발견과 함께 나타난 것이다. 그만큼 스페인어 어휘는 역사와 함께 풍부해졌다고 볼 수 있다. 다만, 이들 외부의 언어들은 스페인어의 통사·형태론적 문법 사항에는 전혀 영향을 미치지 못하였다. 〈표 9〉는 스페인어에 차용된 중남미 원주민어 어휘들을 원주민어별로 구분하여 나열한 것이다.

〈표 9〉 스페인어에 차용된 중남미 원주민어 어휘

원주민어	어휘
아라와코-타이노어 Arahuaco-taíno	ají(고추), barbacoa(바비큐), canoa(카누), cacique(추장), canibal(식인종), tabaco(담배), maíz(옥수수), tiburón(상어), iguana(이과나), sabana(사바나; 열대지방의 초원), hamaca(해먹), huracán(허리케인), yuca(유카), batata(고구마), loro(앵무새)
나우아틀(나우아)어 Náhuatl (Nahua)	chocolate(초콜릿), tomate(토마토), chicle(껌), cacao(코코아), cacahuate(땅콩), aguacate(아보카도), camote(고구마), nopal(선인장), tamal(타말), pulque(풀케), tiza(점토), chile(고추), tequila(테킬라)
마야어 (Lenguas mayas)	henequén(용설란 섬유), cenote(우물, 천연 저수지)
케추아어 Quechua	papa(감자), cóndor(콘도르), llama(야마), alpaca(알파카), vicuña(비쿠냐), coca(코카), puma(퓨마), mate(마떼차), pampa(남미의 대평원, 팜파), guano(구아노), cancha(평원; 경기장), chasqui(차스키; 파발꾼), pisco(피스코; 페루의 대표적인 포도 증류주), ojota(가죽 샌들), palta(아보카도 열매), chacra(농장), choclo(익지 않은 옥수수)
아라우카노(마푸체)어 Araucano (mapuche)	malón(기습 공격), poncho(망토, 외투), guata(복부)
과라니어 Guaraní	gaucho(가우초), tapir(들소), tapioca(타피오카), petunia(덩굴 풀), tucán(조류명, 투칸), mangangá(도둑), mandioca(식물명, 만디오카), jaguar(재규어), maraca(호박 안에 돌을 넣어 만든 악기), piraña(어류; 피라냐), tapera(마을의 폐허), tipoy(겉옷)

3.2. 중남미 원주민어가 스페인어에 미친 영향

스페인의 식민정책은 주로 멕시코시티(멕시코), 리마(페루), 키토(에콰도르), 포토시(볼리비아), 보고타(콜롬비아), 산티아고(칠레), 부에노스아이레스(아르헨티나)와 같은 대도시를 중심으로 펼쳐졌기 때문에, 이들 대도시 이외의 시골지역이나 안데스 고원 같은 접근이 어려운 산악지역에서는 그곳에 거주하던 원주민들이 자신들의 고유한 문화와 언어를 지킬 수 있었다. 그럼에도 스페인 주류 문화권과 이들 원주민 커뮤니티 사이에는 꾸준한 접촉과 상호영향이 있었으며, 그 결과 언어에도 스페인어와 원주민어의 접촉현상이 발생한다. 특히, 중남미에서 가장 많은 원주민어 화자수를 자랑하는 케추아어는 스페인어에 지대한 영향을 미쳤다고 알려져 있다. 마찬가지로, 과라니어도 파라과이 스페인어에 큰 영향을 주었으며, 마야어도 유카탄 반도와 과테말라의 스페인어에 많은 영향을 주었다. 이러한 원주민어와의 언어접촉에 의한 스페인어의 다양화는 최근 20세기에 들어와 스페인어와 원주민어를 공히 사용하는 이중언어(bilingüe) 화자수가 급격히 증가함에 따라 더욱 더 가속화되었다고 볼 수 있다.

앞서 살펴본 아랍어나 게르만어의 경우에서와 마찬가지로, 중남미 원주민어는 스페인어의 어휘부(lexicón)를 풍성하게 하는데 큰 도움을 주었지만, 스페인어의 형태·통사적인 문법부에는 거의 영향을 끼치지 못하였다. 따라서 스페인어권의 스페인어는 지역별로 서로 다른 발음과 다양한 어휘적 특성을 보이기는 하지만, 문법은 지역별로 거의 차이가 없는 단일성과 통일성을 지니고 있기 때문에 스페인어는 그 사용지역이 광범위함에도 하나의 언어로서의 위상을 그대로 유지하고 있다. 만약 언어접촉을 통하여 스페인의 지역어나 중남미의 원주민어가 스페인어의 문법에 심각한 영향을 주었다면, 라틴어가 그러했듯이 지역별 스페인어는 서로 의사소통이 불가능하여 하나의 언어라는 단일성을 상실하고 지역별로 서로 다른 별개의 언어들로 분화해 갔을 것이다.

그러나 원주민어가 스페인어의 문법에 완전히 영향을 끼치지 않은 것은 아니다. 원주민어와의 언어접촉에 의한 스페인어의 형태부와 통사부에서의 영향을 언급하자면, 다음과 같은 '목적격 대명사 탈락'(objetos nulos) 현상을 들 수 있다.

〈표 10〉 원주민어와의 언어접촉에 의한 대격 대명사의 탈락현상 (Montrul, 2013: 36)

표준 스페인어	케추아어·과라니어 화자의 스페인어
Ya ***lo*** he leído.	Ya __ he leído.
Ese coche fue dejado aquí para que ***lo*** laves.	Ese coche fue dejado aquí para que __ laves.

원주민 화자의 스페인어에서 목적격 대명사가 탈락되는 현상은 담화에서 대명사를 탈락시키는 경향이 있는 원주민어의 영향이라고 볼 수 있다. 흥미로운 점은, 이들 원주민어와 마찬가지로 대명사 접어(clíticos)가 결여된 한국어를 모국어로 구사하는 화자들도 스페인어의 목적격 대명사를 흔히 탈락시키는 오류를 범한다는 점이다. 즉, 다음 예문에서 보듯이, 스페인어를 배우는 우리 한국학생들은 흔히 스페인어의 목적격 대명사 접어를 탈락시키곤 한다. 이러한 한국학생들의 스페인어 오류는 한국어의 영향이라고 볼 수 있다. 한국어 예문에서 보듯이, 한국어는 대화문에서 이미 언급된 주어나 목적어는 대명사로 반복하지 않고 탈락(*pro-drop*)시키는 것이 자연스럽기 때문이다. 따라서 중남미 원주민어 화자와 한국어 화자의 스페인어에 대명사 접어가 탈락되는 현상은 외국어 L2 습득에 있어서 모국어 L1의 전이(*L1 transfer*) 또는 간섭현상(*interference*)이라고 볼 수 있다.

〈표 11〉 L1 한국어 화자의 L2 스페인어

표준 스페인어	한국어 화자의 스페인어	한국어
A: ¿Has visto la película *Sunny*? B: Sí, ***la*** vi ayer.	A: Tú, ¿has visto la película *Sunny*? B: Sí, Ø vi ayer.	A: 너, 영화 써니 봤니? B: 응, 어제 Ø 봤어.

3.2.1. 스페인어가 중남미 원주민에 미친 영향

스페인어에 미친 원주민어의 영향을 찾아볼 수도 있지만, 원주민어에도 스페인어의 영향이 당연히 나타난다. Montrul(2013: 93)에서 소개된 아래의 예문들에서 볼 수 있듯이, 스페인어와 케추아어를 모두 구사하는 중남미의 이중언어 화자(bilingüe)들의 언어에는 이러한 언어접촉 현상을 쉽게 발견할 수 있다. 우선, 케추아어는 아래 예문에서 보듯이, SOV 어순을 지닌 언어이다.

• Suk wamra suk kurtashu-ta uklla-yka-n (케추아어 어순: SOV)
un niño una rana-acc abrazar-prog-3sg
'Un niño abraza a una rana.'

• Wambra-m saputa chari-ya (케추아어 어순: SOV)
niño-foc sapo-acc llevar-dur
'El niño lleva al sapo.'

그러나 이중언어 화자가 구사하는 케추아어에는 *abrazar*(껴안다)와 같은 스페인어 어휘가 차용되어 나타나기도 하며, 스페인어의 '구문 간섭'(interferencia estructural) 현상의 한 예로 케추아어가 스페인어처럼 SVO 어순으로 바뀌어 나타나기도 한다.

• Suk wambriyo *abraza*-yka-n suk *sap-ito* (이중언어 화자의 케추아어 어순: SVO)
un niño abraza-prog-3sg un sapo-dim
'Un niño abraza a un sapito.'

• *Tortuga* mira-ya-n algu-s wambra (이중언어 화자의 케추아어 어순: SVO)
tortuga buscar-dur 3s perro-foc niño
'La tortuga está buscando al perro y al niño.'

케추아어의 명사에도 스페인어의 영향이 나타난다. 예를 들어, 애정을 담아 표현하기 위해 스페인어의 축소 접미사를 케추아어 명사에 도입하기도 한다.

• wamra (niño); wamr*ita* (niñito) (스페인어 영향을 받은 케추아어)

또한, 케추아어 명사에는 성 표지가 없는데, 남성과 여성을 구분하기 위해 형용사를 활용한다. 즉, 남성 명사에는 남성을 지칭하는 형용사 *urqu*(macho)를 사용하며, 여성 명사에는 여성을 뜻하는 *china*(hembra)를 붙여 사용한다.

• urqu allqu (perro) (케추아어)

• china allqu (perra) (케추아어)

그러나 다음에서와 같이, 스페인어의 영향을 받은 케추아어 어휘에는 스페인어처럼 성 표지(marca de género)를 도입하고 있다.

• wauqisit*u* (hermanito) (스페인어 영향을 받은 케추아어)

• panistit*a* (hermanita) (스페인어 영향을 받은 케추아어)

파라과이의 과라니어의 경우에도 스페인어의 영향이 지대하다(cf. Montrul, 2013: 37). 다음에서와 같이 스페인어의 영향을 받은 과라니어에는 과라니어 어휘 *kuatañe'ẽ* 대신에 스페인어 어휘 *carta*가 삽입되어 나타나기도 한다.

• Nde kyuy o-hai peterĩ kuatañe'ẽ (과라니어)
tu hermano 3sg-escribir una carta
'Tu hermano escribe una carta.'

• Nde kyuy o-hai peterĩ ***carta*** (스페인어 영향을 받은 과라니어)
tu hermano 3sg-escribir una carta
'Tu hermano escribe una carta.'

또한, 과라니어는 성과 관사가 없지만 스페인어의 영향을 받은 과라니어에는 *la*는 단수관사로, *lo*는 복수관사로 도입하여 사용한다.[6]

• ***La*** mitá o-karu (스페인어 영향을 받은 과라니어)
el niño 3sg-comer
'El niño come.'

• ***Lo*** mitá o-karu (스페인어 영향을 받은 과라니어)
los niños 3sg-comer
'Los niños comen.'

이와 같이, 어순과 같은 구문적인 면이나 어휘 차용과 같은 측면에서 이중언어 화자의 케추아어와 과라니어에는 스페인어의 영향이 상당히 남아있음을 알 수 있다. 그 반대로, 이들 이중언어 화자들이 구사하는 중남미 스페인어에도 언어접촉으로 인한 원주민어의 영향이 상당히 나타나고 있다. 여기에서는 중남미 토착어가 현지 스페인어에 어떤 영향을 미쳤는가를 알아보기 위해, 스페인어와 몇몇 원주민어(예: 멕시코의 나우아틀어, 과테말라의 마야어, 파라과이의 과라니어, 페루·볼리비아·에콰도르의 케추아어/아이마라어)의 언어접촉 현상을 간략히 소개하고자 한다.

6 과라니어 화자의 스페인어에도 관사 *la*는 남성단수(예: la señor ministro)로 사용하고, *lo*는 복수관사(예: lo señores ministros)로 사용되는 현상이 나타난다.

3.2.2. 스페인어와 나우아틀어의 접촉현상

멕시코는 스페인어권 국가 중 최다 화자를 보유한 국가인 동시에, 중남미에서 최다 원주민어 화자를 보유한 국가이기도 하다. 원주민들은 60개 이상의 언어를 사용하고 전체 인구의 6% 정도를 차지하며, 그 중에서도 고대 아스텍인들의 후손인 나우아틀어 사용자들은 절대 다수를 차지한다. 나우아틀어 화자는 2백만 명 가량으로 전체 인구의 1.7% 이상을 차지하며, 이들의 언어는 멕시코 내에서 가장 영향력있는 원주민어라고 할 수 있다.

현재 멕시코는 스페인어와 원주민어 모두에 대한 교육정책을 실시하고 있다. 2003년 '원주민 언어권에 관한 일반법'(Ley General de Derechos Lingüísticos de los Pueblos Indígenas)이 제정되면서 독립 이후 최초로 모든 영역에서 원주민어는 스페인어와 동등하게 취급될 것을 보장받았다. 또한, 같은 해 '국립 원주민어 연구소'(INALI: Instituto Nacional de Lenguas Indígenas)에 의해 '상호문화에 기반한 이중언어 교육'이 장려되면서, 원주민들은 자신의 언어를 제 1언어로서 학습하고, 스페인어를 제 2언어로서 습득하게 되었다(cf. 김우성, 2006). 이에 따라 나우아틀어를 포함한 원주민어 화자들은 자신의 원주민어뿐만 아니라 국가 공용어인 스페인어도 함께 사용하게 된다. 나우아틀어 화자 중 86.1%가 나우아틀어와 스페인어 모두를 말하는 이중언어 사용자이며, 그 수 역시 증가하고 있는 추세이다. 이에 따라 나우아틀어를 제 1언어로 하는 화자들이 후차적으로 스페인어를 학습하고 사용하는 과정에서 두 언어의 언어 접촉 현상이 발생한다. 언어 접촉 현상은 두 언어가 다양한 층위에서 상호적으로 영향을 주고 받는 과정으로써 관찰되는데, 여기에서는 나우아틀어가 스페인어에 미친 영향을 소개하고자 한다.

우선, 멕시코 스페인어의 관용어구에는 나우아틀어의 영향을 자주 찾아볼 수 있다. 즉, 나우아틀어에서 유래한 어휘들을 활용한 관용어구가 많다는 것이다. 정혜정(2004)에 따르면, 나우아틀어를 모국어로 하는 사용자들은 아래 예문들의 (a)와 같은 기존 스페인어 표현 대신에, (b)에서와 같이 사용자에게 친숙한 나우아틀어 어휘가 포함된 관용 표현을 쓰는 경향이 있다. 이들 관용어구 중 몇 가지 예를 들면 다음과 같다.

- Apipizca: un tipo de ave
  (a) tener ojos muy pequeños
  (b) tener ojos de *apipizca*

- Atole: un tipo de bebida
  (a) ser apático
  (b) tener sangre de *atole*

- Camote: una raíz tuberosa comestible
  (a) tener dificultad para expresar
  (b) tragar *camote*

- Chahuiztle: un pulgón que invade las mieses
  (a) sobrevenirle enfermedades y desdichas que le abaten
  (b) caerle el *chahuiztle* a alguien

- Chayote: una fruta espinosa
  (a) llevar a cabo una tarea tan dificultosa y torturante
  (b) parir *chayotes*

- Chile: ají o pimiento
  (a) estar medio borracho
  (b) estar a medios *chiles*

- Ejotes: frijol o haba verde
  (a) acobardarse o arruinarse uno
  (b) helarse los *ejotes*

- Guaje: un tipo de acacia
  (a) hacerse el tonto
  (b) hacerse *guaje*

- Huacal: un aparato que sirve para transportar frutas, aves, huevos, etc.
  (a) dejar de cumplir o respetar ciertos límites impuestos por alguien o ciertas normas y reglas
  (b) salirse del *huacal*

- Mecate: cordel o cuerda de pita
  (a) descubrirse en trampa o mentira
  (b) caerse del *mecate*

- Milpa: una sementera
  (a) ocurrir una serie de buenos o malos acontecimientos
  (b) lloverle en su *milpita*

- Molcajete: un especie de almirez o mortero chico
  (a) colgarse todo lo que tiene
  (b) colgarse hasta el *molcajete*

- Mole: un famoso guiso típico mexicano
  (a) estar próxima a casarse
  (b) oler a *mole*

- Nixtamal: un maíz sancochado en agua de cal
  (a) dientes prominentes y de color amarillo
  (b) dientes de *nixtamal*

- Petate: una estera, tejida de tule o de palma fina
  (a) morir
  (b) doblar/liar el *petate*

- Pinole: una harina hecha de maíz tostado
  (a) hacerlo polvo, destrozarlo
  (b) hacer *pinole* a algo o a alguien

- Piocha: cabellos que dejan en el cogote
  (a) estar bien
  (b) estar *piocha*

- Popote: una pajita hueca que se emplea para tomar helados y refrescos
  (a) ser muy flaco
  (b) ser hecho un *popote*

- Tamal: un manjar mexicano hecho de masa de maíz con manteca
  (a) defraudar a alguien
  (b) hacer de gato/chivo los *tamales*

- Tanate: cesto de guano de palma
  (a) mudarse
  (b) cargar con los *tanates*

- Tecolote: un nombre popular despectivo para referirse al señor
  (a) ser supersticioso
  (b) creer en el *tecolote*

한편, 형태·통사론적 측면에서 나우아틀어는 스페인어에 다음과 같은 영향을 미쳤다. 먼저, 아래 예문에서와 같이 멕시코 스페인어의 명령이나 감탄사에서 자주 나타나는 여격 접미사 *-le*에 대해, Austin(1989)은 이 표현이 나우아틀어의 영향을 받은 것이라는 가설을 제안하였다.

- ¡Cuele!, ¡Macuele!, ¡Mayecuele!
- ¡Ándale!, ¡Córrele!, ¡Pásale!
- ¡Híjole!, ¡Órale!

그의 제안에 따르면, 위의 표현 중, 멕시코 스페인어 감탄사인 *Cuele*는 나우아틀어의 감탄사 CUEL 혹은 CXUEL에서 파생된 표현이다. 감탄사의 대표격인 *Cuele*는 스페인어 명령법에도 영향을 끼쳐, 명령형 동사 뒤에는 *Ándale*와 같이 여격 대명사 *-le*가 더해진 표현이 등장한 것이며, 이러한 명령 표현의 접미사 *-le*는 명령형 동사 이외에도 *hijo*와 *ahora*와 같은 명사나 부사 뒤에도 붙어 *híjole*, *órale*와 같은 감탄, 놀람의 표현으로 확장되었다고 한다.

마지막으로, 나우아틀어와 스페인어를 모두 사용하는 이중언어 화자들의 대화문에는 두 언어를 번갈아가며 섞어서 사용하는 코드 스위칭 현상이 자주 목격된다. 다음은 MacSwan(1999)에서 제시한 스페인어와 나우아틀어의 문장 간 코드 스위칭 예문들이다.

- 문장 간 코드 스위칭:
  (a) *O-ni-k-itak se ichpochtle. O-ni-k-tlanjtlani kanika in teopan* (나우아틀어)
  PAST-I-him/her-see a girl, PAST-I-him/her-ask where the church
  (b) Vi a una muchacha. Le pregunté dónde está la iglesia (스페인어)
  (c) *Onikitak se ichpochtle.* Le pregunté dónde está la iglesia (코드 스위칭)
  (d) Vi a una muchacha. *Oniktlanjtlani kanika in teopan* (코드 스위칭)

또한, 문장 내에서도 나우아틀어와 스페인어는 코드 스위칭 현상을 보인다.

- 문장 내 코드 스위칭:
  (a) *Amo ni-tekiti-toc* (나우아틀어)
  not I-work-ing
  (b) No estoy trabajando (스페인어)
  (c) *Amo* estoy *tekititoc* (코드 스위칭)
  (d) No estoy *tekititoc* (코드 스위칭)

두 언어 사이에는 문장 외 코드 스위칭 현상도 보이는데, 다음과 같은 부가 의문문을 그 예시로 들 수 있다.

- 문장 외 코드 스위칭:
  (a) *Kemi matlactli tlacatl, amo?* (나우아틀어)
  about ten person(s) no
  (b) Diez personas más o menos, no? (스페인어)
  (c) Diez personas más o menos, *amo?* (코드 스위칭)

앞서 보았듯이, 나우아틀어는 스페인어 어휘에도 영향을 끼쳐 자연, 음식, 사물 등 다방면에 걸쳐 새로운 어휘들을 공급하였다. 그리고 이 어휘들을 활용한 관용어구들을 사용함으로써, 스페인어를 말하는 데 있어서 기존 원주민어의 습관을 반영하기도 하였다. 자신의 말을 강조하려 할 때에는 뒤에 여격 접미사 *-le*를 덧붙여 표현하는 것에서 보듯이, 나우아틀어는 형태·통사적으로도 스페인어에 영향을 끼친 것을 알 수 있다. 또한, 두 언어 모두 능통한 화자일 경우, 스페인어와 나우아틀어를 함께 사용하는 코드 스위칭 현상을 보이기도 한다.

3.2.3. 스페인어와 마야어의 접촉현상

마야어의 영향은 주로 멕시코 남부지역, 유카탄 반도 그리고 과테말라에 주로 분포되어 있다. Hualde, Olarrea, Escobar & Travis(2010: 430)에 따르면, 이들 마야어 사용지역에서의 스페인어의 특징으로는 다음과 같은 언어학적 양상이 보고되고 있다. 먼저 음성학적 측면을 보자.

- 어말음에서 비음 /n/이 양순음 /m/으로 바뀐다: pan [pám].
- 어두음에서 마찰음 /f/가 파열음 /p/로 바뀐다: feliz [pelís].
- 다른 지역과는 달리 어말에서 /s/음이 유지되는 경향을 보인다.

형태·통사적 특징으로는 다음과 같다.

- 절대최상급 '-ísimo'가 반복된다: riqu*isisísimo*, pobr*isisísimo*
- 소유대명사의 중첩현상: *su* casa de Juan, *su* tapa de la olla

• 3인칭 대격 접어의 중복 사용: *Lo* llamé a Juan. *Lo* metió el libro en el cajón.

• 축소사(diminutivo)의 확장 사용: callandi*to*, corriendi*to*, dos*itos*, ahi*sito*, aca*sito*, est*ito*, un*ito*, ell*ita*.

• 소유대명사 앞에 부정관사의 사용: *un* mi sombrero, *una* mi taza de leche.

그러나 이러한 형태통사적인 특징들은 다른 원주민어 지역의 중남미 스페인어에도 나타나는 일반적인 특성이기 때문에, 특정 원주민어의 영향이라고 단정하기는 힘들 것 같다.

3.2.4. 스페인어와 과라니어의 접촉현상

스페인어와 과라니어의 접촉현상은 중남미에서도 아주 특이한 경우라고 볼 수 있다. 파라과이 인구의 89%가 스페인어와 과라니어를 모두 구사하는 이중언어 화자들이기 때문이다. 특히, 어휘적인 측면에서 투피(tupi)어족의 과라니어가 스페인어에 미친 영향을 지대하다. 마찬가지로 스페인어가 과라니어에도 큰 영향을 미치고 있다. 게다가 젊은이들 사이에서는 스페인어를 기반으로 이들 두 언어를 섞어서 사용하는 조파라(jopará) 또는 과라뇰(guarañol)이라고 불리는 혼합어 양상마저 나타나고 있다. Hualde, Olarrea, Escobar & Travis(2010: 431)에 소개된 아래 예문에서 보듯이, 조파라로 형성된 파라과이 스페인어에는 과라니어의 어휘적 표현과 문법적 표현들이 포함되어 있다.

• La niña *ndaje* ('se dice') no comía más casi dos días *voi* ('pues') y por eso estaba un poco desnutrida, pero el *tua ánga* ('padrastro') igual le pegaba.

이와 같이, 파라과이 스페인어에는 과라니어에서 유래한 다양한 담화 표지들이 나타난다. 예를 들어, *voi*는 'pues, luego'라는 긍정접사의 역할을 하며, *ndaje*는 'se dice, según dicen'이라는 증거법으로 '전해 들었다'는 의미를 지닌다. 이와 관련하여 과라니어가 파라과이 스페인어(조파라)에 미친 영향을 좀 더 자세하게 살펴보도록 하자. 먼저, 김희정(1990)에서 언급된 몇 가지 예문들을 소개하면 다음과 같다.

• 스페인어의 축소사(diminutivo)인 -*ito*나 -*cito*가 파라과이 스페인어에서는 -*í*로 나타나는데,[7] 이는 과라니어 축소사의 영향으로 볼 수 있다:
No, trae primero tu rancho-***í*** (= ranch-ito).

7 예를 들어, patroncito의 -*cito*를 -*í*가 대신하여 patron-*í*라고 표현한다.

- 스페인어 복수형 접미사 -*s*나 -*es* 대신, 과라니어 복수 형태소인 -*kuéra*가 사용:
  Contra ello-***kuéra*** (= ellos) tenemo' que levantarno'.
  Vinieron sus ami-***kuéra*** (= aimgos).

- 과거에 존재했던 대상을 나타내는 과라니어 명사 접미사 -*kué*와 결합된 스페인어 명사구:
  mi rancho-***kué*** (= el que fue mi rancho)
  su novia-***kué*** (= la que fue su novia, su exnovia)

- 1인칭 소유격을 나타낼 때 소유형용사 mi를 사용하기보다 *che*를 사용:
  ¿Y qué tal, Jocó, ***ch'***amigo?
  ¡***Che*** Dios, tan lejos!

- 과라니어의 의문문은 억양은 하향조라서 평서문과 구별이 쉽지 않아 의문접사 -*pa*를 붙여서 의문문이라는 것을 밝힌다. 이러한 과라니어의 영향으로 파라과이 스페인어의 의문문에는 -*pa*가 나타난다:
  ¿Se acuerdan ***pa*** de Simón Bonaví?

- 의문문이 놀라움이나 감탄을 나타낼 때는 -*pa*대신 *piko*(*picó*)를 사용한다:
  ¿A dónde ***pikó***, che amamí?
  ¿Usté no sos el dueño de la casa, quién ***picó*** usted... qué ***picó*** se antoja vos...?

또한, Ladislaa(2016)는 기존 연구를 바탕으로 과라니어와의 언어접촉으로 인한 파라과이 스페인어에 나타나는 특징의 예들로서 다음을 소개하고 있다.

- 명사와 형용사, 주어와 동사 사이의 불일치 현상: 과라니어의 명사는 성(género) 구분이 없으며, 동사 또한 주어와 수(número)에서의 일치 현상이 없기 때문에, 과라니어 화자들이 구사하는 스페인어에는 명사와 형용사 사이의 성·수 불일치라든지, 주어와 동사 사이의 불일치 오류가 자주 나타난다.

명사와 형용사의 성·수 불일치	- La yerba fue *elaborado*, *envasado* y *distribuido* por... - Gaseosa bien *helado*. - Cabinas *telefónica habilitado*. - Hay inversiones importantísimos.
주어와 동사의 수 불일치	- No *se cambió* muchas cosas. - El Gobierno anunció la semana pasada que *se destinará* US$ 30 millones entre varias instituciones para atender las necesidades de pobres extremos de tres departamentos.

• 과라니어의 소유 접미사 *mba'e*(~의 것)의 영향으로 다음과 같은 스페인어 소유 표현이 나타난다.
*Che**mba'e*** (mi + cosa = mío)
*María **mba'e*** (María + cosa = de María)

한편, *mba'e*는 문장 내에서 '아마도'(tal vez), '거의'(aproximadamente), '그럼'(entonces, pues)이라는 부사로 사용되기도 한다. (cf. 김희정, 1990; http://www.portalguarani.com)

Y yo nicó, si usted quiere me voy a casar ***mba'e***...
Solo tengo esto; y bueno, dame ***mba'e*** eso,
Invitale ***mba'e*** para la fiesta.

• 과라니어는 명사에도 시제 개념을 표현하는 형태소가 있는데, *-rã*는 미래를 나타내는 이후성, *kue*는 과거를 나타내는 이전성(앞서 언급된 su novia-***kué*** 참조)를 나타낸다. 아래 예문에서 보듯이, 파라과이 스페인어에서 직접목적어가 *para*와 함께 사용되는데, 이는 어떤 대상이 현재가 아닌 미래에 존재함을 나타낼 때 사용되는 과라니어 명사 접미사 *-rã*의 영향으로 볼 수 있다. 즉, 스페인어 *para*는 과라니어 형태소 *-rã*와 발음이 유사하여, 해당 의미로 스페인어 *para*를 차용하였다고 추정되므로, 스페인어 *para*는 과라니어 *-rã*의 간섭현상(interferencia)이라고 볼 수 있다.
Mi hermano mandó hacer ***para** su casa* en Caacupé.
Mi hija compró ***para** su zapato*.
Para la Navidad quiero ***para** mi vestido* nuevo.

• 파라과이 스페인어의 동사에도 과라니어 시제 형태소들이 등장하는데, 그 예들을 소개하면 다음과 같다(cf. http://www.portalguarani.com).

형태소	의미	파라과이 스페인어 예문
ína (hina)	불완료 진행	Estaba almorzando-***hina***. Allá se va-***hina***
kuri	최근성	Su papá vino-***kuri***. Se fue-***kuri*** a Caacupé

• 과라니어에는 화용적 의미가 담긴 다양한 담화 표지(marcador discursivo)들이 존재하는데, 이러한 과라니어 형태소가 파라과이 스페인어에도 나타난다. 그 예들을 소개하면 다음과 같다. (cf. Granda, 1979; 김희정, 1990; http://www.portalguarani.com)

담화 표지	의미	파라과이 스페인어 예문
piko/pio	의문	¿Para qué, ***pio***, te apura? ¿Cómo ***piko*** se llama?
ke **katu**	명령 권고	Decile ***ke***. No te vayas ***ke***. Sentáte, ***katu***, don Lopi, ahí. Pagale ***katu*** su sueldo.
na **kena**	완곡한 명령	Vení-***na***. (=Ven, por favor) Andate-***kena*** a mi casa.
e'a	감탄	¡***E'a***, yo no sabía!
ang'a	유감	Pobrecito, se cortó ***ang'a*** co su pescueso...
chake/hake	주목! 조심해!	¡Quemar el Cristo! ¡***Jhake*** ra'e! ¡***Chake***, Ulogio!...
naombré	거절	***Naombré***, prefiero no má como de ante, do guitarra y un arpa.

- 과라니어의 형태소가 스페인어로 '직접 번역'된 칼코(Calco) 현상도 존재한다.

형태소	의미	직접 번역(calco)	파라과이 스페인어 예문
pa **pama**	전체성 완료	todo (ya)	Ya comí ***todo ya***. Ya hice ***todo*** mi trabajo. Ya le conté ***todo*** (***ya***).
mi	완곡한 부탁	un poco	Vení ***un poco***. Trae ***un poco*** tu camisa.

위에서 과라니어의 완곡하고 정중한 부탁을 나타내는 접미사 -*mi*(= un poco)는 한국어에서 부탁을 구할 때 말을 부드럽게 하기 위하여 삽입하는 '좀'과 유사한 표현이어서 흥미로운 점이다.

마지막으로, Hualde, Olarrea, Escobar & Travis(2010: 432)에서 언급된 파라과이 스페인어의 형태·통사적 특징은 다음과 같다(cf. Granda, 1988 재인용).

- 관사 la의 남성단수 사용과 lo의 복수 사용: la señor ministro.
- 소유대명사의 중첩사용: su casa de Juan, mi casa de mí.
- 'todo + ya'의 강조 의미로의 사용: Ya trabajé todo ya. Tu hijo creció todo ya.
  (아래에서 보듯이, 전체성을 나타내는 과라니어 형태소 -*pa*의 영향으로 볼 수 있다)
- 강화 의미로 이중부정의 사용: Nada no te dije. Nadie no vino.

- Si 조건문에서 접속법의 사용: Si tuviera plata, comprara esa casa.
- '한정사 + 소유사 + 명사'의 사용: un mi amigo, ese mi hijo, otro mi hermano.

앞서 언급하였다시피, 이러한 형태통사적 특징들의 상당 부분은 다른 지역의 중남미 스페인어에도 나타나는 경향이 있기 때문에, 과라니어의 영향이라고 단정하기는 힘들 것 같다. 또 다른 파라과이 스페인어의 통사적 특징으로, 파라과이 스페인어에는 *ser* 계사(cópula)가 탈락된 예문들이 자주 등장하는데, 이는 계사가 부재한 과라니어의 영향일 가능성이 크다. (cf. http://www.portalguarani.com)

- ¿Qué lo que decís? (= ¿Qué es lo que dices?)
- ¿Qué lo que estás haciendo? (= ¿Qué es lo que estás haciendo?)
- Eso lo que tenés que pedirle. (= Eso es lo que tenés que pedirle)

3.2.5. 스페인어와 케추아어의 접촉현상

잉카제국의 언어인 케추아어는 지금도 천만 명 내외의 모어 화자를 지닌 언어로서, 중남미에서 가장 많은 화자수를 지닌 토착어이다. 그 사용지역도 광범위하여 페루, 볼리비아, 에콰도르에서 주로 사용되고 있는데, 케추아어는 이들 안데스 지역 스페인어(español andino)에 큰 영향을 미쳤다. 여기에서는 이태윤(1997)에서 언급된 예들을 중심으로 케추아어가 스페인어에 미친 영향을 소개하고자 한다.

먼저, 대부분의 중남미 원주민어가 그렇듯이, 케추아어도 명사의 성(género)이 없어 안데스 지방의 스페인어에는 성의 불일치 현상이 자주 목격된다.

- La *chacra* te dan *lleno* de árboles.
- Bueno, mi *niñez* fue *rústico*.

둘째, 케추아어에는 관사가 없기 때문에, 이들이 구사하는 스페인어에는 관사가 생략되거나 혹은 관사가 남용되는 현상이 있다. 예를 들어, *los sus ojos*, *un mi amigo*, *este mi amigo*에서와 같이 관사를 위시한 한정사가 명사 앞에서 소유사와 함께 잘못 사용되는 경우가 있는데, 이는 마야어나 과라니어 화자들의 스페인어에서도 목격되는 중남미 스페인어의 일반적 특징이다.

- Nos quedaremos hasta la media noche en esta choza de *unos mis compadres.*
- No dejé por aquí *un mi libro.*
- Andáte a lavar *esa tu cara.*

셋째, 케추아어에서 자주 사용되는 현재분사 접사 -*shpa*의 영향으로, 케추아어권 스페인어에는 현재분사가 남용된다. 다음 예문에서 보듯이, 현재분사가 명령문, *qué* 의문문, 완료와 같은 다양한 구문에서 사용된다.

- Da trayendo. (= ¡Trae!)
- ¿Qué diciendo? (= ¿Por qué dices?) / ¿Qué haciendo? (= ¿Por qué haces?)
- Vengo comiendo. (= Acabo de comer.)

넷째, 케추아어는 *ñoqa-pa*(나-의), *can-pa*(너-의)에서와 같이 속격(genitivo) 조사에 -*pa*를 사용하는데, 그 영향으로 케추아어권 스페인어에는 *la casa de yo*(= mi casa)나 *la madre de tú*(= tu madre)와 같은 표현이 자주 발견된다. 또한, 케추아어는 *wasi-y*(=mi casa), *wasi-n*(su casa)에서와 같이 *-y*, *-n* 등의 인칭 소유격 접사도 사용된다. 따라서 케추아어는 속격조사 -pa와 함께 이들 소유격 접사도 사용되는 '이중소유격 현상'이 나타나기도 한다.

- ñoqa-*pa* wasi-*y* (= mi casa de mí)
- runa-*pa* chakra-*n* (= su chacra del hombre)
- Juan-*pa* wallpa-*n* (= su gallina de Juan)

이러한 케추아어의 이중소유격 현상은 소유가 중복되어 나타나는 중남미 스페인어에 큰 영향을 주었다고 볼 수 있다.

- Era *su amiga de Juan.*
- Esta es *su tienda de mi compadre.*
- Murió *su primo de mi mamá.*

마지막으로, 케추아어 화자들의 스페인어에는 다음과 같은 목적격 대명사의 오류 현상이 자주 목격된다.

- 이중 인칭대명사의 사용:
  Lastimosamente, no *la* he podido conocer*la*.
  Te estoy hablándo*te* yo de acá.

- 대격 대명사 접어의 중복 사용:
  ¿*Lo* ha visto a Lucas?
  Santos *la* miró a Rosa.
  No *le* veo el carro.

- 목적격 대명사 *lo*의 성·수 불일치 현상:
  Lo quiere mucho *a su hijita*.
  Lo baña *a la chiquita* todos los días.
  ¿Me *lo* va a firmar *la libertad*?

- 복수형 여격 대명사 *les* 대신에 *le*의 사용:
  Pues es porque *le* obedecen *a las mujeres*.
  Le cambiaba el alpiste *a los canarios*.
  A la última hora *le* quitan *a los enfermos* las camas.
  ¿Por qué no *le* pegará a sus hijas?

한편, Escobar(2000)을 인용한 Hualde, Olarrea, Escobar & Travis(2010: 433)에서는 케추아어가 안데스 스페인어에 미친 영향으로 다음을 제시하고 있는데, 상당 부분은 앞서 언급한 내용과 중복된다.

- 약세 음절에서 모음이 상실되는 경향: ahorita [oríta], todos [tóðs], pues [ps]
- /o/와 /e/ 모음이 [u]와 [i] 모음으로 발음되는 경향(/a, i, u/ 3 모음만을 지닌 케추아어의 영향): señor [siɲúr], niño [níɲu]
- 축소사의 확장 사용: callandito, corriendito, dositos, ahisito, acasito, estito, unito, ellita
- 대격 대명사의 중복 사용: véme*lo* el asado, *lo* visité a mi papá
- 소유의 중복 사용: *su* padre *de mi padre*, *mi* chacra *de mí*
- '한정사 + 소유사 + 명사'의 사용: *este mi* ganado, *esos mis* hijos

- 조건절에서의 가능법 사용: Si *tendría* dinero, compraría esa casa.
- 목적어, 부사어, 전치사구와 같은 요소를 문두로 이동시켜 표현하는 경향: *Harto* hemos correteado. Yo *de nada* me enojo. Porque *poca preparación* tiene.
- 목적대명사를 탈락시키는 경향: -¿Sabes que el señor Quispe se murió? -No he sabido.
- 직설법 대과거(pluscuamperfecto) 시제가 간접 지식(전해들은 얘기)을 나타내는 경우: 예를 들어, *Juan había vivido en Lima*는 "(he oído que) Juan vivió en Lima"를 의미할 수 있다.

안데스 스페인어에 영향을 미친 케추아어의 특징으로는 위에서 언급한 형태·통사적 특징 이외에도 어휘적 측면도 간과할 수 없다. 특히, 케추아어는 페루 스페인어에 지대한 영향을 미쳤는데, 여기에서는 페루 스페인어에 차용된 몇 가지 케추아어 어휘들을 소개하고자 한다.[8]

- Tinka(케추아어 tinka): 예감, 예감이 ~어떠하다
  Hay una lotería en Perú que se llama Tinka.
  Me tinca que hoy no viene mi amiga. (= Presiento que hoy no viene mi amiga)
- Jato(케추아어 qata): 집 / Jatear 'jato의 파생어': 자다
  Está jateando. (= Está durmiendo)
  Ella se fue a jatear. (= Ella se fue a dormir)
- Palta(케추아어 palta, pilta): 부끄러움
  ¡Qué palta! (= ¡Qué vergüenza!)
  No me hagas pasar palta. (= No me hagas pasar vergüenza)
  Es que hoy estoy palteado. (= Es que hoy estoy avergonzado)
- Vincha(케추아어 huincha): 머리끈
  La vincha que lleva esa chica es de buena marca.
- hancar(케추아어 chacar): ~를 때리다. ~를 혼내주다.
  Que Juan no me reclame, porque si lo hace, lo chanco.

8 페루 스페인어에 차용된 케추아어 어휘는 아래의 사이트와 사전을 참조하였으며, 이와 관련하여 도움을 준 주용환 군과 문성주 양에게 감사를 표한다.
http://www.losandes.com.pe/Nacional/20140506/80003.html,
https://es.wikipedia.org/wiki/Anexo:Quechuismos_en_el_idioma_espa%C3%B1ol
https://es.wiktionary.org/wiki/Categor%C3%ADa:ES:Palabras_de_origen_quechuaKatari.org. *Diccionario quechua-aymara al español*

- Huasca(케추아어 whaska, huaska): 술에 취한
  Mi amigo está huasca o huascasa. (= Mi amigo está borracho)
- Pucho(케추아어 puchu): 담배
  Dame un pucho, por favor. = dame un cigarro, por favor.
- Morocho(케추아어 muruchu): 검은색 피부의
  Hombre morocho, mujer morocha
- Guagua(케추아어 wawa, huahua): 갓난아이
  El guagua tiene hambre. (= El bebé tiene hambre)
- Michi(케추아어 michi): 고양이
  Ese michi es un gato callejero.
- Misia(케추아어 misia): 가난한, 빈곤한
  Él no es un misio porque ayer vi que estaba comiendo en un restaurante lujoso.
- Choro(께추아어 churu): 소매치기
  Un choro le robó la cartera a ella.
  Entró un choro aprovechando que no había nadie en su casa.
- Guata(케추아어 wata): 배, 복부
  Dolor de guata. (= Dolor estomacal)
- Combo(케추아어 kumpa): 큰 쇠망치
  Con el combo(= mazo), se puede martillar este clavo.
  Si no te concentras, te doy un combo(= puñetazo).
- Choclo(케추아어 chuqllu): (아직 익지 않은) 옥수수(maíz tierno)
  En México, se dice 'elote' para referirse al choclo cocido.
- Calato: 벌거벗은(desnudo)
  Entramos al baño público(공중목욕탕) calatos en Corea.
  Se quitó la ropa y estaba calato.

위의 예들에서 볼 수 있듯이, 케추아어의 어휘는 특히 페루 스페인어에 큰 영향을 미쳤다. 이와 같이 페루 스페인어는 케추아어와의 언어접촉의 영향으로 인해 중남미 스페인어에서도 자신들만의 독특한 어휘적, 형태·통사적 특성을 보이고 있다.

중남미의 원주민어 사용지역은 스페인어와 함께 원주민어를 사용하는 이중언어 상황에 놓여있다. 그러나 원주민어와 스페인어의 언어 위상은 확연히 다르다. 원주민어

는 비공식적이고 친밀한 맥락에서 사용되는 반면, 스페인어는 공식적인 맥락에서 사용되는 지배언어이기 때문이다. 이러한 양층언어(diglosia) 상황에서, 스페인어와 원주민어가 균형있게 사용되지 않고 지배언어인 스페인어를 더 많이 사용하는 것이 일반적이다. 이러한 비대칭적 이중언어 상황에서 스페인어와 같은 지배언어에 이중언어 화자들의 원주민어가 여러 측면에서 영향을 미친 것은 당연한 현상으로 보인다. 따라서 중남미 원주민들이 구사하는 스페인어에는 원주민어의 영향을 받아, 음성적 측면이나 어휘, 형태·통사적 측면에서 표준 스페인어와는 구별되는 특징을 보인다고 볼 수 있다.

3.2.6. 스페인어와 크레올어

앞서 언급하였다시피, 프랑스, 영국, 스페인, 네덜란드, 포르투갈과 같은 여러 유럽 국가들은 자신들의 라틴아메리카 식민지에 아프리카 각지에서 노예들을 끌어들여 대농장과 광산 등에서 이들의 노동력을 착취하였는데, 이들 아프리카 출신의 노예들이 의사소통을 위해 최소한의 어휘로 문법을 단순화시켜 만들어낸 언어가 피진(pidgin)어이다. 예를 들어, 피진어에는 동사활용이 없으며(예: *yo ser de Mandinga*), 성·수 일치 현상도 나타나지 않고, 문장은 종속절이 없는 단문으로 나타나며, 음절도 CV(자음+모음)나 V(모음)만으로 형성된다. 피진어를 사용하던 흑인 노예의 자손들은 나름대로 문법을 갖춘 한 언어공동체의 모어를 창조해내는데, 이것이 바로 혼성어인 크레올어이다. 중남미의 크레올어는 역사적으로 아프리카의 흑인노예가 수입되었던 카리브해 지역에서 주로 나타난다. 현재에도 크레올어가 국가적 차원에서 활발히 사용되고 있는 국가로는 대표적으로 아이티, 자메이카, 수리남을 들 수 있다. 이들 국가에서 사용되고 있는 크레올어는 각국의 공용어인 프랑스어, 영어, 네덜란드어와 밀접한 관련을 맺고 있다.

반면에, 스페인어를 기반으로 발전한 크레올어는 찾아보기 힘든 편이라고 볼 수 있다. 스페인이 식민경영을 한 중남미 지역의 경우, 원주민 노동력으로도 충분해 아프리카에서 흑인노예를 수입한 경우가 드물었으며, 그 결과 이들 집단과의 언어접촉으로부터 생기는 피진어나 크레올어가 발전될 환경이 마련되지 못했기 때문이다. 게다가, 스페인은 식민초기부터 단일언어 정책에 따라 원주민들에게 스페인어를 보급하는 것에 적극적이었으며, 혼혈정책을 통해 자연스럽게 스페인어가 전파되어 스페인의 식민지역에서는 크레올어가 발전될 여지가 없었다고도 볼 수 있다.

서인도제도 국가들 가운데 스페인어가 지역주민들의 정체성의 상징으로 여겨지게 된 경우도 있는데, 미국령이면서도 주민의 90% 이상이 스페인어 화자인 푸에르토리코가 단적인 예라고 볼 수 있다(cf. 김경희, 2004). 한편, 뉴욕에 거주하는 푸에르토리코 출신 사람들의 스페인어에는, 다음 표에서와 같이, 영어 어휘를 스페인어화한 영어 차용어가 크게 나타난다. 이는 스페인어가 약화된 것이 아니라, 영어 어휘를 스페인어식으로 바꾸어 발음하여 차용하고 있으므로 스페인어가 더 풍부해진 결과라고 해석할 수 있다.

<표 12> 푸에르토리코 스페인어에 차용된 영어 어휘 (Montrul, 2013: 35)

푸에르토리코 스페인어	영어	스페인어
la boila	the boiler	el calentador
la factoría	the factory	la fábrica
el frizer	the freezer	el congelador
la carpeta	the carpet	la alfombra
lonchar	to lunch	almorzar, comer
el rufo	the roof	el techo

그러나 스페인의 지배를 받았던 중남미 지역에서 크레올어를 전혀 찾아볼 수 없는 것은 아니다. Hualde, Olarrea, Escobar & Travis(2010: 436)에 의하면, 콜롬비아 북부의 카리브해안 지역인 Palenque de San Basilio에서 사용되는 팔렝케로(Palenquero)는 스페인어를 기반으로 한 크레올어이다. 콜롬비아 북부의 카리브해 지역에는 노예무역을 통해 아프리카 출신의 흑인노예들이 많이 들어왔기 때문에, 크레올어가 발전할 여지가 있었던 것이다. 다음 Patiño Rosellí(1989)의 예문에서 보듯이, 팔렝케로 크레올어에는 스페인어뿐만이 아니라 아프리카어와 아메리카 원주민어의 영향이 혼재되어 나타난다.

- si yo rigo k'í ba nda ané kumina nu
  "si yo digo que no les voy a dar comida"
- í á mini pokke í tamba kelá si ané me pagaba ocho boliba
  "me vine porque yo me iba a quedar si ellos me pagaban ocho bolívares"

스페인어를 기반으로 한 또 다른 크레올어로는 파피아멘토(papiamento)를 들 수 있다. 이 언어는 스페인어 이외에도 네덜란드어의 영향도 받았다. 파피아멘토는 서인도제도의 네덜란드 자치령인 Aruba, Bonaire, Curaçao 섬에서 네덜란드어와 함께 공용어로 사용되고 있다. 다음은 파피아멘토의 한 예문이다(cf. Goilo, 1975).

- e buki-nan ta riba mesa
  los libro-PLURAL está arriba mesa
  "Los libros están sobre la mesa"

파피아멘토어의 특징으로는 여러 언어의 문법표지를 사용하고 있다는 것이다. 예를 들어, 동사의 현재분사 형태로는 스페인어의 접미사를 따르며(V-ando, V-iendo), 수동태로는 네덜란드어의 wordu("volverse, convertirse"를 의미)나 스페인어의 ser와도 함께 형성된다.

한편, 김우중(2002)에 의하면, Aruba의 파피아멘토에는 사용 어휘의 75% 이상이 스페인어 계통이다. 그 음성적 특징을 보면, 다음과 같다. 먼저, 스페인어에서 묵음인 'h'가 파피아멘토어에선 어두 위치에서 /f/ 또는 기식음 /h/로 발음된다. 이는 라틴어 본래의 발음으로 회귀하는 현상을 보이는 것이다.

- horno 〉 fornoe (화로)
- higo 〉 figoe (무화과)
- hombre 〉 homber (남자)

또한, 다음의 예에서 보듯이, 요일명은 스페인어 *día*가 어두에 붙은 합성어 형태로 사용되는데, 치경음 /d/가 구개음 /ʤ/로 발음된다.

- (día) domingo 〉 **dja**domingo (일요일)
- (día) lunes 〉 **dja**lunes (월요일)

스페인어 이중모음이 단모음화되는 것도 파피아멘토의 특징이다.

- puerta 〉 porta (문)
- sueño 〉 sonjo (꿈)
- lengua 〉 lenga (혀)

김우중(2002)에서는 파투아(patois)라고 불리는 아이티의 크레올어에도 스페인어의 영향이 있다고 분석하고 있다.[9] 파투아어는 프랑스어를 기반으로 한 크레올어인데, 아이티에서 파투아어를 쓰는 흑인들이 박해를 피해 스페인어 사용지역인 쿠바의 동쪽 해안으로 이주하면서 자연스럽게 스페인어의 영향을 받게 되었다. 김우중에 따르면, 파투아어는 크레올어의 일반적인 특성상 단순하게 발음하려는 경향이 강했는데, 프랑스어에 비해 자음이나 모음의 수가 적은 스페인어의 영향을 받아 더욱 더 쉽게 발음하려는 현상이 생겨났다. 예를 들어, 파투아어에서는 프랑스어의 복수 정관사 *les*의 어두음 *le*-는 소멸되고, 어말음 -*s*는 연음되어 나타난다.

- les étoiles 〉 zetual (별)
- les oranges 〉 zorang (오렌지)
- les ailes 〉 zel (날개)

또한, 다음과 같이 모음사이의 자음이 묵음으로 단순화되어 발음되는 경향도 보인다고 한다.

- comme ça 〉 consá (그렇게)
- l'autre 〉 loy (다른)

3.2.7. 아르헨티나 스페인어 '룬파르도'

북미의 앵글로색슨족이 영토개척을 위해 인디오 원주민들을 무차별 학살하면서 토착문화와 토착어를 절멸시켰던 것처럼, 라플라타 유역의 대평원에 위치한 우루과이나 아르헨티나도 독립을 주도한 크리요요들의 反원주민 정책과 19세기 후반부터 20세기 초까지 대거 유입된 유럽 이민자들(예: 이탈리아계, 스페인계, 프랑스계)의 영향으로 원주민들의 수는 급격하게 줄어들고 그 세력이 크게 약화된다. 이 시기에 아르헨티나가 받아들인 스페인과 이탈리아 이민자 수는 600만 명에 이르러 이전과는 전혀 다른 인구구성 분포를 보이게 되었다(cf. 네이버 지식백과). 유럽이민자들 중에서 가장 높은 비율을 차지하는 국적은 이탈리아로 아르헨티나 인구의 32.1%를 차지했다. 이에 따라 아르헨티나는 유럽 백인이 다수를 차지하는 백인들의 국가로 변모한다.[10]

라플라타 강 유역에 유럽이민자들이 대집단의 규모로 거주하면서 부에노스아이레스

---

9 자메이카의 크레올어도 파투아어라고 불린다.

10 유럽 못지않게, 우루과이나 아르헨티나 같은 국가에는 유색인종에 대한 인종차별주의자들도 생겨났다고 볼 수 있다. 그 한 예로, 잉글랜드 프리미어 리그에서 활동했던 우루과이의 수아레스(Suárez)가 시합 중에 인종차별 행위로 징계를 받은 적이 있음을 상기해보기 바란다.

에서는 다양한 언어가 함께 사용되는 현상이 나타났는데, 이민자들의 국적에 따라 이탈리아어, 프랑스어, 영어, 러시아어 등이 스페인어와 함께 사용되었다. 특히, 이탈리아 출신의 이주민들이 많았기 때문에 아르헨티나 스페인어에는 이탈리아어 어휘들이 많이 유입되었다. 김우성(2003)에 따르면, 스페인어와 이탈리아어가 혼합된 중간언어 격인 코꼴리체(cocoliche)가 사용되기도 했으나 이민 2세대에 가면서 이러한 언어형태는 사라졌다.

유럽이민정책의 결과, 아르헨티나는 백인의 수가 절대적으로 증가하였으며 사회에서도 백인이 우위를 차지한다. 따라서 이들 라플라타 유역의 우루과이나 아르헨티나에서는 원주민 커뮤니티가 유지되었던 중남미의 대부분의 국가들과는 다른 언어 상황을 보인다. 즉, 멕시코, 페루, 볼리비아, 과테말라 등과 같이 원주민의 비율이 높은 지역에서는 원주민어가 스페인어에 큰 영향을 미쳤지만, 우루과이나 아르헨티나에서 사용되는 스페인어에는 원주민어의 영향을 찾아보기 어렵다. 그 대신, 이탈리아어나 프랑스어, 영어와 같은 유럽 이민자들의 언어가 아르헨티나 스페인어에 큰 영향을 끼친다. 이민자들의 언어가 스페인어에 섞임으로써 아르헨티나만의 독특한 스페인어가 형성되었으며, 언어를 통해 아르헨티나의 정체성을 찾고자하는 언어적 민족주의 사상도 발달할 수 있었다(cf. 박병규, 2010).

아르헨티나 스페인어의 가장 큰 특징으로는 이탈리아어나 프랑스어, 영어와 같은 다양한 유럽이민자들의 언어의 어휘가 영향을 미친 것이라고 볼 수 있다. 특히, 길거리 언어라고 볼 수 있는 은어(jerga)와 같은 표현에 이러한 속어적 특징이 두드러지는데, 이러한 아르헨티나 스페인어를 '룬파르도'(lunfardo)라고 부른다. 룬파르도는 19세기 중엽부터 아르헨티나의 부에노스아이레스와 우루과이의 몬테비데오와 같은 라플라타 유역의 대도시 하층민이나 범죄자들 간의 암호와 같은 의사소통 방식에서부터 시작되었다. 예를 들어, *camión*을 *mionca*로, *tango*를 *gotán*으로, *pantalón*을 *lompa*로 바꾸어 부르는 것에서 보듯이, 한 단어의 음절 순서를 바꾸어 새로운 단어를 만들어 사용하기도 한다. 또한, *mujer*(여자) 대신에 *mina*를 사용한다든지, *dinero*(돈) 대신에 *guita*를 사용하는 예에서 보듯이, 완전히 새로운 어휘를 만들어 기존 어휘를 대체하기도 한다. 이민자 또는 범죄자들이 사용하는 속어에서 시작된 룬파르도는 현재 아르헨티나 모든 사회 계층이 일상생활에서 사용할 정도로 보편화되어 있다(cf. Gonzales Soledad, 2016).

룬파르도는 탱고와 함께 그 사용지역과 사용계층이 확장되면서 부에노스아이레스 사회(sociedad porteña)의 문화적 아이콘으로 자리 잡기에 이른다. 탱고와 밀접한 연관을 맺은 룬파르도는 아르헨티나 탱고 가사에서 자주 접할 수 있다. 예를 들어, Leonel Edmundo Rivero(1911-1986)가 작사·작곡한 *A Buenos Aires*란 탱고 가사에는 룬파르도 어휘를 쉽게 접할 수 있다.[11]

〈표 13〉 탱고 음악과 룬파르도

A Buenos Aires (탱고 가사)	룬파르도 어휘
En tu baraje gringo, ciudad mía, vas perdiendo tus zarzos y tu brillo. Tu malevaje está en la taquería y *apoliya* en *orsay* tu *conventillo*. Sos cadenera, flor sin *berretines*, que *currás* a los cuores con tu rango; pero el *choma* que aceita tus patines es canchero y varón, se llama tango. ... Yo seguiré *escruchando* tu lunfardo sin monseñor, jirafa ni bandera y mi voz altillera será el bardo que te cante la rima más canera.	malevo: 악의가 있는, 악한 apoliyar: 자다 orsay: 업사이드(*offside*) conventillo: 빈민들이 사는 공동주택 berretín: 견딜 수 없는 욕망, 환상 currar: 사기치다 choma: 성인 남자 escruchar: 도둑질하다

위에서 보듯이, 아르헨티나의 탱고에는 아르헨티나 하층민의 속어인 룬파르도가 사용됨으로써 탱고 음악과 룬파르도는, 아르헨티나 국민들 사이에서 지극히 아르헨티나적인 것으로 여겨져, 국가의 정체성을 상징하는 아르헨티나 대중문화의 중심 아이콘으로 자리잡고 있다.

11 아르헨티나 룬파르도에 대해 도움을 준 김소피아 양에게 감사를 표한다.

제6장
미국에서의 스페인어

앞서 1장에서 살펴보았듯이, 미국 내에서 스페인어는 영어 다음으로 가장 많은 사람들이 사용하는 중요한 언어이다. 스페인어 사용지역에서 온 이민자 또는 그 후손을 칭하는 히스패닉들이 영어와 함께 스페인어를 주 언어로 사용하기 때문이다.[1] 2010년도 미국 통계 자료에 따르면 5천만 명 이상의 히스패닉이 미국에 살고 있는 것으로 파악된다. 미국 내 히스패닉의 인구는 꾸준히 증가하는 추세로 미국 센서스국의 예측 프로그램에 따르면, 2050년에는 히스패닉이 1억 5천 5백만 명에 이르러 2050년에는 미국인의 4명 중 한 명이 스페인어를 구사하는 히스패닉이 될 것이라고 한다. 미국 내 전체 히스패닉 중 65% 정도는 멕시코계로 이들을 보통 멕시칸 아메리칸(*Mexican American*) 또는 치카노(*chicano*)라고 부른다. 이어 푸에르토리코계가 뉴욕을 중심으로 북동부 지역에, 쿠바계가 마이애미를 중심으로 남부지역에 자리 잡고 있다. 다음 지도에서 보듯이, 현재 미국에서 히스패닉이 많이 거주하는 지역은 캘리포니아, 텍사스, 플로리다, 뉴욕, 일리노이, 애리조나 등이다.

---

1 영어를 배우러 미국에 어학연수를 간 한국 학생들이 귀국해서는 아이러니컬하게도 영어보다 스페인어에 더 관심이 가지는 경우를 자주 접하게 되는데, 그만큼 미국에서는 영어 못지않게 스페인어가 중요하다는 사실을 반증한다.

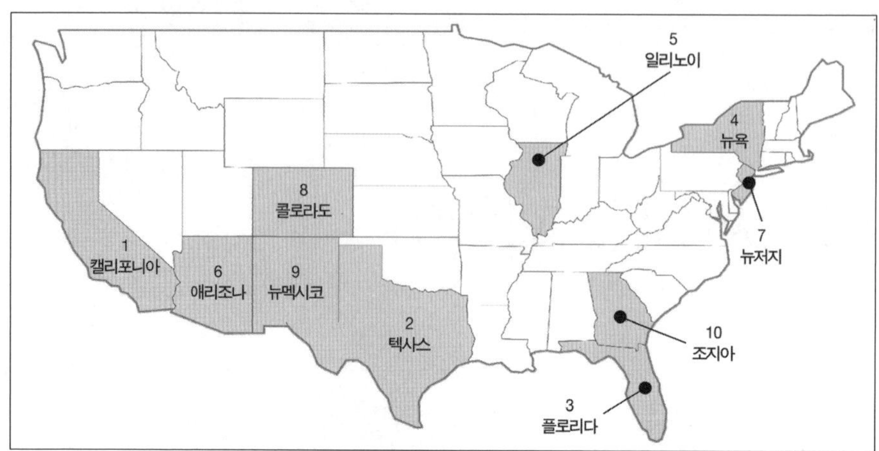

<그림 1> 미국에서 히스패닉이 많이 거주하는 주(*States*) 순위

이 장에서는 미국에서 스페인어가 사용되게 된 역사적 배경과 현재의 미국의 언어 상황을 좀 더 자세히 살펴보고자 한다. 또한, 이들 미국의 히스패닉들이 사용하는 스페인어의 특징을 소개하고, 영어와 스페인어를 섞어 사용하는 코드 스위칭에 대해서도 알아볼 것이다.

1. 미국에서의 스페인어 사용의 역사적 배경

미국에 스페인어를 구사하는 히스패닉들이 급증하고 라틴문화가 유행하게 된 데에는 역사적으로 두 가지의 배경이 있다. 하나는 현재 미국의 남서부가 19세기 중엽까지는 멕시코의 영토였다는 역사적 사실이며, 또 다른 하나는 20세기 이후 멕시코를 비롯한 중남미의 스페인어권 국가들로부터의 이민자가 계속 증가하여 히스패닉 인구가 미국사회에 꾸준히 공급되었다는 히스패닉들의 미국 이민역사와 관련이 있다. 여기에서는 이에 대해 좀 더 자세히 살펴보도록 하겠다.

1.1. 미국령으로 바뀐 멕시코 영토

미국에서 스페인어가 사용되게 된 역사적 계기는 스페인의 식민지였던 멕시코가 1821년 독립을 성취한 후, 멕시코의 북부지역이 1848년 과달루페 조약에 의해 미국령이 된 데 기인한다. 즉, 현재의 미국의 서부와 남부는 19세기 중엽까지는 멕시코 영토였기 때문에 이들 지역에 스페인어의 흔적이 보이는 것은 당연하다고 할 수 있다. 그러나 정확히 미국의 영토에 스페인인이 최초로 발을 디딘 역사는 16세기 초까지 거슬러 올라간다. 스페인 정복자들이 지금의 멕시코에 도착하기 전인 1513년에 이미 후안 폰세 데 레온(Juan Ponce de León)이 플로리다 해안에 도착하여 지금의 플로리다 북동부에 위치한 산아구스틴(San Agustín; Saint Augustine)에 정착했다고 전해진다.

미국에서 스페인어가 지금도 활발히 사용되고 있는 것은 스페인이 멕시코를 식민지로 경영한 데 따른다. 즉, 스페인의 에르난 코르테스(Hernán Cortés)가 1521년 아스텍 제국을 정복한 후, 스페인 중앙정부는 멕시코시티를 중심으로 누에바 에스파냐(Nueva España) 부왕령을 신설하여 멕시코를 식민 지배하였는데, 이 부왕령에는 현재의 미국의 남서부 영토가 포함된다. 따라서 현재 미국의 남서부 지역은 스페인의 식민지였던 누에바 에스파냐 부왕령에 속해 있었기 때문에, 스페인어가 영어보다 먼저 사용된 지역이라고 볼 수 있다. 스페인의 식민지 영토에 속해 있던 미국의 남서부 지역에는 플로리다(Florida), 루이지애나(Lousiana), 텍사스(Texas), 뉴멕시코(New Mexico), 애리조나(Arizona), 캘리포니아(California), 네바다(Nevada), 유타(Utah)와 콜로라도(Colorado)의 대부분 지역, 와이오밍(Wyoming), 캔자스(Kansas), 오클라호마(Oklahoma)의 일부 지역이 해당한다.

스페인 정복자들은 누에바 에스파냐 부왕령이 설립된 이후 오늘날 미국의 남서부에 도착한 것으로 알려져 있는데, 이들이 미국 남서부에 세운 초기의 도시로는 1609년 뉴멕시코의 산타페(Santa Fé), 1692년 아리조나의 미션(Misión), 1700년 아리조나의 샌하비에르(San Xavier del Bac), 1718년 텍사스의 샌안토니오(San Antonio)가 있다. 오늘날 캘리포니아의 여러 도시들이 스페인어 지명을 지닌 이유도 이 당시 스페인 정복자들(특히, 선교사들)이 이곳에 도착하여 도시를 세웠기 때문이다. 다만, 캘리포니아는 스페인의 부왕령이 있던 멕시코시티에서부터 다소 거리가 있었기 때문에, 캘리포니아 지역에서의 도시건설은 애리조나나 텍사스보다는 좀 늦게 시작되었다. 예를 들어, 샌디에고(San Diego)는 1769년에, 샌프란시스코(San Francisco)는 1776년에, 로스앤젤레스(Los Ángeles)는 1781년에 건설되었다.

스페인은 1800년에 루이지애나를 프랑스에 빼앗겼으며(이후 미국으로 넘어감), 플로리다는 1821년에 미국 정부에 팔렸다. 스페인의 식민지였던 누에바 에스파냐 부왕령의 대부분은 1821년 멕시코가 스페인에서부터 독립함으로써 멕시코 영토가 된다.

아래 미국 지도는 1830년경 멕시코의 영토를 보여주는 것으로, 현재 미국의 남서부는 당시엔 대부분 멕시코 영토였음을 보여준다.

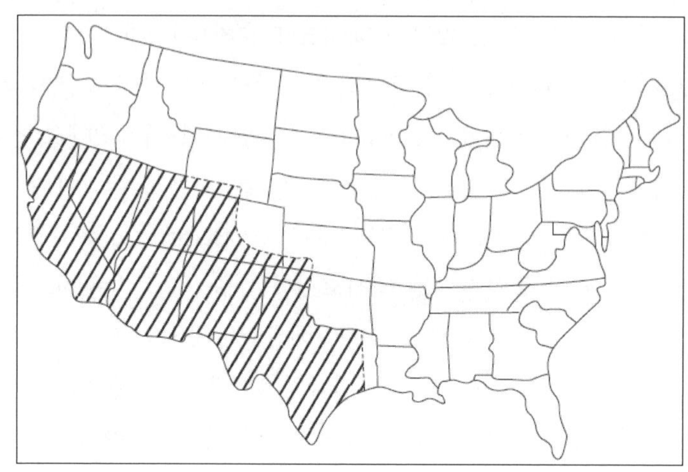

〈그림 2〉 1830년 북미의 멕시코 영토 (Hualde, Olarrea, Escobar & Travis, 2010: 446)

〈그림 2〉에 표시된 멕시코 북부지역 영토는 다음의 세 단계에 걸쳐 미국령이 된다. 가장 먼저 멕시코 영토에서 미국령이 된 지역은 텍사스로, 1836년 멕시코로부터 독립한 텍사스 공화국은 1845년 미국에 합병됨으로써 미국령이 된다. 멕시코와 미국 사이의 영토변화의 두 번째 단계로는 멕시코 역사에서 가장 뼈아프다고 할 수 있는 과달루페 조약을 들 수 있다. 미국의 영토 확장 정책으로 인해 멕시코는 미국과 1846년부터 영토분쟁이 발생했는데, 멕시코는 미국과의 전쟁에서 일방적으로 밀려 패배함으로써 1848년 과달루페-이달고 조약(Tratado de Guadalupe-Hidalgo)을 맺고 캘리포니아, 애리조나, 콜로라도, 뉴멕시코, 네바다, 유타 지역과 와이오밍의 일부 지역 등 지금의 멕시코 영토 크기에 해당하는 지역을 미국에 헐값으로 넘겼다. 마지막으로 멕시코가 미국에 빼앗긴 지역은 애리조나 남부의 작은 분쟁지역으로 1853년에 이 지역 역시 미국으로 넘어갔다. 따라서 1853년부터 멕시코와 미국은 현재의 국경선이 확정되었다고 볼 수 있다.[2]

2 멕시코와는 별도로, 미국은 스페인과의 전쟁에서 승리하여 1898년에 스페인의 식민지였던 푸에르토리코를 획득한다.

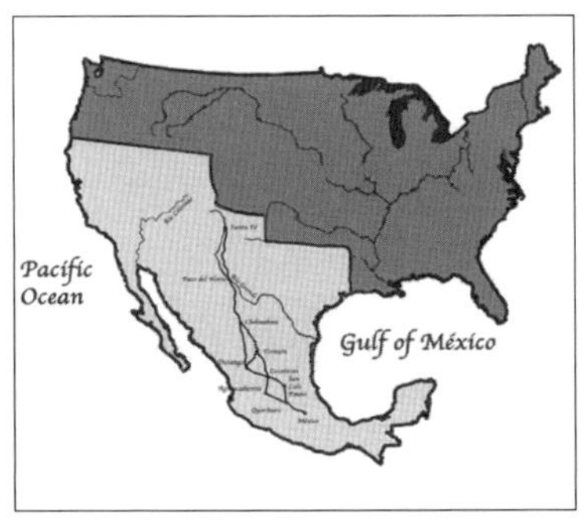

〈그림 3〉 1821년 독립 당시의 멕시코

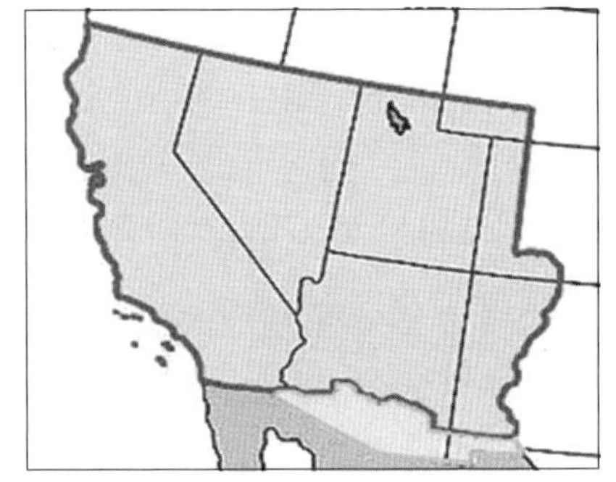
〈그림 4〉 1848년 과달루페 조약으로 미국령이 된 지역

과달루페 조약으로 스페인어를 구사하는 멕시코 국민들은 조금도 움직이지 않고 미국으로 국적이 바뀌었으며(*Spanish-speaking Mexicans changed countries without ever moving an inch*), 영어를 사용하는 미국 주류사회와의 접촉으로 영어와 스페인어를 함께 구사하는 이중언어 화자로 점차 변모하여 갔다. 현재 미국의 남서부 지역에서 히스패닉 인구가 많고 히스패닉 문화가 강세인 이유도 근본적으로는 이러한 역사적 사실에 기인한다고 볼 수 있다. 이런 맥락에서, 미국의 히스패닉 불법 이민자들이 다음과 같이 억울함을 호소한다는 에피소드도 들린다: "국경선이 우리를 넘었지, 우리가 국경선을 넘지는 않았다"(*La frontera nos cruzó a nosotros. No hemos cruzado la frontera*).

1.2. 히스패닉의 미국 이민 역사

1848년 과달루페 조약으로 인해 대부분의 북부 멕시코 영토가 현재의 미국 남서부 지역으로 바뀐 역사적 사실 이외에도, 미국의 노동력 부족으로 인한 멕시코를 위시한 중남미 스페인어권 국가들로부터의 지속적인 이민자의 유입도 미국에서 히스패닉 문화가 그 활력을 유지하는 또 다른 이유가 될 것이다. 20세기 초 미국 이민자들의 대부분은 유럽계였고 히스패닉 출신은 총 이민자의 2%에 불과했으나, 2000년 인구센서스에 따르면 21세기에 접어들면서 히스패닉 이민자는 급증하여 미국 이민자의 54.7%를 차지하고 있다. 이와 같이 21세기 들어 미국 내 스페인어 사용인구가 크게 증가한 이유는 히스패닉 이민자의 수가 급증했기 때문이라고 볼 수 있다. 즉, 중남미 내의 경제적 어려움과 정치적 불안정성으로 인해 이민자들은 더 나은 삶을 위해 미국으로의 이민을 선택하고 있는 상황이며, 20세기 초부터 21세기에 접어들면서 상당수의 히스패닉 이민자들이 합법적 또는 비합법적으로 미국으로 유입되고 있다.

1.2.1. 멕시코 출신 히스패닉의 미국 이민 역사

미국 히스패닉 인구의 대다수는 멕시코 출신이다. 멕시코 출신 히스패닉계의 미국 이민은 다음과 같은 세 번의 역사적 사건에 의해 촉발되었다.

먼저, 미국 내 히스패닉 이민 역사는 1910년에 발발한 멕시코 혁명(1910-1917)에서 시작된다. 멕시코의 사회주의 혁명으로 중산층에 속하는 수천 명의 멕시코 사람들은 국가를 버리고 예전에 고국의 영토였던 미국 남서부 지역으로 이민을 떠나게 된다. 두 번째로, 1930년대에 미국에 경제위기(대공황)가 발생하여 대규모 멕시코 이민자들이 미국에 유입된다. 이 당시의 이민정책은, 미국의 노동력 부족(*Labor Shortage in the US*)으로 인해 취해진 미국정부의 '브라세로 프로그램'(Programa Bracero)의 일환으로 농업부분에서 주로 추진되었다. 브라세로 프로그램에 의한 이주는 2차 세계대전 중이었던 1942년에 미국과 멕시코 간의 협정에 의해 이루어지는데, 당시 전쟁에 참가하고 있던 미국은 인력이 군으로 동원되거나 군수 산업에 투입되어 농업 등 다른 분야에서의 노동력이 많이 부족하였다. 이러한 문제를 해결하기 위해 미국은 멕시코와 협정을 통해 일시적 농업 노동력을 멕시코로부터 많이 수입하였다. 이 프로그램으로 미국에 건너온 멕시코 이민자들은 미국 남서부 지역의 수확기를 맞아 계절적 노동력 수요를 보충하기 위해 투입되었다. 브라세로(Bracero)란 원래 '일용 노무자', '일을 거들어 주는 사람'이라는 뜻이었으나, 오늘날에는 일자리를 찾아 미국으로 이민 온 농부를 지칭하기 위해 사용된다. 미국 남부의 농업지역에서 활동했던 이들 멕시코 농부들은 5백만 명에 달했으며, 텍사스, 콜로라도, 뉴멕시코와 같은 미국 남부지역 농촌에서 면화, 사탕수수, 밀 등의 수확 작업에 투입되었다. 한시적 노동비자를 받고 계약기간이 끝나면 본국인 멕시코로 귀국해야 했는데, 많은 노동자들이 이를 무시하고 불법 체류자로 남기도 하였다. 1964년 이후 브라세로 프로그램이 연장되지 않으면서 많은 불법이주자가 발생하게 되었고, 오늘날의 멕시코인 불법체류 문제의 시발점이 되었다(cf. 최종호, 2002).

마지막으로 히스패닉 이민의 큰 물결이 발생한 것은 1965년의 이민개혁법(*Ley de Reforma de la Inmigración*)이 발효되고 나서부터이다. 이 법안은 원래 유럽 이민자를 유치하기 위해서 실행되었지만, 70년대 중반부터는 이민의 안정화를 위해 멕시코 이민자 역시 상당수 받아들인다. 80년대에 이르러 멕시코가 경제위기를 맞으면서 단순

노동자들뿐 아니라 전문직에 이르기까지 다양한 계층이 이민의 물결을 이루면서 멕시코 이민자들은 미국 내의 대표적인 소수민족 사회를 형성하게 된다.

이러한 세 번의 역사적 계기에 의해 멕시코 출신의 히스패닉 이민자들이 미국에 대거 유입되게 된다. 미국 히스패닉의 대다수인 65%를 차지하는 이들 멕시칸 히스패닉들은 스페인어와 라틴문화를 미국에 유행시킨 주인공들이라고 할 수 있다.

1.2.2. 쿠바와 푸에르토리코 출신 히스패닉의 미국 이민 역사

미국에서 스페인어는 TV, 라디오, 광고에서 등장하고 있으며 대중적인 영역에서 그 위상을 넓혀가고 있다. 다른 소수언어 사용자들과는 다르게, 스페인어와 영어를 함께 사용하는 이중언어 화자들은 스페인어와 영어 모두를 일상생활에서 그리고 가족관계 밖에서도 사용하는 경향을 보여, 스페인어는 미국에서 갈수록 그 위력을 더해가고 있다. 미국의 언어상황에서 스페인어가 차지하는 비중이 높아지고 있는 것은 20세기 이후 급증한 멕시코 출신 히스패닉 이민자들의 대거 유입 때문만으로는 설명할 수 없는 부분도 있다. 미국 내 지역별로 이민자의 출신국가가 다를 수 있기 때문이다. 예를 들어, 플로리다와 같은 지역의 레스토랑에서는 스페인어를 구사하면 대접받는다는 얘기가 있다. 쿠바혁명으로 중산층 이상의 부유층이 미국 플로리다로 이민을 왔고 이들 쿠바인들이 플로리다의 상류층을 형성하였기 때문으로 해석할 수 있다. 즉, 1959년 쿠바혁명과 피델 카스트로의 공산주의 제도를 피해 쿠바의 상류층과 중산층 백인들이 플로리다 남서부 지역에 집중적으로 유입되었던 것이다. 이러한 플로리다의 쿠바계 히스패닉들의 이민 상황은 여타 미국의 남서부 지역의 히스패닉 이민 상황과는 다소 대조적이다. 캘리포니아를 비롯한 미국 남서부 지역에는 멕시코 하류층 출신의 히스패닉들이 이민을 왔으며, 이들은 미국인들이 회피하는 3D 직종의 일자리에 종사하거나 일용직 하류층을 형성하였기 때문이다. 따라서 플로리다로 망명해 온 상류층 쿠바 백인들의 스페인어가 대접받고 존중받는 소수언어가 된 것과는 대조적으로, 캘리포니아나 아리조나를 위시한 미국 남서부 지역의 하류층이 구사하는 스페인어는 영어에 비해 차별받고 존중받지 못하는 소수언어가 된다.

쿠바혁명 이후에도 쿠바인들은 플로리다로 꾸준히 이민을 온다. 그러나 쿠바혁명 시기에는 상류층 이민자들이 대부분이었던 것과는 대조적으로, 1980년대 이후에는 쿠바의 하류층과 유색 인종들이 이민을 오게 되는데, 이들을 *marielitos*라고 부른다. 1990년대에는 더 나은 삶의 환경을 찾아 바다를 건너 플로리다로 건너오게 되는데 이들은 뗏목 *balsa*를 타고 온 탓에 *balseros*라고 불린다.

한편, 쿠바인들 이외에도 푸에르토리코 출신의 이민자들도 미국 내 히스패닉 그룹을 형성하는 중요한 구성원들이다. 푸에르토리코는 1508년부터 1898년까지는 스페인의 식민지였으나 1898년에는 미국과 스페인 전쟁 후 미국의 군정이 시작되어, 독립국이 아니라 미국의 자치주가 되었다. 1917년에는 미국의 준주가 되어 푸에르토리코 주민들도 미국 시민권을 획득하였다.[3] 1917년부터 푸에르토리코인은 미국 시민권을 받음에 따라, 비자를 받을 필요 없이 수많은 푸에르토리코 출신의 히스패닉들이 뉴욕으로 대거 유입되었다. 1952년에는 자치헌법을 제정하였으며, 국방·외교와 통화를 제외한 내정을 이어받아 미국의 자치령이 되었다. 푸에르토리코 국민들은 지금도 미국의 51번째 주로 편입될지, 아니면 지금처럼 자치령으로 남을지에 대한 논란을 지속하고 있다. 2003년에는 국민투표에서 근소한 차로 자치령으로 남기로 결정된 바 있다.

2007년 미국 센서스 자료에 따르면, 미국 내 히스패닉 그룹을 형성하는 이민자들의 출신국가별 비율은 멕시코가 가장 많은 64.2%, 푸에르토리코가 9.10%, 쿠바가 3.50%를 차지한다. 그 이외에 중미 국가와 남미 국가 출신의 이민자들이 그 나머지를 구성하고 있다.

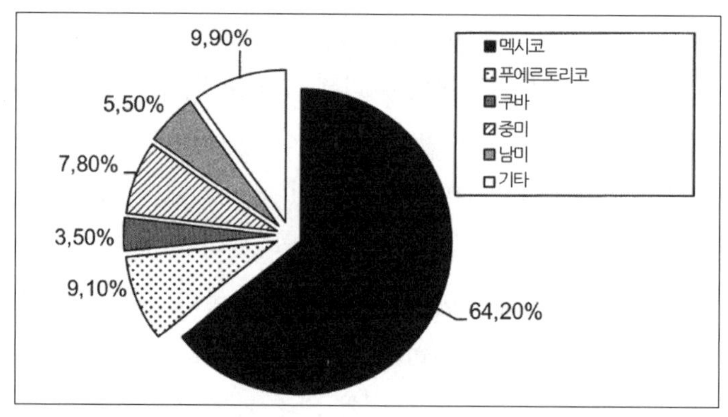

<그림 5> 2007년 기준 미국 내 히스패닉 출신국가별 비율 (Montrul, 2013: 107)

멕시코, 푸에르토리코, 쿠바가 전통적인 미국 히스패닉 이민자의 대다수를 차지하지만, 1980년대 이후에는 이민자의 출신지가 다양해져 중남미 전역(중미, 콜롬비아, 페루, 아르헨티나 칠레, 우루과이, 에콰도르)으로부터 수백만 명의 이민자가 양산된다. 이 시기

3 그러나 대통령 선거 투표권은 주어지지 않는다.

의 중남미 이민자들은 불법이민도 상당한데, 중남미 전역에 몰아친 경제위기, 중미의 내전, 페루의 전복활동, 코노 수르(Cono Sur: 아르헨티나, 우루과이, 칠레) 국가들의 군사독재를 주된 이민 배경으로 볼 수 있다.

레이건 미국 대통령 재임 시기인 1986년에는 이민개혁법이 통과되어 조건을 만족시킨 불법이민자 3백만 명(이들 중 230만 명은 멕시코 출신)이 제도권으로 들어오는 혜택을 받았다. 지금도 여전히 이들의 인권문제가 대두되어, 불법이민자들은 미국 내에서 정치이슈가 되고 있으며, 현 미국 대통령 트럼프는 反이민정책으로 히스패닉들로부터 거센 비난을 받고 있다. 불법이든 합법이든 이들 히스패닉 이민자 없이는 농업·공업 등 미국의 근간산업이 흔들릴 정도로 산업에서 차지하는 이들의 노동력 비중이 크다는 현실이 미국 정부당국을 딜레마에 빠뜨리고 있다.

지금도 라틴아메리카 출신의 미국으로의 이민은 꾸준히 진행되고 있는데, 이는 미국의 라틴아메리카에 대한 정치·경제적 개입과 무관하지 않다. 세계화 현상이 가속화된 상황 속에서 미국의 저임금 노동에 대한 수요가 큰 요인으로 작용하고 있는 것이다. 라틴아메리카 국가들의 정치·경제적 문제와 그로 인해 빈곤층이 확산되는 상황 속에서, 미국에서 일자리를 얻어 보다 높은 수입을 획득하여 자국의 가족과 자신의 생존권을 확보하려는 히스패닉들의 현실이 이민을 부추기고 있다고 보아야 한다. 지난 20년간 점진적으로 악화된 라틴아메리카의 상황과, 저임금 히스패닉 이민자들을 고용하여 생산가를 낮추려는 미국 기업들의 요구가 맞아 떨어진 것이다. 미국 기업, 미국 문화, 그리고 미국 달러가 라틴아메리카에 더 많이 투입될수록, 라틴아메리카 각국의 악화되는 상황은 더 많은 노동자들을 미국으로 밀어내는 요인으로 작용할 것이다. 또한, 미국 백인 인구의 출생률 감소와 노령화 역시 지속적으로 저임금 히스패닉 노동의 수요를 증가시키고 있다.

2. 미국에서의 스페인어

2006년 통계에 따르면, 미국 내 거주 히스패닉의 60%는 미국령에서 태어났으며, 40%는 출신지인 스페인어권 국가에서 태어난 후 미국으로 온 사람들이다. 많은 미국인들은 히스패닉들이 미국 문화에 동화하지 않고 영어 대신 스페인어를 사용하면서 히스패닉 문화만을 고집한다고 우려하고 있지만, 대부분의 히스패닉 이민자들은 집에서 스페인어를 사용하더라도 점진적으로 영어를 습득하여 이들의 70%는 영어를 유창하게 구사한다. 게다가, 히스패닉 가족의 3세대에 이르면 스페인어를 사용하지 않는 경우가 많다. 따라서 미래에 영어를 스페인어가 대체하게 되는 일은 일어나지 않을 것으로 예상된다. 또한, 히스패닉들이 집에서 스페인어를 사용하더라도 이것이 스페인어에 대한 높은 수준의 언어사용 능력을 지니고 있음을 의미하진 않으며, 미국 내 히스패닉들의 출신 국가가 다양하기 때문에 이들이 구사하는 스페인어는 음성적 측면이나 어휘적 측면에서 서로 상이한 면들이 발견된다. 게다가, 노동자에서 박사에 이르기까지 히스패닉들의 사회적 지위 역시 매우 다양하기 때문에, 이들이 구사하는 스페인어는 사회계층별로도 상이한 모습을 띤다. Silva-Corvalán(1994, 2001)의 연구에 따르면, 미국 내 히스패닉 가정의 스페인어 사용은 일시적 성격을 띠어 2·3세대에만 존재하고 이후 세대에서는 단절되는 현상을 띤다. 다음 〈표 1〉에서 볼 수 있듯이, 히스패닉의 언어 사용 경향은 영어와 스페인어를 균형적으로 함께 사용하는 이중언어 상황이 아니라, 영어만을 사용하는 단일언어 상황으로 변화하는 과정에 있다고 볼 수 있다.

〈표 1〉 미국의 스페인어-영어 이중언어 화자의 세대별 두 언어 구사수준 (Montrul, 2013: 111)

이민 세대		스페인어 구사수준	영어 구사수준
	조부모	높음	-
1세대	부모	높음	낮음
2세대	자녀	약간 낮음 약간 높음	높음
3세대	손자	낮거나 전혀 못함	높음
4세대	증손자	-	높음

미국의 히스패닉 가정의 언어 구사수준을 보면 세대가 바뀔수록 스페인어 구사수준은 떨어지는 반면, 영어 구사수준은 높아짐을 알 수 있다. 이는 학교 교육이 시작되면서 스페인어의 사용 환경이 줄어들고 친구들과는 영어로 소통하게 됨으로써, 궁극적으로는 스페인어 구사능력을 상실하게 됨을 의미한다.

영어가 정치, 경제, 문화적으로 우위를 점하고 있는 상위언어인 사회에서 이들 히스패닉들이 쓰는 스페인어는 상대적으로 열세에 놓인 하위언어일 수밖에 없다. 따라서 스페인어를 모국어로 사용하는 스페인어권 국가들의 스페인어와 동일하게 바라보기 힘든 측면이 있다. 특히, 미국 내에서 스페인어는 사용인구의 확장으로 영어를 위협할 정도로 우려되기도 하지만, 스페인어 역시 미국 내 영어 이외의 다른 이민자들의 언어와 마찬가지로 이민 1세대에서 2·3세대로 넘어가면서 언어의 상실이라는 문제에 직면하게 된다(cf. 이재학, 1999). 이러한 이중언어 상황은 미국 내에서 스페인어가 소수언어의 지위를 지니고 있음을 여실히 보여준다. 따라서 미국 내 히스패닉들의 언어 사용 실태는, 스페인어와 지역어(예: 카탈루냐어, 과라니어)가 공용어로 인정된 스페인이나 파라과이에서처럼, 안정적이고 균형 잡힌 이중언어 상황은 아니라고 볼 수 있다.

그러나 다른 시각의 연구에서는 히스패닉들이 세대가 지남에 따라 스페인어를 상실하는 것이 아니라, 스페인어와 영어의 이중언어 화자로 바뀌어가는 경우가 더 많다는 것을 지적하고 있기도 하다(cf. 최종호, 2002). 현재는 미국 내 스페인어의 미래에 대해 언어의 보존과 상실에 대한 다양한 예측이 나타나고 있으며, 히스패닉의 확장을 스페인어의 확장으로만 바라보기도 쉽지 않고, 그렇다고 세대가 바뀌면 스페인어가 상실될 것으로 전망하기도 쉽지 않다.

2.1. 미국의 스페인어: 스팽글리쉬

<그림 6>의 광고판에서 보듯이, 미국 남서부 지방에 가면 스페인어와 영어가 섞인 광고문을 쉽게 찾아 볼 수 있다. 그만큼 미국에서 스페인어가 위력을 떨치고 있다는 것을 보여준다. 영어와 스페인어를 함께 섞어서 사용하는 미국 내 히스패닉들의 언어를 영어로 스팽글리쉬(*Spanglish*)라고 부른다.

<그림 6> 스페인어와 영어가 함께 쓰인 광고문

오늘날 스팽글리쉬는 상당히 많은 화자수를 보유하고 있다. 히스패닉(또는 라티노) 집단에서 70% 이상의 사용자가 스팽글리쉬를 사용한다고 한다. 이렇듯 스팽글리쉬는 히스패닉 이중언어 화자에게 광범위하게 나타나고 있는 언어 현상으로, 미국 사회에서 히스패닉 집단의 세력이 점차 커짐에 따라 그 영향력 또한 높아진다. 그러다보니 대중적으로 스팽글

리쉬는 상당한 인지도를 지니고 있으며, 히스패닉들의 미국 생활 전반에서 나타나고 있다.

미국 히스패닉들의 스팽글리쉬 사용 현황을 살펴보면, 일상생활에서 스팽글리쉬는 아주 자연스러운 언어현상으로 나타나고 있다. 스팽글리쉬로 된 시나 스팽글리쉬로 쓰인 문학 작품들이 나오는가 하면,[4] 관련 대중서적들과 사전 등이 지속적으로 나오고 있다. 또한, 대학에서는 스팽글리쉬에 대한 강연회를 열기도 한다. 텔레비전과 같은 대중 매체에서도 스팽글리쉬는 상당히 흔하게 접할 수 있다. 스페인어 채널 중 하나인 텔레문도(*Telemundo*)의 경우, 젊은 라티노층을 겨냥하여 시청률을 높이기 위해 일부 프로그램의 자막이나 진행을 아예 스팽글리쉬로 하는 경향이 있다. 심지어 미국 어린이 채널에서 상당한 인기를 끌었던 한 어린이 만화 프로그램에서는 히스패닉계 여자 아이를 주인공으로 내세우면서 그녀가 영어와 스페인어를 둘 다 사용하는 이중 언어 화자이자 스팽글리쉬를 구사하는 화자로 방영했다. 이렇게 라티노 화자들뿐만이 아니라 일반 미국 대중들에게까지 스팽글리쉬가 폭넓게 확산되다보니 당연히 그 사용에 대한 찬반 논쟁이 상당히 뜨겁게 나타나고 있다.

스팽글리쉬를 긍정적으로 보는 입장은 우선 자연스러운 현상이라는 데에 있다. 이중언어 국가에서 이런 식의 언어혼용은 당연하고 자연스럽게 나타난다는 것이다. 캐나다 퀘벡에서의 영어와 프랑스어 혼용이라든가, 스위스에서의 프랑스어와 독일어의 혼합현상 등과 마찬가지라는 것이다. 단지 이러한 이중언어 국가에서보다, 미국에서의 스팽글리쉬 현상은 더 큰 영향력을 행사하고 있을 뿐이지 전혀 기피해야할 현상은 아니라는 것이다. 더 나아가, 이러한 영어와 스페인어의 혼합인 스팽글리쉬는 현대 미국 사회에서 나타나는 바람직한 혼종 현상의 하나라고 평가하기도 한다. 다민족·다인종이 모여 살고 있는 미국 사회에서 그들의 문화적 다양성을 존중하는 것은 미국 사회의 오랜 전통이었으며, 이를 통해 나오게 된 새로운 혼종 문화는 다양성을 존중하는 관점에서 보면 긍정적인 것으로 평가할 수 있다.

한편, 이에 대해 반대하는 자들은 스팽글리쉬를 혼종이 아닌 언어의 오염이자 파괴로 받아들이고, 두 언어의 비정상적인 변이형이라고 주장한다. 아무리 미국 내에 히스패닉들이 많고 스페인어 사용 현황이 다른 외국어들보다 현저하게 높다고 할지언정, 이들은 미국 백인 사회 내에서는 소수일 수밖에 없고 스페인어는 미국 사회에서 영어보다 월등하게 열세일 수밖에 없는 것이 현실이다. 이런 맥락에서, 오늘날 나타나고 있는 스팽글

4 스팽글리쉬로 된 문학작품으로, 주노 디아스(Junot Diaz)의 라티노 소설 〈오스카 와오의 짧고 놀라운 삶〉을 들 수 있다.

리쉬 현상은 압도적 우위에 있는 영어가 열세에 있는 스페인어에 영향을 가하면서 스페인어의 언어 구조를 오염시키고 해체하고 파괴하는 것이라고 비판하는 것이다. 더 나아가, 이들은 미국 내 히스패닉들의 사회적 위치와 연관 지어 스팽글리쉬를 비판하는 경향이 있다. 즉, 스페인어와 영어 사이의 관계를 히스패닉계와 앵글로색슨계 미국인들과의 관계로 확대시켜, 두 언어 간 그리고 두 인종 간의 불평등 관계에 기초해서 나오게 된 것이 스팽글리쉬라고 본다. 이들 비판론자들은 미국 내 히스패닉 사회의 패배주의를 의미한다는 부정적 관점에서 스팽글리쉬 현상을 바라본다(cf. 임상래, 2013).

한편, 언어적 측면에서 미국의 히스패닉들이 사용하는 스팽글리쉬는 영어와의 지속적인 접촉을 통해서 구조적·어휘적 변화를 겪어 스페인 스페인어 혹은 중남미 스페인어와 다른 경향을 보인다. 또한, 그 사용자가 불법노동자라는 사회적 측면 역시 이러한 미국 내 스페인어의 위상을 낮게 만들고 있다. 미국의 히스패닉들이 일상생활에서 사용하고 있는 스팽글리쉬는 기존 스페인어의 어휘나 문법체계의 틀에서 벗어난 형태로 나타나고 있어, 많은 학자들은 스팽글리쉬가 나쁜 스페인어이며 스페인어를 오염시키고 있다고 비판하기도 한다. 반면에, 스팽글리쉬는 스페인어 구문에 영어 어휘들이 차용되어 생겨난 현대적 방언으로 보는 견해가 제기되기도 하고, 또는 이중언어 사용의 전 단계로 간주하는 시각이 존재하기도 한다(cf. 서경석, 2002). 두 언어와 문화 혼합현상으로 시작된 스팽글리쉬는 다양하게 확장되어 가고 있어, 이것이 새로운 언어인지, 스페인어의 또 다른 방언인지, 아니면 이중언어 이전의 일시적인 중간 단계의 언어인지는 앞으로 더 연구되고 논의되어야 할 것이다.

이 책에서는 스팽글리쉬를 영어의 영향을 받은 미국 내 스페인어로 국한하여, 언어적 관점에서 스팽글리쉬를 분석하고자 한다. 구체적으로, 영어와 스페인어를 섞어서 함께 사용하는 현상은 스팽글리쉬가 아니라, 두 언어의 코드 스위칭에 다름 아닌 것으로 간주할 것이다. 이런 관점에서 보면, 스팽글리쉬에는, 영어의 어휘를 차용하여 스페인어식으로 발음한다든지, 영어 구문을 그대로 직접 번역하여 스페인어 문장으로 만든다든지 하는 '미국식 스페인어'가 해당될 것이다.[5]

따라서 필자가 보기엔, 스팽글리쉬는 영어의 영향을 받은 스페인어이기 때문에 미국에서 사용되는 스페인어의 한 방언에 다름 아니다. 이런 관점에서 접근하면, 스팽글리쉬가 스페인어가 아닌 새로운 언어로 변할 가능성은 없으며, 스페인어의 다양성의 한 면으

5 영어와 스페인어를 자유자재로 혼합하여 사용하는 현상은, 언어학적 관점에서 보면 두 언어를 동시에 사용하는 코드 스위칭에 해당한다. 코드 스위칭에 대해서는 이 장의 2.3에서 자세히 언급한다.

로 볼 수 있기 때문에 스페인어가 더 풍부해지고 다양해지는 상황으로 이해할 수 있다. 또한 스팽글리쉬는 미국 내 히스패닉들의 정체성의 상징이며, 그들의 역사와 문화가 반영된 의사소통의 방식으로도 볼 수 있다. 필자의 견해를 요약하면, 스팽글리쉬가 아무리 어휘부와 표현에서 영어의 영향을 받았더라도 이는 영어가 아닌 스페인어일 뿐이다. 스페인어의 근간을 형성하는 문법체계에는 큰 영향을 미치지 못하고 있기 때문에, 스팽글리쉬가 스페인어가 아닌 새로운 언어로 변모할 가능성 역시 없다고 판단된다.

서경석(2002)에서 언급하고 있듯이, 스팽글리쉬의 언어적 지위에 대한 논란은 과거에 스페인이 중남미를 두고 우려하던 것이 중남미 혹은 스페인어권 전체에서 미국을 두고 재현되고 있음을 보여준다. 여기에서는 스페인어의 다양성이라는 측면에서, 스페인어의 한 방언(dialecto)으로도 간주될 수 있는 미국 내 스페인어의 어휘적·통사적 특징 등에 대하여 살펴보고자 한다.

2.2. 미국 내 스페인어의 특징

2.2.1. 어휘적 특징: 차용어와 칼코

미국에서 사용되는 스페인어의 가장 큰 특징은 '영어 어휘의 스페인어화'(préstamos del inglés en el español estadounidense)이다. 두 언어가 접촉할 때, 가장 두드러지는 특징은 상대방 언어의 어휘를 차용하여 모어의 음성규칙과 형태규칙으로 변화시키는 것인데, 이러한 현상이 미국 내 스페인어에 현저히 나타난다. 영어 어휘의 스페인어로의 차용을 *Anglicismo*라고 하며, 이러한 경향은 이민 1세대 즉, 스페인어가 모국어인 사람에게도 나타나기 시작한다. 영어 어휘가 스페인어로 차용된 경우, 영어 본래의 의미를 유지하면서 음운규칙과 형태규칙은 스페인어식으로 변하게 된다. 예를 들어, 영어 어휘 *truck*이 스페인어로 차용되면 스페인어의 음운규칙과 형태규칙에 따라 (*la*) *troca*로 바뀐다. 여기에서 *troquita*라는 축소형으로까지 파생될 수 있다. 성(género)의 구분이 없던 영어 명사가 스페인어로 차용되는 순간 여성명사로 결정된 것이다. 마찬가지로, 영어 *stress*가 스페인어로 차용되면 *estrés*가 된다. 스페인어 음운규칙에 따라 발음이 바뀌는 것이다. 영어의 어휘가 스페인어로 차용되는 순간, 더 이상 영어 어휘가 아니라 스페인어 어휘로 바뀌는 것이다. 이와 같은 예를 들면 〈표 2〉와 같다.

<표 2> 미국 스페인어의 영어 차용 어휘

영어	스페인어로 차용된 영어 어휘	표준 스페인어
to mop the floor	mopear el piso	limpiar el piso
lunch	lonche	almuerzo
to park	parquear	estacionar
stress	estrés	tensión
interview	interbiú	entrevista
hobby	hobby	pasatiempo
cash	cash	efectivo
overtime	obertaim	horas extra
market	marqueta	mercado
to pitch	pichar	lanzar
to watch	guachar	observar
to spell	espeliar	deletrear
taxes	taxas	impuestos
bill	bil	cuenta
busdriver	bosero	conductor
truck	troca	camión

차용어(préstamo)와 굉장히 유사한 용어로 칼코(calco; *calque*)가 있다. 칼코는 영어 어휘를 동일한 의미의 스페인어 단어로 번역하는 경우에 해당한다. 그 예로는 <표 3>과 같다.

<표 3> 미국 스페인어의 칼코 현상

영어	미국 스페인어(칼코 어휘)	표준 스페인어
skyscraper	rascacielos	edificio alto
high school	escuela alta	escuela secundaria
give a break	dar quebrada	darle un descanso
run for office	correr para una oficina	postular a un puesto político
I'll call you back.	Te llamo para atrás.	Te llamo luego.
feed the dog	alimentar el perro.	Dar comidas al perro.

이와 같이, 칼코로 형성된 영어와 스페인어 어휘는 동일한 의미를 유지한다.

이에 반해, '허위 동족'(cognados falsos; *false friends*) 어휘는 스페인어와 영어가 형태적으로 유사한 표현이지만, 동일한 의미를 지니지 않는 경우에 해당한다. 예를 들어, 영어 *library*(도서관)를 동일한 형태의 스페인어 *librería*(서점)로 바꾸는 경우이다. Montrul(2013: 114)과 Hualde, Olarrea, Escobar & Travis(2010: 475)에서는 히스패닉들이 사용하는 허위 동족 어휘들로 다음과 같은 어휘들을 제시하고 있다.[6]

<표 4> 미국 스페인어의 동족 어휘

영어	미국 스페인어(동족 어휘)	표준 스페인어
to be embarrassed	estar embarazada	estar avergonzado
to support the sons	soportar a los hijos	mantener a los hijos
apply for a job	aplicar a un trabajo	solicitar un trabajo
college	ha entrado al colegio	ha entrado a la universidad
attend class	atender a clase	asistir a clase
study in the library	estudiar en la librería	estudiar en la biblioteca
realize	realizar	darse cuenta
collect	colectar	coleccionar
carpet	carpeta	alfombra, moqueta
grade	grado	nota o calificación
washing machine	máquina lavadora	lavarropas
answering machine	máquina contestadora	contestador automático

영어와 스페인어가 동족 어휘를 구성하는 경우, 영어 간섭으로 인해 우리 한국학생들도 흔히 쉽게 오류를 범하는 것을 볼 수 있다. 스페인어 어휘가 생각나지 않을 경우, 영어 어휘에서 스페인어를 잘못 유추해내는 것은 흔한 스페인어 오류이다. 예를 들면, 우리 학생들은 <표 5>와 같은 영어 예문을 그대로 스페인어로 직접 번역하여 오류를 범하는 경우가 있는데, 해당 어휘가 실제로 스페인어에도 있는 어휘이기 때문에 이러한 오류를 흔히 접할 수 있다.

6 히스패닉들이 영어 어휘를 동족 어휘로 스페인어에서 사용했다는 것은 해당 어휘를 영어의 의미로 사용했음을 뜻한다. 예를 들어, 히스패닉들이 *aplicar a un trabajo*라는 동족어휘 표현을 사용했다는 것은 미국에서 사용되는 스페인어 *aplicar*가 영어 *apply*(신청하다, 'solicitar')의 의미를 획득했음을 의미한다.

<표 5> 동족 어휘로 인한 한국학생들의 스페인어 오류

영어	한국학생의 스페인어 오류	표준 스페인어
I am excited. (감동된)	Estoy excitado. (흥분한)	Estoy entusiasmado. Estoy emocionado.
I am so embarrassed. (당황한)	Estoy muy embarazado. (임신한)	Estoy muy nervioso Estoy muy avergonzado.
John, I introduce Mary to you. (소개하다)	Juan, te introduzco a María. (안에 넣다)	Juan, te presento a María.
Actually, I have a girl friend. (실제로)	Actualmente, tengo una novia. (지금)	{En realidad/De hecho} tengo novia.

이와 관련하여, 우리 한국학생들이 많이 혼돈할 수 있는 영어와 스페인어의 동족 어휘를 소개하면 <표 6>과 같다.

<표 6> 영어와 스페인어의 동족 어휘

영어	스페인어 동족 어휘	스페인어
attend 참석하다	atender 돌보다	asistir a
assist 도와주다	asistir 참석하다	ayudar
apply 지원하다	aplicar 적용하다	solicitar
billion 10억(미국)	billón 1조	mil millones
camp 캠프	campo 들판	campamento
carpet 카펫	carpeta 폴더, 서류함	alfombra
effective 효과적인	efectivo 현금	eficaz
fabric 직물	fábrica 공장	tela, tejido
library 도서관	librería 서점	biblioteca
parents 부모님	parientes 친척	padres
practically 거의	prácticamente 실질적으로	casi
pretend ~인 척하다	pretender ~하려하다	fingir
real 진짜의	real 왕의	verdadero
record 녹음하다	recordar 기억하다	grabar
sensible 분별있는, 합리적인	sensible 민감한	sensato
sensitive 민감한	sensitivo 감각의	sensible
success 성공	suceso 사건	éxito / triunfo

한편, 미국 스페인어에는 영어 문장을 그대로 직접 번역(*direct translation of English into Spanish*)한 형태·통사적인 칼코 현상도 자주 목격되는데, 다음과 같은 예를 들 수 있다.

영어	미국 스페인어	표준 스페인어
Two officers were found guilty.	Dos policías fueron encontrados culpables.	Dos policías se declararon culpables.
It is important to go.	Es importante a ir.	Es importante ir.

이러한 문장 칼코와 관련하여 Montrul(2013: 115)에서는 다음의 예를 들고 있다.

〈표 7〉 영어문장을 직접 번역한 형태·통사적 칼코의 예

영어	미국 스페인어	표준 스페인어
to have a good time	tener un buen tiempo	pasarlo bien
the time has come	ha llegado el tiempo	ha llegado el momento
How do you like X?	¿Cómo te gusta X?	¿Te gusta X?
It is fine with me.	Está bien conmigo.	Me parece bien.
change his mind	cambiar su mente	cambiar de opinión
arrive on time	llegar en tiempo	llegar a tiempo

2.2.2. 영어 간섭현상과 스페인어 구문의 단순화

미국 스페인어에는 영어의 간섭(interferencia) 현상으로 인해 영어 문장을 그대로 스페인어로 번역하여 비문법적인 문장을 만드는 경우가 자주 목격되는데, Montrul(2013: 116)에서 제시된 자료들 대부분 스페인어 문법을 단순화하여 표현하는 구문들이다.

먼저, 영어의 명사에는 남성과 여성의 구분이 없고 또한 명사와 형용사 사이의 성·수 일치 역시 나타나지 않기 때문에, 그 영향으로 미국 스페인어에는 명사의 성에 오류가 있거나 형용사가 명사와 성과 수에 있어서 일치를 하지 않는 경우가 있다.

표준 스페인어	미국 스페인어
Mi blusa es blanca. Mi perra es negra. Mi mamá y mi papá son buenos.	Mi blusa es blanc*o*. Mi perra es negr*o*. Mi mamá y mi papá *es* buen*o*.
Tenemos una casa allá. Una ardilla grande	Tenemos *un* casa allá. *Un* ardilla grande

둘째, 미국 이중언어 화자의 스페인어에는 영어의 영향으로 직접목적어(사람)나 간접목적어 앞에 사용하는 격 표지 *a*를 탈락시키는 경향을 보인다(cf. Montrul & Bowles, 2010).

표준 스페인어	미국 스페인어
A María le gusta el cine.	María gusta el cine.
Voy a visitar *a* mi familia.	Voy a visitar mi familia.

특히, *gustar* 심리동사의 경우, 표준 스페인어에서는 대상 명사구가 주어 역할을 하고 경험자 가 여격(간접목적어)으로 나타나는데, 미국 스페인어는 영어의 영향으로 *like* 구문과 동일하게 SVO 어순으로 표현되어, 경험자와 대상 명사구는 각각 주어와 목적어가 된다.

영어	미국 스페인어	표준 스페인어
Mary likes pear.	María gusta peras.	A María le gustan las peras.
I like apples.	(Yo) Gusto peras.	Me gustan las peras.

셋째, 히스패닉의 2·3세대가 구사하는 스페인어에는 문법의 단순화 현상을 볼 수 있다. 예를 들어, 접속법 시제 형태를 직설법 형태로 단순화시킨다든지, 과거시제의 상적 대조를 무시하고 canté형의 부정과거와 cantaba형의 불완료과거를 의미적 맥락에 상관없이 서로 섞어 사용하는 점을 들 수 있다(cf. Silva-Corvalán, 2001).

표준 스페인어	미국 스페인어
La voy a guardar antes que *llegue.*	La voy a guardar antes que *llega.*
No pude creer que *hiciera* errores.	No pude creer que yo *hice* errores.
Me habló como si no *hubiera pasado* nada.	Me habló como si no *pasó* nada.
Como este mexicano no sabía el inglés, *habló* solo español.	Porque este mexicano no sabía el inglés, no más *hablaba* español.

넷째, 영어 관사의 영향으로 미국 스페인어에서는 관사를 사용해야할 구문에 관사를 탈락시키는 경우가 많다(cf. Lipski, 1993; Colombi, 2003). 예를 들어, *tigers eat* *meat*에서처럼 영어는 ㄴ총칭명사에 관사를 사용하지 않는데, 스페인어는 *los tigres comen carne*에서 보듯이 전치주어에 관사를 사용해야 한다. 이 경우, 미국의 히스패닉들은 영어의 영향으로 *tigres comen carne*라고 표현하는 경향이 있다.

표준 스페인어	미국 스페인어
Tengo miedo de *los* exámenes.	Tengo miedo de Ø *exámenes*.
Me gustan *las* clases.	Me gusta Ø *clases* como pa escribir.
Las mujeres tuvieron que aprender a defenderse.	Ø *Mujeres* tuvieron que aprender a defenderse.

다섯째, 통사적 측면에서의 영어 간섭현상을 예로 들면, *I think Ø John is a fool*이나 *the book Ø I want*에서처럼 영어 접속사 *that*는 탈락되는 것이 흔한데, 이 영향으로 미국의 스페인어에는 접속사 *que*가 탈락된 문장이 자주 나타난다.

표준 스페인어	미국 스페인어
Creo *que* Juan es un tonto.	Yo creo Ø Juan es un tonto.
Te ruego *que* me lo envíes pronto.	Te ruego Ø me lo envíes pronto.
Te agradezco el regalo *que* me enviaste.	Te agradezco el regalo Ø me enviaste.

여섯째, 스페인어의 어순은 정보구조에 민감하게 반응하여 새로운 정보를 동사 뒤에 위치시키는 것이 일반적인데, 미국의 스페인어는 영어의 영향으로 담화에서의 어순이 SV로 고정되는 경향을 보인다. 또한 스페인어는 *llegar*나 *entrar*와 같은 비대격동사의 제시구문(presentational sentences)에서도 VS 어순이 자연스러우나 미국 스페인어는 SV 어순을 선호한다.

영어 (SV)	표준 스페인어 (VS)	미국 스페인어 (SV)
Q: Who came? A: John came.	Q: ¿Quién vino? A: Vino Juan.	Q: ¿Quién vino? A: Juan vino.
Q: Who loves Pilar? A: John loves her.	Q: ¿Quién quiere a Pilar? A: La quiere Juan.	Q: ¿Quién quiere a Pilar? A: Juan la quiere.
A woman arrived there.	Llegó una señora ahí.	Una señora llegó ahí.
A woman entered.	Entró una señora.	Una señora entró.

미국 스페인어의 또 다른 통사적 특징은 불필요한 주어 대명사의 사용이다. 예를 들어, 아래 예문에서 보듯이, 스페인어는 동일한 주어를 반복할 경우, 대명사를 사용하지 않고 탈락시키는 것이 자연스러우며 일반적이다.[7] 그러나 미국 스페인어는 주어를 명시하는 영어의 영향으로 주어를 탈락시키는 것이 자연스러운 문장에도 주어 대명사를 명시하는 경향이 있다.

표준 스페인어 (pro-drop)	미국 스페인어 (non pro-drop)
Pepe no vino hoy a trabajar. Ø estará enfermo.	Pepe no vino hoy a trabajar. Él estará enfermo.
Había una vez una niña chiquita que se llamaba Caperucita. Ella vivía con su mamá y Ø quería mucho a su abuelita.	Había una vez una niña chiquita que se llamaba Caperucita. Ella vivía con su mamá y ella quería mucho a su abuelita.

마지막으로, 영어의 영향으로 미국 스페인어에는 '소유대명사+명사'로 구성된 명사구가 자주 발견된다. 그러나 아래 예시에서 보듯이, 표준 스페인어에서는 소유대명사 대신 정관사를 사용하는 것이 일반적이다.

영어	표준 스페인어	미국 스페인어
Raise your hand.	Levanta *la* mano.	Levanta *tu* mano.
I washed John's hands.	Le lavé *las* manos a Juan.	Lavé las manos *de Juan*.
I washed my hands.	Me lavé *las* manos.	Lavé *mis* manos.
My hands are dirty.	Tengo *las* manos sucias.	*Mis* manos están sucias.

한편, Hualde, Olarrea, Escobar & Travis(2010: 478)에서는 다음과 같은 표현 역시 미국 스페인어의 특징으로 보고 있다.

- 형용사로 사용되는 현재분사(gerundio)
  Los compañeros enseñando español.

---

7 아래 예문에서와 같이, 주절과 종속절에 동일한 주어를 반복하는 경우, 종속절 주어는 탈락시킬 수도 있고 명시적 대명사를 사용할 수도 있다. 그러나 명시적 대명사(cf. (ib))를 사용하면 주절주어가 아닌 다른 지시체를 가리키는 것으로 해석될 가능성이 대명사 탈락 구문(cf. (ia))에서보다 더 높다.

(i) a. Juan$_i$ dice que Ø$_{i/j}$ es tonto.
b. Juan$_i$ dice que él$_{i/j}$ es tonto.

• 명사화된 현재분사
Lo que hace es comparando precios.

• 수동 구문(*ser+pp*)의 광범위한 사용
Las flores fueron traídas desde lejos.
Mis padres fueron muy queridos.

• 'para + 주격 대명사 + infinitivo'의 사용
No hay tiempo para yo poder comprar algo.

이러한 통사적 측면 이외에도, 미국의 스페인어에는 음성적 측면에서도 영어의 영향을 찾아볼 수 있다. 예를 들어, 영어 발음의 영향으로 양순음(bilabial) /b/를 순치음(labiodental) /v/로 발음하는 경향이 있다. 예를 들면, vaca를 [baka]로 발음하지 않고 [vaka]로 발음한다. 특히, 영어 어휘와 형태가 유사한 경우(예: visitar vs. *visit*, evolucionar vs. *evolve*, evaluar vs. *evaluate*) 이러한 음성적 간섭현상이 더 빈번히 등장한다.

2.3. 영어와 스페인어 코드 스위칭

미국의 히스패닉들에게서 나타나는 가장 흔한 특징은 스페인어와 영어를 자유자재로 섞어 쓰는 코드 스위칭(*Code-Switching*; Alternancia de códigos)이라고 할 수 있다. 〈그림 7〉은 영어/스페인어 코드 스위칭으로 만들어진 광고문이다.

〈그림 7〉 영어/스페인어 코드 스위칭 광고문

일부 학자는 영어/스페인어 코드 스위칭도 스팽글리쉬(*Spanglish*)의 한 종류라고 보기도 하지만, 앞서 언급했듯이 이 책에서는 코드 스위칭과 스팽글리쉬를 구분하고자 한다. 스팽글리쉬는 영어의 영향을 받은 미국식 스페인어이기 때문에 지역별로 다양한

스페인어의 한 부분이라고 볼 수 있지만, 코드 스위칭은 스페인어와 영어를 섞어 사용하는 현상이기 때문에 두 언어의 혼합사용에 다름 아니다. 즉, 영어/스페인어 코드 스위칭은 영어이기도 하며 스페인어이기도 한, 담화에서 두 언어를 함께 사용하는 현상이다. 따라서 스팽글리쉬는 다양한 스페인어의 한 지역 방언으로 간주할 수 있는 반면, 영어/스페인어 코드 스위칭은 스페인어의 한 종류라고는 볼 수 없다. 이런 관점에서, 여기에서는 영어/스페인어 코드 스위칭의 종류, 코드 스위칭과 차용어의 차이, 코드 스위칭의 문법적 제약 등을 살펴보고자 한다.

2.3.1. 코드 스위칭의 종류

코드 스위칭에는 다음과 같은 세 가지 유형이 있다. 먼저, 문장 내에서 두 언어를 섞어 사용하는 문장 내 코드 스위칭이 있다.

- 문장 내 코드 스위칭(*Intrasentential CS*)
  a. [*Todos los amigos*] had to go home.
  b. Mañana voy a [*bring her some flowers*].
  c. El hombre [*who saw the accident*] es cubano.
  d. I put the forks [*en las mesas*].
  e. No podemos hacer nada [*because we don't have the power*].
  f. I hope [*no llueva mañana*].

위의 예문에서 보듯이, 문장 내 코드 스위칭은 하나의 동일한 문장 내에서 스페인어와 영어를 섞어 사용한다. 문장 내의 주어, 동사구, 관계절, 전치사구, 부사절, 목적절과 같은 문장 내 구성성분을 영어나 스페인어로 바꾸어 사용하는 경우이다. 다음으로, 두 개의 문장을 언어를 바꾸어 사용하는 문장 간 코드 스위칭이 있다(cf. Martínez, 2006; Montrul, 2013).

- 문장 간 코드 스위칭(*Intersentential CS*)
  a. Anyway, I was in and he was, you know, the one that would let you out. And he was laughing cause he saw me coming in. *Se estaba riendo de mí.*
  b. He was responsible for my knowledge of music. *Carlitos da para la música.*
  c. A: Llamó María.
     B: *What does she want?*

위에서 보듯이, 영어로 시작한 문장이 스페인어 문장으로 바뀌기도 하고, 그 반대의 경우도 있다. 이러한 문장 간 코드 스위칭은 가장 흔히 볼 수 있는 미국 내 히스패닉들의 이중언어 사용방식이라고 볼 수 있다. 마지막으로, 담화표지라고 할 수 있는 부가어구를 다른 언어로 발화하는 경우이다. 이를 문장 외 코드 스위칭 또는 *tag-switching*이라고 한다.

- 문장 외 코드 스위칭(*Extrasentential CS*)
  a. If you are happy, nothing is more important than that, *sí*?
  b. You don't know how to speak Spanish, *verdad*?
  c. *Well*, no sé si lo que dice es cierto. *I mean*, siempre dice mentiras.
  d. A los trece años me gradué de sexto, entonces a los católicos vine a séptimo, *so* este estaba atrasada.
  e. *So*, vino y se quedó unos días, *you know*.
  f. En el trabajo, por ejemplo, cuando hablo con los jefes hay veces, hay veces, *y'know*, que *I get mad* ¿sabes por qué?

위와 같이, 미국 내 히스패닉들의 스페인어와 영어 코드 스위칭에는 문장의 담화표지만을 스페인어나 영어로 사용하는 것을 흔히 볼 수 있다. 스페인어 담화표지로는 *¿si?, ¿verdad?, ¿tú crees?, ¿me entiendes?, fíjate, pues mira, imagínate, entonces, por lo tanto*와 같은 표현들이 있으며, 영어 담화표지로는 *well, I mean, so, you know, you see, let's see* 등이 있다.

2.3.2. 코드 스위칭과 차용어

코드 스위칭은 두 언어를 자유자재로 섞어 사용하는 현상인 반면, 차용어(préstamo, *borrowing*)는 상대방 언어의 어휘를 가져와 자신의 언어로 발화하는 것을 말한다. 예를 들어, 영어 어휘 *lunch*의 차용어 *lonche*는 더 이상 영어가 아니라 스페인어로 바뀐 것이라고 볼 수 있다. 스페인어의 음운규칙과 스페인어의 형태규칙에 따라 바뀌었기 때문이다. 다음의 예문에서 영어 어휘 *standard*를 영어 [stændərd]으로 발음했다면 스페인어/영어 코드 스위칭에 해당할 것이며, 이를 스페인어 음성규칙에 맞게 [estándar]로 발음했다면 이는 차용어에 해당하여 스페인어로 바뀐 것이라고 보아야 한다.

· a. El [estándar] de vida es mejor allí. (차용어 *borrowing*)
b. El [stændərd] de vida es mejor allí. (코드 스위칭 *Code-Switching*)

다음의 예들은 영어 어휘를 스페인어로 차용한 경우에 해당하는 것으로, 모두 스페인어의 음운규칙, 형태규칙에 맞게 바뀐 것을 볼 수 있다. 명사의 경우, 남성과 여성 중 하나로 결정되며, 동사의 경우 −*ar*, -*er*, -*ir* 중 하나의 어미로 결정된다.

· a. type → taipear, check → chequear, flunk → flanquear
b. push → puchar, catch → cachar
c. miss → mistir

· a. truck → la troca, las trocas, la troquita
b. ride → el raite, los raites, el raitecito

따라서 다음 예문에서처럼 영어 *the bills*를 스페인어 형태론적 규칙에 맞게 남성·복수 형태인 *los biles*로 발음했다면 이는 영어 어휘를 차용한 스페인어 어휘로 보아야한다.

· Tengo que pagar los [biles]. (차용어 *borrowing*)

이와 같은 차용어 현상은 우리말에서도 흔히 찾아볼 수 있다. 즉, 우리말 표현에 영어 어휘를 사용하는 경우로, 많은 지식인들이 한국어 단어 대신 영어 어휘를 사용하는 것을 흔히 볼 수 있다. 이러한 현상은 영어와 한국어를 섞어 사용하는 코드 스위칭이 아니라, 영어 어휘를 차용하여 한국어로 발화한 것에 다름 아니다. 한국어 음성·형태규칙에 따라 발음하기 때문이다. 다음은 그 예이다.

· 너 해피(happy)하니? (차용어 *borrowing*)
디저트(dessert) 먹을래요?

그러고 보면, 한국어 어휘의 70%를 차지하는 한자어 역시 중국어 어휘를 차용하여 한국어의 음성·형태규칙에 따라 발음한 차용어라고 볼 수 있다.

· 너 행복(幸福)하니? (한자어 *Sino-Korean*)
후식(後食) 먹을래요?

따라서 한글날마다 어김없이 등장하는 무분별한 외래어 사용에 대한 경고는, 필자가 보기엔 그리 심각한 문제는 아니다. 외래어 사용은 언어문화·언어생활의 한 단면으로 볼 수 있기 때문이다. 많은 지식인들이 한국어 구사시 영어 어휘를 사용한다고 해서 영어를 한국어와 함께 사용하는 코드 스위칭이라고 볼 수는 없다. 앞서 보았듯이, 이들 영어 어휘는 한국어 방식으로 발음되기 때문에 더 이상 영어가 아니라 우리 한국말로 바뀐 것이라고 보아야한다. 4차 산업혁명으로 IT 관련 어휘가 계속 유입되듯이, 외래어는 우리말 어휘부를 더 풍부하게 한다는 긍정적 측면에서 접근할 수 있다고 본다.

이와 관련해서 필자의 어린 시절 얘기를 잠간 하고자 한다. 필자는 유년기에 강아지의 이름이 '쫑' 밖에 없는 줄 알았다. 나중에 '쫑'은 *John*이라는 영어 이름에서 왔다는 것을 알고 놀랐던 적이 있다. (그러고 보면, 당시에 암컷 강아지는 '메리' *Mary*라고 불렀었다) 또한 버스 안내양이 외치던 '오라이', 그리고 '최고다'라는 의미의 '와따네'와 같은 말도 알고 보면 모두 영어 표현이었다. 다음에서 보듯이, 영어를 우리말식으로 바꾸어 발음한 것이니, 이 어휘들은 결국 한국말인 셈이다.

- a. 쫑(*John*), 메리(*Mary*)
  b. 와따껌, 와따네(*What a ~*)[8]
  c. 오라이(*All right*)!

그러나 미국에 거주하는 한국교포들이 사용하는 말에는 그야말로 한국어와 영어를 섞어서 사용하는 코드 스위칭을 쉽게 접할 수 있다. 예를 들면, 다음과 같은 표현들이다 (cf. Park, 1990).

- a. 그 똑똑한 학생이 *passed in the examination.*
  b. 다른 사람들이 *couldn't answer the question.*
  c. *English and Spanish*를 *at the same time* 배워야 했어요.
  d. 어머님이 *through prayer* 마이(많이) 뒷받침해 주었어요.
  e. *I love her* 내 마음 속으로부터.

우리 한국인들이 문장 내에 영어 어휘를 도입하여 말하는 것이 위와 같은 코드 스위칭이 아님은 자명하다. 코드 스위칭은 두 언어의 음성, 형태, 통사 규칙을 그대로 유지하면서 두 언어를 섞어서 사용하는 현상이다. 따라서 외래어 사용은 외국어를 차용하여

8 미국에서 본 햄버거 가게 간판이 *What a Burger*였는데, 우리말로 발음하면 '와따버거'가 될 것이다.

우리말로 바꾸어 말하는 것이기 때문에, 두 언어를 섞어서 사용하는 코드 스위칭과는 거리가 멀다고 볼 수 있다.

2.3.3. 코드 스위칭의 기능

앞서 보았듯이, 코드 스위칭은 두 언어를 유창하게 구사하는 이중언어 화자들 사이에서 흔히 목격된다. 아무런 의식이나 의도 없이 그냥 두 언어를 무의식중에 섞어서 발화하는 것이다. 이러하다보니, 두 개의 언어를 완벽하게 구사하지 못한다면 코드 스위칭은 불가능하다. 미국 내 히스패닉들은 영어와 스페인어를 유창하게 구사하는 이중언어 화자들이기 때문에 이 두 언어를 담화에서 자유자재로 섞어서 사용하는 것이다.

그러나 코드 스위칭이 발생하는 환경을 살펴보면, 대부분 담화상황이 크게 작용함을 알 수 있다. 이를 담화전략(*Discourse Strategy*)이라고 부른다. 담화전략에는 상황에 따른 코드 스위칭과 은유적 코드 스위칭이 있다. 먼저 '상황적 코드 스위칭'(*Situational CS*)을 살펴보자. 예를 들어, 스페인어 화자들끼리 스페인어로 얘기하다 갑자기 영어화자가 대화에 개입되면 영어로 바꾸어 말하는 것은 자연스러운 담화상황이다. 한국말에도 사투리라 불리는 방언이 존재하는데, 필자의 경우 경상도 사투리를 사용하지만 서울에서는 가급적 사용하지 않는 경향이 있다. 그러나 고향에 내려가 친구들을 만나면 무의식적으로 사투리 억양이 나오는 것을 알 수 있다. 상황에 따라 말투(예: 서울말과 경상도말)가 바뀌는 것도 코드 스위칭의 한 예라고 볼 수 있을 것이다.

코드 스위칭을 유발시키는 또 담화전략으로는 '은유적 코드 스위칭'(*Metaphorical CS*)이 있다. 은유적 코드 스위칭의 경우에는 다소 의도가 개입되는데, 심리적 인식에 의해 다른 언어를 선택하는 경우가 여기에 해당된다. 예를 들어, 동일한 의미를 지닌 두 언어의 어휘가 있더라도, 두 어휘 사이의 사회적 인식이 서로 다르게 평가되는 경우가 되겠다. 영어 *bartender*와 스페인어 *cantinero*는 거의 동일한 의미를 지니지만, 영어 *bartender*가 스페인어 *cantinero*보다 사회적 평판이 더 좋고, 수익 역시 더 좋은 직업으로 평가될 경우, 화자는 상황에 따라 두 언어 중의 한 어휘를 선택하여 사용할 것이다(Martínez, 2006).

- a. Mi papá es un *bartender*.
  b. Mi papá es un cantinero.

또 다른 은유적 코드 스위칭으로는 다음과 같이 '어리석다'란 뜻의 *stupid*란 영어 어휘와 이에 해당하는 스페인어 *estúpido*를 들 수 있다. 두 어휘 모두 동일한 의미를 지니지만, 영어 *stupid*가 스페인어 *estúpido*보다는 좀 더 부드러운 뉘앙스를 지닌다고 한다. 스페인어 *estúpido*는 비난조의 욕에 가까운 반면, 영어 *stupid*는 친구들 사이에 가벼운 농담조로 받아들일 수 있는 말투라는 것이다. 따라서 부드럽게 표현하고자하는 의도가 있다면, 스페인어 문장을 발화하면서 해당 어휘를 영어 *stupid*로 코드 스위칭할 것이다.

- a. Eres una *stupid*.
  b. Eres una estúpida.

우리말에서도 마찬가지의 현상이 발견된다. 다음과 같이 우리말 '바보'보다는 *stupid*을 사용하는 것이 말투를 좀 더 부드럽게 하기 때문이다. 이런 이유에서인지, 요즘 방송에 유행하는 '스튜핏'(*stupid*)이나 '그뤠잇'(*great*)이란 말도 영어 어휘를 사용함으로써 분위기를 좀 더 부드럽고 코믹하게 하려는 방송의도에 부합하는 듯하다.[9]

- a. 너, 바보냐?
  b. 너, 스튜핏(*stupid*)?

'프라이버시'(*privacy*)란 영어 어휘도 마찬가지가 아닌가 싶다. 우리말 '사생활'(私生活)을 사용하면 좀 무거운 분위기가 되지만, 영어 어휘 *privacy*를 사용하면 좀 더 가볍게 받아들일 수 있기 때문이다.

- a. 사생활을 존중해줘야죠.
  b. 프라이버시(*privacy*)를 존중해줘야죠.

동일한 의미를 지니나, 언어마다 다른 뉘앙스를 띨 수 있는 스튜핏(*stupid*)과 관련하여, 최재천 교수의 칼럼(조선일보 2009년 9월 14일자)을 소개한다.

---

9 유행어가 되어버린 '스튜핏'이나 '그뤠잇'과 같은 영어 어휘는 우리말의 음성체계에 따라 발음되기 때문에 차용어로 변했다고도 볼 수 있겠다.

최재천의 자연과 문화

미국 유학 시절 아내와 나는 부부싸움을 늘 영어로 했다. 부부싸움이야말로 미주알고주알 짚고 따져야 할 것이 많은 법인데 왜 꼭 그 서툰 영어로 했을까? 그건 아마 모국어로 하는 싸움보다 외국어로 하는 싸움이 감정을 분리하는 데 유리했기 때문이었던 것 같다. "I hate you" 또는 심지어 "I REALLY hate you"를 수없이 내뱉었지만, 그건 우리말로 "나 너 정말 싫어"라고 말하는 것과는 차원이 다른 것이었다. 부부가 서로 정말 싫다고 말할 정도면 그건 이혼 일보직전일 것이다.

그 후 미국 친구들의 행동을 관찰하며 나는 그들 역시 'hate'란 단어에 그렇게 대단하게 감정을 싣지 않는다는 걸 깨달았다. '어리석다'는 뜻의 'stupid'도 마찬가지이다. 미국에서 태어나 유년 시절을 그곳에서 보낸 내 아들 녀석도 툭하면 "Dad, are you stupid?"라며 힐난하지만, 그건 결코 "아빠, 바보야?"와는 다른 것이다. 부시 미국 전 대통령은 재임 시절 아마 단 하루도 국민들로부터 'stupid'라는 소리를 듣지 않은 날이 없었을 것이다. 그렇다고 해서 미국 국민이 그를 탄핵하기 일보직전은 아니었다.

아이돌 그룹 2PM의 재범이 어린 소년 시절 친구와 나눈 지극히 개인적인 대화에서 이 두 단어를 사용했던 것이 인터넷이라는 고삐 풀린 괴물 그물에 걸려 급기야는 그룹을 탈퇴하고 미국으로 돌아가는 일이 벌어졌다. 세계화 시대에 살면서 이 정도의 문화 혹은 언어의 차이도 이해하지 못하는 소수의 'stupid' 네티즌들이 어쭙잖게 전 국민을 대변하는 양 그에게 우리말로 "우린 너 싫으니 꺼져라"를 외친 것이다. 그 말에 씻을 수 없는 상처를 입고 돌아서는 재범을 보며 나는 그가 지난 몇 년간 한국에 살면서 어느덧 한국인이 다 되었구나 하고 느꼈다. 만일 우리 네티즌들이 영어로 그를 비난했다면 어쩌면 그는 이렇게까지 가슴 아파하지 않았을지도 모른다

귀와 가슴 사이에는 엄연한 간극이 존재한다. 아무리 험한 말이 귀로 들어와도 그걸 가슴이 받지 않으면 그 충격은 그리 크지 않다. 게다가 손가락은 더 멀다. 재범에게 자살까지 권유한 네티즌들이 과연 그를 마주 보고 말로 할 수 있었을까? 무책임한 손가락들이 사이버 공간에 던지는 돌들을 어찌할꼬?

—이화여대 석좌교수, 행동생태학

2.4. 스페인어와 한국어 코드 스위칭

한국어와 스페인어를 모두 구사하는 스페인어권 출신의 교포학생들은 두 언어를 섞어서 사용하는 코드 스위칭이 자연스러운 상황이라고 한다. 예전에는 교포학생들이 한국어를 서툴게 사용했었으나, 요즘엔 이들 학생들도 한국어를 거의 완벽하게 구사한다. 그만큼 한국의 세계적 위상이 올라감에 따라 외국에 거주하는 우리 교포들도 자녀들에게 우리말

을 가르치려고 노력하고 있음을 알 수 있다. 이러한 연유에서인지는 몰라도, 이들 학생들은 한국어와 스페인어를 상황에 맞게 섞어서 사용하고 있다. 다음은 박소현(2012)에서 소개된 스페인어/한국어 코드 스위칭(*Spanish/Korean Code-Switching*)의 몇 가지 예이다.

- 문화 관련
  a. Yo? Yo soy 구십일(91) pero 빠른 entonces es como que 되게 애매해.
  b. Soy 공구(09) pero entré en 일공(10).
  c. 당연히 coreano요. Con mi 형 también hablo en coreano.

- 담화표지
  a. 환경이 한국이고 además 스페인어 쓸 사람도 없어서.
  b. Entonces 숙제 못한 적도 있어요.
  c. Me encanta, 그런데 no he viajado mucho.

- 부가설명, 의견
  a. El coreano aprendí en la escuela que se llama 한국학교, 아직까지 있는 학교에요.
  b. 그리고 나는 교회 안 다녔으니깐... 근데 주로 다 섞어 쓰니깐... es decir, el coreano con el español.
  c. 그래서 치안만 좀 해결이 된다면 es el mejor país del mundo. (Argentina)

- 반복
  a. 스페인어도 마찬가지죠, lo mismo.
  b. En casa y en el colegio 거의 90%, noventa por ciento hablaba en coreano.

- 인용
  Cuando llegué a 한국, le dije a mi mamá "엄마 여기 왜 이렇게 한국사람이 많아?"

- 전치사, 관사
  a. 유지해야 되요, 이거를(이 습관을) hasta 끝날 때까지.
  b. 근대 en 1학기는 (한국어 수업을) 안 들었어요.
  c. El 아이스아메리카가 특히 더 (좋아요). / Del 동아리!

- 접속사 *y*
  그리고 한 살 차이라도 lo tenés que decir 형. 형 y '요'자 붙이고 존대말하고.

- 복합
  a. Primero 나는 외국에 살면서 nunca me sentí 그 나라 사람.
  b. 나는 항상 동양인이었고 me sentía como una 외국인 ahí, como un punto negro sobre un papel blanco.

2.5. 코드 스위칭의 통사적 제약

문장 내 코드 스위칭은 아무런 제약 없이 문장 내 어떤 단어에 무작위로 적용되지 않는다. 예를 들어, 다음과 같은 중의적인 문장을 예로 들어보자.

- Mi hermano vio a un niño con un telescopio.
  '내 형은 망원경을 가진 어떤 아이를 보았다.'
  '내 형은 망원경으로 어떤 아이를 보았다.'

이 문장은 전치사구 'con un telescopio'가 어디를 수식하느냐에 따라 중의성이 발생한다. 따라서 이 문장의 구성성분 구조(*Constituent Structure*)는 다음과 같이 두 개로 분석될 수 있다. 이 때 목적어 명사구를 대명사로 대체하면 구성성분 구조에 따라 전치사구의 출현 유무가 결정된다.

- a. [$_{S}$ Mi hermano [$_{VP}$ vio [$_{NP}$ a un niño [$_{PP}$ con un telescopio]]]]
  → Mi hermano *lo* vio.
  '내 형은 그를 보았다.'
  b. [$_{S}$ Mi hermano [$_{VP}$ vio [$_{NP}$ a un niño] [$_{PP}$ con un telescopio]]].
  → Mi hermano *lo* vio *con un telescopio.*
  '내 형은 망원경으로 그를 보았다'

여기에서 이 문장의 일부를 영어로 코드 스위칭해 보자.

- a. Mi hermano vio [$_{NP}$ *a boy with a telescope*].
  b. Mi hermano vio [$_{NP}$ a un niño] [$_{PP}$ *with a telescope*].

흥미로운 점은 코드 스위칭이 적용되면 위 문장의 중의성이 상당부분 해소된다는 것이다. 즉, 위에서 표시한 바와 같이 이중언어 화자들은 코드 스위칭된 일련의 단어들을 하나의 구성성분으로 해석하는 경향이 있다. 예를 들어, 명사구와 전치사구가 모두 영어로 코드 스위칭된 경우에는 전치사구가 명사구를 수식하는 구조로 해석되는 것이 선호된다. (따라서 대격 대명사가 '목적어+전치사구' 전체를 대체하는 것이 선호된다)

- Mi hermano vio [$_{NP}$ *a boy with a telescope*].
  √내 형은 망원경을 가진 어떤 아이를 보았다. (→ Mi hermano lo vio)
  ??내 형은 망원경으로 어떤 아이를 보았다. (→ ??Mi hermano lo vio with a telescope)

반면에, 전치사구만 영어로 코드 스위칭된 경우에는 이 전치사구는 목적어 명사구를 수식하는 것이 아니라 동사를 수식하는 해석이 선호된다. (따라서 대격 대명사가 명사구 *a un niño*만을 대체하는 것이 선호된다)

- Mi hermano vio [$_{NP}$ a un niño] [$_{PP}$ *with a telescope*].
  ??내 형은 망원경을 가진 어떤 아이를 보았다. (→ ??Mi hermano lo vio)
  √내 형은 망원경으로 어떤 아이를 보았다. (→ Mi hermano lo vio with a telescope)

동일한 논리로, Kim & Lee(2017)에서는 전치사구 때문에 중의성을 띠는 문장에서 코드 스위칭이 파싱(*parsing*)에서 묵시적 운율(*Implicit Prosody*)의 역할을 하고 있음을 실험을 통해 증명하였다. 이와 같이, 중의성을 띠는 문장에서 서로 다른 구성성분에 코드 스위칭을 적용하면 중의성이 사라지게 되는 현상을 볼 수 있는데, 이는 코드 스위칭이 문장 구조에 긴밀히 영향을 미치고 있음을 반증하는 것이다. 즉, 코드 스위칭은 통사적 수준에서 발생하는 것이지, 문장 내 일련의 단어들 아무런 곳에서나 적용되는 것은 아님을 보여주고 있다.

다음에서는 코드 스위칭의 통사적 제약으로, 언어학에서 전통적으로 가장 많이 인용되는 자유형태소 제약과 등가 제약에 대해 살펴보자.

2.5.1. 자유형태소 제약

Poplack(1980)과 Sankoff & Poplack(1981)은 코드 스위칭에 대한 다음과 같은 자유형태소 제약을 제안하였다.

- 자유형태소 제약(*Free Morpheme Constraint*)
  코드 스위칭은 구성성분이 의존형태소가 아닌 곳에서 이루어진다.
  Codes may be switched after any constituent in discourse provided that constituent is not a bound morpheme.

위 제약에 따라, 의존형태소에는 코드 스위칭이 적용될 수 없다.

- a. *Estoy *eat*-iendo
  b. *I am *escuch*ing you.

반면에, 다음과 같이 자유형태소에 해당하는 단어들에는 코드 스위칭이 적용되어도 전혀 문제가 없다.

- a. La maestra compró los *books for the children.*
  b. La maestra compró *the books for the children.*

그러나 자유형태소 제약은 한국어와 스페인어 코드 스위칭에는 적용되지 않는 듯하다. 다음 예문에서 보듯이, 한국어의 의존형태소에 스페인어로 코드 스위칭이 적용되어도 아무런 문제가 없기 때문이다(cf. Kim, 2016).

- a. Nadie de mis 친구s ha 취직했어.
  b. Es muy 편해 para los 외국인s en Corea.
  c. Mis 전공s son muy difíciles de 따라가.
  d. Necesito 옮겨ear mi 짐 al 기숙사.
  e. ¿Cuál 교수님 te va a 지도ear el 논문?
  f. Dice que todavía está 먹어eando.
  g. Ella pasa 놀다ando porque es 일학년.

특히, '지도ear', '옮겨ear', '먹어eando', '놀다ando'에서와 같이, 한국어 동사에 스페인어 동사어미를 붙여 활용하고 있는 점이 흥미롭다. 실제로, 필자가 스페인 유학시절, 한국 유학생들 사이에는 한국어 동사에 스페인어 어미를 붙여 다음과 같이 말하곤 했던 기억이 새롭다.

- a. 가자-*mos*
  b. 놀자-*mos*

또한 필자의 지인인 스페인어 원어민 교수는 한국어와 스페인어를 동시에 습득하고 있던 자신의 아들이 어느 순간 한국어 동사 '놀다'를 스페인어로 동사 활용하는 것을 보고 놀란 적이 있었다고 한다.

- (나) 놀-*로* (너) 놀-*라스*

또한 Park, Troike & Park(1993)에서도 한국어 의존형태소가 영어로 코드 스위칭이 되는 경우의 예를 들고 있다.

- a. Are you still KONGPU-*ing*?
  b. I will wait until the water NEMCHI-*s*.

이러한 예들은 모두 코드 스위칭의 자유형태소 제약이 보편적이지 않음을 보여준다.

2.5.2. 등가 제약

Poplack(1980)은 또 다른 코드 스위칭 제약으로 다음과 같은 등가 제약을 제시한다.

- 등가 제약(*Equivalence Constraint*)
  코드 스위칭은 두 언어 사이의 어순이 일치되는 곳에서만 적용된다.
  Codes will tend to be switched at points where the surface structures (word order) of the languages map onto each other.

등가 제약에 따라, 스페인어와 영어 사이의 어순이 동일한 부분에서만 코드 스위칭이 적용될 수 있다. Poplack(1980: 586)에서 제시한 다음 예시는 등가제약을 잘 보여준다.

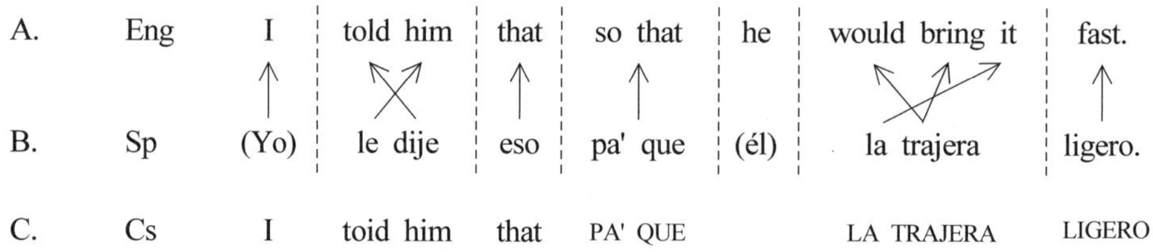

위에서 보듯이, 스페인어와 영어의 어순이 서로 다른 곳에서는 코드 스위칭이 적용될 수 없다. 스페인어 접어 대명사는 *le dije*, *la trajera*에서처럼 시제동사 앞에 오지만, 영어 대명사는 *told him*, *would bring it*에서처럼 동사 뒤에 위치하기 때문이다. 이와 같이, 두 언어의 어순이 일치하지 않는 곳에서 코드 스위칭이 적용되면 다음과 같이 비문법적인 문장이 된다. (cf. Timm, 1975; Poplack, 1980)

- *told *le*, *le *told*, *him *dije*, *dije *him*
  *Yo lo *bought*.
  *Look*lo*. *Mira *him*.

그러나 다음과 같이 두 언어의 어순이 일치하는 문장에서는 전치사구에 코드 스위칭이 적용되어도 아무런 문제가 없다. (cf. Montrul, 2013: 122)

- a. I am going with her to the corner. (영어: S+V+SP+SP)
  b. Yo estoy yendo con ella a la esquina. (스페인어: S+V+SP+SP)
  c. I am going with her *a la esquina*. (영어/스페인어 코드 스위칭)

이러한 측면에서 코드 스위칭은 두 언어의 문법적 구조를 정확하게 이해하고 있는 사용자에게서 발견되는 현상이며, 불규칙한 무조건적인 결합이 아닌 체계성과 제약을 만족하는 통사적 현상임을 알 수 있다. 이어서, 영어와 스페인어의 코드 스위칭은 두 언어의 통사 규칙 어느 것도 위반할 수 없음을 살펴볼 것이다.

2.5.3. 스페인어와 영어의 문법과 코드 스위칭 제약

스페인어와 영어 간의 코드 스위칭은 두 언어의 문법규칙을 모두 만족시키는 경우에 한해서만 가능하다. 즉, 코드 스위칭은 두 언어 어느 하나의 통사규칙도 위반할 수 없다. 다음은 그 예들이다(cf. Lee, 2009).

먼저, 영어와 스페인어는 종속절의 문법규칙이 서로 다르다. 스페인어는 의지동사(*volitional verb*)가 주절에 오고 주절과 종속절의 주어가 서로 다른 경우, 종속절에는 접속법을 요구한다. 이에 반해, 영어는 해당 구문에 접속법 형태가 나타나지 않는다.

- a. The man who came yesterday wants [John to buy a new car]. (영어)
  b. El hombre que vino ayer quiere [que Juan compre un coche nuevo]. (스페인어)

이와 같이, 두 언어의 문법이 서로 다른 경우, 코드 스위칭은 불가능하다. (cf. Gingràs, 1974)

- *El *man* que *came* ayer *wants* [*John* comprar *a car* nuevo].

둘째, 스페인어와 영어는 부정문에서 서로 다른 문법현상을 보인다. 영어는 일반 동사의 부정문에 *do* 동사가 등장하지만, 스페인어는 이러한 *do-support* 현상이 없다.

- a. I do not want. (영어)
  b. Yo no quiero. (스페인어)

따라서 부정문에는 스페인어와 영어는 코드 스위칭이 적용될 수 없다.

- a. *I *no* want.
  b. *I do not *quiero*.

셋째, 영어는 전치사 좌초(*Preposition stranding*) 현상을 보이지만, 스페인어는 전치사가 좌초될 수 없다.

- a. That's the guy [I was talking *about*]. (영어)
  b. Este es el hombre [*de* que estaba hablando]. (스페인어)

따라서 전치사가 좌초되는 구문에서 코드 스위칭은 불가능하다.

- *That's the guy [que estaba hablando *de*].

넷째, 스페인어는 두 개의 동사가 연속되어 나열되는 'V1+V2' 구문이 가능하지만, 영어는 불가능하다. (cf. D'Introno, 1996)

- a. Él *dejó caer* la silla en el suelo. (스페인어)
  b. He let the chair fall on the floor. (영어)

따라서 이러한 구문에서도 코드 스위칭은 불가능하다.

- a. *He let la silla [*caer* en el suelo].
  b. *Dejó [*fall* the chair on the floor].

다섯째, 스페인어는 문장이나 동사 원형 앞에 허사 전치사 *de*가 와야 하지만, 영어는 *of* 허사 전치사가 올 수 없다(cf. Plann, 1986).[10]

- a. Estoy contento ***de*** [ir a la escuela]. (스페인어)
  b. *Estoy contento **Ø** [ir a la escuela].

- a. I am happy **Ø** [to go to school]. (영어)
  b. *I am happy ***of*** [to go to school].

스페인어 전치사 *de*(영어 *of*)와 관련된 이러한 구문에도 두 언어는 코드 스위칭이 불가능하다.

- a. *I am happy [*ir a la escuela*].
  b. *Estoy contento [*of to go to school*].

여섯째, 영어는 접속사 *that*를 탈락시킬 수 있으나, 스페인어는 접속사 *que*를 탈락시키면 비문이 된다.

- a. This is the car [***that*** I want]. (영어)
  b. This is the car [**Ø** I want].

- a. Este es el carro [***que*** quiero]. (스페인어)
  b. *Este es el carro [**Ø** quiero].

따라서 스페인어 접속사 *que*가 나와야 하는 구문에 스페인어로의 코드 스위칭은 불가능하다. 반면에 영어 접속사 *that*는 그 출현이 수의적이므로 해당 구문에 영어로의 코드 스위칭이 가능하다.

- a. *This is the car [**Ø** *quiero*].
  b. Este es el carro [**Ø** *I want*].

일곱째, 다음과 같이 스페인어와 영어는 부정극어에서 다른 모습을 보인다. 스페인어 부정극어 *nada*는 부정어 *no*와 어울려야 하고, 영어 부정극어 *anything*은 부정어 *not*와 어울려야 한다.

---

10 스페인어 명사구 *la destrucción de la ciudad*에서 보듯이, *de*는 전치사적 의미는 전혀 없으며, 목적어 명사 논항에 격을 표시해주기 위해 삽입되는 '허사 전치사'로 간주될 수 있다.

- a. Yo *no* he visto *nada.* (스페인어)
  b. I have *not* seen *anything.* (영어)

스페인어 *nada*와 영어 *anyting* 두 부정극어는 각자 언어의 부정어와 어울려야하므로, 부정어와 부정극어는 코드 스위칭이 불가능하다.

- a. *You have *not* seen *nada.*
  b. *Tú *no* has visto *anything.*

여덟째, 스페인어와 영어는 명사와 형용사의 어순이 서로 다르다. 영어는 '형용사+명사'의 어순이지만, 스페인어의 형용사는 명사 뒤에 위치하여 '명사+형용사' 어순을 선호한다.

- a. The big house (영어)
  b. La casa grande (스페인어)

이와 같이 명사구 내 명사와 형용사의 어순이 서로 다른 경우에도 두 언어 사이의 코드 스위칭은 불가능하다. (cf. Woolford, 1983; Pfaff, 1979)

- a. *the *casa* big
  b. *the house *chiquita*

아홉째, 스페인어와 영어는 *wh*-의문사 의문문에서 서로 다른 문법양상을 보인다. 영어는 부정문에서처럼 *do* 동사가 나와야하지만 스페인어는 VS 도치로 의문문이 형성된다.

- a. What did John buy? (영어)
  b. Qué compró Juan? (스페인어)

이와 같이 *do-support*가 나타나는 영어 의문사 의문문에서는 스페인어로의 코드 스위칭이 불가능하다. (cf. Peñalosa, 1980; Woolford, 1983)

· a. *How *lo hizo*?
  b. *When *vino*?
  c. *¿*Cómo* did he do it?
  d. *¿Con quién Peter come?

그러나 다음과 같이 영어나 스페인어의 의문문의 어순이 일치하는 경우에는 Poplack (1980)의 등가 제약(*Equivalence Constraint*)에 따라 코드 스위칭이 가능하다.

· a. Which of these men *es tu padre*?
  b. *Cuál de esos hombres* is your father?

마지막으로, 스페인어는 주어 대명사 탈락(*pro-drop*)과 후치주어를 허가한다는 점에서 영어와는 확연히 다르다.

· a. He comprado esta camisa en Corte Inglés. (스페인어)
  Llegó el jefe.

· b. I have bought this jacket at Macy's. (영어)
  The chief arrived.

이와 같이 주어 대명사가 탈락되거나 후치주어가 오는 구문에서 코드 스위칭이 가능하기 위해서는, 다음 예문에서 보듯이, 동사가 반드시 스페인어로 나타나야 한다. (cf. 졸고, 2009 & 2010)

· a. *He comprado* this jacket at Macy's. (*pro-drop*)
  b. *Llegó* the big chief. (VS 어순)
  Te llamó muchas veces your brother.
  Me enviaron e-mail mis amigos.

다음과 같이 *pro-drop* 구문이나 VS 어순 구문에 동사가 영어로 나타나면 비문이 된다.

· a. **Was training* para pelear. (*pro-drop*)
  b. **Arrived* the gran jefe. (VS 어순)
  **Called* you muchas veces tu hermano.
  **Sent* me correos electrónicos mis amigos.

지금까지 기술한 바를 요약하면, 코드 스위칭은 두 언어를 자유자재로 구사하는 이중언어 화자들 사이에서 이루어지는 현상으로, 두 개별언어의 문법규칙을 어기지 않는 경우에만 가능하다.

제7장

스페인어의 다양성

우리는 앞서 스페인과 중남미의 여러 지역이 스페인어 이외에도 다른 언어를 함께 사용하는 이중언어 상황에 처해있음을 살펴보았었다. 스페인에서는 북부지역과 동부지역에 갈리시아어, 바스크어, 카탈루냐어가 스페인어와 함께 해당 자치주의 공용어로 사용되고 있으며, 고대문명이 발달했던 중남미의 여러 지역에서는 케추아어, 아이마라어, 나우아틀어, 마야어, 과라니어, 마푸체어와 같은 원주민들의 토착어가 스페인어와 함께 사용되고 있다. 스페인의 1978년 헌법에서 해당 자치주의 지역어를 공용어로 인정한 것과 마찬가지로, 20세기에 접어들어 중남미 대부분의 국가들에서도 헌법에서 원주민들의 토착어를 공용어로 인정한다고 명시하고 있다. 이에 따라, 중남미에서도 원주민들의 인권을 존중하고 고유문화를 장려하는 다원적 문화주의를 추구하고 있다. 이러한 지역어 보호정책에도 현실적으로 스페인과 중남미의 이중언어 상황은 두 언어 사이의 관계가 종속적이며 지배·피지배 관계에 놓여 있는 양층언어(diglosia) 현상을 보이고 있다. 즉, 스페인어권 이중언어 공동체에서의 지배언어와 다수언어는 국가의 공용어인 스페인어이며, 지역어 또는 토착어는 피지배언어임과 동시에 소수언어의 지위에 놓여 있어, 스페인어와 지역어 사이의 관계는 균형적이지 않고 비대칭적 양상을 띤다고 볼 수 있다. 따라서 이중언어 화자들은 시간이 지날수록 두 개의 언어를 균형 있게 사용하는 것이 아니라, 자신들의 언어를 버리고 지배언어인 스페인어를 더 많이 사용하고자 하는 것이 일반적인 추세이다. 이중언어 상황이 이러하다보니, 스페인이나 중남미 모두 사회 기득권 계층의 지배언어인 스페인어의 위력은 갈수록 더 강화되어 가고 있으며, 지역어나 원주민들의 토착어는 국가차원에서의 언어보호정책에도 소수언어의 지위로 추락하고 있는 형편이다. 스페인어권 이중언어 지역에서의 언어상황이 이러하다보니, 역설적이게도 이들 이중언어 지역에서의 스페인어는 해당 지역어의 영향을 받아 발음이나 어휘 등이 다양해지고 풍부해지는 특징을 나타내고 있다.

1. 스페인어의 다양성

필자가 영국 런던에 갔을 때의 경험담이다. 런던의 지하철 입구에 안내판이 없어 당황했었는데, 지하철 안에서 영어 안내음성을 듣고 또 놀랐다. 역에 정차할 때마다 *Mind the gap*을이라고 하는 것이었다. 일반적으로 *Watch your step*정도만 알고 있던 필자는 *mind*란 단어가 왜 나오는지 의아했던 것이다. 어휘에서 영국 영어가 그만큼 미국 영어와 차이가 있다는 것을 현지에서 경험한 것이다. 음성적 측면에서도 영국 영어는 미국 영어와 큰 차이를 보인다. 영국의 시외버스터미널에서 매표소 직원이 [to-dai?]라고 물었을 때, *to die*로 이해하고 *I don't wanna die*라고 답했다는 에피소드도 전해진다. *Today*?를 영국식으로 발음한 것이다. 사실 필자는 영국식 영어가 더 알아듣기 쉽다고 느낀 적이 있다. 예를 들어, *butter*를 '버러'로, *center*를 '세너'로 [t]음을 완화시켜 발음하는 미국식 영어보다는 '버터', '센터'와 같이 자음을 또박또박 정확하게 발음하는 영국식 영어가 알아듣기에는 훨씬 더 낫기 때문이다.

영국 영어와 미국 영어가 서로 다르게 변모하였듯이, 스페인어도 유럽 스페인어와 중남미 스페인어 사이의 간극이 갈수록 벌어지고 있다. 특히, 어휘부분에서는 양 대륙에서 사용하는 양상이 많은 차이를 보여 스페인어를 배우는 우리에게 당혹감을 안기고 있다. 예를 들면, 스페인에서는 *OK*란 표현으로 *vale*를 사용하고, '문을 당기다(*pull*)'란 의미로 *tirar*를, '택시를 타다'란 표현으로 *coger el taxi*를 사용하지만, 중남미에서는 *vale* 대신 *sale*, *tirar* 대신에 *halar*(쿠바에서는 *jalar*), *coger* 대신에 *tomar*나 *agarrar*라는 어휘를 사용한다. 필자가 볼리비아에 갔을 때, 약속 시간보다 늦게 온 분이 *hartos coches*란 말을 하길래, 처음엔 뭔 뜻인지 정확히 몰랐던 적이 있다. *harto*를

'피곤하다', '지겹다'라는 뜻만 알고 있었기 때문인데, 볼리비아에서는 *mucho*(많은)란 뜻으로 사용하고 있었다. 이와 같이, 스페인과 중남미에서의 스페인어는 다소 차이가 있는 것이 사실이다.

스페인어가 라틴어에서 파생된 로망스어중의 하나란 사실은 스페인어에 관심이 있는 사람이라면 누구나 인지하고 있는 사실이다. 라틴어가 사용되던 라틴제국이 너무나 광범위한 지역이어서 언중들이 사용하던 속어 라틴어가 지역별 원주민어와 결합하여 서서히 변하기 시작하였다. 처음엔 방언적 성격을 띠던 속어 라틴어들이 시간이 지나면서 의사소통이 힘들 정도의 개별언어들, 즉 로망스어(스페인어, 이탈리아어, 프랑스어, 포르투갈어, 루마니아어, 카탈루냐어, 갈리시아어 등)로 바뀐 것이다. 라틴어가 여러 개의 언어로 분화하게 된 가장 결정적인 계기는 문법이 변하였기 때문이다. 어휘나 발음이 지역마다 다양하면 여러 개의 방언으로 간주되지만, 문법이 바뀌면 의사소통 자체가 힘들어지기 때문에 언어로 분화하게 된다. 라틴어의 문법 요소가 스페인어에서는 어떻게 바뀌었는지에 대해, 몇 가지만 간략히 소개하면 다음과 같다.[1]

- 라틴어 지시사가 스페인어에서는 관사로 변한다. (즉, 라틴어에는 관사가 없었다)
  ILLE > el, ILLA > la, ILLŌS > los, ILLĀS > las
- 라틴어 미래시제 형태는 일찌감치 사라지고, 의무를 나타내는 'infinitivo + haber' 복합형이 미래시제를 대신한다. 시간이 지나면서 이 형태가 현대 스페인어 미래시제 어미로 변한다. 가능법 시제형태도 마찬가지의 변화과정을 거친다.
  CANTĀRE HABĒMUS > *cantar* (*h*)*emos* > *cantaremos*
  CANTĀRE HABĒBĀMUS > *cantar* (*h*)*íamos* > *cantaríamos*
- 라틴어 직설법 대과거 시제형태가 스페인어에서는 접속법 과거시제 -*ra* 형태로 변한다.
  AMAVERAM ('había amado') > *amara* (접속법 과거)
- 라틴어 간접목적격 대명사 ILLI와 직접목적격 대명사 ILLU가 결합된 경우, 시대별 음성적 변화에 의해 *se lo* 형태의 대명사가 등장하였다.
  ILLI(OI) + ILLU(OD) > [e-lie-lo] > [lie-lo] > [ʒelo] > [ʃelo] > *se lo*

이와 같은 스페인어 발달사를 염두에 둔다면, 현재의 국가별·지역별로 다양하게 사용되고 있는 스페인어가, 라틴어가 그러했듯이, 여러 개의 언어로 변할 가능성은 없을지 궁금해지는 것이 사실이다. 여기에 대해서는 많은 학자들의 견해가 엇갈리지만,

1 보다 자세한 스페인어 발달사에 관해서는 8장을 참조하기 바람.

필자가 보기엔 스페인어와 중남미 스페인어가 별개의 언어로 분화할 가능성은 거의 없다고 판단된다. 앞으로 살펴볼 중남미 스페인어가 비록 어휘적 측면이나 음성적 측면에서 유럽 스페인어와는 다소 차이가 있는 것이 사실이나, 아직까지 의사소통에 문제를 발생시킬 정도의 문법적 변화는 감지되지 않고 있기 때문이다. 유럽 스페인어와 중남미 스페인어가 보이는 문법적 측면에서의 차이점이라면 인칭대명사의 사용에서의 차이점을 유일하게 들 수 있다. 중남미에서는 *vosotros*를 사용하지 않고 *ustedes*만 사용하고, 아르헨티나와 같은 중남미 일부지역에서는 *tú* 대신에 *vos*를 사용하기 때문이다. 그러나 이 정도의 차이점은 언어를 분화시킬 동력이 되지 못한다는 것이 필자의 생각이다. 문법적 변화라기보다는 호칭법과 관련된 것이기에 더욱더 그러하다.

이러한 점을 염두에 두고, 이 장에서는 스페인어권 이중언어 지역을 중심으로, 스페인과 중남미 지역에서 사용되고 있는 스페인어의 다양성에 대해 소개하고자 한다. 스페인어의 사용지역이 스페인뿐만이 아니라 라틴아메리카 대륙에 이르기까지 광범위하기 때문에, 스페인어는 하나의 규범으로 통일되어 있지 않고, 다양한 양상을 띠고 있는 것이 사실이다. 또한, 이중언어 지역에서는 해당 지역의 토착어가 지배언어인 스페인어에 지대한 영향을 미치고 있다. 앞서 언급하였듯이, 중남미의 여러 원주민어는 해당 지역의 스페인어에 음성, 어휘, 형태·통사적 측면에서 큰 영향을 미치고 있다. 이와 마찬가지로, 스페인에서도 이중언어 지역의 스페인어는 해당 자치주의 지역 공용어가 언어접촉을 통해 영향을 끼쳤을 것임은 자명하다. 여기에서는 졸저(2013) 『스페인어 통사론』에서 기술한 '스페인어의 다양성'을 중심으로, 스페인과 중남미에서의 스페인어의 특징을 대륙별로 구분하여 간략히 소개하고자 한다.

스페인어의 사용지역은 유럽의 이베리아 반도와 라틴아메리카 대륙, 그리고 미국에 이르기까지 광범위하다. 그리 큰 면적이 아닌 한반도 내에 우리말도 지역별로 방언(사투리)들이 존재한다는 사실을 고려해보면, 두 대륙에 걸친 광범위한 사용지역을 지닌 스페인어가 다양한 방언을 지닌다는 것은 당연하게 여겨진다. 실제로, 스페인어를 모국어로 사용하고 있는 지역별·국가별로 어휘적인 면에서나, 음성학적, 형태론적, 통사론적 측면에서 상당한 다양성이 존재하고 있다. 스페인 내에서도 지역에 따라, 크게 보면 중북부 지역의 스페인어(castellano; español centro-norteño)와 안달루시아를 위시한 남부 지역의 스페인어(español meridional o andaluz)가 있다. 남부 지역 스페인어에는 엑스트레마두라의 스페인어(extremeño), 무르시아의 스페인어(murciano), 안달루시아의 스페인어(andaluz)와 같은 방언들(dialectos)이 존재한다. 게다가, 카탈루냐어(catalán), 갈리시아어(gallego), 바스크어(euskera)와 같은 지역 공용어가 사용되는 이중언어 지역에서의 스페인어는 지역어의 영향과 간섭을 받아 또 다른 스페인어의 특징을 보인다. 또한, 1492년 가톨릭 왕국의 재정복 완수 후, 이베리아 반도에서 추방된 유대인들이 사용하는 스페인어(judeoespañol), 즉 세파르디(sefardí)도 존재한다. 마지막으로 스페인의 카나리아 제도에는 원주민어인 구안체(guanche)어로부터 어휘적 영향을 받은 카나리아 스페인어(español canario)도 있다.

스페인어는 중남미 지역에서도 국가별, 지역별로 다양한 방언이 존재한다. 아르헨티나 스페인어, 페루 스페인어, 멕시코 스페인어, 카리브 스페인어 등이 그것이다. 따라서 스페인어는 스페인 내의 지역별로, 중남미의 국가별로 다양한 종류의 방언들이 존재한다고 볼 수 있다. Hualde, Olarrea, Escobar & Travis(2010: 417)에서는 스페인어의 주요 방언들을 〈그림 1〉과 같이 구분하고 있다.

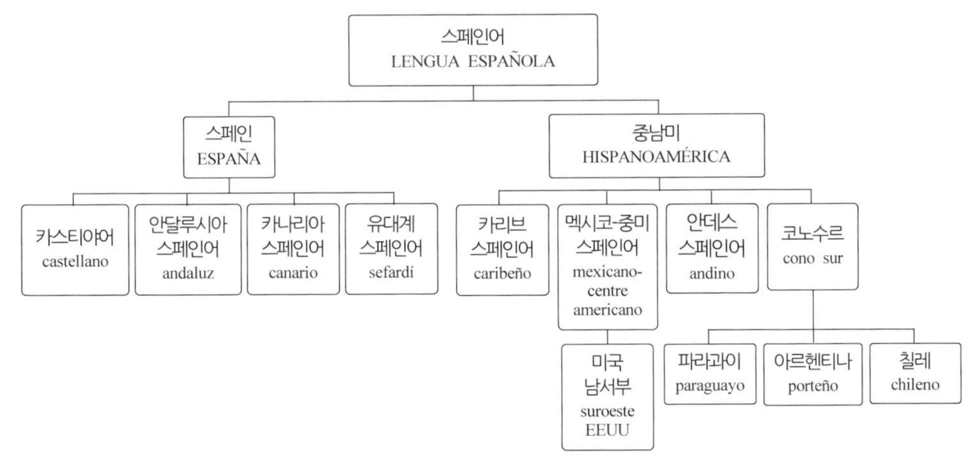

〈그림 1〉 스페인어의 주요 방언들

위의 표에서 보듯이, 스페인어는 크게 보면 스페인의 방언들과 중남미의 방언들로 구분된다. 스페인 스페인어에는 중북부의 카스티야어, 남부 안달루시아의 스페인어, 카나리아 군도의 스페인어, 그리고 유대인들의 스페인어인 세파르디(sefardí)가 있다. 한편, 중남미 스페인어에는 카리브 스페인어, 멕시코와 중미의 스페인어(& 미국 남서부 스페인어), 안데스 스페인어, 그리고 파라과이, 아르헨티나, 칠레를 아우르는 코노 수르(Cono Sur) 국가들의 스페인어로 나뉠 수 있다.

2. 스페인에서의 스페인어의 특징

앞서 언급하였듯이, 스페인에서의 스페인어는 지역별로 다양한 모습을 띤다. 학자들은 대체적으로 중북부 지방의 스페인어와 남부 지방의 스페인어로 양분하여 스페인 스페인어의 방언적 특징을 구분한다. García Mouton(2007: 15)은 다음 〈그림 2〉에서 스페인에 존재하는 지역어들의 사용지역과 중북부 스페인어와 남부 스페인어의 방언 경계선을 제시하고 있다.

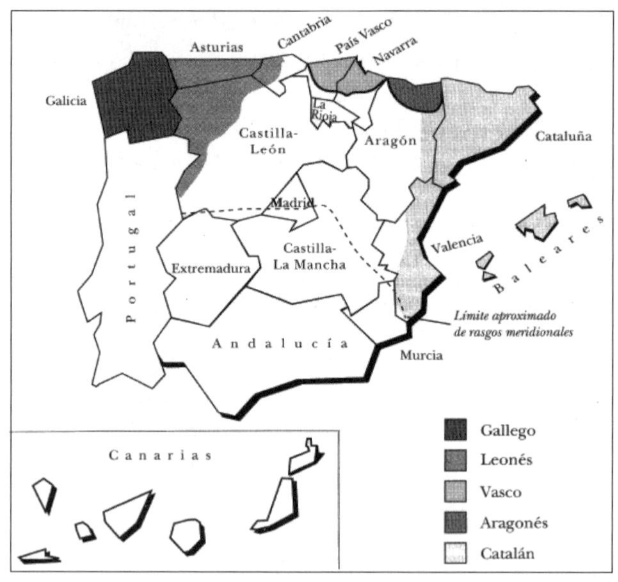

〈그림 2〉 스페인의 언어들과 스페인어의 방언 경계선

2.1. 중북부 지방의 스페인어

이베리아 반도에서 스페인어의 방언적 특성은 지역별로 중북부 지역과 남부 지역으로 양분될 수 있다. 중북부 지역의 스페인어는 스페인 왕립 한림원(Real Academia Española; RAE)에서 권하는 규범적 스페인어에 가장 가깝게 나타난다. 중북부 지역의 스페인어(español centro-norteño)와 남부 지역의 스페인어(español meridional)의 특징을 소개하면 다음과 같다.

이베리아 반도의 중북부 스페인어는 전통적인 카스티야어(castellano)의 보수적인 측면들을 잘 간직하고 있어 교양어(lengua culta)로도 이해되고 있다. /θ/와 /s/의 음소를 구분하여 *caza*와 *casa*를 서로 다르게 발음한다. 또한 /ʎ/와 /ɟ/ 음소를 구분하여 *calló*와 *cayó* 그리고 *valla*와 *vaya*를 서로 다르게 발음한다.

- /s/와 /θ/ 음의 구분
  a. casa [ká-sa] vs. caza [ká-θa]
  b. sebo [séβo] vs. cebo [θéβo]
- 어말음 ‑d를 탈락시키기도 하고 [θ]로 발음하기도 한다.
  a. ciudad [θiuðá], Madrid [maðrí], salud [salú]
  b. ciudad [θiuðáθ], Madrid [maðríθ], salud [salúθ]
- /y/와 /ʎ/ 음의 구분
  a. cayó [ka-ɟó] vs. calló [ka-ʎó]
  b. vaya [bá-ja] vs. valla [bá-ʎa]
- 강한 연구개음인 [x] 음의 유지
  caja [ká-xa], mujer [mu-xér]

중북부 스페인어의 형태론적 특징으로는 다음을 들 수 있다.

- 친근한 관계에서의 호칭으로, 2인칭 복수 인칭대명사인 *vosotros*의 사용이 두드러진다(공식적 관계에서의 호칭은 ustedes를 사용함).
  Me gustaría invitaros a vosotros a que vinierais a comer con nosotros mañana.
- 2인칭 복수 인칭에 해당하는 명령형에 부정사(infinitivo)를 사용하는 경향이 있다.
  ¡Comed todo! > ¡*Comer todo*!
- 현재와 관련된 완료시제나 최근의 과거시제를 표현할 때, 현재완료 시제를 사용한다.
  Juan vino ayer, pero María *ha venido* esta mañana.

이외에도, 중북부 스페인어의 형태론적 특징으로 남성 단수 직접 목적대명사로 *lo* 대신에 *le*를 사용하는 *leísmo*가 있다. 아래 예문에서 보듯이, 사람을 가리키는 경우에만 *leísmo*가 나타나며, 사물을 지칭할 때는 원래대로 대격 형태의 *lo*가 사용된다.

- A: ¿Has visto a Juan?
  B: No, todavía no *le* he visto.

• Ahí está Juan. *Le* veo. (cf. El libro *lo* veo)

또한 중북부 스페인어에는 여성 단수형으로 간접목적대명사로 *le*대신에 *la*를 사용하는 *laísmo*도 존재한다.

• ¿Por qué no *la* preguntas a Pilar a qué hora llega el director?

흥미로운 점은 스페인 한림원 문법서에서는 *leísmo*는 올바른 표현이지만, *laísmo*는 올바른 표현이 아니라고 명시하고 있다는 것이다. 즉, 스페인어 대명사는 그 사용지역에 따라 *leísmo*, *laísmo*, *loísmo* 현상이 모두 나타나고 있다. 대격·여격 약세 대명사의 사용과 관련하여 RAE(2011: 105)의 스페인어 기본 신문법서(*Nueva gramática básica de la lengua española)*에서 제시하고 있는 부분을 소개하면 다음과 같다.

*Leísmo*는 *Le mataron*; *Les contrataron*에서처럼 대격 대명사 *lo*/*los*, *la*/*las* 대신에 여격 대명사 *le*/*les*를 대격 대명사처럼 사용하는 현상인데, 여기에는 다음과 같은 세 유형이 있다.

• Leísmo
  A. Leísmo de persona masculino: A Mario *le* premiaron en el colegio.
  B. Leísmo de persona femenino: A Laura *le* premiaron en el colegio.
  C. Leísmo de cosa: Te devuelvo el libro porque ya *le* he leído.

이러한 *leísmo*가 스페인어권 전반에 걸쳐 광범위하게 사용되고 있음에도, 스페인 한림원에서는 A 유형만이 정확한(correcto) 표현이라고 명시하고 있다. A 유형이 현재 가장 많이 확산되어 사용되고 있어, 교양어(lengua culta)로 간주될 수 있다고 판단했기 때문이다. 즉, 직접목적어가 '3인칭 남성·단수'인 A 유형의 *leísmo*만이 맞는 표현이며, 직접목적어가 B 유형의 '3인칭 여성'이나 C 유형의 '사물'을 가리키는 *leísmo*는 부정확한(incorrecto) 표현이라는 것이다. 또한 직접 목적어가 '3인칭 남성'이더라도 '복수'를 지칭하면 *leísmo*가 틀린 표현이기 때문에 아래 예문에서 대격 대명사 *los*가 맞는 표현이라고 언급하고 있다.

• A tus hijos hace año que no {*los*/*les*} veo.

한편, 여격 대명사 *le/les* 대신에 대격 대명사 *la/lo*를 사용하는 *laísmo*와 *loísmo* 표현은 *leísmo*에 비하여 지리적으로 그 사용 지역이 비교적 넓지 않아 교양어로 간주하기 힘들기 때문에 정확한 표현이 아니라고 간주한다.

- a. Laísmo de persona:
  La dije la verdad.
  La dije que esperara.
  b. Laísmo de cosa:
  A esa casa hay que pintar*la* la fachada.
  No te puedes poner esta camisa porque tengo que pegar*la* un par de botones.
- a. Loísmo de persona:
  No *lo* dieron tiempo a reaccionar.
  Los dije que no se fueran.
  b. Loísmo de cosa: A ese tema no hay que dar*lo* más vueltas.

이와 같이, 스페인어권 지역별로 *leísmo*, *laísmo*, *loísmo*와 같은 다양한 약세 대명사의 사용법이 존재지만, 스페인 한림원에서는 '3인칭 남성·단수'에 국한된 *leísmo*만을 교양어로 인정하고 있다.

2.2. 남부 지방의 스페인어

이베리아 반도 남부 지역의 스페인어(español meridional)는 스페인 북부 가톨릭 왕국의 재정복과 함께 유입된 카스티야어가 13세기부터 16세기 사이에 형성된 방언을 지칭한다. 남부 스페인어의 음성적 특징을 소개하면 다음과 같다. 먼저, 남부 지역의 스페인어에서는 [ʎ]를 [j]로 발음하는 yeísmo가 있어 *halla*(찾아내다)와 *haya*(haber의 접속법 현재형)는 동음이의어(homónimos)가 된다. 또한 [θ]를 [s]로 발음하는 seseo 현상으로 인하여 *caza*(사냥)와 *casa*(집)는 동일하게 [ká-sa]로 발음되며, *cocer*(삶다)와 *coser*(바느질하다)도 모두 [ko-sér]로 발음상으로는 구분할 수 없게 된다.[2] 또한 연구개 파열음 [x]를 기식음 [h](우리말의 'ㅎ'에 가까움)로 발음하여 *jaleo*를 [ha-lé-o]로, *paja*

2 Seseo와는 반대의 현상으로, 카디스(Cádiz)나 알메리아(Almería)와 같은 안달루시아 남부 지역에서는 *Sí*, *señor*를 [θ í, θ eñór]로 발음하는 ceceo 현상도 보이는데, 이는 하류층 스페인어에서 주로 발견된다.

를 [pá-ha]로 발음하는 경향이 강하다. 스페인 남부 지역의 스페인어의 음성학적 특징을 정리하면 다음과 같다.

- a. Seseo 현상:
  caza와 casa가 [kása]로 동일하게 발음된다.
  b. Yeísmo 현상:
  pollo와 poyo가 [pójo]로 동일하게 발음된다.
  valla와 vaya가 [bája]로 동일하게 발음된다.
  c. [x] 연구개음의 [h] 기식음화(aspiración):
  paja [páha], mujer [muhér], ceja [séha], ojo [óho]

이외에도 남부 스페인어는 다음과 같이 음을 약화시키거나 생략하여 발음하는 경향을 보인다.

- 모음 사이 /d/의 탈락(omisión):
  crudo [krúo], comido [komío], pasada [pasá], cadena [caéna]
  comprado [compráo], bebido [bebío], nada [ná]
- 모음 사이 /g/, /r/의 탈락:
  agua [áua], para [pá]
- 어말음 /d/, /l/, /r/의 탈락:
  verdad [verdá], hermandad [ermandá], animal [animá], señor [seɲó], mujer [muhé]
- 유음 /r/과 /l/의 중화:
  puerto [puélto], calma [kárma]
- 어말음 /s/의 [h] 기식음화 또는 탈락:
  casas bonitas [kása^{h} boníta^{h}], este dos [e^{h}te dó^{h}], Los quiero [ló^{h} kiéro]
  Estamos cansados [e^{h}tamo^{h} can-sa-o^{h}]
- 어말음 /n/의 연구개음화(velarización)와 앞 모음의 비음화(nasalización):
  pan [pãŋ], ¡ven! [bêŋ]
- /f-/ 라틴어에서 파생된 어휘들의 [h] 기식음화:
  humo [humo], hambre [hámbre]
- /ʧ/의 /ʃ/로의 약화(debilitamiento):
  muchacho [muʃáʃo], corcho [kórʃo]

이러한 남부 지역의 중남미 스페인어에 지대한 영향을 미치게 된다. 한편, García Mouton (2007: 31-40)에 언급된 바에 따르면, 남부 지역의 스페인어는 엑스트레마두라 스페인어(extremeño), 무르시아 스페인어(murciano), 안달루시아 스페인어(andaluz)와 같이 지역별로 또 다른 특색을 보인다. 이를 간략히 소개하면 다음과 같다.

2.2.1. 엑스트레마두라 스페인어

엑스트레마두라(Extremadura) 지역은 재정복의 경계지역에 놓였던 까닭에, 레온어(leonés), 카스티야어(castellano), 안달루시아어(andaluz) 등과 같은 여러 언어의 접촉지점이었다. 따라서 엑스트레마두라 스페인어(extremeño)는 이들 언어의 특징이 동시에 보이고 있다. 이 지역 스페인어의 음성적 특징을 소개하면 다음과 같다.

- 레온어의 영향
  a. 겹자음 ‑mb-의 유지: *lamber* ‘lamer’
  b. 음소 ‑i-의 추가: *matancia* ‘matanza’
  c. 무성음 + l ＞ 무성음 + r: *praza* ‘plaza’, *frauta* ‘flauta’
- 엑스트레마두라 남부 지역: 스페인 남부 지역의 음성적 특징을 보임
  a. 어말음 ‑s의 기식음화 또는 생략: niños [níño^{h}] 또는 [níño], este [é^{h}te]
  mismo의 경우, 뒤에 오는 자음 m에 동화되기도 한다: [mí^{h}mo ＞ mí^{m}mo ＞ mímo]
  b. 연구개음 /x/의 기식음화:
  mujer [muhé]

이와 같이, 엑스트레마두라 스페인어에는 남부 지역 스페인어의 음성적 특징이 나타나며, 레온어의 영향 그리고 카스티야어 고어의 흔적도 남아있다. 즉, 기식음화가 일반화되어 있으며, 어휘적 측면에서 레온어의 영향이 크며, 타 지역에서는 사라진 고어 카스티야어 단어들이 많이 보존되어 있다. 엑스트레마두라 북부지역에서는 ‘관사+소유사+명사’의 구조가 보존되어 *el mi perro*와 같은 표현이 나타나며, 부정과거 시제의 고어인 *puson*, dijon과 같은 형태가 보존되어 있다.

2.2.2. 무르시아 스페인어

무르시아는 카스티야어 사용지역 중 가장 동쪽에 위치해 있으며, 엑스트레마두라 스페인어처럼 전환기 스페인어의 특징을 보인다. 이에 따라, 아라곤어, 카탈루냐어, 아

랍어, 모사라베와 같은 여러 언어에서 파생된 어휘들이 혼재해 있다. 무르시아 스페인어의 특징으로는 다음을 들 수 있다.

- a. *-ns-* 자음군의 유지: ***ans**a* 'asa', *pa**ns**o* 'paso'
  b. 초성 *l*-의 구개음화: lengua > ***ll**engua*
  c. 축소 접미사 *-ico*의 사용: *mal**ico***, *pajar**ico***
  d. *-ba* 불완료과거 시제 형태의 사용(아라곤어의 영향): dormía > *dormi**ba***

무르시아 스페인어도 다음과 같은 남부지방 스페인어의 일반적 음성적 특징을 보인다.

- a. 어말음 /s/의 상실: las vacas [la báka]
  b. /r/과 /l/의 중화: alta > ***ar**ta*, olor > *olo**l***
  c. 모음 사이 -d-, -b-의 상실: bandada > *bandá*, pedazo > *piazo*, cabeza > *caeza*
  d. 이중모음 /ei/가 /ai/로 열림: veinte > *v**ai**nte*
  e. 비음 n의 단어 내부에의 추가: mucho > *mu**n**cho*
  f. /x/ 연구개음의 기식음화

위와 같은 무르시아 스페인어의 특징은 여타 남부 지역 스페인어에서도 찾아볼 수 있는 현상이지만, 무르시아의 독특한 억양과 함께 결합하는 순간 타 지역에서는 찾아볼 수 없는 무르시아 스페인어의 특색이 두드러진다.

2.2.3. 안달루시아 스페인어

안달루시아는 스페인의 넓은 남부지역으로, 지역민들은 자신들만의 지역어를 사용한다고 의식하고 있지만, 실상 언어학적으로는 안달루시아 지역 전체가 하나의 동일한 방언의 모습을 보이진 않고 있다. 음성학적 측면에서는 앞서 언급하였다시피 중북부 카스티야어와는 상당한 차이가 있다. 안달루시아 스페인어는 크게 서부지역과 동부지역으로 그 특징이 나뉜다.

먼저, 안달루시아 서부지역에서는 *-s* 어말음의 약화와 기식음화로 인하여 단수 *casa* [kasa]와 복수 *casas* [casa$^{(h)}$]를 구분하기 어렵다. 따라서 단복수를 구분하려면 문맥에 의존할 수밖에 없다. 이에 비해, 안달루시아 동부지역에서는 *-s*의 기식음화가 일어나더라도 단어의 마지막 모음을 다른 방식으로 발음함으로써 단복수를 구분할 수 있다. 예를 들어, *-os*로 끝나는 복수의 경우, 복수일 때의 *-o* 모음을 단수 모음보다 더 오픈하여 발음함으로써 단수와 복수를 구분할 수 있다. *-as*로 끝나는 복수의 경우에는 *-a*가 *-e*에 가까운 구개음 [ä]로 발음되기 때문에 단복수를 구분할 수 있다.

- 서부 안달루시아어: casa [kása] = casas [kása]
  동부 안달루시아어: verde [bérđe] ≠ verdes [bérđẹ], rojo [róxo] ≠ rojos [róxọ]
  casa [kása] ≠ casas [kásä]

둘째, 세비야, 말라가, 코르도바와 같은 안달루시아 동부지역에서는 어말음 *-al*, *-ar*, *-as*가 *-e* 음으로 바뀐다.

- Dice tu padre que vay*as* a almorz*ar*. > *Dise tu páe que bay**e** almors**é**.*

한편, 안달루시아 스페인어는 *-s*의 기식음화로 인하여 뒤이어 오는 유성음을 무성음으로 변화시키기도 한다.

- los **g**oles [lo **x**óle], las vacas [la φáka]
- riesgo [řjéxo], rasgo [ráxo]

*-s*의 기식음화는 뒤이어 오는 자음으로 동화(asimilación)되기도 하고 음이 상실되기도 한다.

- asma [á^{m}ma], cuerno [kwé^{n}no]
- asco [á^{h}ko] > [á^{k}ko] > [áko]

앞서 언급했듯이, 안달루시아 스페인어의 주된 특징으로 치경음 [s]와 치간음 [θ]를 구분하지 않고 모두 [s]로 발음하는 seseo 현상을 꼽을 수 있다. seseo와는 반대의 현상이 카디스 지역의 ceceo로 위의 두 음을 모두 [θ]로 발음하는 현상이다. 흥미로운 점은 seseo는 안달루시아 지역에서는 교양적이고 우대받는 발음인 반면, ceceo는 하위계층의 발음으로 인식되어 피하려는 경향이 있다는 것이다.

안달루시아 스페인어의 또 다른 음성적 특징으로는 다음을 들 수 있다.

- 어말음 -n의 연구개음화 또는 상실: cajón [kaxóŋ], [kaxó]
- 어말음 -r과 -l의 중화(neutralización): Estoy falto de aire, mi alma > *Estoy farto de aire, mi arma*
- 모음사이의 자음(-d-) 탈락: dedo > *deo*, salado > *salao*, pedazo > *peáso*
- 안달루시아 일부지역에서는 접속법 현재 1인칭 복수형태의 동사에 esdrújula(끝에서 세 번째 음절에 강세) 현상: vayamos > *váyamos*, vengamos > *véngamos*

안달루시아 스페인어의 형태론적 특징으로는 *vosotros* 대신에 *ustedes*(존칭이 아님) 인칭을 사용하는 현상을 들 수 있다. 그러나 동사의 형태는 2인칭 복수형과 3인칭 복수형이 교차한다.

- Ustedes {*podéis*/*pueden*}; ustedes se {*sentáis*/*sientan*} aquí.

또 다른 통사적 특징으로는 *nada más*, *nunca más* 대신에 *más nada*, *más nunca*를 사용하는 예를 들 수 있다.[3]

- a. No te hablaré *más nunca*.
  b. No me cuentes *más na(d)a*.

한편, 안달루시아 스페인어의 어휘부에는 다양한 언어의 영향이 보인다. 서부지역에는 레온어의 영향이 보이며, 우엘바(Huelva)에는 포르투갈어의 영향이, 하엔(Jaén), 그라나다(Granada), 알메리아(Almería)에는 아라곤어의 영향이 나타난다.

2.3. 카나리아 스페인어

아프리카에 위치한 카나리아 제도는 15세기 신대륙의 발견과 함께 스페인의 식민지로 변모한다. 이로 인해, 안달루시아 출신 스페인 사람들의 이주와 함께 카나리아 제도의 토착어인 구안체(guanche)어는 사라지고, 안달루시아 스페인어가 전파된다. 카나리아 제도는 중남미 식민지로 건너가는 가교 역할을 함으로써, 중남미 스페인어와 거의 동일한 방언적 특징을 보인다. 예를 들어, seseo와 yeísmo, -*s* 어말음의 기식음화

3 이는 카리브 스페인어에서도 나타나는 현상이다.

그리고 r과 l의 중화현상 등이 그것이다. 종성 자음이 약화되어 사라지는 것 또한 중남미 스페인어와 동일한 음성적 특징이다. 형태론적 측면에서는, 안달루시아 스페인어처럼 *vosotros* 대신 *ustedes*가 사용된다. 또한, 아래 예문에서 보듯이, *haber* 무인칭 동사가 후치 명사구와 수에서 일치하는 현상도 보인다.

- Habí***an*** allí muchos amigos tuyos.

한편, 카나리아 스페인어의 어휘는 16세기 전후에 소멸된 토착어 *guanche*의 몇몇 어휘들(예: *gánigo* '토기', *baifo* '새끼 양')과 카스티야어의 고어적 어휘들(예: *apopar* 'adular'), 갈리시아나 포르투갈 기원의 어휘들(예: *fechar* 'cerrar'), 그리고 중남미와의 교역으로 그곳에 사용되던 어휘들(예: *guagua* 'camion', 'autobús')이 도입되기도 하였다(cf. 김현창, 1990: 432). 또한, 카나리아 제도의 스페인어는 안달루시아 스페인어와는 차별되는 카나리아 특유의 억양을 지니고 있다.[4]

2.4. 유대계 스페인어

세파르디(sefardí) 또는 라디노(ladino)라고 불리는 유대계 스페인어(judeoespañol)는 중세 카스티야어 방언들 중의 하나로, 1492년 이베리아 반도에서 추방된 유대인들의 카스티야어가 이후 거의 5세기 동안 발전되어온 언어를 칭한다. 다음 지도에서 보듯이, 1492년 당시 반도에서 추방된 유대인들은 오스만튀르크 제국의 영토로 피난처를 찾았으며, 나머지는 아프리카의 북부나 포르투갈, 이탈리아, 네덜란드, 영국으로 이주하였다.[5]

스페인계 유대인들이 이주하면서 가져온 스페인어는 15세기 말과 16세기 초의 고어 스페인어로, 수백 년 동안 이베리아 반도의 스페인어와 분리되어 사용된 관계로 당시 스페인어의 의고주의(arcaísmo)적 특징을 잘 유지하고 있다. 세파르디 스페인어의 고풍적인 몇 가지 예를 들면 다음과 같다(cf. 김현창, 1990: 409).

- 이중모음으로 바뀌지 않은 ŏ와 ĕ의 유지:
  preto (prieto), ponte (puente), sorte (suerte)

---

4 카나리아 제도의 스페인어 억양(entonación)은 카리브 스페인어의 억양에 가까워지는 경향도 보인다.
5 세파르디의 디아스포라 자료는 Aitor García Moreno 교수의 "La lengua de los judíos sefardíes dentro y fuera de Sefarad"(Programa SEFARAD en Toledo, UCLM)를 참조하였음.

- 어두음 f-의 유지:
  fazer, ferida, fižu (hijo)

- 양순음 /b/와 순치음 /v/의 구분:
  boca, bien, besar vs. vinu, velar, vengar

- 고어 자음 z(/ž/)과 dz(/ż/)의 유지:
  vizinu (vecino), siniza (ceniza), podzu (pozo), pindzeta (cepillo)

- 어두음 n-의 m-으로의 변화:
  muez (nuez), mwevi (nueve), mwebo (nuevo), ermwera (nuera), muestro (nuestro)

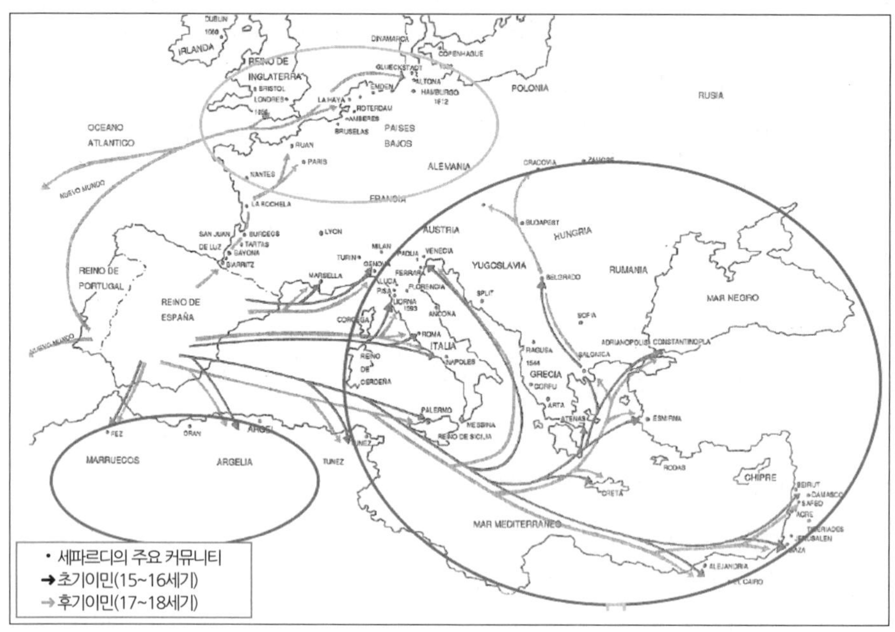

〈그림 3〉 세파르디의 디아스포라(diáspora sefardí)

세파르디는 이베리아 반도로부터의 지리적 거리로 인해 반도에서 스페인어가 겪은 음성적 변화에서 멀어져 있었다. 스페인계 유대인들의 스페인어였던 세파르디는 집안에서만 사용됨에 따라 세대가 변하면서 화석화되고 빈약해지게 된다. 그리고 2차 세계대전의 발발로 인해 세파르디의 생명력이 크게 축소되었다. 결국 이들 스페인계 유대인들이 각 국가에서 새로운 언어를 받아들임으로써 모어였던 세파르디는 급속히 쇠퇴하였다. 세파르디는 추방된 유대인들이 거주한 지역의 언어들인 이탈리아어, 터키어, 그리스어, 프랑스어와 같은 여러 언어들과의 접촉을 통해 변해왔던 것이다. 한편, 유대어(hebreo)는 기층어로서 세파르디에 지속적인 문화적 영향을 주었으며, 이러한 언어적 상황으로 인해 세파르디 스페인어는 스페인 한림원에서 제시하는 규범적 제약에서부터 비교적 자유로웠다고 볼 수 있다.

3. 스페인 이중언어 지역에서의 스페인어

스페인의 이중언어 상황에 대해서는 앞서 3장에서 이미 자세히 살펴보았기 때문에, 여기에서는 언어적 측면에 초점을 맞추어 스페인 이중언어 지역에서의 스페인어의 특징을 알아보고자 한다. 이중언어 지역에서는 당연히 모국어 간섭현상이 있을 것이며, 따라서 해당 지역어 (카탈루냐어, 갈리시아어, 바스크어) 화자들이 구사하는 스페인어에는 이들 지역어의 영향이 남아 있다고 보고되고 있다. 스페인어의 다양성이라는 관점에서, 여기에서는 García Mouton(2007: 45-53)과 Hualde, Olarrea, Escobar & Travis (2010: 421-425)에 언급된 스페인 이중언어 지역에서의 스페인어의 특징을 간략하게 소개하고자 한다.

3.1. 카탈루냐 지역에서의 스페인어

카탈루냐 지역의 이중언어 상황은 카스티야 왕국과 아라곤 왕국의 합병으로 15세기부터 지역어인 카탈루냐어(catalán)와 공식 국가어인 카스티야어(castellano)의 이중언어 상황이 발생한다. 20세기에 접어들면서 안달루시아나 엑스트레마두라와 같은 타지역으로부터 카탈루냐 산업단지로의 이민이 급증하면서, 스페인어와 카탈루냐어의 접촉은 더욱 증가하게 된다. 라틴어에서 파생된 카탈루냐어는 다음과 같은 점에서 스페인어와는 다른 모습을 보인다.

- 라틴어 f- 초성의 보존: FOLIA > *fulla* 'hoja'
- 라틴어 자음군 -ct-의 이완: FACTU > *fet* 'hecho'
- 라틴어 초성자음 g-, j- 초성음의 보존: GENISTA > *ginesta* 'hiniesta'

카탈루냐어 화자는 모어의 영향으로 스페인어를 발음할 때 다음과 같은 어려움을 겪는다고 한다.

- 카탈루냐어의 영향으로 스페인어 어말음 *-d*를 무성음화시켜 [t]로 발음하는 경향이 있다.
  autorida[*t*], *tranquilida*[*t*], *amista*[*t*], *verda*[t]
- 카탈루냐어에서 모음 사이의 *-s-*가 유성음화되어 [z]로 발음되는 관계로, 스페인어 복수형태 *-s* 뒤에 모음이 이어져 오면 [z]로 유성음화되는 경향이 있다.
  lo[z] *amigos*, *mi*[z] *abuelos*, *lo*[z] *unos y lo*[z] *otros*
- 카탈루냐어에 /θ/ 치간음이 부재하여 seseo로 발음하는 경향이 있다. 여기에 남부 지방 이민자들의 seseo 발음의 영향을 받기도 한다.
- 카탈루냐어에는 /b/와 /v/를 구분하기 때문에 *v-* 철자로 시작하는 스페인어 [b] 양순음을 [v] 순치음으로 잘못 발음하는 경향이 있다.
  [v]*ino*, [v]*aca*, [v]*erano*. [v]*ayamos*
- 스페인어 어말음 *-l*을 카탈루냐어처럼 연구개음화(velarización)시키는 경향이 있다.
  igua[ɫ]

한편, 방향과 위치를 나타내는 지시어(aquí, ahí, allí, este, ese, aquel, ir, venir, traer, llevar) 사용에서 카탈루냐어가 스페인어와는 상당히 다른 관계로, 스페인어 문장 발화 시 다음과 같은 혼란을 겪는다.

스페인어	카탈루냐어 화자의 스페인어
¿Está María ahí?	¿Está la María *aquí*?
Ya voy.	Ya *vengo*.
Ahora te lo traigo otra vez aquí.	Ahora te lo *llevo* otra vez aquí.

스페인어는 *aquí*, *este*, *venir*, *traer*란 단어가 '화자가 있는 곳'을 언급하는 반면, 카탈루냐어는 이러한 어휘가 '청자가 있는 곳'을 언급한다고 한다.[6] 이러한 이유로, 카탈루냐어 화자들은 스페인어 지시어나 이와 관련된 동사를 사용할 때, 위와 같은 혼란을 겪는다고 볼 수 있다. 또한, 카탈루냐어의 영향으로 *ese*, *eso* 대신에 *este*, *esto*를 사용

6 우리말은 스페인어와 마찬가지로, 화자 중심으로 '이곳', '이것', '가져오다'와 같은 어휘를 사용하기 때문에, 지시어와 관련한 스페인어 습득 시 어려움이 적다고 볼 수 있다.

하고, *el que/la que* 대신에 *aquel que/aquella que*가 사용되기도 한다.

- a. Hay *este* tópico de *esta* palabra que se repite...
  b. Hemos tomado *aquella* decisión *que* parece más adecuada.

스페인어 형태·통사부에 미친 또 다른 카탈루냐어의 간섭현상으로는 다음을 들 수 있다.

- 카탈루냐어의 영향으로 스페인어 고유명사 앞에 관사를 사용한다.
  la Montse, el Manuel, el Jordi

- 카탈루냐어 *sense*의 영향으로 스페인어 *sin*을 절대부사 의미로 사용한다.
  ¿Tienes paraguas? No, he venido *sin*.

- 스페인어 *tampoco* 대신에 *tampoco no*를 사용한다.
  Tampoco no trajo el libro.

- *delante/detrás* + 후치 소유사'가 사용된다.
  delante *mío* (delante de mí), detrás *suyo* (detrás de él)

- 카탈루냐어 표현을 스페인어로 직접 번역한 칼코(calco) 현상도 보인다.

스페인어	카탈루냐 화자의 스페인어
llegar tarde	hacer tarde (*fer tard*)
torcer a la izquierda	hacer izquierda
quitarme la chaqueta	sacarme la chaqueta

- 중남미 스페인어에서와 마찬가지로, 무인칭 *haber* 동사는 후치명사구의 수와 일치현상을 보인다.
  Habían cinco muchachos.

- 카탈루냐어의 영향으로 *dequeísmo*가 나타난다.
  Considero *de que* no se ha portado bien.
  Yo digo *de* ir al cine.

- 완곡법(ir a inf) 대신에 미래시제 형태가 선호된다.
  Iré a Mallorca de vacaciones.

3.2. 갈리시아 지역에서의 스페인어

갈리시아어(gallego)는 포르투갈어(portugués)와 밀접한 관련을 맺고 있다. 역사적 변혁기에 포르투갈어는 국가어로서의 지위를 확보한 반면, 갈리시아어는 19세기까지 변방의 지역어로 그 위상이 추락하였다. 1978년의 스페인 헌법을 통해 갈리시아어는 갈리시아 자치주의 공용어(lengua cooficial)로 위상이 회복되었다. 포르투갈어와 갈리시아어의 경계를 구분하기란 쉽지 않다. 현재, 갈리시아 지역민의 85% 가량이 이중언어 구사자이나, 갈리시아어 구사 능력은 스페인어에 비해 현저히 낮다. 갈리시아어의 언어학적 특징은 다음과 같다.

- 라틴 모음을 유지하여 스페인어처럼 이중모음화 되지 않는다.
  pedra 'piedra', *porta* 'puerta'
- 라틴어 어말모음 -*e*를 유지하고 있다.
  mitade 'mitad', *unidade* 'unidad'
- 라틴어 /f-/ 초성음을 유지하고 있다.
  FACTU > *feito* 'hecho', *ferro* 'hierro'
- 모음 사이의 자음 -*l*-과 -*n*-이 탈락한다.
  lúa 'luna', *soa* 'sola'
- 여성 관사 *a*와 *as*, 남성 관사 *o*와 *os*가 사용된다.
  A Coruña, O señor
- 축소 접미사(sufijo diminutivo) -*iño*, -*a*가 사용된다.

갈리시아어 화자가 구사하는 스페인어의 음성적 특징으로는 다음을 들 수 있다.

- 갈리시아어 화자가 구사하는 스페인어에는 갈리시아어 억양이 나타난다. 즉, 강세 전 모음은 천천히 발음하고, 강세 후 모음은 빨리 발음하는 경향을 보인다. 또한, 멜로디는 문장의 시작하는 톤은 높이고, 문장 끝 부분의 톤은 낮추는 경향이 있다.
- 갈리시아어 모음의 다양성으로 인해, 스페인어 5모음이 문맥에 따라 변하는 경향이 있다. 종성 -*o*은 [u] 모음으로 발음하고, 종성 -*e*은 [i] 모음으로 발음하는 경향이 있다.
  mano > *manu*, leche > *lechi*

- 어말음 *-n*을 연구개음으로 발음한다.
  plan [plaŋ], también [tambiéŋ]
- /g-/ 어두음을 연구개 마찰음 [x]나 기식음 [h]로 발음하는 경향이 있다. 이러한 발음 현상을 갈리시아어로 *gheada*라고 부른다.
  gota > [xóta] 또는 [hóta]
- 겹자음을 단자음으로 줄여서 발음한다.
  ato 'acto', *repunante* 'repugnante', *tasi* 'taxi', *esato* 'exacto'

한편 갈리시아 스페인어의 형태·통사적 특징으로는 다음과 같다.

- 축소사 *-iño*를 선호한다.
  gatiño
- 현재부사가 포함된 완료표현으로, 현재완료 시제 대신에 부정과거 시제를 사용한다.[7]
  Todavía no lo *vi* (= *he visto*) esta mañana.
  Hoy *vi* (= *he visto*) a Juan.
- 문장 내 갈리시아어 접어(clíticos) 위치의 간섭으로, 스페인어 약세 대명사 접어를 시제동사 뒤에 위치시키는 경향이 있다.
  Me lo dijiste. > Dijíste*melo*.
- 직설법 대과거 시제 대신에, 접속법 과거 *-ra* 형을 사용한다.[8]
  Cuando llegué, ellos ya *terminaran* (= habían terminando).
- 갈리시아어로 인한 칼코 현상으로 다음과 같은 표현을 들 수 있다.
  No *di acabado* el libro.
  No está, *va en* el dentista.

3.3. 바스크 지역에서의 스페인어

반도 내 유일한 로마 이전의 언어인 바스크어는 한국어, 일본어와 같은 교착어(lengua aglutinante)에 속한다. 어순 역시 로망스 언어들과는 확연히 다른 SOV 어순을

7 이는 중남미 스페인어와 동일한 현상이다.
8 라틴어에서는 *-ra* 형태가 직설법 대과거 시제로 사용되었기 때문에, 이는 의고주의(arcaísmo)에 해당한다고 볼 수 있다.

보이는데, 이는 한국어, 일본어와 동일한 후핵(head final) 언어에 속함을 보여준다.[9] 바스크어는 분명한 5모음 체계를 지니는데, 이는 10모음 체계의 라틴어가 5모음 체계의 카스티야어(castellano)로 변한 것에 결정적 영향을 주었다고 알려져 있다. 즉, 카스티야어가 바스크어가 사용되던 근처의 지방인 부르고스에서 태동되었기 때문에, 카스티야어의 음운론적 발달사에 바스크어의 영향이 컸다고 추정하고 있다. 바스크어 화자가 구사하는 스페인어의 특징으로는 다음을 들 수 있는데, 대부분 바스크어의 영향으로 분석될 수 있다.

- 바스크어의 억양과 발음이 고스란히 스페인어에 영향을 미쳐, 바스크어 화자의 스페인어는 바스크어 말투가 확연히 표시난다.
- 목적어를 동사 앞에 전치시키는 현상이 있다.
  Cebollas enteras dice que le metían.
  Trabajo mucho tiene.
  Flores compra para su mamá.
- 약세 대명사를 중복 사용하거나 탈락시키는 경향이 있다.
  Le estoy llamando a Carlos.
  ¿Compraste los sobres? Sí, Ø compré.
  Ahora Ø levanto a las diez.
- 접속법 과거 대신에 가능법을 잘못 사용하는 경향이 있다:
  Ojalá *llovería*. Ojalá *vendría*.
  Si yo *tendría* dinero, te compraría esa casa.
  Si le *vería*, yo le preguntaría.
- 남성·여성 명사에 대한 *leísmo* 현상이 나타난다.
  A Angélica *le* vi. *Le* llamé a Lola.
  Le llamé en la noche (a Jorge). *Le* veo a Juan en el parque.
- 시제적 의미가 없는 *ya*를 긍정적 의미로 사용한다.
  Ya trajo (sí que lo trajo)
- 바스크어의 명사에는 문법적 성(género gramatical)이 없는 관계로, 바스크어 화자들은 스페인어 명사와 형용사 사이의 성 일치에 혼란을 겪기도 한다.
  Yo tenía tant*o* confianza en él.

---

9 한국어나 일본어, 바스크어와 같은 '후핵 언어'(head final language)에서는, 동사구(VP)의 핵인 동사(V)가 목적어(O) 뒤에 위치하기 때문에 SOV 어순이 나타난다.

이외에도, 파이스 바스코 자치주의 스페인어에는 바스크어 어휘들로부터 온 차용어가 많으며, 다음과 같은 바스크어 접미사들도 바스크 지역의 스페인어 특징이다.

- 고유명사에 붙는 -*txu* 축소사:
  Javiertxu, *Begotxu*
- 지명과 함께 나타나는 기원(origen)을 뜻하는 -*tarra* 접미사:
  Bilbotarra 'de Bilbao', *Donostiarra* 'de San Sebastian'

한편, 미국 스페인어에서처럼 이들 이중언어 지역에서는 스페인어와 지역어를 함께 사용하는 코드 스위칭 현상도 자주 발견된다. 다음은 파이스 바스코 자치주에서 널리 사용되고 있는 스페인어와 바스크어의 코드 스위칭의 한 예이다(cf. Muñoa Barredo, 1997).

- *tabernriak ze obliazio dauka?* / servicio de bebidas al por menor / *ho- horregatik ordaintzen da* / *besteak* / *tallerrak zer dauka?* / pues arreglo de automóviles o venta de automóviles o... (바스크어/스페인어 코드 스위칭)
- "¿Cuál es la obligación de un dueño de un bar? Servicio de bebidas al por menor; eso es por lo que uno paga. El otro, el taller ¿cuál tiene?, pues arreglo de automóviles o venta de automóviles o..." (스페인어)

위에서 보듯이, 일상 담화 상황에서 특정 주제나 자신의 입장 등에 대해 얘기할 때 특히 코드 스위칭이 많이 사용된다. 즉, 코드 스위칭은 담화에서 화용적 기능(función pragmática)을 지닌다고 볼 수 있다.

4. 중남미 스페인어의 특징

이베리아 반도 남부 지역의 스페인어는 중남미 스페인어에 지대한 영향을 미쳤다. 아마도 16~17세기 사이에 스페인 남부 지역 출신들이 중남미 지역으로 건너왔기 때문일 것이다. 비록 남부 지역 이외에도 스페인의 여러 지역 출신들이 신대륙으로 건너왔을지라도, 이들 다양한 지역 방언들을 구사하던 화자들은 신대륙 아메리카로의 출항을 기다리며 세비야(Sevilla)에서 상당 기간 머물렀기 때문에 결국은 안달루시아 지역의 스페인어를 구사하게 되었을 것이다. 이는 언어적 합체(convergencia lingüística)의 한 과정으로서, 여러 언어나 방언이 결합하여 생긴 공통의 언어인 코이네(Koiné)의 한 예라고 볼 수 있겠다. 이러한 까닭에 중남미 스페인어가 스페인 남부 지역의 스페인어 특히, 안달루시아 스페인어와 유사한 점이 많은 것은 일리가 있어 보인다.

유럽 스페인어가 라틴아메리카 대륙에 건너오게 된 것은 콜럼버스의 신대륙 발견과 스페인왕국의 라틴아메리카 식민지 경영과 함께 시작되었다. 중남미에 스페인어가 뿌리를 내리는 데는 15~16세기 사이의 약 100년의 기간 정도밖에 걸리지 않았다고 전해진다. 이 기간 동안 스페인 정복자들은 북쪽으로는 미국의 남서부 지역, 남쪽으로는 칠레와 아르헨티나 북부에 이르는 영토를 점령하고 이들 지역에 도시를 건설하고 정착하였다. 1519년에는 아스텍의 수도 테노치티틀란(Tenochtitlán) 위에 멕시코시티(Ciudad de México)를 건설하고 누에바 에스파냐 부왕령(Virreinato de Nueva España)을 설치하여 식민통치를 시작했다. 멕시코시티를 근거지로 하여, 스페인 정복자들은 미국의 남서부와 중미(Centroamérica)로 세력을 뻗쳐나갔다. 또한, 남미의 잉카제국을 정복한 뒤 1535년에는 수도 리마(Lima)에 페루 부왕령(Virreinato de Perú)을 설치한다. 리마에서부터 남쪽으로 세력을 확장한 스페인 정복자들은 칠레, 볼리비아, 파라과이, 아르헨티나, 우루과이에 이르기까지 영토를 넓히고 도시들을 건설하여 정착하였다. 1776년에는 아르헨티나에 라플라타 부왕령(Virreinato del Río de la Plata)을 설치하고 마지막 식민정책을 펼친다.

이러한 스페인의 식민 정책으로 말미암아, 중남미에는 스페인어가 급속히 빠른 속도로 전해지고 확산된다. 동시에, 중남미 원주민어의 상당수는 사멸에 이르거나 소수언어, 피지배언어로 전락하였으며, 스페인어는 중남미 사회의 지배언어 그리고 다수언어로 확고한 자리를 잡는다. 현재 중남미 스페인어의 다양성은 다음과 같은 여러 가지 요인들에 의해 발생했다고 볼 수 있다. 중남미 각 지역에 정착할 당시의 사회정치적 상황, 스페인어 사용지역과 부왕령 사이의 상당한 거리, 초기 스페인 정착자들이 사용한 스페인어의 방언적 속성들, 스페인 정착자들과 중남미 원주민들과의 접촉현상 등이 그것이다. 예를 들어, 스페인의 부왕령이 있었던 멕시코, 리마와 같은 스페인의 관료들이 머물던 곳에서는 비교적 보수적인 언어적 변이를 보이는 반면에, 항구, 해안 지역이나 카리브해 연안 같은 곳은 스페인 이민자들이 정착한 지역으로서 스페인 남부 지역의 음성학적 특징이 두드러지게 나타난다. 또한 고산지대나 시골지역에서의 스페인어는 원주민어와의 접촉으로 인해 이들 토착어의 영향을 많이 받는다.

한편, 중남미 스페인어의 특징을 어떻게 규정해야할지는 쉽지 않은 문제이다. 예를 들어, /s/와 /θ/를 구분하지 않는 seseo 현상과 *vosotros* 인칭의 부재 현상 등은 중남미 스페인어의 일반적 특징으로 알려져 있으나, 실상 이들 음성적·형태적 특징이 스페인 남부지역이나 카나리아의 스페인어에서도 나타나는 현상이기 때문이다. 또한, 다음과 같은 음성적 특징도 중남미 스페인어와 스페인 남부지역의 스페인어에서 공히 관찰되는 현상이다. 따라서 이들 음성적 특성을 유럽스페인어와 구분되는 중남미 스페인어의 특징이라고는 단언할 수는 없을 것이다.

- 모음 사이의 /d/ 탈락: comprado [compráo]
- /x/와 /s/의 기식음화와 /s/의 탈락 현상
  a. caja [káha], gente [hénte]
  b. te acuerdas̠ [te akuér-da^{h}], esta casa [é^{h}ta kása]
- /l/과 /r/의 중화 현상(neutralización)
  a. Lambdacismo: arma [ál-ma], puerto [puél-to]
  b. Rotacismo: calma [kár-ma], el [er]
- 어말음 /n/의 연구개음화(velarización)
  a. ¿Hay pan? [ai-páŋ]
  b. ¡Ven! [béŋ]

4.1. 중남미 스페인어의 방언들

중남미 스페인어는 크게 보아 다음과 같은 여섯 개의 방언지역으로 구분될 수 있다. 카리브 스페인어, 멕시코/중미 스페인어, 안데스 스페인어(베네수엘라 고산지대, 콜롬비아, 에콰도르, 페루, 볼리비아, 아르헨티나 북부), 파라과이 스페인어, 아르헨티나/우루과이 스페인어, 칠레 스페인어가 그것이다. 다음 <그림 4>의 중남미 언어지도에서 이들 6개의 중남미 스페인어의 분포를 알 수 있다.

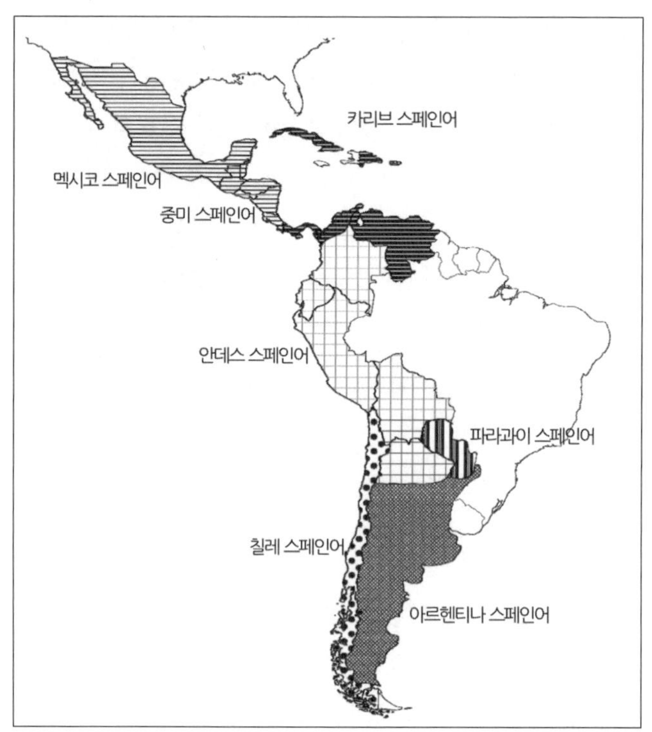

<그림 4> 중남미 스페인어의 방언 (Hualde, Olarrea, Escobar & Travis, 2010: 407)

4.2. 중남미 스페인어의 음성적 특징

중남미 스페인어는 유럽 스페인어가 식민지였던 중남미로 건너온 언어이다. 위에서 표시한 중남미 스페인어 방언 구분선(isoglosa)은 다음과 같은 세 가지 발음에서의 차이에 따른 것이다: 어말음 /s/, 어말음 /r/ 그리고 /j/와 /ʎ/의 구분.

- 어말음 /s/는 중남미 스페인어 방언에 따라 세 가지의 변이형이 있다.
  (1) [s] 어말음이 보존되는 경우: estás [estás], los lunes [loz lunes]
  (2) [s] 어말음이 [h] 기식음으로 바뀌는 경우: mosca > *mo*[h]*ca*, inglés > *inglé*[h]
  (3) [s] 어말음이 완전히 탈락하는 경우: más o menos > *má o meno*

카리브, 아르헨티나, 칠레 스페인어는 /s/ 어말음을 기식음화 시키거나 생략하는 반면, 멕시코, 안데스, 파라과이 스페인어는 /s/ 어말음을 유지하고 보존하는 경향을 보인다.

- 어말음 /r/도 중남미 스페인어 방언에 따라 세 가지의 변이형이 있다.
  (1) [r] 설전음이 유지되는 경우
  (2) [r] 설전음이 [l] 설측음으로 변하는 경우: carta > *calta*, amor > *amol*
  (3) [r] 설전음이 찰음화(asibilación)하는 경우: carta [kařta], señor [señoř]

카리브 스페인어는 /r/ 설전음을 생략하거나 [l] 설측음으로 중화시키는 반면, 멕시코와 안데스 스페인어는 설전음이 찰음화되어 [ř]로 발음되는 경향이 있다.

한편, /j/와 /ʎ/의 구분과 관련하여, 안데스 스페인어나 파라과이 스페인어는 이 둘을 구분하여 발음하는 경향이 있다. 나머지 방언들에서는 yeísmo가 일반적인 현상이다. Hualde, Olarrea, Escobar & Travis, 2010: 406)에서는 이러한 세 가지 음이 중남미 지역별 방언에 따라 어떤 차이점을 보이는지에 대해, 다음 <표 1>에서와 같이 제시하고 있다.

<표 1> 중남미 스페인어 방언들의 음성적 특징

음 자질	카리브	멕시코	안데스	파라과이	아르헨티나	칠레
/s/ 어말음	[h] 또는 생략	보존	보존	보존	[h] 또는 생략	[h] 또는 생략
/r/ 어말음	[r], [l] 또는 생략	[ř]	[ř]	[r]	[r]	[r]
/j/와 /ʎ/	yeísmo	yeísmo	/j/와 /ʎ/	/j/와 /ʎ/	yeísmo	yeísmo
원주민어	arahuaco	náhuatl, maya	quechua, aimara	guaraní	guaraní, mapuche	mapuche aimara

한편, Hualde, Olarrea, Escobar & Travis(2010: 407)에서 제시된 중남미 스페인어 방언들 사이에 존재하는 지역별 음성적 특징들을 소개하면 다음과 같다.

- 푸에르토리코에서는 복설전음 *-rr-*이 [ʁ]로 연구개음화 된다.
  carra [káʁo], *perro* [péʁo]

- 카리브, 푸에르토리코, 도미니카공화국에서는 어말음에서 단설전음 /r/이 설측음 /l/로 바뀐다.
  verdad [belðá], *amor* [amól]

- 카리브 스페인어는 안달루시아 스페인어처럼 비음 /n/ 앞의 모음이 비음화된다.

- 카리브, 멕시코, 중미, 안데스 스페인어에서는 어말음 비음 /n/이 연구개음 [ŋ]으로 발음된다.[10]
  compró pa[ŋ], *baila muy bie*[ŋ]

- 푸에르토리코, 도미니카 공화국, 파나마에서는 라틴어 /f/에서 파생된 기식음 /h/가 보존된다.
  harto [hárto], *hambre* [hámbre], *humo* [húmo], *harina* [harína]

- 멕시코와 안데스 스페인어에서는 약세 음절에서 모음이 상실되는 경향이 있다.
  todos [toðs], *pues* [ps]

- 멕시코와 안데스 스페인어에서는 *hiato*(음절분리)가 이중모음화되는 경향이 있다.
  real [rial], *poema* [puema], *peón* [pión]

다음은 코노 수르 지역(아르헨티나, 우루과이, 파라과이, 칠레)에서의 음성적 특징이다.

- 파라과이에서는 카탈루냐 스페인어처럼 어말음 /d/가 무성음 [t]로 발음되기도 한다.
  usted [ustet], ataúd [ataút]

- 칠레에서는 /x/ 연구개음이 /e/, /i/ 모음 앞에서 [ç]로 발음된다.
  gente [çénte], mujer [muçer]

- yeísmo가 일반적인 지역들 간에도 /j/의 발음에는 다양한 차이가 존재한다. 아르헨티나와 우루과이에서는 [ʒ]나 [ʃ]로 발음된다. 이를 *zheísmo*(halla, haya: [á-ʒa])나 *sheísmo*(halla, haya: [á-ʃa])라고 부른다.
  playa [pláʒa]/[pláʃa], ballena [baʒéna]/[baʃéna]

중남미 스페인어는 동일한 지역에서도 변이형이 발견된다. 한 지역 내에서도 세대 간, 사회경제적 계층 간, 남녀 간의 스페인어에서도 차이를 보일 수 있다. Perissinotto(1975)에 따르면, 멕시코시티에 거주하는 화자는 어말음 /r/을 찰음화(asibilación)하는 비율이 68.2%에 이른다는 조사결과를 밝혔는데, 여성이 남성보다, 청소년층이 다른 세대보다, 그리고 중산층이 다른 계층보다 더 많이 이 발음을 하는 경향이 있다. 이러한 연구결과를 토대로, Perissinotto는 찰음화된 단설전음이 멕시코시티 전체 화자들에게서 발견되지는 않지만, 청소년층에서 널리 발음되는 음성적 특징으로 인해 부정적 뉘앙스를 전혀 띠지 않고 있기 때문에, 멕시코시티 전체 화자들에게 확산되고 있다고 분석한다.

이에 반해, de los Heros(1997)는 안데스 스페인어를 대표하는 페루의 쿠스코(Cuzco) 화자에게서 발견되는 설전음의 찰음화 현상을 조사하였는데, 멕시코시티와는 정반대로 이 발음을 주로 남성이 사용하며, 상류층에서는 거의 사용하지 않는다는 결과를 발표하였다. 따라서 코스코 지역에서 /r/의 찰음화는 부정적 뉘앙스를 띠며 그 결과 쿠스

10 코노 수르(Cono Sur) 국가인 파라과이, 아르헨티나, 우루과이, 칠레에서는 이런 음운변화가 나타나지 않는다.

코 전체 화자에게 확산되지 않고 있다. 이러한 멕시코시티와 쿠스코 두 지역의 상반된 결과는 왜 중남미 스페인어가 지역별로 다양한지를 설명해주는 하나의 단초가 될 수도 있다. 한마디로, 중남미 스페인어는 지역별로도 다양할 뿐만이 아니라, 한 지역 내에서도 계층, 세대, 성별 등 여러 그룹에 따라서도 서로 다를 수 있음을 보여준다.

4.3. 중남미 스페인어의 형태론적 특징

형태론적 측면에서의 중남미 스페인어의 특징을 살펴보자. 우선, 명사의 성(género)이 지역별로 다를 수 있다. 예를 들어, '전구'는 베네수엘라에서는 남성명사 *el bombillo*이나 스페인에서는 여성명사 *la bombilla*이다. 반면에, 멕시코에서는 '전구'를 전혀 다른 어휘인 *el foco*를 사용한다. 또한 '애기'를 뜻하는 *bebé*가 스페인에서는 '양성 통용명사'(sustantivo epíceno)로 사용되어 남자아기나 여자아기나 모두 남성명사 *el bebé*이나, 멕시코에서는 남자아기는 남성인 *el bebé*, 여자아기는 여성인 *la bebé*라고 표현한다.

- a. Esta niña es *un bebé* precioso. (스페인)
  b. Esta niña es *una bebé* preciosa. (멕시코)

외래어의 경우, 스페인어 명사의 문법적 성(género gramatical) 결정은 흥미롭다. 영어 어휘에서 차용된 스페인어 명사의 경우, 해당 단어의 성을 결정해야 하는데, *Internet*의 경우, 초기에는 *el Internet*과 *la Internet*이라는 단어의 사용이 공존했으나 시간이 흐르면서 *el internet*만 사전에 등재된 것이 이러한 경우에 해당될 수 있겠다.[11] 이외에도, 지역별 중남미 스페인어의 형태론적 특징은 다음과 같다.

- 도미니카 공화국의 스페인어에서는 복수 접미사가 /-se/로 나타난다.
  cafés 〉 *cafése*, *gallinas* 〉 *gallínase*, *muchachas* 〉 *mucháchase*, *latas* 〉 *látase*

- 멕시코와 안데스 스페인어에는 축소사가 광범위하게 사용되고 있다.
  callandito, *corriendito*, *dositos*, *ahisito*, *acasito*, *estito*, *unito*, *ellita*.

- 멕시코에서는 여격 대명사 *le*가 담화적 기능으로 사용되고 있다.[12]
  híjole, *ándale*, *échale*, *órale*

---

11 시대가 지나면서 명사의 성이 바뀐 경우도 있다. 현대 스페인어에서는 *el calor*와 *el mar*는 남성이나, 고어에서는 *la calor*, *la mar*에서 보듯이 여성 명사였다.

12 여기에 대해서는, 앞서 5장에서 멕시코 나우아틀어의 영향일 가능성을 언급하였었다.

- 아르헨티나에서는 voseo 현상이 일반적이다. Voseo는 중미, 베네수엘라와 콜롬비아 일부 지역, 볼리비아, 칠레에서도 발견된다.[13]

- 파라과이와 아르헨티나에서는 *che*가 담화적 표현으로 사용된다.
  ¿Qué tomás, che?

- 카탈루냐에서처럼, 칠레 스페인어에서도 고유명사 앞에 관사가 사용되기도 한다.
  Vimos a la Tere en el cine, la Susana me visitó ayer.

- 재귀동사의 3인칭 복수 굴절에 *-sen* 어미형태가 가끔 나타난다. 이는 스페인 일부 방언에서도 발견되는 현상이다. 이 현상은 유추(analogía) 현상으로 볼 수 있는데, *-s*로 끝나는 2인칭 단수 동사변화의 영향을 받은 *hablastes*와 마찬가지로, *-n*으로 마치는 3인칭 복수 동사의 영향을 받은 형태로 볼 수 있다.
  Siéntensen, Vístansen

또한, 중남미 스페인어는 유럽 스페인어와 현재를 기준으로 한 완료를 나타내는 시제 표현에서도 차이점을 보인다. 유럽 스페인어는 현재를 기준으로 완료된 표현에는 현재완료 시제인 *he cantado* 형태를 사용하는 반면, 멕시코를 위시한 중남미 스페인어에서는 부정과거 시제인 *canté* 형태를 사용한다.[14] 다음은 그 예이다.

- 스페인
  (1) a. Este año *ha llovido* mucho en Madrid. (현재완료)
      b. El año pasado *llovió* mucho en Madrid. (부정과거)
  (2) a. Hoy *he llegado* tarde. (현재완료)
      b. Ayer *llegué* tarde. (부정과거)
  (3) Pedro *ha sido* el médico de la familia. (현재완료: 계속적 용법)

- 중남미
  (1) a. Este año *llovió* mucho en Guadalajara. (부정과거)
      b. El año pasado *llovió* mucho en Guadalajara. (부정과거)
  (2) a. Hoy *llegué* tarde. (부정과거)
      b. Ayer *llegué* tarde. (부정과거)
  (3) Pedro *ha sido* el médico de la familia. (현재완료: 계속적 용법)

위의 예문들에서 보듯이, 유럽 스페인어는 사건이 완료된 시제표현에 있어서, 기준이

---

13 Voseo 현상에 대해서는 이 장의 4.6을 참조하기 바람.

14 시제 명칭에 있어서, 스페인 한림원 RAE에서는 현재완료 시제는 복합완료과거(pretérito perfecto compuesto), 부정과거는 단순완료과거(pretérito perfecto simple)라는 용어를 사용한다.

되는 현재시점이 포함되는가의 여부에 따라 부정과거와 현재완료를 분명히 구분하고 있다. 즉, 현재 부사가 나오면 기준(*Referencia*) 시점을 발화(*Habla*) 시점인 현재와 동일하게 보기 때문에 현재완료 시제를 사용한다. 이에 비해, 중남미 스페인어는 현재와 관련된 부사(예: *hoy, este año*)가 나오더라도 기준(*Referencia*) 시점을 사건(*Evento*)이 완료된 과거와 동일하게 보기 때문에 부정과거 시제를 사용한다. 그러나 위 예문에서 보듯이, 계속적 용법에는 두 지역 모두 현재완료를 사용한다.

한편, 아래 예문에서 보듯이, 스페인어에는 접속법 과거 시제로 *-ra* 형과 *-se* 형을 모두 사용할 수 있다. *-ra* 형은 라틴어 직설법 대과거 시제 형태(CANTĀVERAM)에서 파생된 것이며, *-se* 형은 라틴어 접속법 대과거 시제형태(CANTĀVISSEM)에서 파생된 것이다.

- Al figurarse se tirotearon con la Policía. Un ladrón herido subió a un auto y obligó a una pareja a que lo {llevara/llevase}.
- Si {tuviera/tuviese} dinero, te compraría una bicicleta.

접속법 과거시제 형태인 *-ra* 형과 *-se* 형은 현대 스페인어에서 동일한 의미로 사용되고 있으나, 중남미 스페인어에서는 ⁻*ra* 형을 스페인에서보다 훨씬 더 선호한다.

이외에도, 미래형 시제에서도 중남미 스페인어에서는 *ir a infinitivo* 우설법 형태를 선호한다고 한다. 예를 들어, 중남미에서는 *Estudiaré en casa* 대신에 *Voy a estudiar en casa*를 더 많이 사용한다.

4.4. 중남미 스페인어의 다양한 어휘들

앞서 5장에서 언급한 바대로, 중남미 스페인어의 어휘들은 현지 원주민들의 토착어에서 차용된 것들(préstamos léxicos)이 많다. 이외에도, 아프리카의 언어에서 유입된 어휘들도 있으며, 스페인의 15~16세기 당시 사용되던 고어(arcaísmo)들이 (스페인에서는 사라졌지만) 중남미에서 여전히 사용되고 있는 경우도 있다. 또한 중남미 국가별로 고유하게 사용되는 지역주의(regionalismo) 어휘들도 존재한다. Hualde, Olarrea, Escobar & Travis, 2010: 411)에서 제시된 중남미 스페인어의 어휘들의 기원(origen)을 소개하면 다음 〈표 2〉와 같다.

〈표 2〉 중남미 스페인어 어휘의 다양한 기원

어휘 타입		어휘 예
고어주의(arcaísmos)		amarrar, gaveta, mata, botar, alcanzar, calentura, candela, bravo, liviano
차용어 (préstamos)	arahuaco (taíno)	ají, barbacoa, cacique, hamaca, canoa, maíz, tabaco, huracán, loro, caimán
	náhuatl	cuate, chamaco, elote, tomate, chocolate, chicle, aguacate, cacahuete, tiza
	quechua	papa, palta, puna, chacra, choclo, cocoche, cóndor, cancha, ñato, aplaca
	mapudungun	poncho, guata
	guaraní	jaguar, tapioca, petunia, tucán, mangangá
아프리카어(afronegrismos)		banana(o), bemba, cachimbo, mucama, dengue, guandú, milonga, bochinche
지역주의 (regionalismos)	mexicanismos	chambear (trabajar), alberca (piscina), amolar (dañar), caco (ladrón)
	peruanismos	calato (desnudo), pata (amigo), chato (bajo), huachafo (cursi), ñeque (tacaño)
	venezolanismos	arrecho (molesto), chévere (bueno), chamo (muchacho), cuaima (ser listo)
	argentinismos	barrilete (cometa), campera (chaqueta), pelado (calvo), atorrante (un vago)

중남미 스페인어의 어휘적 특성과 관련하여, 동일한 대상을 지역별로 서로 다르게 표현하는 동의어(sinónimo)의 예들을 소개하면 다음 〈표 3〉과 같다.

〈표 3〉 동일의미를 지칭하는 지역별 다양한 어휘 (Azevedo, 2009: 269)

España	Argentina	Puerto Rico	México	El Salvador
acera	vereda	acera	banqueta	acera
piscina	pileta	piscina	alberca	piscina
cajón	cajón	gaveta	cajón	gaveta
americana	saco	gabán	saco	saco
bañador	malla	traje de baño	traje de baño	calzoneta
piso	departamento	apartamento	depa(rtamento)	apartamento
gafas	lentes	espejuelos	lentes	anteojos
cazadora	campera	jacket	chamarra(con cierre) chaqueta(sin cierre)	chumpa
calcetines	zoquetes	medias	calcetines	calcetines

위에서 보듯이, 스페인어는 사용 지역에 따라 서로 다른 어휘를 사용하기도 한다. 예를 들어, '양복 웃옷'을 지칭하는 단어가 *americana*도 있지만 *saco*이기도 하고, *gabán*이기도 하다. 유럽 스페인어와 중남미 스페인어를 모두 배우는 외국인 화자들에게 스페인어의 이러한 어휘적 다양성은 곤혹스런 문제이다. 다음 〈표 4〉는 유럽 스페인어와 멕시코 스페인어에서, 동일 의미가 서로 다른 어휘로 표현되는 경우들이다.[15]

〈표 4〉 유럽 스페인어와 멕시코 스페인어의 어휘적 차이

의미	스페인	중남미(멕시코)
주스	zumo	jugo
복숭아	melocotón	durazno
버리다	tirar	botar
당기다	tirar	jalar
(Bar) 웨이터	camarero	mesero
분필	tiza	gis
운전하다	conducir	manejar
예쁜	bonito	lindo
화가 난	enfadado	enojado
주차하다	aparcar	estacionar
서두르다	apresurarse	apurarse
엘리베이트	ascensor	elevador
핸들	volante	timón
핸드백/가방	bolso	cartera
자동차	coche	carro
그리워하다	echar de menos	extrañar
러시아워(피크타임)	hora punta	hora pico

'버스'의 경우, 다음 〈표 5〉에서 보듯이 스페인어권 국가마다 서로 다른 표현을 사용하고 있다.

〈표 5〉 '버스'를 의미하는 다양한 지역별 어휘들

의미 '버스'	
스페인	autobús
쿠바, 푸에르토리코	guagua
엘살바도르	camioneta
멕시코	camión
파나마	chiva
칠레	micro
페루	góndola
콜롬비아	bus
아르헨티나	colectivo

15 중남미 스페인어의 어휘적 다양성에 관해서는 졸저(2006: 327)와 졸저(2013: 16-19)를 참조하였음.

또한 '전화 받기'에서도 국가별로 서로 다른 표현을 사용하고 있다.

〈표 6〉 '전화 받기' 표현의 국가별 다양한 표현

전화 받을 때의 표현	
스페인	diga
푸에르토리코	brillo
멕시코	bueno
우루과이, 아르헨티나	hola
페루, 칠레	aló
콜롬비아	a ver
쿠바	qué hay / oigo

이와 같이, 국가별로 같은 의미로 서로 다른 어휘를 사용하기도 하지만, 국가에 따라 동일 어휘가 서로 다른 의미로 사용되는 경우도 존재한다. 예를 들어, 스페인 사람이 레스토랑에서 *un tinto y un bocadillo*를 달라고 하면 콜롬비아 사람은 '블랙 커피'와 '구아바 젤리'를 준다고 한다. 또한, 스페인 사람에게 *currar*는 은어(jerga)로 '일하다'는 뜻인데, 아르헨티나 사람은 '사기치다, 속이다'(스페인에서는 *estafar*, *engañar*)라는 의미로 이해한다. 이와 관련한 예로는 다음 〈표 7〉과 같다.

〈표 7〉 동일 어휘가 지역별로 다른 의미를 지니는 경우

어휘	지역	의미
taco	스페인 아르헨티나 멕시코	속어(palabrota) 구두 굽(tacón) 타코 (요리)
¡Qué pena!	스페인, 아르헨티나 멕시코, 베네수엘라	¡Qué lástima! ¡Qué vergüenza!
currar	스페인 아르헨티나	[은어] 일하다 사기치다(estafar), 속이다(engañar)
enfadado	스페인 멕시코	화난 지루한(cansado)
harto	스페인 볼리비아	지겨운 많은(mucho)

*enfadado*와 같은 어휘는 스페인과 멕시코에서 서로 다른 의미로 사용되기 때문에, 이와 관련된 표현은 다음 예문에서 보듯이 주의해야 할 것이다.

의미	스페인	멕시코
어제 지루했니?	¿Te aburriste ayer?	¿Te enfadaste ayer?
난 화가 났어.	Estoy enfadado.	Estoy enojado.

한편, '미국 영어' 어휘의 영향을 뜻하는 *anglicismo* 현상은 빼놓을 수 없는 중남미 스페인어의 어휘적 특징이다. 이는 중남미 스페인어가 유럽 스페인어와 비교하여 보이는 중요한 차이점으로, 중남미는 테크놀로지와 관련된 용어를 '미국 영어'에서 빌려오는 반면, 스페인에서는 '영국 영어'나 '프랑스어'에서 차용하는 경우가 많기 때문에 이러한 어휘적 차이를 보인다고 볼 수 있다. 그 예를 들면, 다음과 같다.

의미	스페인	중남미
핸드폰	*mobile phone* (영국영어) > móvil	*cell phone* (미국영어) > celular
컴퓨터	*ordinateur* (프랑스어)> ordenador	*computer* (미국영어) > computadora

영어 어휘의 영향을 받은 중남미 스페인어를 소개하면 다음 <표 8>과 같다.

<표 8> 중남미 스페인어에 영향을 미친 영어 어휘

한국어	영어	중남미 스페인어	유럽 스페인어
컴퓨터	computer	computadora	ordenador
서류철	folder	folder	carpeta
아파트	apartment	apartamento	piso
스웨터	sweater	suéter	jersey
신분증, 자격증	licence	licencia	carnet
클러치	clutch	clutch	embrague
우표	stamp	estampilla	sello
저장소, 보관함	tank	tanque	depósito
주차하다	parking	parquear	aparcar
검사/확인하다	check	chequear	revisar
실업자	unemployed	desempleado	parado
지퍼	zip, zipfastener	zipper, cierre	cremallera
엘리베이트	elevator	elevador	ascensor
소켓	socket	socket	portalámparas
티켓	ticket	boleto, ticket	billete
수표	check	cheque	talón/cheque
농구	basket-ball	básquetbol	baloncesto
냉장고	refrigerator	refrigerador	nevera

코노 수르(Cono Sur; *Southern Cone*)라고 불리는 칠레, 아르헨티나, 우루과이에서 사용되는 어휘는 독특한 편이다. 일반적으로 중남미 스페인어라고 일컬어지는 단어들이 이 지역에서는 쓰이지 않는 경향이 있기 때문이다. 즉, 칠레, 아르헨티나, 우루과이에서는 이베리아 반도에서 주로 사용하는 단어들을 사용하는 경향이 있다. 이를 소개하면 다음 〈표 9〉와 같다.

〈표 9〉 코노 수르 지역에서의 어휘

의미	중남미	스페인 & Cono Sur
수치심	pena	vergüenza
당기다	jalar	tirar
전화번호부	directorio	guía
라디오	el radio	la radio

한편, 유럽 스페인어 어휘가 중남미 스페인어에서는 부정적 의미의 터부어가 되는 경우도 있어 특히 주의해야 한다. 다음 〈표 10〉은 그 예이다.

〈표 10〉 중남미의 타부 어휘

어휘	스페인	중남미
padre	아버지	멋있다, 좋다
madre	어머니	욕이나 나쁜 의미
tirar	당기다/버리다	[터부어] 섹스하다
coger	(차를) 타다	[터부어] 섹스하다

멕시코에서는 아버지는 *papá*, 어머니는 *mamá*를 선호하며, 다음과 같이 *padre*는 긍정적 의미로, *madre*는 부정적 의미로 사용된다.

• a. ¡*Padrísimo*!, ¡Qué *padre*! '매우 좋다.'
  b. Me paga *la madre*. '월급은 쥐꼬리만큼 준다.'

또한, 앞서 언급했듯이, 유럽 스페인어에서의 *coger*, *tirar* 그리고 *huevos*와 같은 어휘는 중남미 스페인어에서 터부어로 변하기 때문에 주의해야 한다. 이와 관련하여 Azevedo(2009: 270)에서 언급된 다음의 예문을 소개한다.

Las aventuras de su español le enseñaron a nuestro turista la discreta virtud del silencio. En Buenos Aires aprendió a *agarrar* el tranvia, como en Venezuela a *botar* el pitillo y en México a pedir *blanquillos*. Ya en Venezuela le habían aconsejado no preguntar a nadie por *su madre* (hay que preguntar por *su mamá*, hasta a un anciano).

4.5. 중남미 스페인어의 통사적 특징

이번에는 중남미 스페인어의 통사론적 변이를 살펴보자. 한 언어가 통사론적으로 변화를 겪으면 방언의 차원이 아닌 새로운 언어가 탄생하게 되는 셈이다. 라틴어에서 파생된 로망스어가 서로 다른 새로운 언어들로 변화된 것도 다름 아닌 라틴어의 통사론적 문법이 바뀌었기 때문일 것이다. 로망스어는 더 이상 라틴어의 방언이 아닌 새로운 언어가 되어버린 것이다. 여기에는 라틴어가 지녔던 명사의 격변화 굴절어미가 사라지게 된 것이 가장 큰 이유가 될 것이다. 즉, 라틴어의 어순을 자유롭게 하던 명사의 격변화가 사라지게 됨으로써 로망스어의 통사적 어순이 비교적 고착화된 것이다. 이런 점에서 본다면, 유럽 스페인어가 중남미로 건너와 여러 어휘적·음성학적 변이를 겪었지만, 통사론적 변이는 거의 겪지 않았다고 보아도 무리가 없다. 즉, 유럽 스페인어나 중남미 스페인어나 공히 스페인어라는 공통의 문법을 유지하고 있기 때문에 다양한 스페인어권 출신의 화자들이 각국의 스페인어로 말하더라도 의사소통에는 전혀 문제가 없는 것이다. 통사적 측면에서 발견되는 중남미 스페인어의 주요한 특징들은 다음과 같다(cf. Hualde, Olarrea, Escobar & Travis, 2010: 409).

- 카리브 스페인어(español caribeño)에서는 의문사구 의문문에서 주어와 동사의 도치(inversión)가 일어나지 않는다.
  a. ¿Qué *tú* dices?, ¿Cómo tú estás?
  b. ¿Qué *tú* quieres?
  c. ¿Cómo *ellos* están?
  d. ¿Cuándo *ustedes* vienen, mañana o pasado?
  e. Yo vivo en Miami. ¿Dónde *tú* vives?
  f. Yo enseño español. ¿Qué *tú* haces?

- 베네수엘라와 파나마 그리고 카리브 스페인어에서는 *para*, *antes*와 같은 전치사와 함께 '주격대명사 + 동사원형'의 어순이 나타난다.
  a. para *yo* poder venir
  ("para que yo pueda venir, para poder venir yo")

b. antes de *yo* venir aquí
("antes de que yo venga aquí, antes de venir yo aquí")

c. para *nosotros* llegar al centro
("para que lleguemos al centro, para llegar nosotros al centro")

- 중미에서는 고어 스페인어처럼 소유사가 부정관사와 함께 사용된다.
  una mi amiga, *un su* caballo

- 멕시코와 중미에서는 전치사 *hasta*가 시작점(inicio)의 의미로 사용된다.
  Empieza *hasta* la tarde ("empieza en la tarde").
  Abre *hasta* las nueve. ("no abre hasta las nueve")

- 멕시코와 안데스 스페인어에서는 접속법 과거 대신에 접속법 현재를 사용한다.
  Quise que *venga* (< *viniera*).

- 멕시코와 안데스 스페인어에서는 접속법 현재 대신에 직설법 현재를 사용한다.
  a. No creo que *viene* (< *venga*).
  b. Es bueno que *viene* (< *venga*).
  c. No es que *está* (< *esté*) mal hecho.

- 아르헨티나, 칠레 스페인어에서는 직접목적어가 한정적이고 사람인 경우에 접어 중복 현상이 나타난다. 특히, 리오플라타 지역의 스페인어(español rioplatense)에서 이 현상이 두드러진다.
  a. *La* vi a tu hermana.
  b. *Lo* vi a Juan.

- 안데스 지역은 무생물이 직접 목적어로 올 경우에도 이러한 문장 구성이 허용된다.[16]
  Lo conozco el museo.

- 안데스 스페인어에는 장소 부사 앞에 전치사 *en*을 사용하는 경향이 있다.
  en aquí, *en* su delante

- *haber*나 *hacer* 무인칭 구문에서 유럽 스페인어에서는 무인칭 구문으로서 3인칭 단수형 동사가 나타나는 반면, 중남미 일부 지역에서는 후치 명사구를 주어처럼 취급하여 수에서의 일치를 보인다.
  a. *Habían* muchas personas.
  b. *Hacían* varias horas que esperaba.

---

16 유럽 스페인어에서는 다음과 같이 직접 목적어가 강세대명사인 경우에만 접어 중복을 허용한다: *Lo* conozco a él.

4.6. 중남미 스페인어의 voseo 현상

중남미 스페인어의 형태적 특징 중 가장 두드러진 점은 인칭대명사의 체계가 유럽 스페인어와는 현저히 차이가 난다는 것이다. 예를 들어, 중남미 스페인어에서는 *vosotros* 인칭을 사용하지 않고, 대신에 친칭의 의미로 *ustedes* 인칭을 사용한다. 또한 아르헨티나를 비롯한 중남미 일부 지역에서는 친칭의 의미로 *tú* 인칭 대신에 *vos* 인칭을 사용하고 동사변화 역시 다르게 나타난다. 여기에서는 졸저(2013: 11-13)에서 언급된 내용들을 중심으로 voseo 현상에 대해 간략하게나마 언급하고자 한다.

Voseo는 라틴어 VOS와 관련이 있기 때문에, 라틴어에서 파생된 스페인어의 인칭대명사 발달사부터 살펴보도록 하겠다. 라틴어 VOS에서 파생된 중세 스페인어에는 두 종류의 *vos*가 있었다. 하나는 2인칭 단수 존칭(fórmula de cortesía)의 *vos*로서, 이는 17세기 이후 *usted* 존칭형으로 대체되어 사라진다. 또 다른 하나는 2인칭 복수의 *vos*로서 나중에 *otros*와 결합하여 *vosotros*로 바뀐다. 즉, 유럽 스페인어에서는, 17세기 이후 2인칭 존칭으로는 *vuesa merced/vuestra merced*가 나타나 존칭으로서의 *vos*는 사라지게 되었다.[17] 다음 〈표 11〉은 라틴어에서 파생된 유럽 스페인어의 인칭대명사 발달사를 보여준다.

〈표 11〉 유럽 스페인어 인칭대명사 발달사

라틴어		15~16세기 스페인어		17세기~ 현재 스페인어	
EGO	NOS	Yo	Nosotros (Nos+otros)	Yo	Nosotros
TU	VOS	Tú	Vosotros (Vos+otros)	Tú	Vosotros
VOS ILLE/ILLA	ILLOS/ILLAS	Vos Él/Ella	Ellos/Ellas	Usted Él/Ella	Ustedes Ellos/Ellas

중남미 스페인어의 경우, 16세기 당시 사용되던 유럽 스페인어의 인칭대명사 체계가 사용되었으나 지역별로 다소 차이가 난다. 먼저, voseo 현상이다. Voseo 현상은 중남미의 아르헨티나, 우루과이 등과 같은 지역에서 2인칭 단수 인칭대명사에 *tú* 대신에 *vos*를 사용하는 현상을 일컫는다. Voseo란 스페인어의 발달사와 밀접하게 연관된 것으로, 유럽 스페인어가 중남미로 건너왔을 때인 15-16세기의 스페인어를 반영하는 고어주의(arcaísmo)와 함께, 중남미에서 새로운 의미를 부여한 혁신주의(renovador)도 동

17 프랑스어의 2인칭 존칭 *vous*는 16세기 스페인어 *vos*에 해당한다고 볼 수 있다.

시에 보여주는 현상이라고 볼 수 있다. 왜냐하면 유럽 스페인어에서는 15~16세기 스페인에서 존칭 2인칭 단수로 사용되던 *vos*가 17세기 이후부터는 *usted*으로 대체되어 사라진 반면, 아르헨티나와 같은 일부 중남미 스페인어 지역에서는 스페인에서 건너와 존칭을 지칭하던 *vos*가 17세기 이후부터는 친칭 2인칭 단수로 그 의미가 변화하여 사용되고 있기 때문이다. 즉, 중남미 일부지역에서 사용되고 있는 voseo 현상은 16세기 스페인어를 반영한다는 점에서는 고어주의라고 할 수 있지만, 인칭대명사 *vos* 의 의미가 존칭에서 친칭으로 변하였기 때문에 혁신주의의 모습 또한 보여준다고 볼 수 있다. 스페인과 중남미에서의 이러한 인칭대명사의 발달사를 정리하면 다음 <표 12>와 같다.

<표 12> 스페인과 중남미에서의 인칭대명사 발달사

		16세기	17세기 ~ 현재
스페인	친칭	Tú	Tú (tuteo) *tomas / comes / vives*
	존칭	Vos	Usted
중남미 voseo 지역	친칭	Tú	Vos (voseo) *tomás / comés / vivís*
	존칭	Vos	Usted

Voseo와 tuteo(*tú* 인칭 사용)는 한 국가에서도 지역별로 다양하게 나타나며, 중남미에서도 멕시코나 페루와 같이 부왕령 지역으로서 스페인의 직접 영향권에 놓여 있던 도시 지역에서는 스페인에서와 마찬가지로 *vos*가 사라졌으나, 식민 시대에 행정이나 문화적으로 소외되었던 변두리 지역에서는 *vos*가 계속 사용된다고 한다.

유럽 스페인어와 중남미 스페인어 인칭대명사 체계에서 두드러지는 또 다른 차이점은 중남미 전 지역에서는 2인칭 복수 인칭대명사로 *vosotros* 대신에 *ustedes*를 사용한다는 사실이다. 라틴어에서 파생된 스페인과 중남미 지역에서의 인칭대명사 발달사와 그 체계를 정리하면 다음 <표 13>과 같다.

<표 13> 유럽 스페인어와 중남미 스페인어에서의 인칭대명사 체계 비교

유럽 스페인어		중남미 스페인어	
Yo	Nosotros	Yo	Nosotros
Tú	Vosotros	Tú/Vos	Ustedes
Él/Ella/Usted	Ellos/Ellas/Ustedes	Él/Ella/Usted	Ellos/Ellas/Ustedes

유럽 스페인어, voseo를 사용하는 아르헨티나 스페인어, 그리고 voseo를 사용하지 않는 멕시코 스페인어의 인칭별 동사변화를 소개하면 다음 <표 14>와 같다.

<표 14> 유럽 스페인어와 중남미 스페인어의 인칭별 동사변화

유럽 스페인어	아르헨티나 스페인어	멕시코 스페인어
yo tomo *tú tomas* él toma nosotros tomamos *vosotros tomáis* ellos toman	yo tomo *vos tomás* él toma nosotros tomamos *ustedes toman* ellos toman	yo tomo *tú tomas* él toma nosotros tomamos *ustedes toman* ellos toman

이와 같이, 중남미 스페인어는 유럽 스페인어와는 음성적, 어휘적, 형태적, 통사적 측면에서 차이를 보인다. 이러한 차이점들을 고려한다면, 다음과 같은 유럽 스페인어(이베리아 반도 중북부 스페인어) 발화문은 해당 중남미 지역에서는 다음과 같이 적절하게 바꾸어 사용되어야 할 것이다.

- 인칭대명사 *vosotros*의 사용 여부
  a. Juan y tú (*vosotros*) *deberéis* lavar*os* las manos antes de comer. (스페인)
  b. Juan y {tú/vos} (*ustedes*) *deberán* lavar*se* las manos antes de comer. (중남미)

- 지역별 다양한 어휘의 사용
  a. Pedro se pone *la americana* y *coge el autobús*. (스페인)
  Pagar la cuenta. (스페인)
  Se prohíbe *tirar* basura. (스페인)
  Había *atasco*. (스페인)
  b. Pedro se pone *el saco* y *toma el camión*. (멕시코)
  Cancelar la cuenta. (볼리비아, 칠레)
  Se prohíbe *botar* basura. (베네수엘라)
  Había {*harto* tráfico/*hartos* coches}. (볼리비아)

- 의문사 의문문에서의 인칭대명사 주어의 위치
  a. ¿Qué quieres (*tú*)? (스페인)
  b. ¿Qué *tú* quieres? (쿠바)

- Voseo 현상
  a. Yo bailo y *tú cantas*. (스페인)
  b. Yo bailo y *vos cantás*. (아르헨티나)

• 현재완료와 부정과거 사용의 차이점
  a. Hoy *he llegado* tarde. (스페인)
  b. Hoy *llegué* tarde. (멕시코)

• 대격 접어 대명사의 중첩현상
  a. Llamé a Juan. (스페인)
     Metió el libro en el cajón. (스페인)
  b. *Lo* llamé a Juan. (아르헨티나)
     Lo metió el libro en el cajón. (페루)

스페인어에는 다양한 방언이 존재한다. 그러나 이러한 변이 현상은 표면적 차이점에 불과하며 스페인어권 화자들 간의 의사소통에는 전혀 문제가 없다. 즉, 스페인어의 지역별, 계층별, 세대별 다양성은 음성적·어휘적 특징에 국한된 지엽적인 것으로서, 형태·통사적 측면인 문법에서는 전 스페인어권에 걸쳐 동일하기 때문에, 이러한 스페인어의 다양성이 상호 의사소통에 지장을 줄 정도는 아니다.

이상에서, 우리는 중남미 스페인어와 유럽 스페인어의 몇 가지 특징 및 차이점을 살펴보았다. 요약해 보면, 중남미 스페인어는 스페인어의 단일성을 유지하면서 지역적으로는 이질적이며 복합적인 특징들을 지니고 있다고 할 수 있다. 이러한 중남미 스페인어의 '지역적 이질성' 때문에 스페인 이외의 유럽 언어학자들은, 라틴어가 여러 가지의 로망스어들(스페인어, 이탈리아어, 프랑스어, 포르투갈어, 루마니아어)로 분열했듯이, 스페인어도 서로 다른 여러 개의 언어로 분파할 가능성이 있다고 우려를 표명했다. 실제로, 아르헨티나를 중심으로 중남미 각국에서는 스페인 한림원을 중심으로 한 정통 스페인어에 반하는 상이한 언어를 가지려는 '언어 분열운동'이 일어난 때도 있었다. 그러나 이런 현상은 19세기 초엽에 발생한 '언어 민족주의 운동'으로, 일시적인 것에 불과했다. 이후의 전반적인 흐름은 중남미 스페인어의 단일성에 대한 낙관적인 미래상이 우세했으며, 스페인 한림원 중심의 스페인어 통일론이 중남미 언어학자들의 공감을 이끌어냈다. 스페인 한림원장을 지낸 메넨데스 피달(Menéndez Pidal)이나 다마소 알론소(Dámaso Alonso)와 같은 학자들은, 통사적 측면에서나 형태적 측면에서나 중남미 스페인어는 유럽 스페인어와 단일성을 유지하고 있으며, 또한 현대에 접어들어 텔레비전이나 인터넷 등 미디어 매체의 급속한 발전으로 지역 간, 국가 간 문화교류가 활발히 이루어지고 있기 때문에, 앞으로 중남미 스페인어가 방언 상태를 벗어나서 유럽 스페인어와 동떨어진 양상으로 발전해 독자적인 언어로 변화할 가능성은 희박하다고 보고 있다. 상대적으로 스페인어와 많은 차이를 보이고 있는 아르헨티나 스페인어의 경우에도 이질적 언어현상은 고어적 표현 등에 국한되어 있다.

5. 표준 스페인어와 스페인 한림원의 언어정책

스페인어는 스페인뿐만이 아니라 중남미 19개국의 공용어이다. 따라서 스페인어 표준어(español estándar)와 관련된 스페인어권 국가의 언어정책은 초미의 관심사가 아닐 수 없다. 앞서 살펴보았듯이, 스페인어는 스페인 내에서도 다양한 지역적 방언이 존재하며, 더 나아가 중남미 국가의 스페인어 역시 각 국가별로 상이한 발음, 어휘, 표현, 문법 등이 존재하고 있다. 따라서 특정 지역의 스페인어를 표준어로 지정할 경우, 기타 지방, 여타 국가의 스페인어 화자로부터 상당한 반발을 초래할 것이 분명하다. 이러한 점을 고려한 탓인지 현재 스페인어 표준어에 대한 명문화된 규정은 없다. 그렇다고 교양어(lengua culta)로서의 스페인어에 대한 단일성 정책을 포기한 것은 아니다. 다양성 속에 스페인어의 단일성을 추구하는 언어정책은 스페인 왕립 한림원(Real Academia Española)이 주도적으로 이끌고 있다.

스페인 왕립 한림원은 왕위 계승 전쟁을 통하여 부르봉 왕조를 시작한 펠리페 5세(Felipe V: 1700-1746)가 설립하였다. 펠리페 5세는 스페인을 강력한 중앙집권 국가로 변모시키고자 여러 가지 정책을 펼쳤다. 정치·행정기구의 중앙집권화, 재정의 합리화, 경제개혁, 유럽 사상의 도입 등으로 스페인 근대화의 기틀을 마련하였다. 특히, 펠리페 5세는 스페인어의 발전에도 큰 역할을 하였다. 1713년에 스페인 왕립 한림원을 만들어, 유럽과 신대륙으로 뻗어나간 스페인어를 통합하고 정화시키고자 하였다. 한림원의 모토 "깨끗하게 하고, 정착시키며 빛을 내라"(*Limpia, fija y da esplendor*)에서 보듯이, 제국의 언어로서 정확하고 깨끗한 '모범 스페인어'를 제국의 영토에 보급시키는 데 주력하였던 것이다. 펠리페 5세의 스페인 왕립 한림원에서는 정자법(ortografía)과 사전(diccionario)을 출판하였으며, 특히 사전에서는 16-17세기 고전작가들의 훌륭한 예문들을 인용하고 세르반테스의 언어를 재평가함으로써 스페인어의 새로운 모델을 제시하였다. 여기에서는 스페인어의 다양성과 스페

〈그림 5〉 스페인 왕립 학술원 로고

인어의 통일성을 함께 아우르고자하는 스페인 왕립 한림원의 언어정책에 대해 간략히 소개하고자 한다(cf. 졸저, 2013, 22-26).

5.1. 스페인 왕립 한림원과 스페인어 한림원 연합회의 언어정책

스페인 왕립 한림원(Real Academia Española)을 중심으로, 스페인어권 21개국의 스페인어 한림원 연합회(Asociación de Academias de la Lengua Española)는 각국의 한림원들이 서로 긴밀히 협력하여 스페인어의 단일성을 유지하기 위하여 꾸준히 노력하고 있다. 〈그림 6〉 로고에서 볼 수 있듯이, 스페인어 한림원 연합회는 ‘하나의 혈통, 하나의 언어 그리고 하나의 운명’(*Una estirpe, una lengua y un destino*)이라는 기치 하에 단일한 스페인어를 목표로 연합되어 있음을 알 수 있다.

〈그림 6〉 스페인어 한림원 연합회 로고

스페인어 한림원 연합회는 다음과 같은 전 세계 22개국의 한림원으로 구성되어 있다: 스페인 왕립 한림원 (1713), 콜롬비아 한림원 (1871), 에콰도르 한림원 (1874), 멕시코 한림원 (1875), 엘살바도르 한림원 (1876), 베네수엘라 한림원 (1883), 칠레 한림원 (1885), 페루 한림원 (1887), 과테말라 한림원 (1887), 코스타리카 한림원 (1923), 필리핀 한림원 (1924), 파나마 한림원 (1926), 쿠바 한림원 (1926), 파라과이 한림원 (1927), 볼리비아 한림원 (1927), 도미니카공화국 한림원 (1927), 니카라과 한림원 (1928), 아르헨티나 한림원 (1931), 우루과이 한림원 (1943), 온두라스 한림원 (1948), 푸에르토리코 한림원 (1955), 북미 한림원 (1973).

이들 한림원에서는 특정 지역의 스페인어를 표준어로 간주하지 않으며, 스페인어권 전역에서 사용되는 스페인어를 모두 인정해 주고 있다. 각국의 한림원에서 보고하는 새로운 어휘를 심사 위원회를 거쳐 사전에 등재시키는 것이 그 한 예가 될 수 있다. 스페인 왕립 한림원은 2014년도에 RAE 창설 300주년을 기념하는 『스페인어 사전』(*Diccionario de la lengua española*) 23판을 출판했다. 또한, 스페인 왕립 한림원에서는 각국의 한림원 연합회와 긴밀한 협력과 공동 작업을 통하여, 스페인어 문법, 정자법과 같은 간행물도 주기적으로 개정 출판하고 있다. 예를 들어, 『스페인어 신문법서』(*Nueva gramática de la lengua española*)가 2009년에 발간되었으며, 개정된 『스페인어 정자법』(*Ortografía de la lengua española*)도 2011년에 발간되어 전 스페인어권 교육기관에서 이들을 스페인어 교육의 기본 지침서로 삼고 이를 교육 현장에 적용하고 있다. 이러한 스페인 왕립 한림원과 스페인어권 각국의 한림원 연합회의 노력과 헌신 덕분에, 스페인어는 그 지역별·국가별 다양성에도 새로운 여러 언어로 분화되지 않고 동일한 문법 체계 하에 통일성과 단일성을 꾸준히 유지하고 있다고 볼 수 있다.

5.2. 표준 스페인어 또는 교양 스페인어

과연 스페인어에는 표준어가 존재하는가? "표준어는 교양 있는 사람들이 두루 쓰는 현대 서울말로 정함을 원칙으로 한다"라고 국립국어원 표준어 총칙에서 표준어를 규정한 우리나라처럼, 스페인에도 이러한 규정이 존재하는가? 그 답은 '없다'이다. 스페인어는 이베리아 반도 내에서도 다양한 음성적 변이를 지닌 방언이 존재할 뿐더러, 특정 지역의 스페인어를 표준어라고 규정하고 있지 않다. 따라서 스페인의 국영 방송의 아나운서가 남부 안달루시아 지역의 스페인어를 구사하더라도 전혀 문제될 것이 없다. 스페인에는 카스티야어(castellano)라고도 불리는 스페인어(español) 이외에도 카탈루냐어(catalán), 바스크어(euskera), 갈리시아어(gallego)와 같은 여러 지역의 언어가 공존하고 있으며, 스페인어도 지역별로 여러 방언이 존재하기 때문에 '수도 마드리드의 교양 있는 사람들이 두루 쓰는 현대 스페인어'를 표준어로 정하기에는 그 반발이 매우 심할 것으로 예상된다. 또한 스페인어는 스페인뿐만이 아니라 미국을 포함한 19개 중남미 국가 전체에서 사용되고 있기 때문에, 이들 스페인어를 모두 아울러 하나의 단일어로서의 스페인어를 유지하기 위해서는 특정 국가의 수도에서 교양 있는 사람들이 두루 쓰는 현대 스페인어를 표준어라고 정할 수 없을 것이다. 만약 그러했다가는 멕시코 스페인어, 아르헨티나 스페인어, 칠레 스페인어 등 19세기 중남미 독립 시대에 벌어졌던 현상처럼 중남미 각국의 여러 언어로 분화되지 않으리라는 보장이 없을 것이다.

이와 관련하여, 스페인 왕립 한림원(RAE, 2005)과 스페인어 한림원 연합회에서 공동 작업하여 출판한 *Diccionario panhispánico de dudas*에 언급된 표준어와 관련한 내용을 살펴보도록 하자. 이 사전의 서문 소개 부분에서는 언어 규범에 관하여 다음과 같이 언급하고 있다: "규범이란 화자들 간에 암묵적으로 합의되어 한 언어의 공동체에서 바람직한 모델로 선호된 것들의 집합체이다. 만약 이러한 공통의 선호가 존재하지 않는다면, 각각의 화자들은 개별적으로 원하는 말투로 언어를 사용할 것이며, 그렇게 된다면 결국에는 의사소통이 불가능해질 것이다. 따라서 규범이란 의사소통의 수단으로서 언어의 효율성을 유지하기 위해 언어공동체에서 받아들여진 코드를 뜻하며, 이러한 언어 규범은 정치권력의 어떠한 언어적 결정에 의해서도 영향을 받을 수는 없다."

이러한 정의를 보더라도, 특정 지역의 스페인어를 표준 스페인어라고 명명하지는 않고 있다. 즉, 지역별, 국가별, 계층별, 또는 담화상황별로 스페인어가 다양하게 사용되고 있음을 인정하고 있는 것이다. 스페인어라는 언어가 다양함을 인정하고 이를 언어문화 유산이라고 간주하고 있음을 알 수 있다. 그러나 앞서 스페인 왕립 한림원과 스페인어 한림원 연합회가 공통으로 추구하고 있는 것은 이러한 스페인어의 다양성 속에서도 서로 의사소통하는 데 문제가 없을 정도로, 스페인어권 화자가 모두 함께 공유하는 스페인어라는 기호, 코드로서의 언어의 단일성과 통일성을 방어하고 유지하는 것이다. 이러한 한림원의 언어정책은 스페인어권에서 사용되고 있는 스페인어가 아무리 다양하게 보이더라도 몇몇 특정 어휘에 한정되어 있으며 음성학적 변이에 국한되어 있기 때문에 가능하다고 볼 수 있다. 즉, 아무리 넓은 지역에서 사용되고 있더라도 형태·통사론적인 문법부분에서는 두드러진 변이 현상이 나타나고 있지 않기 때문에, 스페인 한림원의 '다양성 속의 단일성 추구'라는 언어정책은 언중의 지지 하에 그 추진동력을 유지하고 있다고 보아야 한다.

근래에는 표준 스페인어(español estándar)라는 용어 대신 중립 스페인어(español neutro) 또는 교양 스페인어(español culto)라는 용어가 많이 사용되고 있다. 스페인 한림원에서도 표준어(lengua estándar) 대신 교양어(lengua culta)를 문법의 기준으로 삼고 있다. 교양어는 스페인어권 화자들 누구나 받아들일 수 있는 표현이나 문법사항을 뜻한다. 예를 들어, 컴퓨터에 해당하는 스페인어 어휘로 스페인에서는 *el ordenador*를 사용하지만, 중남미에서는 *la computadora*를 사용한다. 교양어나 중립어로서의 어휘 선정 시, 둘 중 하나의 어휘를 선택한다면 중립적이지 않을 것이다. 이 경우, 마이크로소프트사의 스페인어 설명서에서는 개인 컴퓨터를 *el equipo personal*로 표현하고 있다. 아마 이러한 시도가 중립 스페인어를 향한 하나의 해결책이 아닐까 생각된다.[18]

우리나라의 국립국어원에서는 표준어를 "교양 있는 사람들이 두루 쓰는 현대 서울말로 정함을 원칙으로 한다"라고 규정하여, 우리말에는 표준어와 방언(사투리)를 별도로 구분하고 있다. 따라서 텔레비전이나 라디오 방송국과 같은 공식 언론매체에서 아

---

18 중립 스페인어에 관한 내용은 국립국어원 온라인 소식지 《쉼표, 마침표》에 게재된 「'틀림이 아닌 다름', 서로를 인정하는 스페인어_멕시코 편」을 참조하였음.

나운서는 반드시 서울말 즉, 표준어를 구사하여야 한다. 그러나 스페인 한림원에서 밝힌 바에 따르면, 스페인어에는 표준 스페인어에 대한 공식적인 규정이 존재하지 않는다. 따라서 우리나라에서와 같은 표준발음에 대한 특별한 기준은 없다고 볼 수 있다. 스페인의 경우, 각 지방마다 자신들의 사투리 발음으로 방송을 해도 특별히 문제가 될 것은 없다고 한다.

이와 같이, 스페인어 한림원 연합회의 언어정책은 '다양성 속에서의 단일성 추구'라고 집약될 수 있다. 중남미와 미국이라는 아메리카 대륙을 포괄하는 스페인어의 다양성을 인정하면서도, 스페인어라는 언어의 골격이 되는 문법을 통일시키고 있는 것이다. 즉, 스페인어라는 문법 골격은 하나로 유지되고 있기 때문에 스페인어권 화자들은 별 문제없이 서로 의사소통을 할 수 있다. 다만, 문제가 되는 것은 지역별 그리고 국가별로 존재하는 발음의 차이, 어휘의 상이한 사용법 등이 있겠다. 그러나 한림원에서는 이들 모두를 인정하고 있으며 특정한 지역, 특정한 국가의 스페인어 사용법만을 표준어로 인정하고 있지 않다. 매년 한림원에서는 회의를 통하여 중남미 국가에서 사용되는 어휘를 RAE 사전에 등재시켜 새로운 사전이 편찬될 때마다 이를 반영하고 있다. 다양성 속에서의 단일성을 추구하는 스페인 한림원의 언어정책은, 표준어와 방언으로 이분화시켜 다양성을 배제하고 단일성만을 고집하는 우리나라의 국립국어원에서 본받아야할 점이라고 본다.

5.2.1. 철자법

그렇다고 스페인 한림원을 중심으로 한 스페인어 한림원 연합회에서 취하고 있는 언어정책이 무한정 모든 스페인어권 화자들의 지역별로의 다양한 표현 방식과 다양한 문법적 양상을 모두 인정하고 있는 것은 아니다. 먼저, 스페인어 한림원 연합회에서 발간하고 있는 사전에는 각국, 각 지역에서 사용하고 있는 서로 상이한 어휘들을 모두 인정하여 등록하고 있는 반면, 철자법의 경우에는 표준정책을 취하고 있다. 정자법이 각 지역, 각 국가별로 서로 다르게 사용된다면 스페인어의 단일성을 유지하기에 큰 문제가 발생하기 때문이다. 예를 들어, 스페인어 발음 중에 seseo가 있는데 이는 /θ/ 발음을 /s/로 하는 것이다. 이 발음은 스페인의 안달루시아 지역 그리고 중남미 전 지역에 걸쳐 퍼져있는 일반화된 발음 현상이다. 이에 따르면, *casar*(결혼하다)와 *cazar*(사냥하다)가 동일한 것으로 발음되게 된다. 만약, 정자법이 없다면 seseo로 발음하는 해당 지역에서는 두 어휘를 동일한 철자인 *casar*로 표기하여 혼란을 초래하게 될 것이다. 또한 yeísmo 현상도 마찬가지이다. 이 현상은 /ʎ/ 발음을 /j/로 발음하는 것인데, 역시 중남미와 스페인의 남부 지방에서 흔한 발음 현상이다. 한림원에서는 이들 발음 현상을 인정하고 있으며 두 발음을 구분해야 한다는 표준 발음을 규정하고 있지는 않다. 그러나 정자법에서는 해당 어휘를 구분할 것을 요구한다. 예를 들어, *calló*(조용히 했다)와 *cayó*(떨어졌다)라는 두 어휘는 분명히 서로 의미가 다른 것이나, yeísmo로 발음하는 화자들은 두 어휘를 공히 *cayó*로 발음할 것이다. 발음이 이렇게 동일하게 나더라도, 이 두 어휘의 정자법은 서로 다른 알파벳인 *ll*와 *y*로 구분하여 표기하여야 한다. 이들 seseo와 yeísmo 현상은 발음의 다양성은 인정하되, 정자법만은 구분하여야 한다는 한림원의 취지를 이해할 수 있는 대목이다.

이와 같이, 발음과 어휘의 측면에서는 다양한 언어 사용법을 인정하면서도 표기법만은 통일해야 한다는 것이 스페인어 한림원 연합회의 일관된 정책이라고 볼 수 있다. 이러한 철자법에서의 표준화 정책은 우리나라 국립국어원에서 정한 표준어 표기법과 일맥 상통하다고 볼 수 있겠다. 예를 들어, 1986년 제정된 현행 〈외래어 표기법〉 1조 4항에 따르면, "파열음 표기에는 된소리를 쓰지 않는 것을 원칙으로 한다"고 되어 있다. 이 규정에 의거, 외래어의 파열음을 우리말로 표기할 때 된소리(ㄲ, ㄸ, ㅃ, ㅉ)로 표기할 수 없다. 스페인어의 경우, 원지음에 따르면 된소리로 발음됨에도 모두 거센소리(ㅋ, ㅌ, ㅍ, ㅊ)로 표기하여야한다. 예를 들어 Pablo Picasso는 '빠블로 삐까소'가 아니라 '파블로 피카소'인 것이다. 또한 〈외래어 표기법〉 1조 5항에는 "이미 굳어진 외래어는 관용을 존중하되 그 범위와 용례는 따로 정한다"고 되어 있는데, '껌, 빵, 삐라, 빨치산, 히로뽕'과 같은 외래어가 여기에 해당된다. 표기법 논란에 휩싸였던 '짜장면'과 '자장면'의 경우, 된소리 표기 금지 원칙과 관용 표기 허가 원칙 사이의 혼란을 보여주는 좋은 예이다. 즉, 된소리 표기 금지 규정에 따라 '자장면'으로 표기하다가, 다시 '짜장면' 표기를 허용한 것은 대중의 관용 표기를 허가한 것으로 보인다.

5.2.2. 문법

앞서 살펴본 정자법에서의 표준화 정책 이외에도, 스페인어 한림원 연합회에서는 표준 문법 규정을 구체적으로 예시하고 있다. 즉, 스페인어권 화자들이 애매하게 사용하고 있는 몇 가지 구문들을 예로 들어, 맞는 사용법과 틀린 사용법을 구분하여 잘못 사용되고 있는 구문을 올바로 잡으려는 노력을 하고 있다. 이와 관련하여 RAE(2009)의 *Nueva gramática de la lengua española*와 스페인 왕립 한림원 홈페이지(www.rae.es)의

“Respuestas a las preguntas más frecuentes”에서는 몇 가지 문법적 오류들을 언급하면서 정확한 표현을 권장하고 있다. 예를 들어, 스페인어권 전역에 걸쳐 확산되어 있는 3인칭 약세 대명사의 사용법(leísmo, laísmo, loísmo)과 관련하여, 스페인어 한림원 연합회에서는 ‘3인칭 남성 단수’에 국한된 leísmo만을 교양어로 인정하고 있다. 따라서 laísmo와 loísmo는 틀린(incorrecto) 표현이 된다. (이와 관련한 구체적 예문들은 앞서 언급하였다)

교양어와 관련된 문법사항의 또 다른 예시를 들면, 존재 동사 *haber*를 들 수 있다. 스페인어 한림원 연합회에서는 존재 동사 *haber*의 경우 주어가 결여된 무인칭(impersonal) 동사이기 때문에 항상 3인칭 단수 형태로 나타나야 한다고 지적한다. 다시 말해서, 존재 구문에 등장하는 후치 명사구는 주어(sujeto)가 아니라 직접목적어(complemento directo)이기 때문에, *haber* 동사는 다음의 예문처럼 후치 복수 명사구와 일치하여 3인칭 복수로 굴절어미가 나타날 수 없다. (그러나 앞서 살펴보았듯이, 스페인 남부지방의 스페인어나 중남미 스페인어에서는 이러한 경우 *haber* 동사가 복수에 일치하는 형태로 나타난다)

- a. *Habían muchas personas en la sala.
  b. *Han habido algunas quejas.
  c. *Hubieron problemas para entrar al concierto.

위의 문장들은 모두 부정확한(incorrecto) 구문으로, 각각 *había*, *ha habido*, *hubo*로 사용되어야 한다. 즉, 스페인어의 동사는 주어와 일치하지, 목적어와는 일치하지 않는다는 것이다. 그러나 문제는 문법 학자들이 바라는 바대로 언중이 이러한 규범을 따르지 않는다는 데 있다. 아직도 중남미의 일부 지역에서는 위와 같이 haber 동사가 후치 복수 명사구와 일치하여 표현을 사용하는 경우가 많다고 하며, 앞으로도 그러한 사용법이 계속 확산되어 간다면 스페인어 한림원 연합회에서는 결국 언중의 사용법에 따라 다음과 같이 문법을 수정해야할 수도 있을 것이다: “존재 구문에서 *haber* 동사는 주어뿐만이 아니라 목적어와도 일치할 수 있다.”

지금까지 스페인어 대명사의 사용법 *leísmo*과 존재 동사 ‘haber’ 구문을 예로 들어 스페인어 한림원 연합회에서의 표준어 정책을 살펴보았다. 스페인어 한림원 연합회에서는 지역에 따른 스페인어의 다양한 사용법을 기술하고자 하는 기술문법(Gramática descriptiva)를 따른다고 천명하고 있지만, 여전히 규범문법(Gramática normativa)을 지향하는 스페인어 표준어(또는 교양어) 정책을 계속 이어나가고 있음을 미루어 짐작할 수 있다. 아무리 스페인어 한림원 연합회에서 표준어 문법을 설정하여 언중에게 스페인어의 올바른 사용법을 교육한다고 하더라도, 스페인어권 화자들이 문법적 오류를 지닌 문장을 계속해서 사용해 나간다면 결국에는 언어공동체의 살아있는 문법을 인정하지 않을 수 없는 상황이 도래할 것이다.

라틴어에서 파생된 로망스어는 이를 역설적으로 증명하고 있다. 고대 문헌(filología) 학자들이 문어 라틴어(latín escrito)에 기반을 둔 규범적 문법을 고집하였지만, 해당 언어를 사용하는 언어공동체에서는 라틴어와는 전혀 다른 새로운 문법 체계를 지닌 다양한 로망스어(스페인어, 포르투갈어, 프랑스어, 이탈리아어, 루마니아어, 카탈루냐어, 갈리시아어)를 탄생시켰기 때문이다. 로망스어의 출현에 대해 부연 설명하자면 다음과 같다. 서로마 제국(Imperio Romano de Occidente)의 마지막 황제가 476년 왕위를 내려놓았을 때, 로마제국의 정치·행정 권력의 중심은 사라졌으며, 이러한 정치적 분열의 결과 제국의 지배를 받던 각 지역은 서로 고립되는 상황에 놓이게 되었다. 이러한 지역별 분리와 고립으로 인하여 구어 라틴어(latín hablado)는 지역별로 서로 다르게 사용되기 시작하였으며, 결국에는 로망스(Romance)라고 불리는 지역별 언어가 태동되게 된 것이다. 로망스어라는 명칭은 라틴어 부사 *romanice*(라틴어처럼)에서 파생된 단어이며, *fabulare romanice*는 '라틴어처럼 말하기' 즉, '라틴어와는 다르게 말하기'란 뜻을 의미한다. 즉, 로망스어라는 명칭은 라틴어와 비슷하지만 라틴어와는 전혀 다른 새로운 언어가 탄생했음을 비유한 말이다. 따라서 로망스어는 라틴어라는 한 언어의 지역별 다양성에 바탕을 둔 '방언'(dialectos)이 아닌, 의사소통이 힘들어진 서로 다른 '언어'(lenguas)의 출현을 의미한다.

5.3. 다름을 인정하는 스페인어

우리나라의 국립국어원에서는 가끔씩 새로이 표준어가 되는 어휘들을 공식적으로 발표하고 있다. 한 예로, '정말, 아주'라는 의미로 사용되는 '너무'를 2015년부터 표준어 문법에 맞는 어휘로 인정하였다.

- a. 너무(넘) 좋다.
  b. 너무 예쁘다.

원래 '너무'는 스페인어 *demasiado*처럼 부정적 구문에서 사용되는 것으로 보았으나,

위와 같은 표현이 급증하고 대중들에게 퍼짐으로써 국립국어원에서는 이 표현을 표준어 문법에 포함시켰다. 이와 유사한 표현으로 '완전'이란 어휘가 있다. 스페인어를 배우는 우리 학생들은 우리말의 간섭에 의한 칼코(calco) 현상으로 다음과 같이 말하는 것을 자주 접한다.

- a. 완전 좋아.
  b. Me gusta *completamente*. (한국 학생의 스페인어 오류)

그러나 위 표현은 다음과 같이 말하는 것이 정확한 스페인어 표현이다.

- Me gusta {*totalmente*/*absolutamente*}. (스페인어)

이러한 표현 이외에도, 우리 청소년들은 윗세대와는 다른 어휘를 사용하는 경향도 있다.

- a. 다리가 {굵다/가늘다}. (어른 세대)
  b. 다리가 {두껍다/얇다}. (청소년 세대)

이와 같이, 청소년층에서 사용하는 한국어는 어른 세대와 다른 경우가 많아 갈수록 한국어의 다양성도 커지고 있다. 그럼에도, 아직은 한국어의 세대 간의 차이나 지역 간의 차이를 인정하는 분위기는 조성되지 않고 있다. 우리는 오로지 표준 한국어만을 구사해야하는 것으로 배워왔고 사회에서도 그렇게 요구하고 있다.

스페인어의 경우, 스페인어를 사용하는 화자들의 출신지가 다양한 만큼 그들이 사용하는 스페인어 역시 다양하다. 다양한 스페인어를 구사하지만, 서로 다른 말투를 지닌 화자들이 각자의 억양으로 말해도 의사소통에는 큰 지장이 없다. 이는, 앞서 언급한 바와 같이, 스페인어가 음성적·어휘적으로 다양하기는 하지만, 문법이라는 언어규범의 단일성을 유지하고 있음을 증명한다. 또한 스페인어권 화자들은 다른 지역으로 거주지를 옮겨도 자기 고향의 말투를 버리지 않는 경향이 있다. 자신들과 다른 말투를 사용한다고 교정하려 하거나 소외시키는 일도 없다. 그만큼 스페인어를 구사하는 언어공동체에서는 서로의 다름을 인정하는 분위기가 잘 형성되어 있다. 말투는 개인의 정체성과 고향에 대한 자부심을 나타낸다. 이런 점에서 스페인어권 화자들은 말투에서 우러나는 고향과 고국에 대한 사랑이 남다른 것 같다. 이러한 스페인어권 화자들의 언어관과 스페인어 한림원 연합회의 다양성 속의 단일성을 추구하는 언어정책은 사투리를 기피하는 우리의 언어관이나 단일한 표준어만을 추구하는 우리의 언어정책과는 대조적이다. 지역이나 세대별로 말투나 억양이 다른 것은 틀린 것이 아니라 다른 것이기 때문이다. 모두가 한 방향으로만 뛰어가는 우리나라의 세태 속에서, '다름'이라는 다양성을 인정하는 사회 분위기가 아쉬울 따름이다.[19]

19 국립국어원 온라인 소식지 《쉼표, 마침표》에 게재된 「'틀림이 아닌 다름', 서로를 인정하는 스페인어_멕시코 편」을 참조하였음.

제8장

스페인어의 유래와 로망스어

1. 들어가기

스페인어의 유래와 발달사를 기술하는 것은 쉽지 않은 일이다. 현재 사용되는 스페인어를 살펴보는 것도 힘든데, 왜 하필 사용되지도 않는 사라진 옛말을 연구해야하는가 하고 의구심을 가지는 학생들도 많은 것이 사실이다. 필자도 고교시절 우리 한국말의 옛말인 고전을 배우는 것이 쉽지만은 않았던 기억이 있다. 그러나 스페인어가 어디서 왔으며 어떻게 변해왔는가를 살펴보는 것은 현재의 스페인어를 제대로 알기 위해서도 필요한 작업이다. 스페인어가 지역별로 다양하게 사용되는 것들 중 많은 부분이 옛말의 흔적 즉, 의고주의(arcaísmo)라고 볼 수 있기 때문이다. 예를 들어, 반도 남부 스페인어의 음성적 특징 중에는 라틴어 /f/에서 파생된 단어들의 [h] 기식음화 현상(예: *humo* [humo], *hambre* [hámbre])이 있는데, 이것은 중세 스페인어 발음의 흔적으로 볼 수 있다. 이외에도, 유대계 스페인어인 세파르디(sefardí)의 의고주의 현상은 라틴어 본래의 모습을 보여준다. 즉, 세파르디는 반도에서 스페인어가 겪은 음성변화 과정을 거치지 않아 고어형태를 유지하고 있다. 예를 들어, 라틴어의 단모음인 Ŏ와 Ĕ가 이중모음으로 바뀌지 않고 단모음 형태를 유지하는 어휘들(예: *preto* ‘prieto’, *ponte* ‘puente’, *sorte* ‘suerte’)과, 현대 스페인어와는 달리 라틴 어두음 /f/를 유지하는 어휘들(예: *fazer* ‘hacer’, *ferida* ‘herida’, *fižu* ‘hijo’)이 세파르디 스페인어에 존재한다.

이와 같이, 스페인어의 유래를 추적해 가는 것은 현대 스페인어의 특성을 파악하기 위해서도 필요한 작업이다. 또한, 스페인어, 프랑스어, 포르투갈어, 이탈리아어 등의 로망스어들이 왜 서로 유사한 문법과 유사한 어휘들을 공유하고 있는지를 알기 위해서라도 이들 언어의 모어인 라틴어의 속성을 파악할 필요가 있다. 이러한 점을 염두에 두고 여기에서는 Hualde, Olarrea, Escobar & Travis(2010), Azevedo(2009) 그리고 졸저(2013)에서 언급된 내용들을 위주로 스페인어의 유래와 로망스어들 간의 유사성에 대해 간략하게 소개하고자 한다.

2. 스페인어 발달사와 스페인어 방언

앞서 7장에서 우리는 스페인어의 다양성에 대해 살펴보았다. 스페인어가 다양한 모습을 띠는 것에는 지역별로 서로 다른 변화를 겪은 것도 있지만, 많은 경우는 라틴어에서 파생된 스페인어의 음성적 변화과정을 반영한다. 라틴어 /f/ 어원의 기식음화 현상, 라틴어 단모음 Ĕ와 Ŏ가 이중모음으로 변하지 않고 유지되는 현상, seseo 현상 등이 여기에 해당한다.

2.1. 라틴어 /f/ 어두음의 [h] 기식음화

라틴어 /f/ 어두음은 중세 스페인어에서 [h] 기식음으로 바뀌었다가, 현대 스페인어로 오면서 묵음이 되어 상실된다. 이베리아 반도 남부 스페인어의 음성적 특징 중 하나인 라틴어 /f/에서 파생된 단어들의 [h] 기식음화 현상(예: *humo* [humo], *hambre* [hámbre])은 반도의 남부 스페인어에 중세 스페인어의 흔적이 남아 있다는 것을 반증한다.

〈표 1〉 /f/ 라틴어에서 파생된 스페인어 어휘

라틴어	중세 스페인어	현대 스페인어
FARINA	[harína]	[arína] harina
FĪLU	[hílo]	[ílo] hilo
FABA	[háβa]	[áβa] haba
FILIU	[híʒo]	[íxo] hijo

중세 스페인어의 기식음은 현대 스페인어의 몇몇 어휘에서도 찾아볼 수 있다. 예를 들어, ‘깊은 노래’라는 뜻의 칸테 혼도(*cante jondo*)는 플라멩코의 일종으로 기타 반주로 인생의 심각한 감정과 어둡고 깊은 슬픔을 표현하는 노래이다. *Cante jondo*에서 ‘깊은’을 뜻하는 *hondo* 대신에 *jondo*를 사용한 것은, [h] 기식음을 나타내기 위해 *h*-를 *j*-로 표기한 것이라고 볼 수 있다. 또한, ‘당기다’(pull)에 해당하는 중남미 어휘는 *halar*인데, 쿠바에서는 *jalar*로 표기하는 것에서도 중세 스페인어의 기식음 [h]가 보존되어 있음을 알 수 있다.

한편, 현대 스페인어에서 묵음인데도 *h*- 글자를 표기하는 것은 이 단어가 라틴어 어두음 *f*-에서 유래되었음을 보여준다. (예를 들어, *agua*나 *abuelo*와 같은 어휘에는 왜 *h*-를 쓰지 않는지 생각해보면 되겠다) 그렇다면 현대 스페인어에 *h*- 어휘와 이와 유사한 의미를 지닌 *f*- 어휘가 동시에 존재하는 이유는 무엇인가? 〈표 2〉에서 보듯이, ‘자녀’란 의미에 *hijo*란 어휘도 있지만, *filial*이라는 어휘도 있다.

〈표 2〉 동일 의미를 지닌 현대 스페인어의 *h*- 어휘와 *f*- 어휘

h– 어휘(유산어휘)	*f*– 어휘 (교양어휘)
hijo	filial
harina	farináceo
hilo	filamento
hormiga	formicario

두 어휘 모두 동일한 라틴어휘 FILIU에서 파생된 어휘들임에도 왜 *filial*에는 *hijo*가 겪었던 음성변화가 적용되지 않았을까? 그 이유는 라틴어에서 유래한 스페인어 어휘에는 두 종류가 있기 때문이다. 하나는 *hijo*에서 보듯이 입말인 속어 라틴어에서부터 음성적·형태적 변화를 겪은 ‘유산어휘’(palabras patrimoniales)이다. 또 다른 종류는 ‘교양어휘’(palabras cultas) 또는 교양주의(cultismo)에 속하는 어휘들이다. 라틴어가 변해가고 있던 수 세기 동안 라틴어는 여전히 중요한 문서나 서적에 사용되던 문어(lengua escrita)였다. 유럽의 문화언어로서 문어 라틴어(latín escrito)는 17·18세기까지 지속되었다. 이러한 상황에서, 라틴 교양어휘들은 스페인어로의 변화과정을 겪고 난 이후인 17·18세기에 라틴어로 쓰인 책에서 곧바로 도입되었기 때문에, 속어 라틴어의 음성적·형태론적 변화 과정을 겪지 않았다. 따라서 *filial*에서처럼 교양어휘에 속하는 단어들은 *f*- 어두음을 그대로 유지할 수 있게 된 것이다.

한편, 음성변화를 겪은 유산어휘들 중에도 라틴어 /f/가 현대 스페인어에서 완전히 사라지지 않고 남아있는 경우가 있다. 예를 들어, /f/ 어두음 뒤에 [ue] 이중모음이 오거나, 자음이 오는 경우에는 *f*-가 유지된다.

- FOCU ＞ fuego, FORTE ＞ fuerte
- FRĪGIDU ＞ frío

라틴어 /f/가 중세 스페인어에서 [h] 기식음으로 바뀐 현상은 바스크어의 영향으로 볼 수 있다. 카스티야어(castellano)가 바스크 지역 근처인 부르고스(Burgos)에서 태동했는데, 바스크어에는 순치음(labiodental) /f/가 없기 때문에 바스크어의 영향을 받았다고 보는 것이다. 또한 다음 〈표 3〉에서 보듯이, 스페인어 이외의 로망스어는 라틴어 /f/를 유지하고 있다는 사실은 스페인어가 /f/가 결여된 바스크어의 영향을 받았음을 증명해준다.

〈표 3〉 라틴어 /f/에서 파생된 로망스 어휘들

라틴어	스페인어	포르투갈어	이탈리아어	프랑스어	카탈루냐어
FACERE FĪLIA FACTU	hacer hija hecho	fazer filha feito	fare figlia fatto	faire fille fait	fer filla fet

스페인어가 /f/ 발음이 없던 바스크어의 영향을 받았다고 볼 수 있는 또 다른 근거는 우리말에서도 찾아볼 수 있다. 한국어에 /f/ 순치음이 존재하지 않기 때문에, /f/음을 지닌 외래어는 기식음 /h/('ㅎ') 또는 양순 파열음 /p/('ㅍ')로 발음된다. 다음의 예에서 보듯이, 어두음 /f/를 지닌 외래어가 한국어에서 기식음으로 발음되는 경향은 라틴어 /f/가 중세 스페인어에서 기식음으로 발음된 것과 동일한 현상이다.

- /f/ 외래어의 한국어 발음
  Felipe ＞ 휄리페, Feminine ＞ 훼미닌, Futuro ＞ 후투로, Fighting ＞ 화이팅

라틴어 *f*-에서 파생된 스페인어 어휘에 유산어휘와 교양어휘 두 종류가 있었듯이, 스페인어 어휘들 중에는 동일한 라틴어휘에서 파생되었으나 서로 다른 어휘로 변한 것들이 있다. 하나는 유산어휘로서 음성적 변화를 겪은 것들이며, 다른 하나는 교양어휘로서 음성변화를 겪지 않은 어휘들이다.

<표 4> 현대 스페인어의 유산어휘와 교양어휘

라틴어	유산어휘(palabras patrimoniales)	교양어휘(palabras cultas)
DIRECTA	derecha	directa
STRICTU	estrecho	estricto
DELICĀTU	delgado	delicado
FOCU	fuego	foco
AURICULA	oreja	auricular

한편, 스페인어와 영어 어휘가 유사한 경우들도 많은데, 이는 영어 어휘가 라틴 교양어휘들을 차용했기 때문이라고 볼 수 있다. 스페인어에 구어 라틴어로부터 음성변화를 겪은 유산어휘와 문어 라틴어의 원형을 유지한 교양어휘가 있듯이, 영어 어휘들도 게르만어로부터 음성적 변화과정을 겪은 유산어휘와 라틴 교양어휘에서 차용된 어휘들이 있다. 따라서 다음 <표 5>에서 보듯이, 라틴 교양어휘들에서 도입된 스페인어·영어 어휘들이 유사한 형태를 지니는 것은 당연하다.

<표 5> 스페인어 어휘와 영어 어휘

스페인어		영어	
라틴어 유산어휘	교양어휘	게르만어 유산어휘	교양어휘
mano	*manual*	hand	*manual*
diente	*dental*	tooth	*dental*
cabello	*capilar*	hair	*capillary*
estrella	*estelar*	star	*stellar*
mar	*marino*	esa	*marine*
agua	*acuático*	water	*aquatic*
árbol	*arbóreo*	tree	*arboreal*
noche	*nocturno*	night	*nocturnal*
estrecho	*estricto*	narrow	*strict*
hija	*filial*	daughter	*filial*

위에서 보듯이, 스페인어와 영어 어휘의 형태가 유사한 것들은 모두 문어 라틴어로 쓰인 서적에서 곧바로 차용된 교양어휘들이다.

2.2. 라틴어 모음의 변화

라틴어는 다음과 같은 10개의 모음이 있었으나, 바스크 지방 인근의 부르고스(Burgos)에서 태동한 스페인어는 5모음만을 지닌 바스크어의 영향으로 다음과 같이 5모음으로 축소된다. 대신, 단모음인 Ĕ와 Ŏ는 각각 [ie]와 [ue] 이중모음으로 변한다.

• 라틴어와 스페인어 모음의 변화

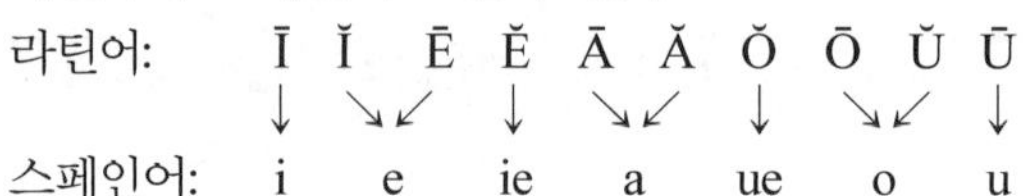

앞서 언급한 유대계 스페인어인 세파르디(sefardí)는 반도에서 스페인어가 겪은 라틴 모음의 음성변화 과정을 거치지 않고 고어형태를 유지하고 있다. 즉, 세파르디에는 라틴어 단모음인 Ŏ와 Ĕ가 이중모음으로 바뀌지 않고 단모음 형태를 유지하는 어휘가 존재한다. 이러한 세파르디의 Ŏ와 Ĕ 단모음 유지 현상 역시 라틴어 모음에서 그 근원을 찾을 수 있다.

• *preto* 'prieto', *ponte* 'puente', *sorte* 'suerte' (세파르디)

라틴어 단모음 Ĕ, Ŏ가 스페인어에서는 [ie], [ue] 이중모음으로 바뀌는 현상은 현대 스페인어 동사의 불규칙 변화를 이해하는 데에도 도움이 된다. 아래 〈표 6〉 스페인어 동사의 불규칙 동사활용을 고려해보자.

〈표 6〉 불규칙 동사 변화

Ŏ 〉 ue (tónico)		Ĕ 〉 ie (tónico)	
Contaba	Cuento	Pensaba	Pienso
Contábamos	Cuentas	Pensaste	Piensas
Contabais	Cuenta	Pensábamos	Piensa
Contamos	Cuentan	Pensamos	Piensan
Contasteis	Cuente	Pensasteis	Piense
Contaremos	Cuenten	Pensaremos	Piensen

스페인어를 배우는 우리 학생들은 대부분 스페인어 동사의 불규칙 변화를 무조건 암기만 했을 터이지만, 스페인어 동사의 불규칙 활용은 라틴어 단모음이 스페인어에서 이중모음으로 바뀐 것과 관련이 있다. 즉, 위의 표에서 이중모음으로 바뀐 부분은 모두 강세가 오는 음절(sílaba tónica)이다. 따라서 라틴어 단모음 Ĕ와 Ŏ에 강세가 온 경우에 한해서 각각 [ie]와 [ue]로 이중모음화가 진행되었다고 보면, 위의 불규칙 동사변화를 쉽게 이해할 수 있을 것이다.

한편, 앞서 제시된 라틴어 모음의 스페인어 모음으로의 변화규칙을 고려하여 몇 가지 모음의 변화들을 소개하면 다음과 같다.

- 라틴어 장모음의 유지: Ī Ē Ā Ō Ū
  VĪTA > vida, LŪNA > luna, PLĒNU > lleno, FAMŌSŬ > famoso

- 라틴어 Ŭ와 Ĭ 모음의 변화: Ŭ > [o], Ĭ > [e]
  MANŬ > mano, LŬPŬ > lobo, MĬNŬS > menos
  PĬLŬ > pelo, BŬCCA > boca

- 강세음절에서의 라틴어 Ĕ와 Ŏ의 이중모음화: Ĕ > [ie], Ŏ > [ue]
  TĔRRA > tierra, CĔNTU > ciento, MĔTŬ > miedo,
  SĔRRA > sierra, PĔTRA > piedra
  RŎTA > rueda, PŎRTA > puerta, FŎCU > fuego,
  ŎVU > huevo, FŎRTE > fuerte, NŎVE > nueve

- 라틴어 어말음 -E는 치음 /n/이나 치경음 /r/ 뒤에서 상실: -NE >-N, -RE > -R
  PANE > pan, CANTĀRE > cantar
  [*pan*의 복수형 *panes*에서 -E가 탈락하지 않는 이유는 -E가 더 이상 어말의 위치에 놓이지 않기 때문이다]

- 라틴어 이중모음의 변화: AU > [o]
  TAURU > toro (taurino와 tauromaquia는 교양어휘),
  AUDĪRE > oír (audiencia, auditor는 교양어휘)
  AURU > oro, CAUSA > cosa

- 라틴어 겹모음의 변화: AE > [ie]
  CAECU > ciego, CAELU > cielo

- 자음 사이의 모음 탈락 현상: -CUL- > /-k'l-/ > /ʒ/ > /x/
  SPECULU > espejo, OCULU > ojo, OVICULA > oveja
  APICULA > abeja, AURICULA > oreja,

2.3. 라틴어 자음의 변화와 seseo 현상

2.3.1. Seseo 현상

스페인 남부지방과 중남미 스페인어에 보편화되어 있는 seseo 현상 역시 스페인어의 역사언어학적 현상과 관련되어 있다. 라틴어에서 파생된 스페인어는 14세기~16세기 사이에 급격한 음성학적 변화를 겪기 시작하는데, 그 중에서 가장 주목할 부분이 /s/, /θ/, /x/와 관련된 마찰음들이다. 다음 <표 7>은 시대별 해당 자음의 변화를 잘 보여준다(cf. 졸저, 2013: 8).

〈표 7〉 스페인어 마찰음 /s/, /θ/, /x/의 시대별, 지역별 발음변화 양상

<table>
<tr><th rowspan="3">Latín</th><th colspan="3">Castellano medieval</th><th colspan="2">Castellano moderno</th></tr>
<tr><th rowspan="2">1400년대</th><th rowspan="2">1500년대</th><th rowspan="2">1550년대</th><th colspan="2">1650년대 이후</th></tr>
<tr><th>스페인 중북부</th><th>스페인 남부 & 중남미</th></tr>
<tr><td>/k/ CENTU
/t/ MARTIU
PUTEU</td><td>[ts] [tsien-to]
[mar-tso]
[dz] [po-dzo]</td><td>[ts] apicodental
[tsien-to]
[mar-tso]
[po-tso]</td><td>[s̄] predorso-alveolar</td><td>[θ] interdental
[θien-to]
[mar-θo]
[po-θo]</td><td rowspan="2">[s]
([s̄] predorso-alveolar)
[sien-to]
[mar-so]
[po-so]
[ma-sa]
[ka-sa]</td></tr>
<tr><td>/s/ MASSA
/z/ CASA</td><td>[ś] [ma-śa]
[ź] [ka-źa]</td><td colspan="2">[ś] apicoalveolar
[ma-śa]
[ka-śa]</td><td>[ś] apicoalveolar
[ma-śa]
[ka-śa]</td></tr>
<tr><td>/ks/ EXEMPLU
DIXIT</td><td>[ʃ] [e-ʃem-plu]
[di-ʃe]</td><td colspan="2" rowspan="2">[ʃ] prepalatal sorda
[e-ʃem-plu] ‘x’
[di-ʃe]
[hi-ʃo]
[mu-ʃer]</td><td rowspan="2">[x] velar ‘j’
[e-xem-plo]
[di-xe]
[i-xo]
[mu-xer]</td><td rowspan="2">[h] laríngea ‘j’
[e-hem-plo]
[di-he]
[hi-ho]
[mu-her]</td></tr>
<tr><td>/li/ FILIU
MULIERE</td><td>[ʒ] [fi-ʒo]
[mu-ʒer]</td></tr>
</table>

위의 표에서 볼 수 있듯이, /k/, /t/, /s/, /z/, /ks/, /li/로 각각 서로 다르게 발음되던 라틴어의 발음들이 중세 스페인어의 마지막 단계인 1550년대에 와서는 [s̄], [ś], [ʃ]로 대부분 치경음(alveolar) 근처에서 무성 마찰음(fricativas sordas)으로 상당히 유사하게 발음되었음을 알 수 있다. 예를 들어, 중세 스페인어의 caça(caza), casa, caxa(caja)가 각각 /kás̄a/(predorso-alveolar), /káśa/(apicoalveolar), /káʃa/(prepalatal)로 발음되는 상황을 생각해보자. 이 세 단어가 비슷하게 들려 혼동될 가능성이 상당하다는 것은 충분히 짐작할 수 있을 것이다.

이러한 상황에서 스페인 중북부 지방에서는 차별화(distinción) 전략을 취하였다. 즉, 이들 세 마찰음을 분명히 구분한 것이다. 먼저, [ts] 설첨치음(apicodental)에서 파생된 [s̄] 전설치경음(predorso-alveolar)은 치간 사이로 이동시켜 [θ] 치간음(interdental)으로 발음한다.

- /brátso/ > /brás̄o/ > /bráθo/ *brazo*
  /kátsa/ > /kás̄a/ *caza*
  /dedzír/ > /des̄ír/ > /deθir/ *decir*

또 다른 마찰음인 [ś] 설첨치경음(apicoalveolar)은 발음을 그대로 유지한다.

- /káza/ > /káśa/ *casa*
  /páśa/ *pasa*

[ʃ] 경구개음(prepalatal)은 혀의 위치를 뒤쪽으로 확실히 후퇴시켜 [x] 연구개음(velar)으로 발음함으로써, 앞의 두 음과 분명한 차별을 두었다.

- /díʃo/ > /díxo/ *dijo*
  /óʒo/ > /óʃo/ > /oxo/ *ojo*
  /muʒér/ > /muʃér/ > /muxér/ *mujer*

이런 식으로, 스페인의 중북부 지역에서는 이들 세 마찰음을 분명하게 구분(distinción)하였다.

반면에, 스페인 남부지방에서는 [s̄]와 [ś]음을 구분하지 않고, 전설치경(predorso-alveolar) 위치에서 혀를 평평하게(plano)하여 발음하는 [s]음으로 통일시켰다. 즉, 두 음을 구별하지 않고 통합시켜버린 것이다. 발음의 '단순화'(simplificación) 전략을 취했다고도 볼 수 있다. 이것이 바로 반도 남부 스페인어와 중남미 스페인어의 특징인 seseo 현상이다.

- /brátso/ > /bráso/ *brazo*,
  /dedzír/ > /dezír/ > /desir/ *decir*
  /pása/ *pasa*
  /káza/ > /kása/ *casa*

스페인 남부지방에서는, [ʒ]와 [ʃ]음의 경우에는 완전히 다른 발음으로 바꾼다. 즉, 경구개(prepalatal) 마찰음 /ʃ/는 인두(faríngea)·후두(laríngea) 쪽으로 완전히 내려 [h] 후두 기식음(aspirada laríngea)으로 발음하였다.

- /díʃo/ > /dího/ *dijo*
  /óʒo/ > /óʃo/ > /óho/ *ojo*
  /muʒér/ > /muʃér/ > /muhér/ *mujer*

이와 같이, 스페인 안달루시아와 중남미 스페인어의 대표적 음성적 특징들인 seseo와 [h] 기식음 현상은 중세 스페인어 마찰음들의 음성변화 발달사로 설명될 수 있다. 즉, 스페인 남부지역과 중남미 지역의 seseo 현상은 [θ] 치간음이 [s]음으로 바뀐 것이 아니라, [ŝ]와 [ś]음이 [s]음으로 통합된 것이다. 이와 마찬가지 방식으로, [h] 기식음도 [x] 연구개음이 [h] 기식음으로 변한 것이 아니라, [ʒ]와 [ʃ]음이 [h] 기식음으로 곧장 바뀌었다. 즉, 스페인 남부지역과 중남미 지역에서는 애초에 [θ] 치간음과 [x] 연구개음이 존재하지 않았다고 보아야 한다.

지금까지 살펴본 스페인어 마찰음의 발달사를 요약하면, 동시대의 유사한 음들에 대해 지역별로 서로 다른 전략을 취했음을 알 수 있다. 한 지역은 이들 음들을 구별(distinción)하는 전략을 취한 반면, 다른 지역에서는 이들 음들을 통합하는 단순화(simplificación) 전략을 취했기 때문이다.

한편, 연구개 마찰음인 [x]와 관련된 여러 철자법은 시대별 발음의 변화를 증명하고 있다. 이와 관련하여, 5장에서 잠간 언급한 바 있는 '멕시코'의 로마자 표기 *México*와 *Méjico*에 대해 좀 더 살펴보도록 하자. 16세기까지는 *dixo*, *mexilla*, *Quixote*와 같은 단어에서 보듯이 철자 *x*는 /ʃ/음을 나타내었다.[1] 앞서 보았듯이, 이들 /ʃ/음은 17세기 이후 현대 스페인어로 발전하면서 연구개음인 /x/ 마찰음으로 변하였으며, 철자는 *j*로 통일하여 *dijo*, *mejilla*, *Quijote*와 같이 표기하게 된다. 그런데 16세기에 정복된 멕시코의 나우아틀어(náhuatl)에서는 아스텍의 수도 이름이 스페인 정복자들에게 *Meshiko*처럼 들렸다고 한다. 따라서 당시 스페인어에 있던 /ʃ/ 발음에 해당하던 철자 *x*를 활용하여 16세기에는 멕시코를 *México*로 표기하였다. 그러나 19세기 초에 스페인 왕립 한림원(Real Academia Española)에서는 이들 *x* 철자를 모두 *j*로 바꾸어 멕시코를 *Méjico*로 표기하였다. 연구개음인 /x/는 철자 *j*(또는 *ge*, *gi*)에 대응되기 때문이었다. 그러나 1821년 스페인에서 독립한 멕시코는 자국 국민주의자(nacionalistas)들의 결정에 의해 국명을 아스텍 조상들이 사용한 발음에서 유래된 철자 *x*로 되돌려 *México*로 표기하고 있다. 이와 같이 철자는 그 당시 발음을 잘 보여주고 있으며, 멕시코 국가명인 *México* 또는 *Méjico*의 표기방식은 16세기 이후 현대에 이르기까지 스페인어 발음이 어떻게 변해왔는지를 잘 보여주고 있다.

---

1 『돈키호테』 소설책 원제목이 *Don Quixote*로 표기되어 있는데, 이는 당시에 '돈끼쇼떼'로 발음되었음을 보여준다.

2.3.2. 라틴어 자음의 변화

라틴어 자음의 변화를 항목별로 소개하면 다음과 같다.

- 모음 사이에서 겹자음(consonantes geminadas)의 단자음화:
  BUCCA > boca, GUTTA > gota, CAPPA > capa, FLAMMA > llama

- 겹자음을 유지하는 경우: -NN- > ñ, -LL- > ll, -RR- > rr
  ANNU > año, PULLU > pollo, GALLU > gallo, CABALLU > caballo

- 모음 사이에서 무성음의 유성음화:
  LUPU > lobo, PETRA > piedra, LACU > lago, APOTHĒCA > bodega,
  DELICĀTU > delgado, VĪTA > vida, CŪPA > cuba
  (cf. 모음 사이의 겹자음이 단자음화 될 때는 무성음이 유지됨: CUPPA > copa)

- 라틴어 순치음(labiodental) /v/의 상실: /v/ > [β]
  LAVAT > lava [láβa]

- 모음 사이 유성파열음의 상실: -D-, -G- > Ø
  FRIDIDU > frío, DIGITU > dedo

- 겹자음의 변화: PL-, CL- > ll-
  PLUVIA > lluvia, CLAMARE > llamar, PLĒNU > lleno

- LI-, LE- > /ʒ/ > /ʃ/ > /x/
  FILIA > /hiʒa/ > /iʃa/ > /íxa/ hija,
  FOLIA > hoja, CONSILIU > consejo, MULIERE > mujer

- NI-, NE- > ñ
  VINEA > viña, BANEU > baño, ARANEA > araña
  HISPANIA > España (hispánico는 라틴 교양어휘)

- 자음 교체현상(metátesis): -nr- > -rn-, -dl- > -ld-
  TENERU > tierno (*tienro), SPATULA > espalda (*espadla)

- 라틴 겹자음 -CT-의 변화: -CT > /it/ > /ʧ/
  FACTU > hecho, LACTE > leche, DIRECTU > derecho
  STRICTU > estrecho, OCTU > ocho

한편, 라틴어 -CT-와 -LT-는 다른 로망스어에서는 /it/나 /t/로 발음된다.

<표 8> 라틴어 -CT-, -LT-에서 파생된 로망스어 어휘들

라틴어	스페인어	포르투갈어	이탈리아어	카탈루냐어	프랑스어
NOCTE	noche	noite	notte	nit	nuit
FACTU	hecho	feito	fatto	fet	fait
MULTU	mucho	muito	molto	molt	(beaucoup)

3. 스페인어와 로망스어

기원전 218년부터 로마제국의 지배를 받은 지역에서는 라틴어가 사용되기 시작했는데, 일부 지식인들에 의해서만 전해진 문어 라틴어(latín escrito)인 교양 라틴어(latín culto)와는 달리, 일상생활에서 사용되던 통속 라틴어(latín vulgar)는 제국의 각 지역별로 독자적인 언어로 변화하였다. 로마제국의 속어 라틴어가 처음에는 의사소통이 가능한 지역별 방언으로 다양화되었을 터이나, 시간이 지남에 따라 의사소통이 불가능해질 정도로 변화가 심해져 개별언어들로 분화하였으며, 이들 언어가 바로 라틴어에서 파생된 로망스어(*romance*; lenguas románicas)이다.

3.1. 로망스어

현재 유럽에서 사용되고 있는 로망스어는 바로 이 통속 라틴어에서 파생된 언어들이다. 이탈리아어(italiano), 프랑스어(francés), 루마니아어(rumano), 스페인어(español), 갈리시아어(gallego), 카탈루냐어(catalán), 옥시타노어(occitano) 등이 이들 로망스어에 속한다. 옥시타노어는 프랑스 남부지방에서 사용되는 로망스어로, 가스콘(gascón)과 프로방스(provenzal)와 같은 방언이 옥시타노어에 속한다.

2장에서 언급했던 라틴어와 로망스어 간의 어휘들을 다시 살펴보면, 라틴어에서 파생된 이들 언어의 어휘들이 얼마나 유사한지 잘 알 수 있다. 로망스어가 라틴어의 자녀들임이 분명히 파악되는 셈이다. 다시 말해, 로망스어들의 음성적·형태적·문법적 유사성은 이들 언어들이 하나의 언어에서 파생되었음을 증명하고 있다. 몇몇 어휘들이 서로 유사하다고 두 언어가 친족관계에 있다고 말할 수는 없기 때문이다. 라틴어와 로망스어 사이의 친족관계, 나아가서 인도유럽어족이라는 언어계보가 형성되기 위해서는 계보에 속하는 언어들 사이의 형태·음운론적 측면에서의 체계적인 유사성을 요구한다.

〈표 9〉 라틴어와 로망스어

라틴어	스페인어	이탈리아어	포르투갈어	프랑스어	의미
AMICUS	amigo	amico	amigo	ami	친구
AMARE	amar	amare	amar	aimer	사랑하다
CANTARE	cantar	cantare	cantar	chanter	노래하다
FAMILIA	familia	famiglia	familia	famille	가족
LIBER	libro	libro	livro	livre	책
HOMO	hombre	uomo	homem	homme	사람
NOMEN	nombre	nome	nome	nom	이름
PORTA	puerta	porta	porta	porte	문
TERRA	tierra	terra	terra	terre	땅
SAL	sal	sale	sal	sal	소금
TEMPUS	tiempo	tempo	tempo	temps	시간
MANUS	mano	mano	mão	main	손
ILLE	el	il	o	le	남성 정관사
ILLA	la	la	a	la	여성 정관사
BONUS	bueno	buono	bom	bon	좋은

로망스어에 속하는 언어들은 라틴어에서 파생된 자매 언어라고 볼 수 있다. 당연히 이들 언어는 서로 유사할 수밖에 없다. 이러한 언어 간의 친족관계를 고려한다면, 포르투갈어 화자가 스페인어를 배우는 것과 한국어 화자가 스페인어를 배우는 것을 동일한 차원의 외국어 습득이라고 간주할 수는 없을 것이다. 역으로, 스페인어 화자가 한국어를 배우는 것과, 일본어 화자가 한국어를 배우는 것이 같을 수가 없는 논리와 동일하다.

포르투갈어의 경우, 유럽 포르투갈어와 브라질 포르투갈어로 나뉜다. 중남미 스페인어가 유럽 스페인어와 그리 큰 차이를 보이지 않는 것과는 달리, 브라질 포르투갈어는 유럽 포르투갈어와 차이가 크다고 알려져 있다. 이러한 연유로 언어명도 브라질어라고 부르기도 한다. 예를 들어, Ronaldo라는 이름을 가진 유명한 축구선수는 두 명이 있다. 한명은 2017년 현재 레알마드리드에서 뛰고 있는 포르투갈 선수 호날두이며, 또 다른 한명은 이미 은퇴한 브라질의 국가대표 선수 호나우두이다.

이 두 축구선수 이름을 통하여, 유럽 포르투갈어와 브라질 포르투갈어의 발음이 많이 차이가 남을 알 수 있다. '원지음 표기' 원칙을 따르는 우리나라의 외래어 표기법에 따라, 동일한 포르투갈어 이름인 Ronaldo를 '호날두'와 '호나우두'로 서로 다르게 표기한 것이다.

한편, 로망스어들 사이에서도 서로 다른 어휘를 보이는 경우도 있다. 3장에서 카탈루냐어를 소개하면서 언급했던 표를 다시 살펴보자.

〈표 10〉 두 종류의 라틴어와 로망스어 어휘

라틴어	카탈루냐어	프랑스어	스페인어	포르투갈어
PAVORE METUS	por	peur	miedo	medo
TABULA MENSA	taula	table	mesa	mesa
MANDUCARE COMEDERE	menjar	manger	comer	comer
LECTU CAMA	llit	lit	cama	cama
SINES SINE	sens	sans	sin	sem
VOLERE QUAERERE	voler	vouloir	querer	querer
PARABOLARE FABULARE	parlar	parler	hablar	falar

위에서 보듯이, 카탈루냐어는 프랑스어와 유사한 어휘를 공유하고 있는 반면, 스페인어는 포르투갈어와 유사하다. 동일한 로망스어에 속하지만, 서로 다른 두 그룹으로 나뉘는 이유는 서로 다른 라틴어 어휘에서 파생되었기 때문이다. 즉, 라틴어의 어휘에는 고어와 신조어 두 종류가 있다. 예를 들어, 라틴어 FABULARE는 라틴어에서 처음부터 사용되던 고어인 반면, 또 다른 라틴어휘 PARABOLARE는 새로이 등장한 신조어이다. 라틴어가 사용되던 이탈리아 로마로부터 멀리 떨어져 있는 스페인과 포르투갈의 경우에는 고어 라틴어휘인 FABULARE에서 스페인어 *hablar*와 포르투갈어 *falar*가 파생되었으나, 이탈리아로부터 지리적으로 비교적 가까운 지역이었던 프랑스나 카탈루냐에서는 신조어 라틴어휘인 PARABOLARE에서 프랑스어 *parler*와 카탈루냐어 *parlar*가 파생되었다. 이와 같이, 라틴어에서 동일한 의미의 두 어형이 사용되고 있던 경우, 스페인어는 포르투갈어와 같은 어원의 어형을 취하고, 카탈루냐어는 프랑스어와 같은 어형을 취하는 것으로 보인다. 이베리아 반도가 비교적 빠른 시기인 BC 201년에 로마인들에 의해 식민화되었으며, 반도가 지리적으로 로마제국의 중심권으로부터 벗어나 있었으므로, 스페인어와 포르투갈어는 프랑스어나 카탈루냐어에 비해 오래된 어휘들을 보유하고 있었던 것으로 보인다.

3.2. 영주어 언어와 비영주어 언어

스페인어의 간단한 표현들을, 로망스어에 속하는 언어들과 게르만어족에 속하는 독일어와 비교해보면 그 친족관계가 확연히 드러난다.

〈표 11〉 독일어와 로망스어

독일어	프랑스어	스페인어	이탈리아어	포르투갈어
Hallo	Salut	Hola	Ciao	Oi
Guten Morgen	Bonjour	Buenos días	Buon giorno	Bom dia
Gute Nacht	Bonsoir	Buenas noches	Buona notte	Boa noite
Tschüß	Au revoir	Adiós	Ciao	Tchau, Adeus
Wie Sie sind	Comment allez-vous?	¿Cómo estás?	Come stai? Come va?	Como vai?
Vielen dank	Merci beaucoup	Muchas gracias	Tante grazie	Muito obrigado
Ich liebe dich. *Es* ist gut. *Es* regnet.	*Je* t'aime. *C*'est bon. *Il* pleut.	(*Yo*) te quiero. Ø Está bien. Ø Llueve.	(*Io*) ti amo. Ø È buono. Ø Piove.	(*Eu*) te amo. Ø Está bom. Ø Chove.
Bitte	S'il vous plaît	Por favor	Per favore	Por favor

위의 〈표 11〉에서 보듯이, 스페인어(예: (*Yo*) te quiero)와 이탈리아어(예: (*Io*) ti amo), 포르투갈어(예: (*Eu*) te amo)는 주어 대명사를 탈락시킬 수 있는 영주어(*pro*-drop) 언어이나, 프랑스어(예: *Je* t'amie)는 독일어(예: *Ich* liebe dich)와 마찬가지로 주어 대명사를 탈락시킬 수 없는 비영주어 언어이다. 이런 점에서, 프랑스어는 독일어나 영어와 같은 게르만어족의 언어에 더 가까운 언어라고도 볼 수 있다. 독일어나 영어는 주어를 탈락시킬 수 없는 비영주어 언어이기 때문이다. 영주어 언어와 비영주어 언어를 대조해보면, 주어를 반드시 요구하는 비영주어 언어인 영어나 프랑스어에서는 다음 표에서 보듯이 *it*나 *there*, *il*과 같은 어휘 허사가 주어 위치에 반드시 나타난다. 이에 비해 주어를 탈락시킬 수 있는 스페인어·이탈리아어·포르투갈어의 경우에는 동일한 구문에 어휘 허사가 나타나지 않는다.[2]

---

2 허사 주어가 탈락된 곳에는 Ø로 표시하였음.

<표 12> 영주어 언어와 비영주어 언어의 허사 구문 비교

비영주어 언어	영주어 언어
영어	스페인어
It's 10 o'clock. **It** is likely that they won't pay you. **It** seems that Mary is intelligent. **There** is a flower on the table.	Ø Son las 10. Ø Es fácil que no te paguen. Ø Parece que María es inteligente. Ø Hay una flor sobre la mesa.
프랑스어	한국어
Il est dix heures. **Il** est probable qu'ils ne te paient pas. **Il** semble que Marie est intelligente. **Il** y a une fleur sur la table.	Ø 10시야. Ø 걔들이 너한테 돈 안 주기 쉬워. Ø 영희가 똑똑한 것 같아. Ø 책상 위에 꽃 한 송이가 있어.

우리말의 경우, 주어를 탈락시킬 수 있는 영주어 언어에 속한다. 따라서 위의 구문에서 허사 주어는 나타나지 않는다. 이런 점에서 보면, 우리말은 스페인어와 통사적인 측면에서 유사하다고 볼 수 있다.

3.3. 로망스어의 공통적 특징

로망스어는 라틴어에서 파생된 언어들이기 때문에 형태·통사적 측면에서 라틴어와 동일한 특성들을 보인다. 먼저, 라틴어와 마찬가지로, 로망스어들은 주어의 인칭과 수에 따라 동사의 어미가 굴절된다.

<표 13> 로망스어들의 인칭별 동사 변화

스페인어	포르투갈어[3]	프랑스어	이탈리아어	루마니아어
cantar hacer dormir	cantar fazer dormir	chanter faire dormir	cantare fare dormire	cânta do dormi
(Yo) canto (Tú) cantas (Él) canta (Nosotros) cantamos (Vosotros) cantáis (Ellos) cantan	(Eu) canto (Você) canta (Ele) canta (Nós) cantamos (Vocês) cantam (Eles) cantam	Je chante Tu chantes Il chante Nous chantons Vous chantez Ils chantent	(Io) canto (Tu) canti (Egli) canta (Noi) cantiamo (Voi) cantate (Eglino) cantano	(Eu) cânt (Tu) cânti (El) cântă (Noi) cântăm (Voi) cântati (Ei) cântă

3 포르투갈어 인칭별 동사변화는 '브라질 포르투갈어'를 기준으로 삼았음.

로망스어의 인칭별 동사 변화는, 다음 표에서 보듯이, 라틴어의 3가지 유형(-ARE, -ERE, -IRE)의 동사가 주어의 인칭에 따라 활용된 현상에서 파생된 것이다.

<표 14> 라틴어의 인칭별 동사활용

라틴어	
CANTARE, FACERE, DORMIRE	
EGO	CANTO
TU	CANTAS
ILLE/ILLA	CANTAT
NOS	CANTAMUS
VOS	CANTATIS
ILLOS/ILLAS	CANTANT

또한, 로망스어에 속하는 언어들은 명사를 수식하거나 서술하는 형용사가 명사의 성과 수에 일치해야 한다.

<표 15> 로망스어의 명사와 형용사의 성·수 일치

스페인어	El chico es alto. Los chicos son altos.	La chica es alta. Las chicas son altas.
프랑스어	Le garçon est grand. Les gars sont élevés.	La jeune fille est élevée. Les filles sont élevées.
이탈리아어	Il ragazzo è alto. I ragazzi sono alti.	La ragazza è alta. Le ragazze sono alte.
포르투갈어	O menino é alto. Os caras são altos.	A garota é alta. As meninas são elevadas.
카탈루냐어	El noi és alt. Els nois són alts.	La noia és alta. Les noies són altes.
루마니아어	Băiatul este inalt. Băieții sunt mari.	Fata este mare. Fetele sunt mari.

3.4. 로망스어들 사이의 차이점

로망스어 사이에도 차이점을 보이는 경우가 있다. 먼저, 대부분의 로망스어의 관사는 명사 앞에 오나, 루마니아어는 명사 뒤에 위치한다.

<표 16> 로망스어의 관사

스페인어	포르투갈어	프랑스어	이탈리아어	카탈루냐어	루마니아어
el pan	*o* pão	*le* pain	*il* pane	*el* pa	pâin*ea*

또 다른 로망스어들 간의 차이점으로, 스페인어는 명사가 전치형 소유사와 함께 올 때 관사와 함께 사용할 수 없는 반면에, 이탈리아어와 카탈루냐어는 관사와 함께 사용된다.

<표 17> 로망스어의 소유사와 관사 분포

스페인어	*Mi casa* es muy grande.
프랑스어	*Ma maison* est très grande.
이탈리아어	*La mia casa* è molto grande.
포르투갈어	*Minha casa* é muito grande.
카탈루냐어	*La meva casa* és molt gran.
루마니아어	*Casa mea* este foarte mare.

한편, 접어 대명사의 분포와 관련하여서도 로망스어들 간에는 차이점을 보인다. 예를 들어, 스페인어와 포르투갈어는 접어 대명사의 분포에 있어서 동일하지 않다. 스페인어의 접어 대명사는 시제동사가 올 경우에는 앞에 위치(proclítico)하며, 동사원형이나 현재분사 또는 명령형인 경우에는 뒤에 위치(enclítico)한다.

- Proclíticos:
  a. *Te* quiero mucho.
  b. *Se lo* di ayer a usted.
- Enclíticos:
  a. Quisiera invitar*le* a mi fiesta.
  b. Dí*melo* ahora mismo.
  c. Estoy leyéndolo.

반면에, 포르투갈어의 접어는 스페인어와는 다소 다른 양상을 보인다. 다음 표에서 보듯이, 포르투갈어의 접어는 시제 동사 뒤에 위치하고, 동사원형 앞에 온다.

〈표 18〉 스페인어와 포르투갈어의 접어 위치의 차이

스페인어	포르투갈어
Me llamo José.	Chamo-me Jose.
Gracias por escogernos.	Obligado por nos escolher.

〈그림 1〉 포르투갈어 '*Obligado por nos escoher*'

스페인어와 포르투갈어의 접어 분포에서의 차이점으로 인해, 상대 언어를 습득할 때 모국어 간섭현상으로 인해 적지 않은 오류를 범한다고 보고되고 있다.

3.5. 라틴어와 달라진 로망스어

라틴어가 시간이 지나면서 별개의 개별언어인 로망스어로 바뀌게 된 가장 결정적인 이유는 문법 변화 때문이다. 라틴어에는 명사의 격변화가 있었지만 로망스어로 발전하면서 명사의 격변화는 사라졌으며 대명사의 격변화만 살아남게 된다. Azevedo(2009: 231)에서 제시된 다음 라틴어 예문들은 라틴어 명사의 다양한 격변화를 잘 보여준다. 이러한 라틴어 명사의 격변화 때문에 라틴어의 문장은 완전히 자유로운 어순을 지닐 수 있다.

- a. AMICA$_{[Suj]}$ REGINAE$_{[Pos]}$ ROSAM$_{[OD]}$ MAGISTRO$_{[OI]}$ DEDIT
  'la/una amiga' 'de la reina' 'la/una rosa' 'al maestro' 'dio'
  b. MAGISTER$_{[Suj]}$ REGINAE$_{[Pos]}$ ROSAM$_{[OD]}$ AMICAE$_{[OI]}$ DEDIT
  'el maestro' 'de la reina' 'la/una rosa' 'a la amiga' 'dio'

c. AMICAE$_{[Suj]}$ REGINARUM$_{[Pos]}$ ROSAS$_{[OD]}$ MAGISTRIS$_{[OI]}$ DEDERUNT
'las/unas amigas' 'de las reinas' 'las/unas rosas' 'a los maestros' 'dieron'

라틴어 명사의 격변화 굴절 어미는 로망스어로 진행됨에 따라 모두 사라지게 되는데, 여기에는 라틴어 장모음과 단모음의 구분의 상실, 어말음 [-m]과 [-s]의 탈락 현상(apócope) 등이 이러한 명사의 형태·통사적 변화에 기여하였다고 볼 수 있다. 예를 들어, 단수 명사의 직접목적어 기능을 표시하는 대격 굴절어미인 *-m*이 더 이상 발음되지 않고 탈락하게 됨으로써 라틴어 명사의 격변화는 더 이상 그 기능을 적절히 할 수 없게 된 것이다. 그 결과, 격변화로 인하여 명사구 간의 어순이 자유로웠던 라틴어가 격변화가 없는 로망스어로 변하면서, 그 구성성분들 간의 어순은 비교적 고정되게 된다. 스페인어의 경우, SVO로 어순이 고정화되는 경향을 보이며, 목적어가 사람인 경우 인칭 전치사 *a*가 출현하게 된다.

- 어순의 고정화:
  La amiga de la reina dio una rosa al maestro.
  El maestro de la reina dio una rosa a la amiga.
- 인칭전치사 'a'의 출현:
  Perseguía *al* guardia el ladrón.
  El entusiasmo venció *a* la dificultad.

이상으로, 라틴어와 로망스어의 문법적 차이점 그리고 로망스어에 속하는 언어들 간의 공통점과 차이점을 살펴보았다.

▌참고문헌▐

▪ 국문 논문

구경모(2010), 「파라과이 민족국가 형성에 있어 과라니어의 역할」, 『라틴아메리카연구』 23(3): 163-184.

권재일 외(2015), 『아이마라어 연구』, 한국알타이학회출판부.

김경희(2004), 「카리브해 지역 크레올어의 현황과 전망: 아이티, 자메이카, 수리남을 중심으로」, 『라틴아메리카연구』 17(4): 437-466.

______(2005), 「자메이카의 언어적 혼종성」, 『라틴아메리카연구』 18(2): 85-109.

______(2007), 「파라과이의 언어정책 변천과정과 이중 언어 현황」, 『이베로아메리카』 9(2): 173-196.

김승민·이복남·한양환(2003), 『세계 프랑스어권 지역연구』, 푸른 길.

김우성(2003), 「중남미 스페인어의 어휘적 특성에 관한 연구」, 『이베로아메리카』 5: 157-176.

______(2003), 「언어를 통해서 본 아르헨티나인의 정체성」, 『이베로아메리카』 414-429.

______(2005), 「라틴아메리카 언어, 문화, 인권: 멕시코와 과테말라의 원주민 언어권을 중심으로」, 『라틴아메리카연구』 18(4): 5-37.

______(2006), 「멕시코의 다언어적 상황과 원주민 교육」, 『이베로아메리카』 8(2): 167-186.

______(2008), 「볼리비아의 언어정책과 원주민 교육」, 『이베로아메리카』 10(2): 1-25.

______(2010), 「원주민어와 중남미 국가들의 헌법」, 『스페인어문학』 56: 87-109.

______(2014), 『라틴아메리카의 언어적 다양성과 언어정책』, 산지니.

김우중(2002), 「카리브해 도서지방의 변형 혼성어에 관한 고찰; patois어와 papiamento어의 발음을 중심으로」, 『서어서문연구』 22: 3-16.

______(2003), 「Spanglish에 관한 연구: 멕시코계 및 큐바계 미국인의 스페인어를 중심으로」, 『스페인어문학』 27: 11-30.

______(2005), 「멕시코와 미국의 Chicano 스페인어에 관한 연구: 영어의 간섭 현상을 중심으로」, 『스페인어문학』 36: 361-375.

김창민 편(2013), 『스페인 문화 순례』, 서울대학교출판문화원.

김현창(1990), 『스페인어 발달사』, 신아사.

김희정(1990), 「서반아어와 과라니어의 상호접촉에 관한 연구」, 『이베로아메리카연구』 1: 319-361.

박구병(2012), 「세계화 시대 에스파냐어 문화권의 의미와 특성」, 방송대 '현대의 서양문화 6

장' 강의 원고.

박병규(2010), 「19세기 말에서 20세기 초의 아르헨티나 언어 논쟁」, 『스페인어문학』 54: 215-242.

박소현(2012), 『한국어-스페인어 부호전환: 한국에 거주하는 중남미 교포들의 구어담화를 중심으로』, 고려대 석사학위 논문.

서경석(2002), 「스팽글리쉬, 미국 스페인어의 확장과 변형에 대하여」, 『스페인어문학』 22: 79-101.

손성태(2014), 『우리민족의 대이동』, 코리.

이강혁(2012), 『스페인역사 다이제스트 100』, 가람기획.

_____(2008), 『라틴아메리카역사 다이제스트 100』, 가람기획.

이만기(2006), 『스페인어학의 이해』, 한국문화사.

_____(2010), 「코드 스위칭과 통사이론에 대한 비판적 고찰」, 『스페인어문학』 55: 103-128.

이만기(2013), 『스페인어 통사론: 생성문법이론을 중심으로』, 한국문화사.

이미재(1997), 「자메이카 언어 'Patois'에 대하여」, 『언어학』 21: 241-263.

이상현 외(2013), 『스페인 어권 문화』, 전라북도 교육청.

이슈투데이편집국(2003), 「중남미의 반 신자유주의 움직임」, 『2002 한국사회 이슈 100선』, 이슈투데이, 43.

이재학(1999), 「언어의 보존과 상실: 미국 내 스페인어의 현주소」, 『스페인어문학』 15: 193-214.

이태윤(1997), 「중남미서어에 있어서 께츄아어의 일반적인 실태 및 토어주의」, 『이베로아메리카연구』 8: 387-425.

임상래(2013), 『라티노와 아메리카: 라티노, 히스패닉, 치카노 그들은 누구인가?』, 이담 Books.

정혜정(2004), 「멕시코에서 사용되는 스페인어 관용표현의 언어·문화적 의미연구」, 『스페인어문학』 33: 47-65.

조혜진(2008), 『스페인어의 어제와 오늘』, 월인.

지리교육 연구회 지평(2005), 『지리교사들 남미와 만나다』, 푸른길.

최종호(2002), 「미국 남서부지역 스페인어의 현재와 미래」, 『스페인어문학』, 25: 53-69.

_____(2011), 「Spanglish에 대한 소고」, 『스페인어문학』 59: 205-234.

함규진(2014), 『조약의 세계사』, 미래의 창.

▪ 영문 논문

Adelaar, W. (2004), *The Languages of the Andes*, Cambridge: Cambridge University Press.

Albó, X. (1988), *Raíces de América: El mundo Aymara*, Madrid: Alianza Editorial.

_______ (1999), *Iguales aunque diferentes. Hacia unas políticas interculturales y lingüísticas para Bolivia*, La Paz: Ministerio de Educación-UNICEF-Centro de Investigación y Promoción del Campesinado.

Alvarado, L. (1985), *Datos etnográficos de Venezuela*, Vol. IV. *Obras completas*, Caracas: Ministerio de Educación. Dirección de Cultura y Bellas Artes.

Álvarez, L. (2012), *Corazón indígena. Lucha y esperanza de los pueblos originarios de México*, México: Fondo de Cultura Económica.

Apaza, I. (2010), *Estudios de lingüística y sociolingüística andina*, La Paz: Catacora.

Austin, A. (1989), "Sobre el origen del falso sufijo dativo -le del español de México", *Anales de Antropología* 26, Universidad Nacional Autónoma de México.

Averbach, M. (2013), *Caminar dos mundos. Visiones indígenas en la literatura y el cine estadounidenses*, Valencia: Universidad de Valencia.

Azevedo, M. (2009), *Introducción a la lingüística española*, Prentice Hall.

Bareiro Saguier, R. (2007), *De nuestras lenguas y otros discursos*, Asunción: UCA, Biblioteca de Estudios Paraguayos.

Bautista, R. (2010), *¿Qué significa el Estado Plurinacional?*, La Paz: Col. Reflexiones Urgentes.

Bein, R. & Joachim, B. (2001), *Políticas lingüísticas. Norma e identidad*, Buenos Aires: UBA.

Bourdieu, P. (1991), *Language and Symbolic Power*, Cambridge: Polity Press.

Cabrero, F. (2008), *Los pueblos indígenas: Ventana a las Américas tan poco latinas*, Bar-celona: Editorial UOC.

Campos, M. (2010), *Características de la Cultura Paraguaya*, Asunción: Atlas.

Cañulef, E. (1996), *Hacia la interculturalidad y el bilingüismo en la educación chilena*, Santiago: Corporación Nacional de Desarrollo Indígena (Conadi) y Fundación Radioescuela para el Desarrollo Rural.

Cevallos, D. (2006), "Lenguas indígenas en agonía", *Tierramérica*, 8 abril.

Collins, A. (2009), *Diversidad cultural y multilingüismo en el Foro de los 100 días*, Caracas: Gobierno de la República Bolivariana de Venezuela.

Colombi, M. (2003), "Un enfoque funcional para la enseñanza del ensayo expositivo", in *Mi lengua: Spanish as a Heritage Language in the United States* (eds A. Roca & M. C. Colombi), Washington D.C: Georgetown University Press, 8-95.

Comunidad Autónoma del País Vasco (2008), IV Encuesta Sociolingüística 2006, Servicio Central del Publicaciones del País Vasco, Vitoria-Gasteiz.

Consejo Nacional de Educación Maya (1996), *Propuesta Maya de Reforma Educativa*, Quetzaltenango: Centro de Estudios de la Cultura Maya.

Contreras García, A. (2012), *Las relaciones internacionales de la pobreza en América Latina y el Caribe*, Buenos Aires: CLACSO.

Coronel-Molina, S. (2007), "Language Policy and Planning, and Language Ideologies in Peru: The Case of Cuzco's High Academy of the Quechua Language", University of Pennsylvania.

Cortés Amador, C. (2012), "Qué idiomas hablan en Latinoamérica o Hispanoamérica", http://lacomunidad.elpais.com/cortesamador/2009/4/23/que-idiomas-hablan-latinoamerica-o-hispanoamerica-2.

de los Heros, S. (1997), *Language variation: the influence of speakers' attitudes and gender on sociolinguistic variables in the Spanish of Cuzco, Peru*, Doctoral dissertation, University of Pittsburgh.

Diaz-Couder, E. "Multilinguísmo y Estado Nación en México", *DiversCite Langues*, Vol. 1. http://www/uquebec.ca/diverscite.

D'Introno, F. (1996) "Spanish-English Code-Switching: Conditions on Movement", in Ana Roca & John B. Jensen (eds.), *Spanish in Contact*, Somerville: Cascadilla Press.

Dirección General de Estadística, Encuestas y Censos (2002), *Condiciones de vida de la población paraguaya 2002.*

Escobar, A. (2000), *Contacto social y lingüístico: el español en contacto con el quechua en el Perú*, Lima: Pontífica Universidad Católica del Perú.

Espinoza, M. (1981), *Warao cultura de moriche*, Caracas: Ediciones Galería de Arte Nacional/Asociación Civil Yakera.

Espinoza Sauceda, G. (2002), *Los pueblos indígenas ante la Suprema Corte de Justicia de la Nación*, México: Centro de Orientación y Asesoría a Pueblos Indígenas-Comisión Independiente de Derechos Humanos de Morelos.

García Mouton, P. (2007), Lenguas y dialectos de España, Arco Libros, Madrid.

Gallegos Gómora, M. & J. A. Hendon (2011), *Localidad y globalidad en el mundo maya prehispánico e indígena contemporáneo. Estudios de espacio y género*, México: Instituto Nacional de Antropología e Historia.

Generalitat de Catalunya (1979), *Estatuto de Autonomía de Cataluña* (EAC), Barcelona.

_______ (2011), *Informe del Barómetro de la comunicación y la cultura*, Dirección General de Política Lingüística, Barcelona.

_______ (2011), *Informe de política lingüística*, Dirección General de Política Lingüística, Barcelona.

_______ (2012), *El catalán, lengua de Europa*, Secretaría de Política Lingüística, Barcelona.

Gingràs, R. (1974), "Problems in the Description of Spanish-English Intrasentential Code-Switching", in G. Bills (ed.), *Southwest Areal Linguistics*, University of California at San Diego, 167-174.

Godenzzi Alegre, J. C. (2001), "Política lingüística y educación en el contexto latinoamericano: el caso del Perú", *II Congreso Internacional de la Lengua Española*, Valladolid (España).

Goilo, E. (1975), *Papiamentu textbook*, 5a ed. Aruba: De Wit.

Gonzales Soledad, D. (2016), "El lunfardo: ¿Un habla de delincuentes que quedó en pasado?", *Revista de filología y lingüística de la universidad de Costa Rica* 42(1): 107-118.

Granda, G. (1979), *El español del Paraguay. Temas, problemas y métodos*, Asunción.

_______ (1988), *Sociedad, historia y lengua en el Paraguay,* Bogotá: Instituto Caro y Cuervo.

Hamel Rainer, E. (2001), "Políticas del lenguaje y educación indígena en México. Orientaciones culturales y estrategias pedagógicas en una época de globalización", in *Políticas lingüísticas. Norma e identidad*, Roberto Bein y Joachim Born (eds.). Buenos Aires: UBA, pp. 143-170.

Heggarty, P. (2006), "Origins and Diversity of Quechua", www.quechua.org.uk

Hermida, C. (2001), "The Galician Speech Community", *Multilingualism in Spain: Sociolinguistic and Psycholinguistic Aspects*, Clevedon, pp. 110-140.

Hernández, A, J. Quidel, & M. Alvarado (2009), *Mapuche pueblo y cultura viva. Museo de arte y cultura*. Bogotá: TC Impresores.

Hidalgo, J, V. Schiappacasse, H. Niemeyer & P. Mege (1996), *Culturas de Chile. Etnografía, sociedades indígenas contemporáneas y su ideología*. Santiago: Andrés Bello.

Howard, H. (2000), *Latin American Language Policy*, Encyclopedia of Contemporary Latin American Culture.

Hualde, J, A. Olarrea, A. Escobar & C. Travis (2010), *Introducción a la lingüística hispánica*, Cambridge University Press.

Huamán Cosi, M. (2007), *Educación Bilingüe Internacional (EBI) en el Perú*, Lima: Siglo XXI.

Instituto Nacional de Estadística e Informática del Perú (2007), *II Censo de comunidades indígenas 2007*, http://www.inei.gob.pe/

Jiménez Fernández, Rafael (1999), *El andaluz*, Arco Libros, Madrid.

Kaplan, R. & R. Baldauf (2007), "Language Planning and Policy in Latin America",

Language Planning and Policy, Clevedon: Multilingual Matters.

Kim, S. (2016), *Cambio de código intraoracional español-coreano: restricciones lingüísticas y análisis (parsing) psicolingüístico*, Master's thesis, Seoul National University.

Kim, S. & M-K. Lee (2017), "Role of the Implicit Prosody in Code-switched Ambiguous Prepositional Phrases", *Experimental Psycholinguistics Conference*, Menorca, Spain.

Klee, C. & Lynch. A. (2009), *El español en contacto con otras lenguas*, Washington D.C: Georgetown University Press.

Kwon, E-H. (2007), "El español en Corea del Sur", http://www.cvc.cervantes.es/lengua/anuario/anuario_06-07/pdf/paises_26.pdf

Ladislaa, A. (2016), "Rasgos del castellano paraguayo en contacto con el guaraní", in *Centros de Irradiación y periferias de la lengua española*, Santos Elvira(ed.), AXAC.

Lee Kim, H. (2014), "La situación lingüística en Cataluña", in Macías de Yoon, Claudia y Man-Ki Lee (eds), *Políticas lingüísticas y actualización del habla en naciones plurilingües: aimara, catalán, guaraní, náhuatl, nheengatu, quechua*, Escoope Publishing Co, pp. 121-147.

Lee, M-K. (2009), "Head Constraint on Spanish/English and Korean/English Code-Switching". *Korean Journal of Linguistics* 34(2), pp. 335-356.

________ (2009), "Code Switching in the Mexican American Community", *Revista Iberoamericana*, 20(2), pp. 145-168.

________ (2010), "Lenguas indígenas y políticas del lenguaje en América Latina", *Espéculo, Revista de Estudios Literarios*, 45.

________ (2014), "Políticas lingüísticas en España y América Latina: Historia de un proyecto", in Macías de Yoon, C. & M-K. Lee (eds.), *Políticas lingüísticas y actualización del habla en naciones plurilingües: aimara, catalán, guaraní, náhuatl, nheengatu, quechua*, Escoope Publishing Co, pp. 17-36.

________ (2015), "Concordancia pragmática en la flexión personal del verbo aimara", *Revista española de Lingüística* 42(1), pp. 69-89.

Lee, T-Y. (1997), *Morfosintaxis amerindias en el español americano. Desde la perspectiva del quechua*, Edicones Clásicas.

Lewis, M. P, F. Gary & C. D. Fennig (eds), (2015), *Ethnologue: Languages of the World* (18th ed.), Dallas, Texas: SIL international.

Lipski, J. (1993), "Creoloid phenomena in the Spanish of transitional bilinguals", in *Spanish in the United States* (eds A. Roca & J. Lipski), Berlin: Mouton, pp. 155-173.

_______ (2008), *Varieties of Spanish in the United States*. Georgetown University Press.

Llinás Álvarez, E. (1978), *Revolución, educación y mexicanidad*. México: UNAM.

Macedo, D. (2002), *El racismo en la era de la globalización en AAVV*. La educación en el siglo XXI. Barcelona: Graó.

Macías de Yoon, C. & M-K. Lee (2014), *Políticas lingüísticas y actualización del habla en naciones plurilingües: aimara, catalán, guaraní, náhuatl, nheengatu, quechua*, Escoope Publishing Co.

MacSwan, J. (1999), *A minimalist approach to intrasentential code switching*, Garland.

Mar-Molinero, C. (1997), *The Spanish Speaking World*, Routledge

Marimán, P., S. Caniuqueo, J. Millalén & R. Levil (2006), *¡... Escucha, winka...! Cuatro ensayos de Historia Nacional Mapuche y un epílogo sobre el futuro*, Santiago de Chile: Lom.

Martínez, G. (2006), *Mexican Americans and Language*, Tucson: The University of Arizona Press.

Masson, P. & K. Süselbeck (2008), *Lengua, nación e identidad. La regulación del plurilingüismo en España y América Latina*, Madrid: Iberoamericana-Vervuert.

Melía, B. (1985), *Elogio de la lengua guaraní*, As*unción: CEPAG.*

Merino Lucero, B. & I. L. Quispe (2013), *Consulta previa a los pueblos indígenas. El desafío del diálogo intercultural en el Perú*, Lima: Pontificia Universidad Católica del Perú-CENTRUM.

Montrul, S. (2013), *El Bilingüismo en el mundo hispanohablante*, Oxford: Willey-Blackwell.

Montrul, S. & Bowles, M. (2010), "Is grammar instruction beneficial for heritage language learners: Dative case marking in Spanish", *The Heritage Language Journal* 7(1), pp. 47-73.

Montoya, R. & L. E. López (1988), *¿Quiénes somos? El tema de la identidad en el Altiplano*, Lima: Mosca Azul.

Moreno Fernández, F. (2006), "La diversidad lingüística de Hispanoamérica: implicaciones sociales y políticas", *Análisis del Real Instituto Elcano*, 38.

Moreno, I. & P. Palenzuela (2013), *América Latina: una visión pluridisciplinar*, Sevilla: Aconcagua.

Morín, E. (2000), *Los siete saberes necesarios a la educación del futuro*, Caracas: FACES UCV.

Muñoa Barredo, I. (1997), "Pragmatic functions of code-switching among Basque-Spanish bilinguals", www.euskalnet.net/sjf/basquelinks1.htm

Naciones Unidas (2004), *Los pueblos indígenas de Bolivia: diagnóstico sociodemográfico a partir del censo 2001*. Santiago de Chile: CEPAL.

Park, C. (1999), “La enseñanza del español en Corea”, *Actas X de ASELE*, pp. 505-517.

Park, J. E. (1990), *Korean/English Intrasentential Code-Switching: Matrix Language Assignment and Linguistic Constraints*, Ph.D. dissertation, University of Illinois at Urbana-Champaign.

Park, J.-E., R. C. Troike & M.-R. Park(1993), “Constraints in Korean-English Code-Switching: A Preliminary Study”, *Korean Journal of Applied Linguistics* 6, pp. 115-133.

Patiño Rosellí, C. (1989), “Una mirada al criollo palenquero”, in Estudios sobre el español de América y lingüística afroamericana, Bogotá: Instituto Caro y Cuervo, pp. 328-353.

Peñalosa, F. (1980), *Chicano Sociolinguistics*, Mass: Newbury House.

Perissinotto, G. S. (1975), *Fonología del español hablado en la ciudad de México. Ensayo de un método sociolingüístico*, México, D.F: El Colegio de México.

Peron Loureiro, B. (2009), "El idioma guaraní", *El Mercurio Digital.es*, 29 de diciembre, http://elmercuriodigital.es/content/view/24129/392/

Pfaff, C. (1979), “Constraints on Language Mixing”, *Language* 55, pp. 291-318.

Plann, S. (1986), “On case-marking clauses in spanish: Evidence against the Case Resistance Principle”, *Linguistic Inquiry* 17(2), pp. 336-345.

Poplack, S. (1980), “Sometimes I'll start a sentence in Spanish Y TERMINO EN ESPAÑOL: toward a typology of code-switching.” *Linguistics* 18, pp. 581-618.

Preminger, O. (2014), *Agreement and Its Failures*, Cambridge: The MIT Press.

Quilaqueo Rapiman, F. (2013), *Mujer mapuche. Historia, persistencia y continuidad*, Barcelona: Icaria.

Real Academia Española (2005), *Diccionario panhispánico de dudas*, Santillana.

_______ (2009), *Nueva gramática de la lengua española*, Madrid: Espasa Calpe.

_______ (2010), *Manual de la Nueva gramática de la lengua española*, Madrid: Espasa Calpe.

_______ (2011), *Nueva gramática básica de la lengua española*, Madrid: Espasa Calpe.

_______ (2011), *Ortografía de la lengua española*, Madrid: Espasa Calpe.

_______ (2014), *Diccionario de la lengua española*, Barcelona: Espasa Calpe.

Rendón, J. (2008), “Paraguayan Guaraní”, *Typological and social constraints on language contact: Amerindian languages in contact with Spanish*, pp. 195-226.

Rodríguez, L. (1973), *The Spanish Riots of 1766: Past & Present* 59, pp. 117-146.

Rodríguez-Carmona, A. (2008), *El proyectorado. Bolivia tras 20 años de ayuda externa*, Madrid: Intermón Oxfam.

Romero, R. A. (1992), *Protagonismo histórico del idioma guaraní*, Asunción: Rotterdam.

Ruiz Medrano, E., C. Gutiérrez & F. Gutiérrez (2012), *La lucha por la tierra. Los títulos primordiales y los pueblos indios en México, siglo XIX y XX*. México: Fondo de Cultura Económica.

Sánchez, C. (1999), *Los pueblos indígenas: del indigenismo a la autonomía*, México: Siglo XXI.

Sankoff, D. & S. Poplack (1981), "A Formal Grammar for Code-Switching." *Working Papers in the Center for Puerto Rican Studies* 8. New York: CUNY.

Schlarman, J. (1973), *México tierra de volcanes. De Hernán Cortés a Luis Echeverría Álvarez*, México: Porrúa.

Siguan, M. (2001), *Bilingüísmo y lenguas en contacto*, Madrid: Alianza.

Silva-Corvalán, C. (1994), *Language Contact and Change. Spansih in Los Angeles*, Oxford: Oxford University Press.

_______ (2001), *Sociolingüística y pragmática del español*, Washington D.C: Georgetown University Press.

Sir J. (2008), *Educación Intercultural Bilingüe: el caso chileno*, Santiago: Foro Latinoamericano de Políticas Educativas

Skutnabb-Kangas, T. (2000), *Linguistic Genocid in Education or Worldwide Diversity and Human Rights?*, New Jersey: Lawrence Erlbaum Associates.

Stavenhagen, R. (1988), *Derecho Indígena y Derechos Humanos en América Latina*, México: El Colegio de México.

Susnik, B. & M. Chase-Sardi (1996), *Los indios del Paraguay*, Madrid: MAPFRE.

Terborg, R., L. Landa & M. Pauline (2006), "The Language Situation in Mexico", *Current Issues in Language Planning* 7(4), pp. 420-422.

Timm, L. A. (1975), "Spanish-English Code-Switching: El porqué y How-Not-To", *Romance Philology* XXVIII, pp. 473-482.

Todd, L. (1990), *Pidgins and Creoles*, London and New York Routledge.

Unesco (2003), *Education in a multilingual World.*

Unicef & Funproeib Andes (2009), *Atlas sociolingüistico de pueblos indígenas en América Latina*, http://www.movilizando.org/atlas_tomo1/pages/tomo_1.pdf

Valenzuela, E. (2007), *Tierra, Comunidad e Identidad Mapuche*, Santiago: Centro de Estudios Públicos.

Van Dijk, T. A. (2007), *Racismo y discurso en América Latina*, Barcelona: Gedisa.

_______ (2009), *Dominación étnica y racismo discursivo en España y América Latina*, Barcelona: Gedisa.

Vaquero, M. (2003), *El español de América I: Pronunciación*, Madrid: Arco Libros.

_______ (2011), *El español de América II: Morfosintaxis y Léxico*, Madrid: Arco Libros.

Vera, S. (1996), *El paraguayo (un hombre fuera de su mundo)*, Asunción: El Lector.

Woolford, E. (1983), "Bilingual Code-switching and Syntactic Theory", *Linguistic Inquiry* 14, pp. 520-536.

Zemelman, H. (2011), *De la historia a la política*, La Paz: Eds. Grito del sujeto.

Zúñiga, M. (2008), *La educación intercultural bilingüe. El caso peruano*, Lima: Foro Educativo.

Zimmermann, K. (1999), *Política del lenguaje y planificación para los pueblos amerindios: Ensayos de ecología lingüística*, Frankfurt am Main: Vervuert-Madrid: Iberoamericana.

<헌법이나 법 관련 참고자료>

Comisión Nacional de la Nueva Ley de Educación Boliviana, *Proyecto de Ley, Nueva Ley de Educación Boliviana* "Avelino Siñani-Elizardo Pérez", http://www.minedu.gov.bo/minedu/nley/nuevaley14sept.pdf.

Constitución de la República de Venezuela, http://www.tsj.gov.ve/legislacion/crv.html

Constitución de la República del Paraguay, Promulgada en Asunción, 20 de junio de 1992, http://www.constitution.org/cons/paraguay.htm.

Constitución de México, http://info4.juridicas.unam.mx/ijure/fed/9/

Constitución Española de 27 de diciembre de 1978, Modificada por Reforma de 27 de agosto de 1992, http://www.congreso.es.

Constitución Política de Colombia 1991, http://www.banrep.gov.co/regimen/resolucionescp91.pdf.

Constitución Política del Perú, http://www.tc.gob.pe/legconperu/constitucioncompleta.html#t1c1.

Constitución Política de los Estados Unidos Mexicanos, Última reforma publicada 27-04-2010, http://www.diputados.gob.mx/LeyesBiblio/pdf/1.pdf.

찾아보기

(ㄴ)

(ㄷ)

(ㄹ)

(ㅁ)

(ㅂ)

(ㅅ)

(ㅇ)

(ㅈ)

(ㅊ)

(ㅋ)

(ㅌ)

(ㅍ)

(ㅎ)

스페인어권의 세계

1판1쇄 발행 2018년 6월 20일

지 은 이 이 만 기
펴 낸 이 김 진 수
펴 낸 곳 **한국문화사**
등 록 1991년 11월 9일 제2-1276호
주 소 서울특별시 성동구 광나루로 130 서울숲 IT캐슬 1310호
전 화 02-464-7708
팩 스 02-499-0846
이 메 일 hkm7708@hanmail.net
홈페이지 www.hankookmunhwasa.co.kr

책값은 뒤표지에 있습니다.

ISBN 978-89-6817-636-4 93770

이 도서의 국립중앙도서관 출판예정도서목록(CIP)은 서지정보유통지원시스템 홈페이지(http://seoji.nl.go.kr)와 국가자료공동목록시스템(http://www.nl.go.kr/kolisnet)에서 이용하실 수 있습니다. (CIP제어번호: CIP2018015986)

이 책의 출판은 2015년 서울대학교 인문대학 인문학 총서 출간 지원사업의 지원을 받았음.